新民说

成为更好的人

Realpolitik
A History

从 马 基 雅 维 利
到 基 辛 格

现实政治史

[英] 约翰·比尤————著

全克林————译

GUANGXI NORMAL UNIVERSITY PRESS
广西师范大学出版社
·桂林·

现实政治史：从马基雅维利到基辛格

XIANSHI ZHENGZHI SHI: CONG MAJIYAWEILI DAO JIXINGE

©John Bew 2016

Realpolitik: A History was originally published in English in 2016.
This translation is published by arrangement with Oxford University Press.
Guangxi Normal University Press Group Co. Ltd is solely responsible for
this translation from the original work and Oxford University Press
shall have no liability for any errors, omissions or inaccuracies or ambiguities
in such translation or for any losses caused by reliance thereon.

著作权合同登记号桂图登字：20-2023-228 号

图书在版编目（CIP）数据

现实政治史：从马基雅维利到基辛格 /（英）约翰·
比尤（John Bew）著；全克林译. -- 桂林：广西师范大学
出版社，2024.9
书名原文: Realpolitik: A History
ISBN 978-7-5598-6689-9

Ⅰ. ①现… Ⅱ. ①约… ②全… Ⅲ. ①政治思想史－
西方国家 Ⅳ. ①D091

中国国家版本馆 CIP 数据核字（2024）第 015125 号

广西师范大学出版社出版发行

（广西桂林市五里店路 9 号　邮政编码：541004）
（网址：http://www.bbtpress.com）
出版人：黄轩庄
全国新华书店经销
广西广大印务有限责任公司印刷
（桂林市临桂区秧塘工业园西城大道北侧广西师范大学出版社
集团有限公司创意产业园内　邮政编码：541199）
开本：880 mm × 1 240 mm　1/32
印张：14　　　字数：371 千
2024 年 9 月第 1 版　　2024 年 9 月第 1 次印刷
定价：89.00 元

如发现印装质量问题，影响阅读，请与出版社发行部门联系调换。

目 录

现实政治的回归

当前，**现实政治**再次受到追捧。它最近一次回归的原因却并没有那么神秘莫测。冷战结束后，乐观主义与胜利之感悄然融入英美两国的政治思想，并在2003年达到顶峰，而现在，却已被"历史的回归""地理的复仇""梦想的终结"这些思想所取代。[1] 20世纪90年代，一些人认为**现实政治**已经过时，它只是冷战时期的遗物，或是终将被扔进历史垃圾箱的"必要之恶"（necessary evil）。然而，意识形态的衰竭、经济衰退、军事的过度扩张以及中东、东欧和太平洋地区接连发生的危机，共同促成了它的再度流行。[2]

本书首次全面梳理了**现实政治**概念的历史。它源于德国，后进入英美两国的主流政治话语。[3] 在冲突不断的时代，人们习惯于从历史中寻找指引，或是从过去的知识宝库中寻求武装自己头脑的方法。长远来看，这意味着关于政治、战略和外交政策的争论可能多少带有周期性。西方政治话语对**现实政治**的接受度的消长就是一个很好的例子。与之密切相关的是，尼科洛·马基雅维利的著作周期性地被"重新发现"，尤其是那部首次发表于 1532 年的《君主论》。与以往一样，一旦世界形势变得挑战重重，便会有一大批关于这位佛罗伦萨政治家的新书问世，其中包括菲利普·博比特和托尼·布莱尔的幕僚长乔纳森·鲍威尔的著作。[4] 正如迈克尔·伊格纳季耶夫所言，我们正处在又一个"马基雅维利时刻"，在这种形势下，"出于公众的需要，必须采取行动，但是这些行动可能会被个人道德或宗教价值观谴责为不公正或不道德的"。[5] 历史上，我们曾经历多个"马基雅维利时刻"。[6] 19 世纪中期出现在德国的那一次则提供了**现实政治**概念诞生的历史背景，因此我们不必为这两个表述经常同时出现而诧异。

对于许多人来说，马基雅维利依旧是公认的**现实政治**之父——他的名字最为频繁地与**现实政治**联系在一起。然而近年来，马基雅维利之后的一些被认为践行了**现实政治**的重要人物也重获声望，其中包括 1812 年到 1822 年担任英国外交大臣的卡斯尔雷子爵，以及同时期任奥地利帝国外交大臣，并在 1821 年至 1848 年担任奥地利帝国首相的克莱门斯·冯·梅特涅伯爵。[7] 在 1957 年出版的《重建的世界》一书中，亨利·基辛格就描述了 1815 年拿破仑·波拿巴战败之后，卡斯尔雷与梅特涅为稳定欧洲立下的汗马功劳。[8] 此外，**现实政治**也和普鲁士宰相奥托·冯·俾斯麦紧密联系，他于 1871 年打败法国后实现了德国的统一。[9] 在一本探讨**现实政治**的书中，俾斯麦理所当然应被放在显著的位置上，但正如我们将看到的那样，将他视为**现实政治**的首要理论家是错误的。

一般意义上，**现实政治**总是把 19 世纪的政治家和 20 世纪（尤其是冷战时期）美国外交政策领域的显赫人物联系在一起。被誉为美国外交现实主义典型代表的乔治·凯南就是专门研究俾斯麦外交政策的学者。[10] 起初，基辛格打算在他后来以"重建的世界"为名出版的博士论文中专门用一个部分来写俾斯麦，但此事他后来才完成，而且后文会提到，基辛格对俾斯麦的看法与凯南并不一致。[11] 如果马基雅维利被广泛视为**现实政治**之父，那么基辛格则应被视为**现实政治**在当代最杰出的扛鼎者。因此，我们在谈论"**现实政治**的回归"时，无须为基辛格的名字总是如影随形而诧异。基辛格在2014年出版了《世界秩序》一书，前国务卿希拉里·克林顿为此写了一篇两千字的书评，对于基辛格在预判外交政策方面的影响力，这篇精心撰写的书评就是最好的佐证。[12] 但要断言基辛格就是俾斯麦**现实政治**传统的继承人，恐怕也是一种误导，我们对此将做进一步探讨。

现实政治诞生之时，欧洲正处于一片黑暗之中，而且它诞生自德国这个两次世界大战的元凶，因此，在英美政治话语中，**现实政治**总是处于一种尴尬的位置。对于这个词的使用，无论正面与否，都能很好地反映出英美两国的世界观。早在第一次世界大战（下简称为"一战"）之前，**现实政治**这个词就已经出现在英语中。尽管一百多年来，这个词在英美关于外交政策的辩论中频频出现，但始终被视为一个具有异域特色的外来词。因此，即便英美两国都曾经积极推行这一概念，它始终还是会引起不快。20世纪30年代的英国和70年代的美国，社会背景截然不同，但是二者外交政策的批评者都严词谴责本国政治家和外交官对**现实政治**的推崇。这个刺耳的日耳曼新词始终让人难以接受。正如**现实政治**的批评者、德裔美国人彼得·菲尔埃克在1942年写到的，这个词的"发音带有一个冗长、低沉和刺耳的'r'音，暗含着'冷酷无情'（r-r-ruthless / r-r-rücksichtslos，这是希特勒最钟爱的形容词）和'现实'（r-r-realistic / r-r-realitsich）的意思"。[13] 可能有人会拿它和外交界的传统语言法语进行对比，最明显的例子莫过于"缓和"（détente）这个词，它听起来就顺耳多了。

在过去十年中，出于各种各样的原因，**现实政治**已经失去了部分消极含义。首先，大国之间再度呈现对抗局势，国际秩序也遭到了破坏，这不禁让人们对比现在与过去，尤其是19世纪的欧洲：在那个列强相互角力的时代，**现实政治**被视作一种有效的治国方略。其次，后冷战时代英美外交政策中的理想主义过剩，需要**现实政治**这剂药方，即政策应该回归"现实"，而非"乌托邦"。在此阶段，**现实政治**被视为一种冷静审慎的治国方略，与天真的理想主义形成了鲜明对照。

如今，这种现代版**现实政治**有了一些新朋友，还出人意料地有了一些倡导者，而这在从前是不可能的。可以说，现代以来哪怕最推崇自由主义的白宫主人，也同其前任一样，在外交政策领域是自觉自愿的"现实主义者"。因此，**现实政治**对于民主党人来说，已经不再如20世纪70年代和90年代那样是个肮脏的词了。奥巴马总统的首任白宫幕僚长拉姆·伊曼纽尔2010年4月在《纽约时报》上发表了一篇文章，他说道："每个人都想给人贴上理想主义者或现实主义者的标签。如果非要这样给他（奥巴马总统）戴个帽子的话，他更加偏向现实政治，就像美国第四十一任总统老布什一样……在事关国家利益的问题上必须现实而冷血。"[14] 2012年5月，德国《明镜》周刊刊登了一篇文章，宣称奥巴马总统"是最出人意料的基辛格式现实政治的接班人"，文章引用《国家利益》杂志编辑的话，大意是他"在开始谈论外交事务时，甚至会带德国口音"。[15]

现实政治作为一个褒义词重新进入大众视野之中大概可以回溯到2005年，那是美国主导入侵伊拉克之后最困难的时期，在阿富汗的作战也从那时开始分崩离析。然而，**现实政治**在实践中到底意味着什么并不是很明确。作为卡斯尔雷勋爵的传记作者，我自己也在许多场合使用过这个词，但只是用来尽可能宽泛地描述卡斯尔雷外交政策的各个方面，对其实际起源并没有考虑太多。然而，在关于当代外交政策的一系列辩论中，当卡斯尔雷作为**现实政治**的代表人物被提及时，我时常认不出他们口中所描述的是哪个卡斯尔雷。我还注意到，在过去，比如20世纪

30年代，人们常常用历史事件来与当代的外交问题做类比，但是他们类比的方式并不完全准确或者具有启发意义。20世纪30年代末，时任英国首相内维尔·张伯伦对卡斯尔雷及其继任者乔治·坎宁的外交政策了如指掌。在为绥靖政策辩解时，张伯伦就搬出了这些前辈的政策作为**现实政治**的例证。然而，这也未能避免1938年到1939年英国外交政策的灾难性失败。[16] 换句话说，这个概念比我预想的更为模棱两可、难以把握。因此，我们必须谨慎对待它。

随着研究的不断深入，有一点可以明确：**现实政治**是个出自另一种语言的外来词，它被频繁使用，但是很少有人真正理解其含义。在当今时代，它被用来表示某种立场和态度，或者某种哲学倾向，而非那些实质性事物（比如某种执政方式或者国际关系理论）。当然，指望当代外交政策的制定者和执行者熟知他们所使用的每个词的出处未免荒诞无稽，然而，动辄跑到图书馆里对问题寻根究底或许正是学者的典型做派。1934年，英国历史学家 A. J. P. 泰勒写道：一个国家的外交政策基于一系列假设，这些假设在制定政策的政治家头脑中早已根深蒂固，对他们来说都是"不言自明的，根本无须多费唇舌阐述"；如此，历史学家就要负责"阐明这些假设，并探寻它们对日常政策制定的影响"。[17]

在英美政治话语体系中，**现实政治**一词的使用总是带有党派偏见，因此其真正含义仍不明晰。一方面，正如此前提到的，它在很长一段时间里都是个贬义词。亨利·基辛格曾评论道："为了便于选边站队，现实政治这个来自德语的词经常被用来讽刺那些现实主义外交政策的倡导者。"[18] 很重要的一点是，基辛格本人通常会回避使用现实政治这个表述，我们在之后的章节会对此进行深入讨论。事实上，他在使用这个表述时，会倾向于突出它的缺陷。[19]

与基辛格相比，其他人更能接受这个标签。有些人会自豪于身为**现实政治**的信徒，并且还倾向于讥讽对手是天真的理想主义者。过去，**现**

实政治的批评者都被抨击为"威尔逊主义者"（Wilsonians）；最近，他们又被归为"新保守主义者"（neo-conservatives）一类。如此一来，**现实政治**就成了熟谙世故的标配，旨在表明自己老成练达、熟知历史，并以此与那些愚蠢的空想家有所区别。2010年，历史学家罗伯特·卡根在关于奥巴马总统具备现实主义者资质的讨论中曾说道："我会把问题留给那些自诩为现实主义者的人，请他们详细解释一下'现实主义'与'现实政治'的根源和含义到底是什么，这个问题一直让我们的记者和政治家十分困惑。"卡根的观点与基辛格一脉相承，他认为那些自称为**现实政治**家的人都是在自鸣得意，旨在将对手贬低为不切实际、不谙世事和不学无术的人。[20]

政治家会尽量使用契合自己政治议题的语言，这本来也无可厚非。事实上，如果说**现实政治**鲜有能令众人满意的定义，问题也是出在别的地方，更多是因为除了少数引人注目的例外，国际关系学者都不大关心它的历史根源。在大多数情况下，**现实政治**也可表述为"现实主义"（realism）、"现实主义者"（realist）或"国家理由"（raison d'état），然而，这些表述本身的含义就不是很明确。[21] 卢西恩·阿什沃思也曾写道，老问题依然存在：国际关系学者有时"疏于深入辨析自己学科领域中的概念"。[22] 本书赞同剑桥学派（Cambridge school）在思想史研究中所持的基本准则，那就是对政治概念及相关政治话语的理解应回归到其产生的历史时代。它们都应当被视为特定时空的产物，而不是永恒"真理"的化身。[23]

这不仅仅是一次学术操演。剑桥学派最具影响力的学者昆廷·斯金纳认为，历史学家能发挥的一个重要作用就是"发掘我们的知识文化遗产中被忽略的宝藏，并将它们再次展现在世人面前"。斯金纳也告诫道："有时这也使我们很难摆脱自己思想文化遗产的魔咒。"换言之，我们都像"着了魔"一样，坚信"主流思想传统留给我们的看待某些理念的方式必定就是对待它们的正确方式"。[24] 这个告诫对于我们现在所做的一切或许意义更为重大。你将会看到，**现实政治**的历史早已因那些狂热的信徒而变得面目全非，他们坚信自己才是现实的守卫者。

我们可以先在这里澄清一些常见的误解。首先，**现实政治**本身经常被认为与治国方略一样古老，但事实并非如此。此外，也不能将其与一般意义上的"现实主义"混为一谈。乔纳森·哈斯拉姆的《马基雅维利以来的现实主义国际关系思想》是近来对这一概念阐述得最到位的专著，书中明确指出：**现实政治**在"现实主义"传统中确实占有一席之地。[25] 虽然经常被混用，但是**现实政治**同国家理由、追求"国家利益"或马基雅维利主义有明显区别。[26] **现实政治**概念出现的时间并不长，只有一百五十多年。德国新闻记者和自由派活动家奥古斯特·路德维希·冯·罗豪在出版于1853年的专著《**现实政治**的基础》中首次提出了这一概念，并于1869年出版了该书的第二卷。如今，罗豪几乎已被世人遗忘，不过，我们将会看到他的著作对后世的影响有多么深远，又存在多少争论。

本书的第一个目标最好能被理解为一种重新发现**现实政治**的尝试。第一部分首先揭示了19世纪中期欧洲**现实政治**的根源，接着会勾勒出这一概念的纲要，并根据路德维希·冯·罗豪在其两卷专著中试图向读者呈现的那样，对它做详细阐释。与其现阶段的各种变体形成鲜明对照的是，最初的**现实政治**与其说是一种哲学思想，不如说是一种分析复杂政治问题的方法。罗豪认为，成功的治国之道有赖于政治家对当前特定历史环境的正确把握。然而，预见并根据不断变化的条件进行自我调整的能力同样重要。观念在政治中向来具有举足轻重的地位，并在民主时代日益重要。但这些观念重要与否的判断标准应该是它们的政治力量有多强大，而不是它们有多纯洁或高雅。

本书的第二个目标（第二章到第五章）是检验自问世以来，**现实政**

治如何被应用于英美两国的外交事务话语。这要追溯到1890年，**现实政治**一词被首次引入英语。**现实政治**在英语国家的历史应与早期在德国的历史相区分。罗豪最初提出这一概念时的含义几乎已经完全丧失。这个词常以各种不同的方式被使用，来达到各种不同的目的，其传播与扩散的过程本身就是一个跌宕起伏的故事。这几章讨论的就是它的使用情况。与自由主义或者马克思主义不同，关于**现实政治**的含义并没有形成条理清晰、统一连贯的观点。因此，第二到第四部分应该主要被视为对话语，而非理论本身的研究（这已经在第一部分提及）。其原因在于，**现实政治**的运用方式在很大程度上反映了19和20世纪两个超级大国所盛行的对外交事务的态度和对国际政治的阐释。因此，**现实政治**就像一扇窗户，透过它，我们或许可以看到英美世界观的灵魂所在。[27] 为什么有些个人或团体如此厌恶或畏惧**现实政治**这个概念呢？为什么有人能够坦然接受，甚至对它偏爱有加呢？正如我们将会看到的，人们对于**现实政治**的态度能够说明很多其他方面的问题。

以路德维希·冯·罗豪作为研究的开端，我们可以对**现实政治**的最初含义建立正确理解。同样重要的是，我们还要认识到，这个由罗豪首创的概念自身焕发出了强大的生命力。本书的主要论点之一就是**现实政治**概念还衍生出了众多歪曲或残缺的变体，正是这些变体导致了许多误解。这个过程始于德国，罗豪的观念在那里被肆意扭曲，服务于其他目的。在进入英美国家之后，**现实政治**又与许多别的概念混杂在一起，如**强权政治**（*Machtpolitik*）、**世界政治**（*Weltpolitik*，意指全球范围内的权力政治），以及含义更为广泛的外交事务领域中的"现实主义"等。在某些情况下，这种扭曲不仅引发了巨大的误解，更为糟糕的是，还导致了许多恶行的发生。所以，我们无意在此重建对**现实政治**的盲目崇拜。事实上，本书认为，在罗豪之后，德国出现了一种更具领土收复主义特点的对于**现实政治**的诠释，而英美两国20世纪的许多外交政策部分源于对这种诠释的反抗。在英语世界中，"反**现实政治**"（anti-*Realpolitik*）自身已经成为一种现实的存在。事实上，这在某些方面成为英美两国外交政策的黏合剂。

尽管本书经常将**现实政治**和与之对应的反**现实政治**并列，但正是在这二者的矛盾与对立中，我们可以发现许多关于治国方略和外交政策最独到的见解，以及一些杰出的外交思想。在概述这些争论时，我不打算综合两家之言，因为我的目的并不在于向读者介绍某种"中庸的"治国理政行为准则。想用某种连贯一致的国际关系理论调和思想观念或个人利益的人，大可以从"英国学派"（English school）的著作中寻找答案，也可以利用约瑟夫·奈最近发出的在美国外交政策中践行"自由现实主义"（liberal realism）的呼吁。[28] 不管怎样，可以说木已成舟。半个多世纪以前，莱因霍尔德·尼布尔勾勒出了"基督教现实主义"（Christian realism）的基本框架及其面临的困局。[29] 因此，奥巴马总统会借助于尼布尔的思想来构建他自己的"自由现实主义"就不足为奇了，后者的影响在他2009年诺贝尔和平奖获奖致辞中也可见一斑。[30]

在一个重要方面，**现实政治**的最初概念——正如其初创者所希望的——可以被理解为自由现实主义的一种形式。路德维希·冯·罗豪是一位坚定的自由主义者，他希望德国能够在法治、宪政和代议制政府下实现统一。他提倡**现实政治**实际上是在向其他自由主义者发出呼吁。用最简单的话来说，如果他们真的希望实现目标，那就必须"以现实的方式"对待政治的本质。然而，这里需要说明的是，他的著作与后人提出一套完整的自由现实主义政治理论的努力有所不同：罗豪关心的不是构建世界观，而是实实在在的政治事务。神学和道德哲学与**现实政治**根本就不属于同一个世界。

一本关于**现实政治**的著作必然离不开有关国际事务中"现实主义"的广泛争论。然而，对于那些想获得关于现实主义理论或是国际关系理论深入详尽的学术思考的读者而言，本书可能无法满足他们的要求。同样，本书也不应被误认为是在为复兴古典现实主义（classical realism）摇旗呐喊。"古典"现实主义者对所谓"新现实主义学派"（neo-realist school）颇有微词，尤其会批评他们倾向于用过于理论化和机械的方式来描述国际体系，本书也认同这种批评。[31] 正如外交史学家保罗·施罗德指出的那样，新现实主义的一大缺点就是在使用诸如"**现实政治**"这样的术语时，几乎没有考虑过它们诞生的时代背景。[32] 在最广泛的层面上，本书认同这样一个观点，即各类现实主义思想——古典也好，其他也罢——都依赖于主观且受到时代限制的认识与理论，而非国际事务的基本"真理"。[33]

除了强调史学方法的重要性，本书的结论也摒弃了一些历史学家一直坚持的公正态度。我个人十分赞同历史学家费利克斯·吉尔伯特的观点，他在1970年表示："要是历史学家的作品总是回避当下迫在眉睫的问题，那就相当于宣告历史学术研究的破产。"[34] 因此，本书在开篇和结尾都指出，路德维希·冯·罗豪提出的**现实政治**概念已经到了应被重新发现和认识的时候。简言之，罗豪的两卷本著作《**现实政治**的基础》为我们了解政治的本质提供了在今天仍然大有裨益的指导，却未能得到合理利用，甚至不为人知晓。

在我看来，比起像过去那样不厌其烦地还原马基雅维利主义，重新发现真正的**现实政治**更有意义。这并不是说马基雅维利的著作在流传了五百多年之后突然失去了价值。我想要表达的不过是：与马基雅维利所处的时代相比，**现实政治**诞生之际的时代背景与当今时代更为相似。路德维希·冯·罗豪设法解决的挑战依旧是当今世界的核心问题。他所提出的**现实政治**纠正了某些如今仍存在于西方自由主义思想中的错觉。但他并不是要推翻自由主义，而是助自由主义走向成功。

针对本书五个部分中**现实政治**的不同用法，最后仍需做一说明，这对论证的开展十分重要。到目前为止，"**现实政治**"（*Realpolitik*）一词大多都加黑显示，并会一直沿用到第一部分，专指路德维希·冯·罗豪在《**现实政治**的基础》中提出的最初的**现实政治**概念。此形式同样会用于第一部分的最后一章，主要讨论罗豪去世后，这个词在德国的不同用法。尽管海因里希·冯·特赖奇克歪曲了罗豪的**现实政治**概念，还产生了深远影响，但他的曲解终究是基于原始概念的。在特赖奇克之后，弗里德里希·迈内克所使用的**现实政治**概念更接近罗豪的原意，而且他确实读过罗豪的著作。特赖奇克和迈内克都使用**现实政治**来描述俾斯麦的外交政策，所以，尽管俾斯麦本人从来没有使用过这个词，但后文在讨论俾斯麦式**现实政治**时（见第一部分以及之后的各部分），仍会加黑显示。往后的章节也都会遵循这个基本原则，即出现于德国的各版**现实政治**都加黑标出。更重要的是，读者需要认识到，这些出现在德国的不同用法，都与罗豪最初的定义相去甚远。20世纪初，伯恩哈迪将军和其他民族主义者经常肆意滥用这个词，而他们根本不知道罗豪是谁。本书不会对这些用法进行详细分类，只会在叙述的过程中一一解释它们。在第一部分之后，如果需要提及罗豪最初提出的**现实政治**概念，本书会称其为"真正的**现实政治**"或"罗豪的**现实政治**"，以便与其他德国人提出的概念区分开来。

　　本书的其他部分将论述**现实政治**在英语世界的历史。为了与德语中的原始用法相区分，"现实政治"一词不再加黑显示。第二部分开始讨论的"反现实政治"（该传统出现于一战之前）也将不再加黑。起初，英语国家用现实政治一词来描述德国在国际舞台上的行为，但是它很快就拥有了更为广泛的含义。比如在第二部分中，我注意到相对于英国人，美国人在讨论现实政治这个术语时总是更为积极正面。其原因将在《美国的现实政治》一章里加以阐述。与此同时，一种共同的反现实政治的观念也确实推动了20世纪10年代自由国际主义思潮的发展。可以说，英美两国的利益看似一致之时，就是反现实政治最熠熠生辉的时代。

　　本书的第三部分表明，现实政治的含义在战间期逐渐开始发生变化。此时，它开始悄然成为一个意义更为笼统的外交用语，与德国的联系也不再像过去那样紧密。尤其对于英国人来说，这意味着现实政治的消极含义已经不再像以往那么强烈。相反，它还首次被用来纠正一战后的一段时间里理想主义的泛滥（在此期间，反现实政治一直处于上升期）。在战间期，当英国的政治家和学者谈到现实政治时，他们指的完全不是德国的**现实政治**，而是回归到19世纪传统的外交形式。接纳现实政治反映了他们对国际联盟和集体安全的不满与愤怒。但是，绥靖政策的失败也侧面体现出这种英国式现实政治的局限性。

　　在美国，现实政治也逐渐拥有更为丰富的含义。第四部分描述了更进一步的"现实政治美国化"（Americanization of realpolitik）。其中包含了若干个分支。在第一个实例中，现实政治可以与地缘政治（geopolitics，这源于另一个从德语引入的词 Geopolitik）互换使用，并且最终合二为一。在英国，对现实政治持积极态度的人倾向于支持绥靖政策，在美国却并非如此。20世纪30年代到40年代，美国的现实政治倡导者呼吁在国际舞台上采取一种积极主动的立场，而他们的主要对手就是美国的孤立主义者。换句话说，他们更为强调地缘政治。

　　第二次世界大战（下简称为"二战"）结束后，现实政治在美国又被赋予了不同的含义。大批颇具影响力的学者从德国涌入（其中不乏真正了解这一术语起源的人），这意味着更多的人会意识到**现实政治**的德国渊源。绝大多数参与外交政策辩论的德裔美国人都尽量避免使用这一术语，也不愿意与它扯上关系。有人试图将德国版本的**现实政治**移植到美国的战略与政治思想中，使它们协调一致，本书第四部分对此进行了驳斥，认为这种观点过于简单化。但是本书认为，这一传统对于美国现实主义的形成确实具有一定的影响。例如，俾斯麦的外交政策时常备受推崇，并被用于冷战战略辩论，从中足以看出德国**现实政治**的影响力。正是在冷战时期，这一术语的使用愈发普遍，在学术界尤其如此。确实，在冷战前期的所谓第二次国际关系大论战中，理论家都以它为武器互相攻击。至此，我们还是使用不加黑的"现实政治"表述。第四部分的最后一章是个例外，这部分检视了支持与反对俾斯麦的两派之间的论战，在这场论战中，**现实政治**已被理解为19世纪德国某个历史时期特定背景下的产物。路德维希·冯·罗豪最初的**现实政治**概念只在历史学家那里尚存一丝微弱的余烬。

第五部分深入分析了"实用现实政治"（practical realpolitik），描述了自20世纪60年代末以来，现实政治的含义如何不断被贬低和丑化。在此期间，这一概念卷入了一系列关于决策的争论之中。而其中部分争议又与一些经过战后第二次大论战历练的人相关，此时他们已身居高位。他们从大学时期就开始接触现实政治，成为职业外交家后依然常常用到这个词。当然，相比之下，这一术语与亨利·基辛格的联系最为紧密。然而，多少有些讽刺的是，正是基辛格提出了一些对俾斯麦式**现实政治**最为尖锐的批评，这一点与凯南有所不同。然而，这些细微差别大多湮没于20世纪70年代尼克松、福特和卡特政府的铁杆支持者与反对者的激烈争论中。罗纳德·里根总统的八年任期以及"里根主义"（Reagan doctrine）这一模糊概念都表明现实政治与反现实政治之间的差别并不明显。到20世纪90年代，这个词的含义已经被大大淡化，几近空有虚名，这在一定程度上是因为它卷入了这十年间至为重要的关于干涉和不干涉的争论当中。在现代世界，现实政治已经成为一个极为模糊的概念——它关乎处理世界事务的某种姿态，而非一个清晰明确的立场。

关于方法论的说明

正是起初对当代所谓"**现实政治**的回归"的好奇促使我去寻找并钻研路德维希·冯·罗豪那部相对晦涩难懂的原著。这为我的研究提供了一个坚实的起点。通过追溯其演化过程，我了解到早在19世纪90年代初到一战爆发期间，这个词就悄然进入了英语世界，但是由于其咄咄逼人的日耳曼意味，人们对它总是多少带有一些憎恶。然而，它还是被用在当时一些至关重要的辩论中——从一战的起因到国际关系作为一个研究领域的诞生。可以明确地说，这个概念在英语世界中的演变，以及这个词在英美两国的谱系，本身就是一个故事，与20世纪重要的外交政策论战有着紧密的联系。

通过国家档案和立法辩论中的"官方"历史，我们得以从另一个维度认识现实政治。如今，我们可在英国国家档案的索引（包括外交部、内阁及首相的档案）和美国国务院档案的目录中进行关键词检索（虽然只有部分内容能够在线浏览）。最初的检索为档案研究提供了指引，我们先后在伦敦的英国国家档案馆和位于马里兰州大学公园的美国国家档案馆查找资料。在美国国家档案馆，我们还使用了中央情报局的档案搜索工具（CREST）。另外，还有《汉萨德英国议会议事录》（Hansard）及美国国会众议院与参议院的文件记录作为补充。美国国会图书馆还收藏了大量其他有用的数字化资源，如"前线外交档案"和"学位论文全文检索平台"（ProQuest）的历史报纸数据库（Historical Newspaper Database）。搜寻这些资料为撰写本书搭建了基本的知识框架。此外，作为补充，本书的五个部分更广泛地探索了一系列关键主题，包括：孕育了**现实政治**的19世纪中期德国自由主义传统；德国贯穿了一战前后的有关国家治理的辩论；英国关于帝国主义与绥靖主义的辩论；美国的地缘政治与战后美国的现实主义；尼克松–卡特时期的争议，以及从里根到奥巴马时期关于外交政策的辩论。作为美国国会图书馆研究员，我能够查阅汉斯·摩根索、莱因霍尔德·尼布尔、丹尼尔·P. 莫伊尼汉等人的文献，他们在上述辩论中都扮演了重要角色。

放在过去，哪怕就在十年前，撰写这样一本书也要比现在困难得多。（报纸和期刊的）数字化资源和数据库让我能系统梳理现实政治一词在各个时期含义的变化。但是，我们也必须承认，现代研究方法存在一定缺漏。法国历史学家阿莱特·法尔热指出，当我们聚焦到某个特定主题（如"醉酒""盗窃""通奸"），"就必然会为此提出一个需加以解释的具体观点，因为空间需要根据研究目的进行重组"，同时还伴随着一个重新构建的过程。[35] 我希望，现代研究工具带来的精确不会影响研究的深度和广度。文化批评家兼文学史学家佛朗哥·莫雷蒂在撰写有关"资产阶级"的书时，同样使用了电子数据库，他的作品是很好的参照物。[36] 其他关于概念研究的书也为本研究提供了指引，包括昆廷·斯金纳著名的《自由主义之前的自由》，大卫·朗西曼的《政治伪善》，以及格雷塔·琼斯的《社会达尔文主义与英国思想》。每部作品都讨论了某一概念在各个时期的使用和误用，试图还原其本来含义，并警醒人们，避免走向错误的极端。[37] 在讨论各个时代思想界的领军人物时，我所采用的方法与佩里·安德森的《美国外交政策及其智囊》有相似之处。[38]

最后，本书还从雷蒙德·威廉姆斯1976年出版的《关键词》一书中得到了启发。《关键词》是一本词源学著作，探讨了政治话语中两百多个常用词的意义演变。威廉姆斯对"现实主义"词条的讨论与本书提出的观点具有互补性。"现实主义"在18世纪指的是一般意义上的某种基本事实或特性。自19世纪中期以来，它逐渐被用于表示我们需要直接面对的事物的真实状况。到了20世纪下半叶，它的意义再次发生了变化，用来指一个人对现实环境限制的接纳程度。威廉姆斯认为，在这一过程中，现实主义的含义变得越来越狭隘：它所指的现实只强调了人类智慧与行动的局限，而不是对整体状况的真实评估。[39] 实际上，路德维希·冯·罗豪正是在"现实主义"早期含义的影响下，完成了《**现实政治**的基础》的构思。正如本书的结语部分所述，回归本源其实也是将现实主义回归到一个更高、更真实的形式。

第一部分

真正的现实政治

现实政治并不是在迷雾重重的未来中前行，而是在当下的视野中发展；它认为自己的目的不是实现理想，而是实现某些具体的目标；它知道，如果这些目标暂时无法完全实现，也可以有所保留地满足于目标的部分实现。最终，**现实政治**成为所有自欺欺人的把戏的敌人。

（路德维希·冯·罗豪:《**现实政治**的基础》，第二卷，1868年）[1]

第一章

起　源

人们通常认为，自从治国理政方略问世以来，世界上就有了**现实政治**，其实不然。**现实政治**并不隶属于一种从古至今未曾改变的信条——最早可追溯至修昔底德，延续到尼科洛·马基雅维利、红衣主教黎塞留、托马斯·霍布斯和卡斯尔雷勋爵，以及后来的汉斯·摩根索、乔治·凯南和亨利·基辛格。要认识**现实政治**，我们要做的不是翻看古代或文艺复兴时期那些尘封已久的巨著，也不是简单地复述昔日睿智的政治家的故事以寻求永恒不变的智慧。要发掘其根源，我们必须回到那个孕育了**现实政治**的世界。

我们或许可以称其为真正的**现实政治**，其诞生的时代实际上与我们当今所处的时代颇为相似，尽管两者间也存在着一些明显差别。**现实政治**诞生于19世纪中期的欧洲，是启蒙运动同单一民族国家建立和大国政治这段血腥史激烈碰撞的产物。那个时代正在经历现代性的典型问题：工业化迅速推进，阶级对立和宗派主义渐长，民族主义（包括公民民族主义与种族民族主义）兴起，国际竞争日益激烈，关于自由与社会秩序的新思想层出不穷并相互碰撞。

　　起初，创造**现实政治**这一概念的目的是解决一个国内政治难题，即如何在风云变幻的动荡环境中，不诉诸暴力或镇压手段，建立起一个稳定自由的民族国家。**现实政治**认为，治国理政的第一步就是辨别社会、经济与意识形态领域中相互竞争、为争夺主导地位而在国家内部相互角逐的各种力量。其次，是要在这些力量中间取得某种平衡和均势，以免它们阻碍民族国家的发展。为了取得成功，政治家必须正确认识自身所处的历史环境，并了解在一个经济、政治和思想快速发展的时代中实现现代化的条件。

　　从国内治理中获得的经验教训在国际舞台也有用武之地。19世纪下半叶，新的民族国家在欧洲大陆不断涌现，其他国家也正朝着这个方向不断努力，这意味着**现实政治**的逻辑很快也被用于处理外交事务。**现实政治**正是作为一种外交政策的手段传播到其他国家的，首先是欧洲各国，最终传到美国。在这个表面现象背后，实际上是一个深层次的哲学难题，那就是在一个不遵循自由开明规则的世界里，如何实现包括平衡和均势在内的自由开明的目标。时至今日，这依旧是外交政策辩论的核心问题。

　　现实政治的诞生与1848年的欧洲革命密不可分。1848年，两场并无关联的暴动掀起了一股革命浪潮，一场是1月发生在西西里岛的起义，一场于2月在巴黎上演。到了3月，这波"疫病"已蔓延到了德国、意大利、匈牙利和丹麦。很快，爱尔兰、比利时、瑞士、波兰还有今天的罗马尼亚也感受到了它所带来的冲击。

　　在接下来的两年里，始于1848年的革命火焰在几乎所有国家（瑞士可以说是一个例外）都自行熄灭了。以政治自由主义——这是启蒙运动的理念，要求获得宪法权利、建立代议制政府——的名义发动的起义很快就沦为其他政治现象的牺牲品。一些革命议会被政府强行解散或阉

图1 费迪南德·施罗德（Ferdinand Schrdöder）所作的一幅关于1848年欧洲革命失败的讽刺漫画。漫画刊登于1849年8月的《杜塞尔多夫月刊》（*Düsseldorfer Monatshefte*）。在十八个月内，几乎所有的革命都因旧政权镇压或外国干预而以失败告终。图片来源：维基共享资源（Wikimedia Creative Commons）

割权力，这些政府从最初的震惊中恢复过来，重新树立权威。还有一些自由主义改革运动最终被更强大的社会和政治力量所吞没，如阶级、宗教、种族划分和民族主义等。而在意大利、匈牙利、波兰和罗马尼亚公国，革命被外国干预所扼杀。

尽管各个国家的革命者会通过新闻报道了解彼此的行动，而且在思想和意识形态方面也存在一定的联系，但其实每一场革命的最终命运都取决于其各自所处的独特环境。这一结论是**现实政治**的基本观点。例如，欧洲大多数自由主义者都从法国寻找灵感。在法国，继1789年法国大革命建立了法兰西第一共和国之后，又在1848年革命中建立了所谓的法兰西第二共和国，相比其他国家，法国的革命之路已经算是走得最远了。但是，降临在法兰西第一共和国头上的命运最终在第二共和国重演。拿破仑的侄子路易·拿破仑窃取了革命的果实，他解散了国民议会，并建立了法兰西第二帝国。按照波拿巴家族的惯用伎俩，他绕开了代议过程，利用全民公决的权力来为其政权披上民众合法性的外衣。

现实政治的出现离不开欧洲的整体大背景，但在德国的特殊环境之下，这个概念才得以形成。1848年法国爆发二月革命，一个月之后，松散的德意志邦联（German Confederation）中的几个邦国爆发了多场起义，其中包括三十九个德意志邦国中最强大的两个——奥地利和普鲁士。在奥地利，极为保守的首相克莱门斯·冯·梅特涅亲王在位超过三十年，是欧洲许多自由主义者的死对头。面对涌上维也纳街头的愤怒的抗议者，梅特涅被迫辞职。在普鲁士，民众的抗议让国王腓特烈·威廉四世措手不及，很快就被迫答应了自由派的要求。

德意志各邦的自由派和激进分子有许多共同目标，并试图协调各方力量。他们大多认为，一个统一的德国对自由主义政治事业最为有利，而不是由旧精英掌握政治权力的被分为众多小国和公国的德国。为此，他们在黑森（Hessen）的法兰克福组建了一个全德国民议会（German National Assembly），议会成员包括从邦联各地选出的代表，他们开会讨论，为整个德国起草新的宪法。他们之间很快出现了意识形态和战略方面的分歧。例如，这个统一的德国是否应该包括奥地利？还是说建立一个由普鲁士领导的"小德国"（Kleindeutsche）更可取？宪法应该以普选还是有限的选举权为基础？自由主义者在议会中相互争论，与此同时，旧政权又重新占据了上风。

1849年初，国民议会选任的一批代表提议，尊奉普鲁士的腓特烈·威廉四世为德国皇帝，他们希望可以成立一个新的德意志君主立宪制国家，它将统一德意志北部各邦，但是不包括南方的奥地利。当威廉四世拒绝这个提议时，法兰克福议会便失去了方向，他们失去了国王的领导，也没有军队来落实其理想。即使现有政权暂时失去了其在公众中的权威，它也仍然掌控着绝大多数的国家权力工具。1848年，革命者眼睁睁地看着大权旁落，究其原因，在于他们只是在自己的头脑中掌握过权力，而没有真正地行使它。不久之后，许多革命者和改革者就被流放、逮捕或监禁。有的被吓跑了，有的甚至投奔了他们曾经反对的政府。

自由派和激进分子一直是德意志民族主义的先锋，但是革命释放出的力量超出了他们的控制。民族主义和自由主义并不像一些革命者所认为的那样，是同一枚硬币的正反两面。在接下来的二十年里，德国确实实现了统一，但不是以1848年那批人原先设想的方式。1871年，普鲁士宰相奥托·冯·俾斯麦不是通过宪政和代议制政府，而是以"铁血政策"促成了德意志帝国的建立。[1] 历史学家A. J. P. 泰勒提出了一个著名的论断，他将德国1848年的革命称为"历史来到转折点，却未能转向"的时刻，意在表明德国所走的是一条与大多数自由主义西方国家不一样的道路，在这些国家里，经济现代化与政治自由化是相匹配的。[2]

正是在这种断裂的政治格局的缝隙中，在这种虚假的希望和受挫的抱负的裂缝中，有人发现了**现实政治**的概念。一些人将**现实政治**作为政治理解的一个重要进化来欢迎；对于其他人来说，**现实政治**类似于丑陋邪恶、令人窒息的丛生的杂草。正如本书其余部分会论证的那样，这两种解释都有其道理。但在我们开始探讨这个问题之前，有必要回溯到1848年革命发生的十五年前。

路德维希・冯・罗豪：被现实绑架的自由主义者

　　1833年4月3日，即1848年革命的十五年前，在一些波兰难民和政治活动家的支持下，五十多名德国学生、工人和手工业者试图冲击法兰克福警察局距离德意志邦联国民议会仅有几步之遥的主要哨所。在这次后来被称为"冲击法兰克福哨所"（Frankfurter Wachensturm）的事件中，他们的拙劣计划是控制邦联国库，进而在德意志其他邦国引发一系列类似的革命。然而，军队事先收到了预警，冲击行动彻底失败。这次行动的许多主导人物立即四散潜逃，有些最终逃到了万里之外的美国。其中一个当上了伊利诺伊州的副州长，另一个在得克萨斯州为萨姆・休斯顿（Sam Houston）工作，直到去世。

　　在试图逃离现场时被逮捕的人中有一名二十三岁的激进分子，名叫奥古斯特・路德维希・冯・罗豪。此次事件唤醒了罗豪对于政治的残酷无情和理想主义的局限性的认识，使他步入了政治思想的第一阶段。然而，他在政治上的成熟并不是一朝一夕实现的。直到二十年后的1853年，罗豪才开始推出**现实政治**的概念。

　　在这个时期，伟大的领袖和政治理论家层出不穷，而罗豪二者都不是。研究那段历史的德国史学家将他视为19世纪中叶众多自由主义活动家中的一员，而不是一个自身特别杰出的人物。从一定程度上说，他的政治经历体现了1848年前后德国自由主义总体的发展轨迹。[3] 我们有充分的理由认为，在这一时期，罗豪的生平和著作很少在德国自由主义史的背景之外被人用英语讨论过。除了一个明显的例外，这个人和他的著作几乎完全被国际关系史学家们忽略了。[4] 的确，他关于**现实政治**的两本书从来没有被翻译成英文，尽管他创造了一个如今被使用如此频繁使用的词。

　　在一定程度上，他被忽视可以归因于其理论杂乱无章，如果这套理论可以被称为理论的话。他的理论是德国、法国和英国的政治哲学与社会学的杂乱组合，难以融入19世纪的主要思想传统，即自由主义、保守主义、社会主义或是马克思主义。[5] 如果有融入的话，那就是它借鉴了所有这些思想。此外，**现实政治**也与其他更有名的人物联系在一起，这模糊了它的起源和真实含义。其中最主要的是奥地利的梅特涅伯爵和普鲁士的奥托·冯·俾斯麦，后者是19世纪德国杰出的政治家。

将**现实政治**与梅特涅联系在一起具有误导性。早在1848年梅特涅被赶下台以前，罗豪和他的同僚们就已经将自己定义为梅特涅的非自由主义体制的反对者；而**现实政治**这一概念在梅特涅下台之后才出现。**现实政治**与俾斯麦的联系看似合理不少，但仍具有误导性。1848年后，罗豪成为普鲁士君主制的反对者，而俾斯麦则是普鲁士君主制的首要政治代表，并于1862年成为宰相。然而，1867年，即普鲁士在一场为争夺德意志内部主导权而进行的短暂战争中击败奥地利的一年之后，一些自由主义者、实际上的多数派希望与俾斯麦建立临时联盟，罗豪就是其中一员。**现实政治**的概念在一定程度上被用来为此辩护。造化弄人，这个概念不久之后又被用来形容俾斯麦的外交政策。但值得注意的是，俾斯麦本人从来没有使用过这个词。

那么，奥古斯特·路德维希·冯·罗豪到底是谁呢？他于1810年8月20日出生于下萨克森（Lower Saxony）的沃尔芬比特尔（Wolfenbüttel）。那时，拿破仑·波拿巴正统治着欧洲，其权势正处于巅峰。在1814年拿破仑被第六次反法同盟打败之前，萨克森是德意志最后一个与拿破仑结盟的邦国。结盟并非出于自愿，而是因为萨克森在法国的庞大军队前面毫无招架之力，法军只需要短短几天就可以兵临城下。罗豪就在这个具有反抗法国传统的萨克森地区出生。他是不伦瑞克骑兵团（Braunschweig Hussars）一名军官的私生子。这个骑兵团是不伦瑞克–沃尔芬比特尔公爵为了反对拿破仑的占领于1809年组建的，还参加了1815年的滑铁卢战役,在这次战役中拿破仑第二次也是最后一次被击败。[6]

1815年之后的三十年后来被称为"三月革命前"(Vormärz,意指1848年三月革命之前的时期),在此期间,德国知识和文化活动蓬勃发展,尤其是自由主义和民族主义广泛传播。年轻的奥古斯特·路德维希·冯·罗豪正是"三月革命前"的产物。刚成年时,他是激进的政治活动家,朋友们都知道他持共和主义和反君主制的观点。他在耶拿大学和哥廷根大学修习法学,但是没能完成学业,还因为参与政治活动而被哥廷根大学开除。

青年罗豪将大部分时间都用于动员同龄人支持国内外的自由主义事业。他敦促德国学者组建一支队伍去支援1831年的波兰起义。然而起义于1833年以失败告终,这极大地打击了他的乐观精神。罗豪在"冲击法兰克福哨所"事件之后遭到囚禁,他曾经两次试图自杀,但是狱方强行将他救活。他被判处终身监禁,但是在服刑三年之后,他于1836年10月越狱,并乔装潜逃到了巴黎,在那里度过了接下来的十年。

在巴黎,像许多流亡者一样,罗豪的职业是自由撰稿人和作家。他把关于法国政治的文章发给德国的自由派出版社出版。他的第一本书是一部关于法国南部和西班牙的游记,他在书中重申了大众眼中19世纪中期自由主义者所应持有的反独裁和反教权主义立场。尽管他避免直接涉足巴黎的激进分子圈子,他还是在1840年撰写了一篇文章,赞同法国社会主义思想家夏尔·傅立叶的观点,傅立叶以其乌托邦主义和相信基于合作原则的社会潜在生产力而闻名。他还吸收了法国实证主义学派的思想元素,该学派与亨利·德·圣西门和奥古斯特·孔德有关,他们主张社会是按照一般规律运作的。他的**现实政治**理论带有孔德的《实证政治体系》的印记,该书与他的理论大约同时问世。孔德认为,基于经验主义创建一门关于社会知识的科学是有可能的。[7]

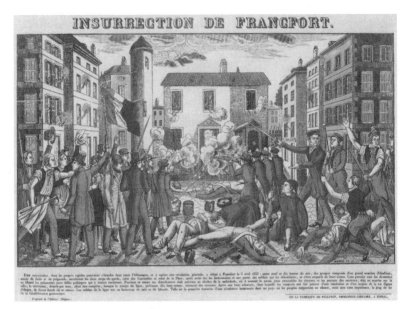

图2 1833年，二十岁的路德维希·冯·罗豪参与了一次注定要失败的行动，此次行动旨在引发德意志内部的一系列革命。在行动中，一批学生试图冲击法兰克福的警察哨所，夺取邦联国库的控制权。罗豪在试图逃离现场时被捕，并被监禁了三年，之后他逃到了巴黎。这幅图是描绘1833年4月3日"冲击法兰克福哨所"场景的彩色木刻画的复制品，作者是弗朗索瓦·若尔然（Francois Georgin，1801—1863）。图片来源：维基共享资源

    1848年革命前夕，趁着当局忙于其他无暇顾及，罗豪回到了德国的自由派大学城海德堡，并加入了创办于1847年7月的自由派报纸《德意志报》（*Deutsche Zeitung*）。他在1848年3月的革命中并没有扮演什么重要角色，但他确实支持革命。他曾经试图竞选当年创立的法兰克福国民议会的代表席位，但是未能成功。他以新闻记者的身份坐在会议厅里，报道关于宪法以及德国的未来的辩论，这些辩论最终都没有取得任何实际成果。在加入另一份报纸《奥格斯堡总汇报》（*Augsburger*

图3　1848年3月德国革命后，法兰克福国民议会成立，并在该市的圣保罗教堂开会。路德维希·冯·罗豪未能当选为代表，他以新闻记者的身份列席各项议程。后来他指责代表们是在"建造空中楼阁"并且在政治上表现得不成熟，导致国民议会在一年后解散。图片来源：维基共享资源

Allgemeine Zeitung）之后，他关于议会辩论的报道大多采取平衡的立场。尽管如此，他确实更认同那些立场相对温和的代表，后者认为把德意志的王公贵族排除在德国政治制度的重组之外是不现实的。在这个阶段，罗豪的立场已经有所软化，他放弃了共和主义。他支持那些想把北德意志邦联王位交给腓特烈·威廉四世的代表。如果要统一德国，君主将在这一过程中扮演尤为重要的角色。

　　但是，到1850年，在普鲁士的主导下统一德国的梦想被《奥尔米茨协议》（Agreement of Olmütz）打破。根据协议的安排，普鲁士再次接受了奥地利领导下的德意志邦联的复兴。自1848年革命以来，罗豪

目睹了民族主义和自由主义在两年内遭受严重挫折，他的希望再次破灭。由于专制当局再次加强了控制，他被迫又一次逃离德国。[8] 自由主义者已经被彻底击败了。

许多欧洲的自由派人士在1815年到1848年的大部分时间里都相信，历史是站在他们一边的，即便政府不是。那么问题到底出在哪里呢？用 A. J. P. 泰勒的话来说，为什么历史"没有转向"呢？在罗豪看来，1848年的革命者只能怪他们自己。他们天真幼稚，容易上当，这对于自由主义和民族主义事业是有害的。他们用哲学式语言描绘了自己理想中的政治制度蓝图，而德国政治的板块却在他们脚下轰然坍塌并且发生了位移。他们梦想着构建上层建筑，却忘了打好基础。他后来写道："一项工作如果开始时只有漫无目的的热情，过高估计自我能力，只会以耻辱和伤害告终。"[9]

类似的情况在整个欧洲都发生了。正如出生于波兰的英国历史学家路易斯·内米尔所形容的那样，1848年这个欧洲动乱时期发生的事件被蔑称为"知识分子的革命"。革命者没有夺取军队和国库的控制权，而"仅仅在思想领域"留下了他们的印记。自由派精英们并没有将广大民众动员起来站在自己一边。在城市之外，大部分农民一如既往地谨慎、保守，依旧忠于教会和王权。1789年的法国大革命和1917年的俄国革命都是由庞大的各方革命力量汇集在一起而引发并持续推进的；相形之下，这场"知识分子的革命"耗尽了自身力量，却没能实现任何目标。正如内米尔所说，革命派是被"一种令人诧异的理想主义和狂妄自大的混合体"所打败的。[10]

在另一种意义上，1848年的事件也引发了一场思想革命。在整个欧洲，新一代思想家开始更加深刻地反思历史变迁的过程。正如内米尔所写的，在这些最终失败的革命中，许多参与者对自己所从事的事业都有了更好的理解（"的确，比之后许多就这些事件著书的历史学家都要好”）。他们了解到，国家不会因优雅的演讲和多数选票而创造或摧毁。相反，他们意识到，"国家获得自由、实现统一，或是分崩离析，靠的不是开明和空谈，而是血与铁——暴力是民族运动的工具"。[11] 不足为奇的是，1848年革命催生了一整套新的激进变革的哲学，包括革命社会主义、无政府主义乃至现代恐怖主义的技术，例如崇尚为"行动宣传"（propaganda of the deed）而流血牺牲。[12]

在1848年出版的《共产党宣言》中，卡尔·马克思和弗里德里希·恩格斯认为历史发展的下一步是资产阶级革命。所以，这些革命的失败需要一些解释。恩格斯在1851年为《纽约论坛报》撰写的一系列文章中谈到了这些问题，而马克思在1852年发表了著名的关于法兰西第二共和国崩溃和皇帝路易·拿破仑崛起的案例研究。"人们自己创造自己的历史，"马克思以这句名言作为《路易·波拿巴的雾月十八日》（下简称为"《雾月十八日》"）的开篇，"但是他们并不是随心所欲地创造，并不是在他们自己选定的条件下创造，而是在直接碰到的、既定的、从过去继承下来的条件下创造。"[13]

按照马克思的说法，像1848年革命那样，资产阶级革命遵循一定的模式。起初，资产阶级革命"总是突飞猛进，接连不断地取得胜利；革命的戏剧效果一个胜似一个，人和事物好像是被五彩缤纷的火光所照耀，每天都充满极乐狂欢"。然而，激动不已的革命者并没有意识到自己的弱点。他们"总是靠相信奇迹求得解救，以为只要他能在自己的想象中驱除了敌人就算打败了敌人"。他们的理想主义是盲目的。他们"总是对自己的未来，以及自己打算建树，但现在还言之过早的功绩信口吹嘘，因而失去对现实的一切感觉"。1851年12月，路易·拿破仑发动政变，当时，他只是简单地解散了法国国民议会，然而这"对他们来说犹如晴天霹雳"。资产阶级自由主义革命所取得的成功，不可避免地"为时短暂，很快就达到自己的顶点，而社会在还未学会清醒地领略其疾风暴雨时期的成果之前，一直是沉溺于长期的酒醉状态"。

如今，《雾月十八日》被视为历史唯物主义的基础性文本，但它没有否定个人或思想的作用。在马克思的阐释中，它们是相互联系的。政治思想反映了特定的社会经济基础。他解释道："在不同的占有形式上，在社会生存条件上，耸立着由各种不同的、表现独特的情感、幻想、思想方式和人生观构成的整个上层建筑。"例如，在法国的农村地区，人们对自由资产阶级所表达的共和制公民自由观不感兴趣。鉴于此，谨慎使用政治话语是很重要的，必须"把各个党派的言辞和幻想同它们的本来面目和实际利益区别开来，把它们对自己的看法同它们的真实本质区别开来"。[14] 路德维希·冯·罗豪从来没有直接提到马克思，尽管他从马克思的作品中借鉴了许多表述。马克思的一个观点，即脱离社会力量的思想只不过是"幻觉"，将成为**现实政治**的另一个基本原则。

关于1848年的辩论将对未来产生深远的影响。英国历史学家E. H. 卡尔认为，欧洲现在出现的是"乌托邦与理性崇拜的结合"。这是文艺复兴与启蒙运动结合的产物，还受到了19世纪初期浪漫主义运动的影响，这种影响"极大地鼓舞和启发了将人类从压迫束缚中解放出来的乌托邦式愿景"。

18世纪末19世纪初，乌托邦传统分化为两个流派。第一个流派的代表人物有让-雅克·卢梭、雅各宾派、夏尔·傅立叶和罗伯特·欧文。他们主要是从道德的角度看待进步，认为进步是一种美德的胜利。卡尔认为第二个流派包括安纳-罗贝尔-雅克·杜尔哥、孔多塞侯爵和圣西门伯爵，他们在生产力提高和科学知识广泛传播的背景下，主要是从经济和技术的角度看待进步。卡尔认为，马克思在1848年的《共产党宣言》中综合了这两个流派的思想。然而，1848年革命的失败"导致大环境对乌托邦思潮并不友好"。因此，卡尔虽然没有直接提及罗豪，但他观察到1848年以后的"**现实政治**时代……是如何到来的"。自由派、激进分子甚至是社会主义者都"开始思考什么是实际可行的，而不再纠结于那些在理想状态下希望得到的东西"。[15]

罗豪认为，如果想要在未来有所建树，德国的自由派必须真正理解这个国家政治的物质基础。然而，我们将会看到，真正的**现实政治**不仅仅是纯粹的唯物主义，它不是简单的政治上可能的艺术，也不是将现有的政治条件作为既成事实来接受。马克思主义和社会主义的理想元素在1848年并没有被彻底消除。它一部分通过恩格斯的著作，一部分依托1871年的巴黎公社等事件而得以保存下来。[16]同样，真正的**现实政治**也回避了自由乌托邦主义，但是它本身并没有放弃自由理想主义。它抱有一种对未来的愿景以及如何实现目标的指南，而不是听天由命地接受当前的世界。

19世纪50年代初，德国自由主义的前景看起来黯淡无光。根据马克思的知己和合著者恩格斯的说法，自由主义革命者"在德国遭受的失败，比在任何其他国家都更加惨重"，他们"在德国各邦被打败，被击溃，被逐出官场，后来在德国的中央议会（Central German Parliament）里遭到痛击，遭到侮辱和嘲笑"。恩格斯在《纽约论坛报》上撰文道："政治自由主义，即资产阶级的统治，不管是采取君主政体还是共和政体的形式，在德国永远不可能实现了。"[17]

罗豪很快就了解到，欧洲其他地方的情况也不是特别乐观。在1850年再次逃离德国后，他又回到了巴黎，恰好目睹了法国大革命的崩溃。[18]为了更好地理解他的所见所闻，他开始着手撰写从1814年到路易·拿破仑政变的法国政治史。[19]有别于马克思的《雾月十八日》，罗豪的这本书是对事件的基本叙述，但一位英国评论人站出来证明说罗豪的叙述"十分生动"。以下的表述很能说明问题，罗豪的书"完全没有那种幻灯片式风格，没有法式的雕琢或夸张；它的特点是庄重、冷静、忠实——简而言之，它体现了一种德式风格——忠实于事实，但是又没有德国式过度的沉思和理论化"。[20]

罗豪在德国之外的生活经历加深了他对于政治的理解，也加强了他对于国情如何决定政治活动结局的认识。他曾经在法国南部和西班牙旅行。如今他又到访意大利，那里的一系列自由派民族主义革命相继失败，硝烟尚未散尽。1851年，他出版了一本旅行纪事，这本书被翻译成英文。

《意大利城市漫游记》的主要内容是关于天气、风景、食物和艺术的观察，以及对旅伴的有趣评论；他的旅伴包括一个带着两个女儿的英国人、另一个德国人、一群瑞士人，还有一对来自巴黎的衣着华丽的夫妇。译者在英文版序言中告诉读者，罗豪"不信奉任何政治或艺术方面的理论；不对古典或美学方面的文献做深奥的探讨"，而且，"有趣的是，他急于否认自己是有学问的旅行者，也许，像他大多数受过教育的同胞一样，他在年轻时专研古典文献太深，受害不轻"。然而，书中不时闪现出深刻独到的政治见解。当他与"危险的瑞士共和主义者"一起进入处于奥地利控制之下的伦巴第大区时，他自我调侃道：作为一个"宪法意义下的德国公民，他是地球上最无害的两足动物"，他不太可能引起当局的关切。他描述了自己与撒丁岛一位老上校的谈话，上校无法理解在年轻人中越来越受欢迎的统一意大利的想法。"没有一个将军能指挥，军官们既不懂战争理论又不懂作战，连国家的地图都不熟悉，这仗怎么打！"愤怒的上校惊呼道。这个看法预示了罗豪自己的一些观点。意大利的地区主义是意大利人性格中令人钦佩的一点，但是，罗豪写道："不幸的是，正如所有历史证明的那样，恐怕将来也会发现，它会成为一个极其激进的导致分裂和政治无能的因素。"

认真研读《意大利城市漫游记》，也能发现罗豪对自由民族主义在德国的未来持悲观态度。他写道，统一是一个"现在可能，但是将来不会在德国赢得"的奖项。他自己对君主制的看法仍然是批判性的。普鲁士国王腓特烈·威廉在民众中间的受欢迎程度不断攀升，这让人对"受欢迎程度的价值和普通民众的判断产生了怀疑"。但是，这也不容忽视。1848年革命后所发生的一切证明，君主制在德国仍然是一支极其强大的力量。[21]

　　欧洲其他国家也开始认识到1848年后的现实。罗豪的同胞们也到了认清形势的时候了。1851年底，他回到海德堡，并再次着手思考德国问题。1852年，他发表了一篇名为《德意志土地和民族史》（"Geschichte des deutschen Landes und Volkes"）的文章，分析了为实现德国统一的制宪努力的失败。[22] 然而，这只是他次年发表的主要著作的前奏。

第二章

基 础

"主权"是一个权力用语，把它当作法律用语得出的结论
注定站不住脚。

（路德维希·冯·罗豪：《**现实政治**的基础》，第一卷，
1853年）[1]

1853年，时年四十三岁的路德维希·冯·罗豪出版了一部名为
《**现实政治**的基础：针对德国现状》的著作。这本书的第二版于1859年
问世，罗豪在其中增加了一篇新的序言，除此之外内容保持不变。[2]
1868年，罗豪的第二部著作面世，这本书的篇幅更长，进一步定义了他
所创造的这个新词的内涵，并回应了一些批评——其中许多批评一直持
续到今天。这本书是作为《**现实政治**的基础》的第二卷提出的，这样
1853年出版的那本就自然成了第一卷。[3]

《**现实政治**的基础》的第一卷仅有两百多页，共二十一章，大致分
为两个部分。前半部分探讨了国家的结构及其内部的社会力量，这可以

称为**现实政治**方法的基础。后半部分从罗豪的观察视角出发，将这些观点应用于德国当时的政治环境。罗豪是一名记者和社会活动家，而不是法学家，他对于哲学或形而上学本身并不是特别感兴趣，但若认为他的著作没有政治思想价值，便是低估了他的成就。罗豪广泛借鉴各类思想家，吸收众人的思想和理念，并试图进行整合，所以，即便他的**现实政治**概念并非完美，也无疑具有原创性。

《**现实政治**的基础》有四个相互关联的假设。

（1）强者法则是政治中的决定性因素。因此，主权并不是一种（赋予"人民"或者国王的）自然权利，而是一种权力的体现。这是罗豪在他的自由派同僚们遭受1848年那场屈辱后传递的主要信息。

（2）最有效的政府形式能够融合国家内部最强大的社会力量，利用它们的能量并在它们之间取得平衡。一个国家内部越和谐，其潜力就越大。这是罗豪给德国统治者传达的信息，希望借此鼓励他们努力实行更具有代议制特点的政府制度，将中间阶级（Mittelstand）纳入政治体系。

（3）观念在政治中很重要，但是它们所扮演的角色受到广泛误解。观念的纯粹性或连贯性，即它的"内在真实"，在政治上无关紧要。其实，不道德或不文明的观念往往比崇高的观念更强大；真正重要的是有多少人持有同一个观念，以及他们对这一观念的坚定程度。

（4）现代性改变了治国理政的本质。民意日益重要，时代精神（Zeitgeist）是决定国家政治轨迹的最重要因素。在这个快速变革的时代，民族主义可以提供一种潜在的黏合剂，调和国内的各种力量，防止内部力量互相开战。

强者法则

罗豪在其著作第一章的开篇就断言，国家的存在是一种"自然的"

现象，他的意思是，这是一种既定的或不可避免的事实。亚里士多德指出"人是一种政治动物"，基督教认为国家起源于上帝，这两种说法都基于同样的假设，即国家是人类存在的必然组成部分。这并不需要做详细的解释。

下一个问题，也是对于政治而言最为重要的问题，是谁可以在国家内部宣布拥有主权。法兰克福国民议会在1848年到1849年花了几个月的时间来争论德国宪法的正确形式。代表们没有意识到，主权既不是人民的自然财产，也不是上帝、国王或贵族的自然财产。主权不是一种权利，而是权力的体现。

在罗豪看来，强者法则"支配着国家内部的生活，一如重力支配着物理世界"。关于应该由何人何物——法律、智慧、美德，某一个人、少数人或多数人——来统治，属于哲学思辨的范畴："实用政治必须首先与唯有权力才能统治这一事实相抗衡。"在最简单的层面，统治就意味着行使权力。他写道："权力（Macht）与统治/支配/权威（Herrschaft）之间的直接联系是所有政治的基本真相，并构成了理解历史的关键。"当前存在一种"错误的傲慢"，它"拒绝承认这种联系，或是将其视为一种不正当的关系，这种傲慢可以而且必须予以纠正"。

虽然几个世纪以来，强者法则一直获得认可，但是围绕它也产生了一些误解。例如，国家权力方面的理论家（例如那些谈论"君权神授"的人）错误地认为，由于权力法则支配政治，因此最强大的人有权利占据主导地位。启蒙运动的伟大成就之一是打破了"强权即公理"（might makes right）的观念。事实上，罗豪相信这种观点不仅是错误的，而且是"不道德的"。与此同时，自由派人士却没有看到政治的"基本真相"。他们以道德为由拒绝了所谓的最强者的权利，误判了权力的性质。这是"最低级错误"的根源，大多数欧洲国家的宪政主义者都犯了这种错误。

这种认识对自由主义政治的未来发展具有两方面的重要影响。首先，可以通过法律来规范或控制国家的观念是存在缺陷的。要求权力服从于法律是非理性的。权力只服从于更大的权力。自由主义内核中第二个带有缺陷的观念是政治权力可被契约化（例如，以宪法的形式）。过去，这些被统治者和统治者之间的契约只是在符合掌权者利益时，才被后者接受。最初，普鲁士国王腓特烈·威廉在1848年承诺接受自由主义者的要求，之后他将革命的法兰克福国民议会玩弄于股掌之间，轻而易举地将它解散，罗豪对此记忆犹新。痛苦的经历让罗豪认为柏拉图的《理想国》和让-雅克·卢梭的《社会契约论》"从历史的角度看是错误的"以及"在哲学上站不住脚"。自由派盲目崇拜这些过去的"鬼魂"，看不到他们所处的社会结构正在发生变化。"建成的空中城堡（Luftschlösser）已化作一团青烟散去"，现在到了该拒绝这种"幻象"（Phantasiebilder）的时候了。

罗豪批评他的自由派同僚，并不是针对他们的"信念和良知"，而是他们的一个假设，那就是认为"信念和良知"本身就是一种政治力量。"在政治中，良知自然是非常理想的因素，"他写道，"但是将任何特定事项都视为事关良知的政策，会有极大的风险，结局可能是一事无成的诡辩，那些合为整体才能有效发挥作用的力量被分裂成微不足道的细小碎片。"1848年革命失败的另一个教训是，政治公式不能从一个国家套用到另一个国家。经验表明，鉴于不同国家存在着"多种多样的社会关系"，"基于抽象的科学路线或是基于某种原则"对待宪政政治经常是徒劳无功的。[4]

然而，在罗豪的论点中也有不足之处。关于哪个宪法最好的问题属于哲学思辨范畴。自由派没能看到这一点。但是关于哪个宪法最有效的问题对于每个国家而言都至关重要。宪法的任务在于反映国家内部的社会力量（从阶级和利益集团到思想和观点）之间的相互作用。对组成、支持和改变国家的力量进行研究，实际上是一切政治洞察力的起点。每种社会力量都可以合法地要求得到国家承认，不是通过声称拥有法律权利，而是凭借其力量（其"广度"或"影响范围"）。与此同时，国家本身的力量"只不过是国家所吸收的不同社会力量的总和"。

实际上，罗豪正在想象一幅更有活力、"完整"和强大的民族国家的图景，它要优于当时德国采用的由多个小型专制邦国组成的形式。罗豪提出："社会主题渗透得越深刻，在国家的分布范围越广，这一政体就越健康，即使从外部看来它有一些不规则性。"[5] 作为自由派资产阶级的一员，罗豪仍然希望能够发展出这种政体。事实上，他认为一个健康的国家将不可避免地包含中间阶级。即便如此，他也意识到，在1848年革命失败之后，他和他的资产阶级同僚可能不得不采取迂回路线进入这种国家权力体系。这将是一场漫长的征程，而不是迅速夺取权力的短暂斗争。

给君主的信息

最初对天真的自由主义的批判，现在开始朝着另一个方向发展了。罗豪主张从总体性和历史主义的视角理解国家的起源，而不是基于法律–宪法视角，这背离了古典自由主义或自然法理论。然而，同样地，他也正准备批判1850年之后在整个德国得以复辟的专制政权。他在书中数次肯定地指出，和那些基于人民主权观念的理论一样，神权理论也存有缺陷，同样不切实际。他写道，"认为君主制具有不可磨灭的主权特征"的政治哲学，"如同卢梭的或其他将主权一劳永逸地归于人民的理论，都违背了理性和历史"。[6]

专制或狭隘的君主制国家有着与生俱来的内在缺陷，这使得它们变得脆弱，自身的发展也受到限制。一部弱势的宪法会拒绝强大的社会力量参与国家事务，也就不能利用它们的能量，打造更强大的国家。与之相比，更糟糕的是那种人为地维持国家内部"消极无力因素"的宪法。罗豪所谓"消极"和"无力"的力量是指古代政权的残余势力，例如贵族、王公子弟和宗教等级制度等，它们的社会力量正在走向衰落。这些势力无异于一种"沉重的负担"。[7]

罗豪在《**现实政治**的基础》的扉页上引用了英国哲学家、政治家弗朗西斯·培根爵士的一段话，此举意味深长。这表明，罗豪这本书并不是简单地写给他的自由派同僚看的，而是指向当时德国的统治者。培根本人也是马基雅维利的信徒，在引用的这句话中，他批评了所谓"君主的智慧"。这种"智慧"依赖于"巧妙地消解或转移迫在眉睫的危险和祸害"（这些都是短期和被动的措施），而不是"通过坚实可靠的政策以防患于未然"（这或许可以被称为大战略）。对于那些将短期内战术上的灵活性与长期战略混为一谈的人，他警告说，他们依靠的是运气而不是长远的谋划，"因为没有人能阻止（引发灾难的）火花，也不知道火花从何而来"。[8]

实际上，罗豪是在提醒掌权者，1848年事件已经让他们措手不及。对于他们来说，预测未来的政治诉求远比抵制它们更为明智。可以说，奥托·冯·俾斯麦在他的国内政策和外交政策领域都接受了这样的信息，他与新兴社会力量（资产阶级和无产阶级）合作，提前满足自由派和社会主义者的要求，最终达成了统一国家和建设福利国家的目标。

罗豪谈及的德国正在出现的强大的新兴社会力量，自然是指他本人所属的日益强大的中间阶级。从另一个角度来看，可以说，他这本书的真正目的是，代表中间阶级提出参与国家事务的坚决要求，然而，这是基于他们的权力，而非自然权利。[9]他们要求获得代表权，是凭借其"教育、财富、企业家精神以及对工作的渴望"，这些因素合在一起构成了一股强大的政治力量。当然，1848年事件已经证明，资产阶级不一定认为自身是一个同质的利益集团。然而，仅仅因为他们没有采用统一的"阶级意识"（罗豪从马克思那里引用的表述）就低估他们的真正力量是错误的。毕竟，那些"能力不足的和具有'潜藏'倾向的人，也被视为社会力量"。[10]

通过这种方式，罗豪并没有向德国在位的统治者要求对方不承认的抽象权利，而是以统治者理解的条件向他们提出了挑战。他警告说："政治若将中间阶级作为某种教义的附属物加以蔑视，则不可能不受惩罚。"政治家必须接受这一点。[11]正如他所说的，旧的政权是否有能力吸收资产阶级，"以便利用他们为国家谋福利"（例如通过税收收入）？[12]他暗示道，也许他们还不能胜任这项任务。"出于所有生物与生俱来的自私本性，执政的社会力量害怕每个希望提升自己在国家内部重要性的新竞争对手。"

罗豪关于新兴社会力量的权力及其对国家的挑战（特别是在它有意识这样做的时候）的观点，与马克思的有所呼应，但是他同样极力强调，并不存在预设的结果。罗豪并没有提出一个关于历史发展的线性理论，他认为一个精明的政治家可以构建一个承认这些变化的战略，并且充满智慧地适应变化。

为此，罗豪进一步指出，政治家首先要做的就是评估那些向现存秩序提出挑战的各种社会力量。一旦完成了这个任务，他"从纯粹的政治角度来看，已经别无选择，只能吸收这些力量或者对它们进行压制"。"中间道路"是"不符合政治规律的，如果沿着这条道路走下去，国家就会面临冲突和危险"。这是因为"国家没有加以吸收的力量，必然会成为其对手"。许多国家被"自己先前藐视或试图消灭的这类对手"击败。用暴力消除尚未充分发挥潜力的社会力量，是政治中最艰巨的任务之一。宪法越僵硬，国家就越脆弱；宪法越僵硬，新生力量进入体制所需的努力就越大，而且"最终这种突破所带来的冲突就会越激烈"。[13]

虽然历史提供了有益的教训，但它并不是亘古不变的规则的来源。在这个问题上，罗豪提出了他的观点，这是他关于现代条件如何改变了治国理政本质的系列观点中的第一个，即马基雅维利时代提供的策略已经不再那么适用。在以往的历史时期，正如马基雅维利在《君主论》中所描述的那样，国家通常能够通过使用暴力平息和压制对其权威的挑战。[14] 然而，在现代，这样的例子"越来越少见，因为国家不再拥有相同的武器选择，很难像以前那样斗争，也因为近几个世纪以来，随着流动性的增加，国家已经不可能再具有过去那种必要的耐力"。[15]

从某种意义上来说，对付外国入侵者比应对一个不可轻视的内部挑战者更容易。单单依靠暴力手段维持权威的国家必然会削弱其与社会的有机联系。走上这样一条道路之后，"越发肯定的是，国家将日益堕落和衰败"，而这会毒害自身的政治体制。相反，一个健康的国家比起竞争对手，不可避免地会更为强大。他解释说："国家的政治规模主要取决于一定程度的稳定性，这不关乎国家的制度，而关乎实际的社会条件及其发展。"只有凭借这种稳定性，它才有可能将"大量的社会力量吸收进来，朝着统一的方向迈进，去实现特定的国家目标"，而且"只有凭借这种稳定性才有可能赢得时间，而在任何情况下，时间都是实现伟大而持久的政治成功的必要条件"。[16] 从本质上说，罗豪勾画出了未来强大而统一的德意志民族国家的形象。

这种国家发展模式令人感到保守且有机统一。正如自然界中缓慢的生长能够确保长久的生命一样，"在政治上，获得过程的艰难能够确保长久的持存"。从长远来看，具有更大"弹性"的国家可能会更为健康、更有效率。[17] 在诸如此类的方面，罗豪将广义的自由主义政治原则与对历史发展的保守理解结合起来，他就像是英国-爱尔兰作家埃德蒙·柏克的德国翻版。柏克的著作在德国广为人知，他的《反思法国大革命》已由梅特涅的顾问、反对革命的宣传家弗里德里希·冯·根茨

（Friedrich von Gentz）翻译成德文。[18]

像柏克一样，罗豪也表达了对代议制政府的偏好。但是，正如柏克所主张的那样，具有生命力的政治制度必须反映它们所处国家的具体情况。本着这种精神，罗豪指出，分别以（公民）选举权和财产为基础的美国参议院和英国上议院同样具有生命力，因为它们反映了各自所在国家各种社会力量的平衡。"最没有希望的努力"就是试图将那些"据说符合人们的利益然而又与他们的自然和历史性格不一致的"想法强加给人们。

因此，罗豪写下了一句令人难忘的话："将欧洲的公民自由理念移植到土耳其或印度教国家的尝试荒谬无比。"即使那些国家的一些精英能够接受这些治理理念，普通大众仍然极不可能接受。正如1848年事件所证明的那样，先进的政府哲学很少能够超出议会或城市的范围。"总体而言，国家的形式和命运是由那些普通大众的力量决定的，无论在哪里，只要这些力量聚合起来形成一个群体，就会在国家内部取得影响力和地位。"[19]

观念的力量

罗豪深受启蒙运动的影响。他对进步持有典型资产阶级的理解，认为自由主义观念让公共生活更为成熟先进、富有智慧和道德感。因此，教育的逐渐普及和财富的逐渐分散是历史变迁的动力。正如罗豪所描述的，这就是权力"从一个人手中转移到少数人手中，并最终落入多数人手中"的原因。教育和财富是"导致政治权力从一个阶级向另一个阶级传递的桥梁"。统治者想防止这种情况的发生，却无能为力。唯一的办法就是"永远维持无知和贫穷"，但一个试图维持其人民的无知和贫穷的政治家根本就不配成为政治家。[20]

然而，现代性并不是通向自由主义政治结局或道德改善的单行道。政治家还必须考虑到整个社会中仍然存在的"习惯、传统和惰性的潜在力量"。除了与中间阶级相关的财富和智慧，还存在着严重的"贫困、知识缺乏、偏见和……愚蠢"。当然，社会可能会抱怨并反对不道德的行为，但是，它也必须将此类行为作为现实来面对——"谎言和其他各种不道德的行为，乃至犯罪，不仅要求甚至强求获得某种政治认可，尽管它们与社会和国家是敌对的"。[21]

在这里，值得停下来思考罗豪就道德在治国理政方面的作用所做的表述。道德不会被摒弃，理应在政治考量中占有一席之地。然而，道德原则总是受到损害。这并不是说"政治中没有道德义务，而是履行这一义务的实际可能性是有限度的"，他写道。为了阐明他的观点，罗豪列举了一些例子，在这些案例中，道德因素在考虑中的重要性不得不降低。第一个例子，如果国家"在财政紧张时借了高利贷，那么它就做了一件不道德的事，但这并非它想要这么做，而是迫于形势它非做不可"。第二个例子，面对"叛乱或兵变"，政治家"可能不得不与犯罪行为本身达成妥协"，与叛乱分子或叛军进行谈判。一个大国的政府甚至也可能"无法避免并不得不容忍强盗的存在"。罗豪举了何塞·玛丽亚·莫雷洛斯（José María Morelos）的例子。莫雷洛斯是牧师，也是领导19世纪初墨西哥独立运动的革命起义军领袖，他在1815年被西班牙当局逮捕并杀害。罗豪认为，如果费尔南多七世的政府没能抓获何塞·玛丽亚，那么与他谈判并实现和平便是一个正确的政治选择。罗豪预见到了有人会批评他在治国理政中倡导不道德行为，对此他已有了应对之法。他明确表示："只有脆弱的政府和衰败的国家才会将这种路线视为'正确的'或者'好的'政策。"尽管如此，他确实注意到教会在诸如奴隶制等道德问题上也做出了许多这样的妥协，因此要求政府达到更高的标准并不公平。他指出，道德"对政治的要求可能并不比对宗教的更苛刻"。[22]

与马克思一样，罗豪也认为在社会上居于主导地位的意识形态思潮是由基本社会经济结构的变化塑造的。随着新的社会力量的出现，关于如何组织国家的新观念不可避免地会越来越多。罗豪给出的例子是，随着土地财富价值的减少，资产阶级的流动财富价值则相应增加。其结果就是地主贵族的政治影响力下降。社会上流阶层应被赋予无条件的权威，"过去，哪怕是最野蛮的力量都会顺从这一权威，但在当前，这个观念受到了猛烈抨击，以至无法成立"。罗豪准备承认，"像资产阶级的阶级意识、自由思想、民族主义和人人平等观念对于当今许多国家来说都是社会生活的全新因素"。然而，它们已经展示出了自己的权力，正如1848年事件中，民意已经显示出了它的力量。现代政治家不应该拒绝承认它们。[23]

那么，如何从**现实政治**的角度来评估民意的力量呢？对此，罗豪根据重要性由低到高分出不同层次。首先，他认为，"当前微弱的自我意识"转瞬即逝且不着边际，不应该获得政治上的考虑。但是，以此为起点，民意越统一，就越能够转变为一种坚定的信念，对国家也就越重要。当一种情绪或是意见变成了一种"信念"，政府就不能再忽视它。民意最重要的表达方式是公众信仰（Volksglaube），应该始终受到"关心和保护，而不是奉承和讨好"。[24]

值得注意的是，罗豪也明确表示，观念的"准确性和合理性"是次要问题。有时，即使民意提出了不合理或非理性的要求，政府也不得不屈服于它，或者至少不得不假装接受民意，避免树敌。他写道，"即使在民意中愚蠢的偏见或者盲目的错误多于真相"，政府"如果理性的话，可能不会完全遵循偏见和盲目的错误，但是至少做出尽可能多一点的让步，以免得罪这些力量"。同样，在承认"公众信仰"的重要性时，政府还应该（通过言论自由）维护民意的多元性。因此，不能以牺牲那些促进人类思想发展的其他思想力量为代价，来给予公众信仰特殊优待。[25]

民意的最高形式是公众信仰，其最广泛的基础则是时代精神。时代精神是"在特定的原则、观点和理性习惯中体现出来的当前时代的统一意见"。一个能够经受时间考验的意见将会转变为时代精神。在任何情况下，时代精神都对政治的整体前进方向有着最重要的影响。一个国家如果逆时代精神而行，便纯粹是自寻失败。一种试图"使自己摆脱"人民信念影响的政策将会只有"非常有限的回旋空间"。[26] 简而言之，自由主义和民族主义不能被放回盒子里。借助强大的警察力量，"像操纵傀儡一样控制公民"是可能的，但是，他们所坚持的理想却不能被永久扼杀。[27]

国家会受到诱惑，去玩一个分而治之的微妙游戏，就是在时代精神的不同流派之间制造分歧。然而，从长远来看，一个强大的国家有赖于"强有力的公共精神的支持"。一个健康的国家需要一定程度的内部斗争来实现其整体发展。但是，一些斗争如果不加以调解，就可能会对国家造成危害。幸而，现代国家可以利用启蒙时代的两个现代政治现象，即"爱国主义"和"理性主义"，它们是"不同政党之间冲突的自然和解力量"。

> 当所有的政治联系和公共社会联系都不再紧密时，各种抱负和愿望就会朝着不同的方向发展；当不同政党之间的激烈冲突威胁着政体的统一时，实现和解的最终方式就是意识到自己有拯救国家的义务。这就是为什么人类的判断一直坚定地认为，质疑民族精神是最大的亵渎，因为民族精神是社会自然秩序的最后也是最有价值的保障。而旨在羞辱和破坏这种精神的政策被视为最卑鄙和最下等的。[28]

虽然罗豪没有在这里或是其他任何地方引用马基雅维利的话，但是他关于这些现象的讨论让人联想起马基雅维利的观点，即政府乐于鼓励一种公民信仰，以维持和促进国家的权威。[29] 民族主义可以代替文艺复兴时期的公民共和主义，为现代社会提供必要的黏合剂。一个旨在压制民族精神的国家将把自己置于"公共生活中最崇高和最强大的潮流"的对立面。[30]

一方面，罗豪对于民族性核心要素的定义展示了一种典型的自由主义形式的民族主义。这是浪漫主义和公民关于国家的观念的综合体，强调共同的祖先、共同的语言以及"公民观点、态度和习惯"的相似性。他深知，由于历史条件总是十分复杂，民族性很少"完全纯粹和完美地"存在。因此，共同语言是可取的，共同的价值观应该加以鼓励，但是建议国家最好"通过缓慢和间接的方式"逐步推广它们。[31]

另一方面，**现实政治**也暗示，谁会在国家内部受欢迎也有一定的限制。正如我们所看到的，与1848年革命中的大多数自由主义者一样，罗豪在建国问题上倾向于"小德国"解决方案。这种方案认为，奥地利的君主制过于宽泛和庞杂（并且由太多相互竞争的民族组成），难以成为统一的德意志国家的有效组成部分。即便是处于休眠状态的民族主义，例如居住在奥匈帝国边远地区的斯拉夫人的民族主义，也有可能在某个时刻觉醒。试图一次吸纳多个相互竞争的民族将会招致灾难。[32] 这反映了一个事实，那就是德国民族主义，即便是罗豪所青睐的公民民族主义，都产生于中欧这个多民族的压力锅中。这也揭示了**现实政治**在民族事业方面有着明显的非自由主义的特点。

现实政治与外交政策

《**现实政治**的基础》第一卷主要探讨国内建设，而非外交事务。然而，德意志国家的未来绝不仅仅是一个国内政治问题。它涉及重新构建欧洲中部的国家体系，因此，对所有欧洲主要国家都具有外交政策方面的巨大影响，这些国家不仅包括普鲁士、奥地利等德意志各邦，还包括法国、波兰、俄国、意大利诸邦，甚至英国。德国的邻国都反对德国统一，这并非出于巧合，而是因为它们清楚这将使德国成为欧洲最强大的国家。

作为自由派民族主义者，罗豪关于国家自由的理解首先取决于保护它不受外国侵扰。他对德意志诸国的分裂表示遗憾，因为长期以来，这使得国家在面对外部威胁时变得越来越软弱。德意志南部一些邦的分裂主义（Partikularismus），表现为奇怪的风俗习惯和对诸如传统服饰等的自豪感，它将地方独立与政治自由混为一谈，这尤其令人恼火。国家统一更大的障碍是南方信仰天主教的奥地利与北方信仰新教的普鲁士之间的竞争。[33] 罗豪没有时间探讨宗派主义，却十分清楚它的政治力量。

正是在《现实政治的基础》第一卷的最后一章里，罗豪开始将注意力转向外交事务。拿破仑三世皇帝路易·拿破仑在法国夺权一事引起了德国境内的极大恐慌，因为这预示着另一番前景——法国军队将在另一个拿破仑的旗帜下，再次穿越德意志的土地。因此，罗豪从中得出的结论是，德国的统一极其紧迫，无法过多考虑历史经验。只有"一种能够吞并其他邦国的优势力量，而非一种原则、一种观念，更非一纸协议"，才能够确保德国统一的实现。当然，罗豪提到的优势力量是指德意志诸邦中最强大的邦国普鲁士。[34]

在第一卷初版六年之后，《现实政治的基础》第二版于1859年问世，这时候，国际局势日益恶化，使得德国统一问题更为紧迫。在这一版的序言中，罗豪直接将注意力转向了外交事务和国家安全。人们越来越确信，法国可能会炮制出某种借口——例如"假意嫉妒"奥地利在意大利北部的影响力——对奥地利发动袭击，要知道法国对意大利北部地区也有所图谋。在过去的六年中，罗豪对于拿破仑三世"渴望战争"已经确定无疑；拿破仑"打个哆嗦，欧洲就会晃动"。德国的软弱也使得他更为不可一世。尤其是奥地利，它采取了一种注定要失败的绥靖方式来试图安抚法国人。然而它所做出的每个让步都只不过进一步表明了其软弱。

罗豪对奥地利很少抱有同情，他仍然将奥地利视为德国统一和自由主义的敌人。尽管如此，他还是认为普鲁士有必要尽快与奥地利建立防御同盟。面对法国的侵略，奥地利的崩溃将危及普鲁士的大国地位。奥地利不是一个可靠的盟友，从长远来看也不可信任。不过，短期来看，建立防御同盟是唯一的选择。

在这里，罗豪拒绝将感性政治（Gefühlspolitik）和原则政治（Prinzipienpolitik）作为国家对外政策的基础。普鲁士与奥地利的结盟纯粹是出于自我利益。而且，普鲁士未来能否成为德意志的首要国家，取决于它是否与德意志公众达成"迟来的和解"。在其他邦国看来，任由奥地利被法国夷为平地将是一种难以言说的耻辱——德国又回到了往日的屈辱时期，当时它被视为"被敌人踢来踢去的球"和"历史的笑柄"。[35] 另一种力量也可以动员起来对付法国，那就是德国的民族精神（Volksgeist），这种精神正在重新集聚，超越了德意志各邦国的边界意识。罗豪将民族精神拟人化，认为它"不是奥地利的崇拜者，无论是今天的奥地利还是梅特涅时代的奥地利"。例如，民族主义的自由派不赞成奥地利统治意大利北部，但是他们确实理解不惜一切代价抵制法国的必要性。[36]

在坚决反对外部敌人的意愿方面，普通民众远远领先于传统精英。事实上，罗豪批评了由贵族和地主士绅控制的普鲁士议会上议院（Landtag），称它对法国的态度过于谨慎。他指出，"外交不是议会负责的领域"，"议会大加褒奖的节制和自我控制很容易被误认为是无能为力"。罗豪要求"全力以赴地准备可能发生的战争",呼吁议会采取实际措施,禁止向法国销售马匹,以防它们在战斗中被用来对付德国。简而言之,统一是一个国家安全问题。联邦军队由三十多个不同的特遣队组成,发起的军事行动不可避免地会动作迟缓,这使法国获得优势,总能先发制人,对敌人发动突袭。除非德国决定实施"联邦改革",将其外交政策和军事力量的决策权集中到一个人手中,否则它永远敌不过自己强大的邻国。[37]

罗豪这个观点得到了其他人的支持。普鲁士历史学家兼法兰克福国民议会的重要成员约翰·古斯塔夫·德罗伊森(Johann Gustav Droysen)写道,德意志小国的"小国寡民主义"(Lilliputianism)在现代无异于自杀。小国时代已经一去不复返了。"在政治生活中,就如同制造业一样,只有庞大的群体结构才会有用。……除了英格兰、俄国、北美和中国(它正在进行自我改革)等世界强国之外,南欧和日耳曼各种族也必须团结在一起,否则就会崩溃。"[38]

现实政治第一次将注意力转向了战争行为本身。德国也将不得不学习如何扭转对其宿敌的劣势,学会先下手为强,强化进行先发制人的战争的能力。罗豪写道:"军事权威冷血地声称,鉴于德国所处的政治和军事形势,它无法发动进攻战(Angriffskrieg),只能打防御性战争。"基于这种观点,罗豪抱怨说,德国本土将注定成为它所参加的所有战争的战场。如果德国现在抓住主动权,那么它采取行动的环境将对德国有利,对法国不利,这是过去三十年间从未有过的情况。[39]与其等待欧洲其他国家再次采取行动,并且接受其安排,罗豪要求德国自己主动去改变游戏规则。

第三章

自由主义和俾斯麦：致命的妥协？

在整个欧洲，自由主义和民族主义之间的关系日益紧张，而没有哪个国家的情况比德国更为严峻。即使在1848年德国自由主义的乐观心态达到顶峰时，人们也认识到，自由问题只是对民族荣耀更深层次渴望的一个组成部分。1849年1月22日，自由派代表弗里德里希·克里斯托夫·达尔曼（Friedrich Christoph Dahlmann）在法兰克福国民议会上声称："唯有权力能够满足和安抚不断增强的对自由的冲动，因为德国人想要的并不仅仅是自由，还有权力，一直以来他们都没能获得权力，所以对此梦寐以求。"[1]

自由派人士大力推动德国统一，这使得他们成为保守派难以忽视的一股政治力量。然而，民族主义并不是只受到自由主义原则或任何单一意识形态约束的现象。其他人也证明了他们善于利用民族主义的力量为自己的政务服务，在这方面，没有人比以武力统一德国的奥托·冯·俾斯麦更加在行。1862年9月，俾斯麦在就任普鲁士宰相后的第一次演讲中提出了一个著名的论断："我们这个时代的重要问题不会由演讲和多数派的决议来决定——这是1848年到1849年犯下的错误——而是应该由铁与血来决定。"德国没有仰仗普鲁士的自由主义，而是依靠了它的军事力量。[2]

正是基于这种理性而不掺杂感情的逻辑，俾斯麦才会永远与**现实政治**的概念联系在一起（**现实政治**也同铁与血联系在一起）。然而，这其中带有一定的讽刺意味。首先，俾斯麦本人从来没有使用过"**现实政治**"这个词，也没有证据表明他曾经阅读过罗豪的著作。[3] 其次，在19世纪50年代和60年代的大部分时间里，罗豪一直都对俾斯麦持强烈的批评态度。1859年，在他的著作第二版刚问世不久，罗豪被任命为全国联盟（德国自由派的一个大型组织）的秘书。[4] 任职期间，他出版了一份报纸《全国联盟周报》（*Wochenschrift des Nationalvereins*），由于其强烈批评俾斯麦的立场，最后该报被政府取缔。[5] 1861年，罗豪还参与了进步党的组建，该党由自由派和激进派反政府人士联合组成。进步党是普鲁士下议院中最大的一个集团，但是真正掌握议会最高权力的是上议院。在19世纪60年代初普鲁士宪政危机期间，为了使政府运转陷入停滞，进步党拒绝投票支持陆军大臣阿尔布雷希特·冯·罗恩将军（General Albreht von Roon）提出的军队改革方案。然而，在1862年危机中被任命为宰相的俾斯麦，随便找了一个宪法方面的借口，在没有议会的支持下执政，戳穿了进步党人的幌子。

进步党在未来五年里依旧反对俾斯麦。然而，在一个关键问题上，他们愿意给俾斯麦足够的自由回旋空间。只要他继续推动（由普鲁士领导的）德国统一进程，进步党中的许多中间派和中间偏右派人士就愿意不向他的政府开火。

1866年，俾斯麦凭借他在"七周战争"（Seven Weeks' War）中对奥地利的胜利，调整了与普鲁士议会中自由派的关系，试图结束多年来的宪政冲突。他希望通过一项具有回溯效力的补偿法案，将1862年到

图4 奥托·冯·俾斯麦于1862年被任命为普鲁士宰相，在1871年领导德国实现统一，并担任德意志帝国宰相直到1890年。国家自由党大多数人士都不甚情愿地与他的政府进行了合作，理由是他似乎是实现统一的最佳希望，而其他人则认为这是一种致命的妥协。图片来源：维基共享资源

1866年的国家预算合法化，以便为下议院和上议院之间的合作提供新的基础。他以和解的口吻向他的自由派对手发表了讲话。自由派人士在如何回应俾斯麦方面出现了分歧，但是绝大多数人同意支持这项新制度，前提条件是俾斯麦推进北德意志各邦的统一。[6] 1868年，进步党内部因

与俾斯麦合作的问题发生分裂，该党的部分成员组建了民族自由党。其成员延续了与俾斯麦并非一帆风顺的妥协，在未来十年里同意支持他统一德国的努力。

罗豪是进步党内的中右翼分子，也是民族自由党的创始成员，并支持在议会里与俾斯麦妥协。这并不是简单地向普鲁士威权主义投降，也没有随意摒弃自由主义的价值观。罗豪与他的自由派同僚继续坚持自己的自由主义目标，并且推动国家内部的改革。[7] 尽管如此，一些人认为，对俾斯麦的迁就是一种致命的妥协。1853 年，罗豪在撰写《**现实政治的基础**》第一卷时并没有设想到这种情况。但是，为了辩解十五年后与俾斯麦的合作，他再次拿出了之前创造的"**现实政治**"概念。因此，"**现实政治**"在 19 世纪 60 年代又重新焕发活力。然而，至关重要的是，对其批评者来说，这个词意味着德国自由主义的坠落——它愿意以自由主义的信仰为代价获得国家荣耀，这将在德国历史上产生持久的后果。[8]

现实政治论战

现实政治被用于为与俾斯麦的妥协辩护，这意味着它主要与进步党的中右翼联系在一起，而罗豪本人就持中右翼立场。事实上，**现实政治**也被许多立场比罗豪更偏左翼的人使用。例如，1863 年，社会主义政治家卡尔·罗德贝图斯（Karl Rodbertus）认为，**现实政治**可以为缓解和改善工人阶级的社会和经济状况提供最有效的办法。罗德贝图斯远比罗豪激进，他支持普选，但也相信社会问题优先于政治自由问题。他主导的温和的社会主义版本的**现实政治**认为，社会民主党人应该将自己绑在君主制的战车上，让国家依赖他们的支持，借此来实现自己的目标。因此，他试图说服进步党把自己塑造成一个"君主民主党，当这个政党后来为政府权力效力时，可以用它来再次质疑'国家理想'；在当前情况下，对于工人阶级的社会需求，这样的改变是绝对必要的；此外，该政党追求……**现实政治**"。[9] 比罗豪的立场更偏左的还有自由派激进分子赫尔曼·舒尔策–德利奇（Hermann Schulze-Delitzsch），他支持普选。但他也认为，对于自由派激进分子而言，最明智的政策是优先考虑民族问题，之后再为政治自由而斗争。他写道："我们德国人对**现实政治**的追求还不够。"这表明这个词正在开始传播。他们必须接受普鲁士的霸权主义，并将注意力集中在"可实现的"目标上。[10]

随着时间的推移，罗豪提出的**现实政治**更令人信服，而对此最显著的批评就是**现实政治**并非像他声称的那样现实。它强调"事实"，即政治变革的障碍，然而它面临着怯懦地顺从于这些障碍的危险。1864年，民主活动家雅各布·费内代编撰了一本名为《全国联盟的主要罪行》（*The Cardinal Sin of the National Union*）的小册子（全国联盟指的是当时罗豪任秘书的自由派组织）。费内代曾遍游欧洲，将德国自由派和激进派的行为与在其他国家强力推进变革的人进行了比较，对**现实政治**提出了最明确的批评。[11]

在费内代看来，**现实政治**反映出的不是冷静，而是怯懦。它声称历史站在自己这边，但是，它没有理解过去那些改革者、自由主义者和激进分子通过其理想主义的力量改变历史进程的方式。在费内代看来，那些听起来伟大的智慧实际上是同胞们不成熟的标志。**现实政治**只是"德国政治的胡言乱语"。如果全国联盟的领导人想要改变政治体制，他们的任务应该是追求完全相反的东西：**理想政治**（*Idealpolitik*）。德国新教的创始人、英国与美国革命的英雄、爱尔兰民族主义者和英国自由贸易的倡导者都没有顺从地默认现有的条件。马丁·路德、约翰·汉普登、奥利弗·克伦威尔、本杰明·富兰克林、乔治·华盛顿、丹尼尔·奥康奈尔和理查德·科布登都曾经是**理 想 政 治 践 行 者**（*Idealpolitiker*），他们坚持自己的原则，"直到他们最终获得了成为**现实**

政治践行者（*Realpolitiker*）的权力"。[12] 在此，围绕着罗豪的话语，费内代创造了两个新的表述。首先，他使用了**"现实政治践行者"**的标签来形容以这种方式行事的人。其次，更为重要的是，他提出了**理想政治**的概念，以此作为**现实政治**的对立面，这个概念也取得了政治上的巨大成功。在英语世界中，它将以反现实政治传统的形式出现，本书后续章节会讨论到。

对**现实政治**的攻击并不一定来自政治领域的左派。**现实政治**最具影响力的批评者之一是普鲁士前外交官兼哲学家康斯坦丁·弗朗茨。他于1817年出生在哈尔伯施塔特（Halberstadt），父亲是一名福音派牧师。弗朗茨在普鲁士的行政机关工作了十五年，之后又任职于普鲁士驻巴塞罗那的领事馆。由于对德国的政治走向感到失望，他于1862年离开了政府，专注于政治写作。他对俾斯麦和进步党人都持批评态度，认为他们的好战倾向越来越明显。

弗朗茨认为，神圣罗马帝国的改进版，即一种松散的联邦制，对德国来说是最好的选择。联邦制是德国给予世界文明的礼物，德国的"历史使命"是引领欧洲恢复均势与和平。他希望奥地利和普鲁士放弃它们成为独立大国的努力，这是不可能成功的，改而在德意志邦联的框架内携手合作。事实上，弗朗茨认为，在这些条件下进行合作的德意志邦联总体上可以成为整个欧洲国际关系的典范。在他看来，19世纪50年代和60年代的动荡——从克里米亚战争到意大利统一，再到俾斯麦对奥地利的战争——都凸显了民族虚荣的危险性。

在弗朗茨看来，以理性和唯物主义的名义侵蚀基督教的价值观，可能使欧洲走上一条冲突不断的道路。他写道："基督教教义赋予我们的责任要高于我们肩负的对国家的责任，它宣称，我们真正的家园实际上根本就不在地球上。……首先是我们对上帝的责任，其次是对邻居的责任，无论他是德国人还是法国人，最后才轮到我们对国家的责任。"他提出了一个问题，从长远来看，**现实政治**将会走向何方？如果政治偏离了宗教信条，欧洲人将他们的思想局限在"所谓国家利益的狭窄范围内"，那么，他们就将面临无休止的战争。基督教教义对**现实政治**一无所知，而那些宣扬**现实政治**的人已经抛弃了《圣经》，"以便用国家崇拜取而代之"。[13]

对于罗豪提出的民族主义能够缓和国内分歧的观点，弗朗茨也进行了批驳。弗朗茨认为俾斯麦外交政策的成功实际上让他得以绕过德国社会内部日益加深的矛盾，然而并没有解决不同社会力量之间的矛盾。他写道，德国"赢得了外部和平，却没有实现内在满足"，并指出了对社会主义的支持急剧上升这一现象。天主教徒和新教徒之间的宗教矛盾也可能会激化。由于没有将信奉天主教的奥地利纳入新德国，使奥地利成为信仰新教的普鲁士的天然平衡者，情况变得更加糟糕。弗朗茨认为，过去，德国接受多元化，这对于防止整个欧洲宗派主义的激化具有重大影响。但是，这已经被抛弃。[14]

后来，在一战期间，弗朗茨被誉为德国帝国主义的反对者。在1914年至1918年间，在维也纳发行的德国激进反对派报纸《自由报》（*Freie Zeitung*）将弗朗茨视为英雄，因为他反对**现实政治**。[15]然而，在弗朗茨的基督教联邦主义的外表下，潜藏着对民族自由主义的虚伪解读。弗朗茨的世界观是一种将基督教信仰、浪漫主义和最肆无忌惮的反犹太主义组合后的奇怪产物。他把民族运动视为犹太人的阴谋，其特点是唯物主义的蔓延和基督教价值观受到侵蚀，而商业价值观则受到追捧。在这种不切实际的观点中，俾斯麦的德意志帝国被斥为"犹太民族的帝国"。[16]未来数年中，这种观点将会以不同形式重新出现。虽然弗朗茨指责犹太人是民族主义运动的幕后黑手，但是后来反犹分子却攻击犹太人背叛了这一运动。这个问题在此背景下浮现，不是一个好兆头。

捍卫现实政治

1868年，罗豪出版了《**现实政治**的基础》第二卷，此时距离第一卷的出版已经过去了十五年。在这段时间里，俾斯麦已经能够自行掌控国家议程。在1866年对奥地利的"七周战争"结束后，俾斯麦于1867年创建了北德意志邦联（North German Confederation），它是俾斯麦于1871年与法国的战争结束后建成的德意志帝国的基础。[17]

正是在北德意志邦联创建之后，俾斯麦如日中天之时，罗豪完成了《**现实政治**的基础》第二卷。他写作的动机是回应第一卷出版十五年来各方对**现实政治**提出的批评。单从书名来看，《**现实政治**的基础》第一卷"不仅直截了当地反对政治理想主义，还反对那些充满幻想和感伤的政策，这些政策模糊的冲动"已经愚弄德国人民太久了。"不着边际的观念、冲动、情绪的高涨、响亮的口号、被天真地接受的流行语"——这些都是他第一本书攻击的目标。他轻蔑地指出，"一些普遍的自由主义的误解以及反对习惯性的自我妄想让政治真相成为了牺牲品"，所以，对**现实政治**的批评是不可避免的。[18]

在1868年10月出版的第二卷的序言中，罗豪坚持说，书中没有一句话是他想收回的，也没有一句话他认为已经过时。然而，他也意识到，因为其他人也开始使用这个词，**现实政治**已经开始有了自己的生命。他拒绝接受对该书书名的批评，如果没有同时批评内容本身的话。此前，他认为没有必要去定义**现实政治**，因为这个概念似乎是不言而喻的。但是现在，他觉得必须给它下一个定义，他抱怨说，因为德国同胞们在这方面领悟得很慢。

首先，罗豪将目光投向了康斯坦丁·弗朗茨，因为后者批评**现实政治**概念"只不过是对所有理想的不屑或绝望，任何形式的暴力和卑劣行为都已事先得到认可"。在罗豪看来，认为他是反理想主义者的说法严重歪曲了他的立场。在攻击**现实政治**时，弗朗茨在理想主义政治和妥协政治之间制造了一种错误的二元对立。罗豪则指出，"追求最高目标"与为实现短期目标而达成临时交易可以并行不悖。其次，他认为"对成功的承认"与"对成功的认可"（为它辩护）之间存在着根本性差异，在这一问题上，他曾经受到弗朗茨的指责。德国自由主义者已经接受的事实是，在德国的国家统一问题上，俾斯麦已经取得了主动权。现在，他们已经准备好在这一事实的基础上跟他打交道。但是，这"并不意味着放弃个人的判断，尤其不需要不加辨别地服从"于当权者。[19] 提倡与当前现实的暂时性妥协并不等于改变深层次的信仰体系。

现实政治并不是某种推翻此前的一切的政治革命性科学，更恰当的做法是把它仅仅视为"对需要政治处理的事实的量度、权衡和计算"。然而，人们无法选择哪些是必须处理的事实。这些事实"是暴力和刻薄行为的产物，还是正义和高尚行为的产物"并不重要。**现实政治**的本质是处理"历史的产物"，接受事实的本来面目，并以开放的眼光看待其优缺点。**现实政治**不会被"转瞬即逝的表象的高尚起源所迷惑"，也不会仅仅因为某些政治事实可能有不道德或涉及犯罪的起源，就出于"道德的义愤"忽略它们。例如，"在**现实政治**的天平上"，1852年路易·拿破仑发动的政变的分量是1848年法国革命的十倍。[20]

然而，罗豪不是宿命论者。承认政治生活的事实并不等同于向它们屈服。承认俾斯麦的力量也不意味着不加辨别地向他卑躬屈膝。**现实政治**的实践者"并不逃避矛盾或斗争"，而是认为自己在实现政治变革方面做出了最认真的努力。**现实政治**不是"朝着一个朦胧的未来前进，而是着眼当下，它认为自己的任务不是在于实现某些理想，而是在于实现具体的目标"。罗豪知道，如果还不能取得完全胜利，就应满足于部分目标的实现。最重要的是，**现实政治**是"各种自我欺骗的敌人"。努力改变所能改变的，并接受改变并非总是可能的现实，这实际上是一个道德选择。这是一个"事关良知的问题",可以看出人与事物的本来面目。[21] 在这个问题上,罗豪预料到了20世纪现实主义者提出的所谓道德现实主义,这通常可以追溯到马克斯·韦伯和他的"责任伦理"(ethics of responsibility)。[22] 值得注意的是,事实上,韦伯的父亲与罗豪同处一个时代,他们都积极参与了民族自由运动。[23]

在对**现实政治**的批判中,最令罗豪感到愤怒的是诸如弗朗茨这样的批评者暗示**现实政治**是一种"政治唯物主义"理论。这与事实天差地别。正如德国民族主义所证明的,观念仍然是政治生活的核心组成部分。例如,即便是俾斯麦也被迫调整其政策,以迎合德国的民族情绪。因此,如果**现实政治**"否认智力、观念、宗教或人类灵魂所崇拜的任何其他道德力量的权利",就会陷入自相矛盾。[24]

与1853年一样,罗豪渴望区分观念的哲学成熟度、道德纯洁度以及它的实际政治力量。这些并不是一回事。他解释说,观念及其相关的一切被纳入**现实政治**中,"只是因为它包含一种能够影响公共生活的力量"。然而,"那种能够打动崇高心灵的最美好的理想在政治上是不存在的"。他给出的例子包括永恒和平、民主博爱、性别平等和种族平等等观点。像这样的幻象没有"真正的信念、意愿和力量"作为基础,"**现实政治**只会不屑一顾地耸肩而过"。[25]

虽然罗豪一直都坚信观念的力量,但在他1868年的作品中,也可以看到他对军事力量更高的赞赏。《**现实政治**的基础》第一卷指出,时代精神是塑造政治生活方向的最重要因素。十五年之后,在普鲁士–奥地利战争结束后,强调的重点发生了一个微妙而重大的变化:"要拆除耶利哥(Jericho)的城墙,**现实政治**认为,如果没有更好的工具,那么

最简陋的鹤嘴锄也要比最响亮的号角声有用。"²⁶ ①

政治理想主义与现实

在《**现实政治**的基础》第二卷的序言中，罗豪主要回应了康斯坦丁·弗朗茨的批评。在第二卷第五章《政治理想主义与现实》中，罗豪将目光转向了左翼自由主义者和社会主义者，例如费内代，他因为1868年进步党决定与俾斯麦联合而脱离了该党。政治应该被理解为一种"实证科学"，而不是"猜测"或者"随意抽象"的领域。对于罗豪来说，国家是天然的**现实政治践行者**。长期以来，国家不得不忍受被政治理想主义者描绘成"可怜的罪人"。只有在极少数情况下，国家才会"追求不可能实现的目标，沉迷于一种愚蠢的想法，并参与那些超出自身能力范围的事业"。然而，在大多数情况下，人们可以认为，国家"远比其批评者更加了解其地位、优势和任务"。²⁷

治国之道，顾名思义，"不过是成功的艺术，适用于国家的特定目的"。每一种合理的人类活动都是为了取得成功。对于罗豪来说，那些认为政治上的成功"无关紧要"的理想主义者是在追求一种"徒劳、虚假的游戏，无论他们用作口号的观念和原则听起来有多么神圣"。他举了19世纪50年代普鲁士民主党人执意放弃投票权的例子，这意味着，除了蒙受羞辱之外，他们"失去了很多，却没有取得任何成就"。他指出，事实上，他们中越来越多的人承认，采取这种"不负责任的固执"的态度是错误的。

---

① 此句使用了《圣经》中耶利哥城陷落的典故，《圣经·旧约·约书亚记》记载，约书亚得到神的晓谕，带领以色列人扛着约柜绕城七次，最后吹起号角、大声呼喊，摧毁了耶利哥城墙。——编者注

　　这也不等于抛弃政治理想主义。政治理想主义在塑造未来国家和社会的政治轨迹方面仍然发挥着作用，可能会"建立自己的体系，努力追求眼前的大胆目标，并试图实现崇高的抱负"，他写道。这种"智力体操"虽然经常变得荒谬而可笑，却绝非一无是处。相反，理想主义往往扮演着"事件预告者和开拓者"的重要角色，为一个国家的政治发展设定轨迹。然而，激进派倾向于从其"形而上学、宗教或伦理方面的价值"来评估政治观点，**现实政治践行者**知道，它们的"市场价值"才是问题真正的核心所在。愚蠢的狂热可能与最崇高的热情同样强大。在欧洲文化中，有许多令人尴尬和过时的"肮脏的迷信"，例如反犹太主义，但是，只要它们还存在，就应当予以承认。

　　人们对现实的理解越透彻，就越能为更高的理想服务。很多时候，一群志同道合的人认为自己掌握了"真善美的真理"，采取了纯粹主义和乌托邦的方式来实现政治变革。再举一个例子，罗豪批评了柏林的一个民主党人派系，他们刚刚发表宣言，呼吁建立一个激进的共和政府。他们的方案在德国历史上毫无根据。难道他们认为"一个盛世帝国可以一夜之间从天而降，或者顷刻之间通过街头巷战就可以建立这样的帝国"？在罗豪看来，这种哲学上的绝对主义实际上是非自由主义的。这源于一种专制精神，认为除了自身之外，其他一切都是无效的。正如宗教迫害的历史所表明的那样，源于理想主义的暴政，其暴虐程度丝毫不减。

　　政治包括"一系列无休止的斗争和妥协"。但是，所谓的理想主义者却对清醒的计算置若罔闻，也不关心对当下情况的担忧。反对派分裂成不同的派系，只会巩固政府的地位。更糟糕的是，罗豪认为极端激进分子拒绝尊重法治的行为给俾斯麦提供了镇压温和反对派的托词。激进主义阻止人们从事"现实世界中的政治工作"。它恫吓了那些"意志软弱、优柔寡断的人"，并为反动派提供了他们喜闻乐见的借口。[28]

寻求均衡

　　罗豪的著作不仅仅是在攻击他周围幼稚的自由主义。其他人同样犯下了自我欺骗的错误。在《**现实政治**的基础》第二卷中，他也批评了俾斯麦的保守党是一个"时代的错误"。他谴责反动保守主义所使用的工具（如行使紧急权力或限制新闻自由）具有专制性质，因此不可持续。[29]专制政府违背了那些构成了伟大国家的品质，包括爱国主义、民族主义、合法的抱负、男子气概和公民自豪感、进取精神、自信、品格和繁荣等。[30]

　　"三月革命前"的自由主义的基本假设——政治自由、自治、法律面前人人平等和言论自由，在罗豪的整个著作中不时可以看到。他实现这些目标的首选策略是施加宪政压力和影响民意。这是1859年成立的全国联盟给自己定下的任务，罗豪正是它的共同创始人。面对反动势力的胜利，罗豪认为自由派资产阶级有两种选择。首先是坚持1848年革命的理想，而不考虑这些理想现已无法实现的事实。其次是适应新形势。**现实政治**的路线不是去强调观念、原则和抽象的宪政理想主义的力量，而是强调和利用资产阶级的实际社会力量，并在新的德国建立伊始就对它加以利用。[31]他依旧相信，现行体制的当前形式，在本质上是不可持续的。

　　正是在这个问题上，罗豪产生了一种均衡的观念。这是国家内部理想的社会和政治结果，意味着德国各种社会力量之间的平衡。要达到这种均衡，需要不同社会力量之间的相互承认和总体妥协。德国的统治者必须尊重中间阶级持续增长的权力、财富和教育。自由派和激进分子必须承认，君主制和民众对王室的爱戴并不是很简单就能消失的。君主制已经深深地渗透进德国文化的每个角落，而且拥护君主制政府的人"从未在一夜之间就变成斯巴达人"。罗豪书中有一处让人想起埃德蒙·柏克对法国大革命的评价。罗豪指出，人们可以砍掉国王以及所有皇亲国戚的头颅，但是习惯了君主制的人们最有可能将奥利弗·克伦威尔或者拿破仑·波拿巴推上空着的王位。[32] 柏克有过著名的预言，在杀死君主之后，混乱将会降临，直到某位受欢迎的将军出现，他"拥有真正把握大局的精神，会吸引所有人的目光"。[33]

与《**现实政治**的基础》第一卷一样，罗豪非常强调工业化社会中，现代性不断变化的条件。中间阶级接受过良好的教育，拥有丰厚的财富，具备企业家精神和积极工作的愿望，他们已经成为现代德国发展的驱动力。但是，德国社会也在以其他方式发生着变化，这些也需要加以考虑。现代化和工业化造就的不仅仅是中间阶级，还有一个全新的无产阶级，这个阶级在政治上也越来越重要。"他们之中，贫穷和未受过教育的那部分人因为数量庞大，在政治上具有愈发重要的意义"，在政治体系中，对他们的承认不能继续被忽视。他写道："过去只在特殊情况下出现在政治舞台上的大众群体，现已成为国家日常运转的固定参与者。"尽管罗豪反对普选，但是他认为将工人阶级吸纳进来，扩大参与"无疑是件好事"。他观察到，"如今，即便是顽固的反动派，也不会考虑拒绝人民群众至少在一定程度上参与国家的管理"。[34]

事实上，罗豪对所有阶级和睦相处的前景表现出了惊人的乐观态度。现代性的另一个积极方面，就在于社会上产生了更高程度的宽容。国家内部不同政治力量之间的关系与德国不同宗教群体之间的关系相类似。当然，人们不能期望他们能够"志同道合地"团结在一起，但是，"秉持19世纪的精神，要求各方容忍彼此、对外宽容，摒弃野蛮的敌意，对他者的继续存在不再持攻击态度，是完全合理的"。对其他社会力量的"大规模征服的计划或企图"，在过去几个世纪里经常发生，放弃这种做法"是公共理性和自我利益的要求"。[35]

除了以容忍和理性为支撑的均衡概念外，罗豪还在《**现实政治**的基础》第一卷中，对关于"社会和国家有机发展"的柏克式思想做了进一步阐述。罗豪还是没有直接引用柏克的作品。然而，他确实使用了柏克用来描述英国宪法的那个类比——随着时间的推移，一棵巨大的橡树缓慢而不均衡地生长。[36] 在修剪这个"社会有机体"时，只需要除去枯死的树枝或有病的部位。尽管有些部分长势异常、形态丑陋，但是它们必须被接受为树的一部分。如果只是因为其外观而试图除去每条丑陋的枝丫，那么整个修剪都将以失败告终。[37]

接下来用到的是另一个柏克式准则——历史和国家形势决定了每个政治状况的特征。柏克写道："各种形势使得各项社会和政治方案成为对人类有益或有害的东西。"[38] 在这里，罗豪直接向自由主义反对派中那些更"明白事理的人"发出了呼吁，将他们与激进分子区别开来。他特别向那些"明智理性的"改革者喊话，这些改革者不希望依照柏拉图的《理想国》或托马斯·莫尔的《乌托邦》来创建国家，而是将瑞士和美国的联邦共和国视为德国可能参照的模式。虽然罗豪相信一个民族可以向另一个民族学习，但对于模仿其他国家的宪法，他仍然持怀疑态度。把别的国家的治理体系拿来取代自己的，实际上是在"生搬硬套"。在德国，共和制最大的障碍就是普鲁士君主制的强大。然而，无论自由派和激进分子多么憎恨这个事实，却拿不出什么证据表明它正在走下坡路。

罗豪认为，一方面，普鲁士在"七周战争"中取得了胜利，俾斯麦和拥护君主制的人以此居功，使爆发革命的可能性消失殆尽。另一方面，北德意志邦联的建立为政治改革创造了"最广阔的活动空间"。从关税壁垒的消除来看，小国的特殊性和邦国间的壁垒已经被扫除殆尽。罗豪将注意力转回到俾斯麦的反对派身上，他很热切地希望他们知道，这是让众人听到他们声音的关键时刻，他们可以协同合作，组建一个新的德意志民族国家，这需要他们不再有所顾虑，通过政治参与来发挥他们对国家的影响力。他谴责了"所有类型的悲观主义，它们拒绝了好的东西，以避免在追求更好事物的过程中被分散注意力"。[39] 事实上，全国联盟认为自己的任务已经完成，于是在1867年主动解散，罗豪对此提出了强烈抗议，认为在影响德国的未来方面，它比以往任何时候都更加重要。如果说他有什么担忧的话，那就是担心俾斯麦和普鲁士在完成已经开始的工作时会过于胆小。[40]

战争还是和平？

　　虽然《现实政治的基础》第二卷是在1870年普法战争之前写成的，但开战的阴云对其内容产生了很大影响。在第二卷的最后几章中，罗豪把注意力转向了欧洲事务中出现的"令人不安的紧张局势"。罗豪关于国际关系的第一个基本观察是，国家内部的政治结构会对其外交政策的进程产生重大影响。法国就是一个很好的例子。例如，拿破仑三世的波拿巴帝国就与个人性格密不可分，整个法兰西第二帝国都仰赖于对他的阳刚气概的感知，这种气概得在国际舞台上得到检验。这反映在受政府控制的法国媒体的古怪行为中，法国媒体经常提出要向德国发起进攻，但是没过几周，就又对这个问题保持沉默。罗豪警告说，这样一个"摇摆系统"非常危险，"使我们越来越接近战争的边缘"。

　　欧洲身处"火药桶"之中。德国的地位尤其脆弱，它被夹在法国和俄国之间，这两个国家拥有世界上最强大的军队，都图谋扩大在德意志土地上的影响力。在这种情况下，德国需要做出艰难的选择。鉴于法国的敌意是当时的头号威胁，罗豪认为最明智的政策是寻求与俄国结成临时同盟。这可能并不容易，因为俄国仍在对德意志的几个邦国施加影响。这种干涉"严重伤害了德意志人民的自尊心"。但在此时此刻，让自尊心来决定政策的走向是一种目光短浅的做法。[41]

　　和普鲁士议会里的自由派一样，德国民族主义者也必须在短期内接受这一现实。尽管罗豪并不是唯一提出这一观点的人，但值得注意的是，俾斯麦得出了同样的结论：对德国而言，在两条战线上与法国和俄国同时开战无异于自寻死路。事实上，这个理念被称为俾斯麦外交政策的基石之一，而在1890年之后，德皇威廉二世和后俾斯麦时期的德意志帝国主义者抛弃了这一理念。

　　在其他大国中，英国是德国的天然盟友。英国与欧陆隔海相望，在平衡欧洲事务时，英国政治家长期以来一直奉行一种均势政策，那就是维持一个中欧强国以确保欧洲均势，防止法国或俄国取得霸权。1815年以来，英国一直在支持普鲁士还是奥地利上左右为难，但主要偏向后者。然而，普鲁士在1866年的胜利让伦敦的选择变得容易，因为它现在是德意志最强大的国家。如果开战，哪怕只是为了保护贸易业，北德意志邦联至少可以指望英国确保其海岸线和北欧航道的自由航行。罗豪对这样一个同盟的看法极为现实和冷静，同国内政治一样，他将国际政治理解为一场大博弈，在这场博弈中，利益至高无上。这种暂时的利益共同体能否经受住时间的考验仍然有待观察。[42] 将**现实政治**应用于国际体系，意味着与克莱门斯·冯·梅特涅在1815年至1848年推行的"大国协调外交"政策分道扬镳，这绝非巧合。之前的保守主义共识以及对稳定与和谐的偏好，已随着新兴国家的崛起而削弱。[43] 最终，德国将不得不为自己探索出一条独立的道路，不再依赖于从其他国家获得保证来确保自身的安全。

　　从长远来看，罗豪认为，来自法国和俄国的威胁结合在一起，对于德国而言简直就是"灭顶之灾"。因此，应对这一问题最重要的一点就是实现德国内部的团结。基于这些原因，罗豪将矛头指向德意志北部的激进派和巴伐利亚等南部各邦的教皇绝对权力派天主教徒。他谴责激进分子将欧洲关系恶化归咎于普鲁士军国主义，却忽视了其他国家的虚伪行为。他指责天主教徒对天主教会的忠诚更甚于对德国同胞的忠诚，从而为法国人大开方便之门，让他们充当罗马教皇保护者，制造纷争。"为了在与这两个军事大国即将到来的对抗中幸存下来"，德国必须"最终证明其拥有作为一个国家存在的合法权利"，并且"军民团结一心"。罗豪的语气变得强硬起来，这在后来将成为德国民族主义的一大特点，他声称，"任何阻碍这种团结的人都将受到背叛祖国的正当指控"。[44]

如果说罗豪对德国未来的政治和经济发展持乐观看法，那么他对国际舞台的评价就不是这样了。虽然来自俄国的威胁目前还不明显，但是问题很快就会出现。外交手段能发挥作用的时间就只有这么长。俄国和德国注定会爆发冲突。其中，波兰逐步俄国化尤其对普鲁士构成了战略威胁，加上俄国对入德河道受到北德意志邦联政府的通行费的阻碍而耿耿于怀，这种威胁就显得尤为严重。同样，在德国境外散布着诸多讲德语的民族聚集的飞地，如果民族之间矛盾加剧，引发动荡，他们尤其容易受到冲击。罗豪还曾预言警告："在波兰和俄国的土地上，德国聚居地数量众多，而且还在不断增加，它们是巨大的火药桶。"[45]

一个令人担忧的相关事项是泛斯拉夫主义（Pan-Slavism）的发展。在北德意志邦联的东部和南部，欧洲的斯拉夫人（捷克人、克罗地亚人和塞尔维亚人）日益强调自身的独特性，并提出了自己的民族诉求。作为一个多民族的帝国，奥地利可能成为泛斯拉夫主义发展的最大输家。另一个担心是俄国人会大力支持泛斯拉夫事业，借此削弱德国，满足自身利益。捷克人和其他斯拉夫民族主义者已经表明，他们"已经做好准备，以应对从理论到实践的转变，面对这种局面，德国再也不能无动于衷地消极应对"[46]。

如前所述，1848年之前，德国自由派人士中有一部分人支持波兰独立。事实上，19世纪30年代，罗豪与波兰民族主义者曾并肩斗争。德国自由民族主义者一心想着基于类似原则在东部建立一个可行的缓冲国。毕竟，在反对普鲁士的反动内阁，以及反对奥地利尤其是俄国方面，德国和波兰有着共同的利益。这样，德国可以获得保护，也有足够的空间和时间完成向自由国家的转变。然而，一旦波兰问题开始冲击到德国的利益，情况就开始变化了。这个问题首先在波兰人占多数的波森（Posen）凸显出来，德国民族主义者将这个小国视为统一后的德国的一部分。对此，波森的波兰人当然有不同的看法。这就是问题所在：欧洲新民族主义议题的兴起将不可避免地导致相互竞争的民族目标。

在这个问题上，虚伪和沙文主义并未缺席。德国对斯拉夫民族（捷克人、克罗地亚人和塞尔维亚人）的"新"民族主义态度平平，甚至不如他们对波兰人的同情。为这种优越感给出的一个理由是，这种民族主义是最近产生的，只不过是对德国民族主义的模仿。更为重要的理由是，德国人担心斯拉夫民族主义可能会反德亲俄。于是，1848年，那些实际上为同一个目标而战斗的捷克人或德国人之间没有建立任何联系。当捷克的起义于同年被镇压时，法兰克福国民议会里的许多人认为，这对德国来说是件好事。对德国地缘政治的关切凌驾于一切关于国际友谊的考虑，毕竟这个国家的东西两翼十分脆弱，生存能力令人担忧。正如历史学家布伦丹·西姆斯所解释的那样，西部莱茵边境面临的每个新威胁，以及东部德国利益面临的每个新威胁，合在一起"加速了一种冷静的自由民族主义**现实政治**的形成"。[47]这样一来，罗豪的观点就越来越多地与关于外交政策的辩论联系在一起。其中有个有趣的插曲，讲德语的捷克人也开始以自己的民族主义目标为理由，提出了他们自己的**现实政治**。例如，1876年，捷克政治家约翰·卡什帕·布伦奇利（Johann Kaspar Bluntschli）提出了**现实政治**（涵盖了捷克人"真正"的需求）和**理想政治**（他们的抽象需求）之间的区别。布伦奇利的著作对捷克独立运动的大英雄托马斯·马萨里克起到了指导作用，后者后来被誉为具有捷克特色的**现实政治**的实践者。[48]

在 A. J. P. 泰勒看来，出于对斯拉夫民族主义的敌意，罗豪在讨论德国自由主义的局限性时不够全面客观。[49] 然而，罗豪确实没有像其他同时代人那样，陷入沙文民族主义的陷阱。虽然有人可能指责他为俾斯麦的得势创造了一定的条件，但他确实与后来德国民族主义中所充斥的种族主义没有关联。事实上，罗豪正面探讨了德国社会中的一大危害：反犹太主义。在《**现实政治**的基础》第二卷中，他谴责反犹太主义在道德上是错误的，也不符合常理。正如我们已经看到的那样，罗豪准备基于道德立场，谴责这种"迷信"——宗派主义和种族仇恨。更为重要的是，犹太人融入国家事业之中是现代化的例证之一，罗豪认为这种现代化对于德国的未来相当重要。他相信，鉴于德国犹太人所拥有的社会力量、财富和智慧，他们不仅应该享有政治代表权，还是未来德意志民族国家不可或缺的宝贵财富。反犹太主义既不理性也不务实，它在罗豪关于**现实政治**的理解中完全没有地位。[50] 许多在罗豪之后夸耀自己的**现实政治**的人忘记了这个教训，被非理性的仇恨所左右，结果举步维艰。

第四章

罗豪之后的现实政治

　　1848年，路德维希·冯·罗豪未能获得法兰克福国民议会的议员席位，但是他终于在1871年赢得了国会议员席位。俾斯麦在1870年普法战争中彻底击败了法国，随后，德意志帝国建立，罗豪得以见证这一系列事件。1870年到1872年间，他写了一部关于德国历史的两卷本小书，但此时，他正在接近生命的终点。[1] 1873年，罗豪在海德堡因中风去世，当时，他正在撰写皮埃蒙特（Piedmont）的自由党创始人和意大利统一运动的领导人卡米洛·加富尔伯爵的传记。

　　1871年到1879年间，民族自由党人是俾斯麦在国会的主要盟友，并且可以很好地证明自己能够通过同意与政府合作来对政府施加影响。一方面，他们可以要求降低贸易关税，放松对宗教自由问题（包括犹太人）的管控，制定新的刑法，并实施其他司法改革。另一方面，民族自由党人的世界观存在着盲点。部分原因在于他们将现代化和世俗化视为自由进步的试金石。因此，他们乐于与俾斯麦合作，推进由帝国立法确立的"文化斗争"（Kulturkampf）。这场斗争冲击了德国天主教的政治结构，参与其中表明民族自由党愿意站在政府的官僚机构一边，而不是国家内部自我认同的群体的权利一边。要说他们向俾斯麦"投降"，并不完全符合事实真相。尽管如此，当俾斯麦在1879年毫不客气地将其抛弃时，民族自由党人的弱点就暴露无遗了。俾斯麦与中间党建立了联盟，抛弃了自由派，任其自生自灭。[2] 关于**现实政治**的一个事实是，其他人同样可以玩这样的游戏。

现实政治的出现也与欧洲政治和文化更广泛的发展相契合。历史学家罗伯特·宾克利在20世纪30年代指出，欧洲的许多弊病可以追溯到利用理性主义和现实主义的新趋势来破坏神圣罗马帝国的"联邦政策"的做法。他写道："归纳科学、文学和艺术现实主义、商品经济学和**现实政治**显示了某种设计的和谐。"正是这些力量合在一起导致"联邦政体屈服于欧洲的基本群体关系中政治、文化和社会方面的集权和暴力"。随着罗豪的《**现实政治**的基础》和奥古斯特·孔德的《实证政治体系》问世，政治领域的腐败已经开始。之后就是达尔文的《物种起源》于1859年问世，这本书反过来让能够从科学视角来理解人类发展的观念广为人知。在宾克利看来，这种宽泛的、界定不清的现实主义在抵制神话、情感和形而上学的理想主义方面，与国际主义和世界主义背道而驰。最后，相同的逻辑开始影响到外交政策行为。**现实政治**之于外交领域，相当于唯物主义之于自然科学和经济思想，现实主义之于禁欲主义。[3]

文化历史学家佛朗哥·莫雷蒂将**现实政治**置于更广泛的文学环境之中。这个时代出现了越来越多的"现实主义"文学小说，如沃尔特·斯科特、玛丽亚·埃奇沃思、奥诺雷·德·巴尔扎克、威廉·梅克皮斯·萨克雷、让·德·拉封丹、亨利·詹姆斯、居斯塔夫·福楼拜和托马斯·曼等人的作品。19世纪关于社会和政治条件的描述变得客观，具有分析性。对此，莫雷蒂指出：**现实政治**的问世概括了这一情绪的变化。[4]

　　在一些人看来，这一趋势令人担忧。一位当代自由主义观察家批评这种趋势为稳定现实主义（Realismus der Stabilität），即一种稳定和既成事实的现实主义。与这种观点相对，另一位文学学者认为，在这个文学转向中实际上隐藏着一种政治伎俩——自由派和激进分子试图借此在保守和反动时期保持改变的可能性。有人认为，在后拿破仑时期的法国、意大利和德国，浪漫主义有一种**现实政治**传统。欧洲大陆的浪漫派利用文学和诗歌来阻止1815年以后的复辟过于深入人心。[5] 这种解释或许更接近罗豪的真正意图：让自由主义在一个不利于自己的世界中存活下去。

现实政治在德国“特殊道路”中的作用

　　1848年后德国一个世纪的历史使人们相信，德国的国家发展出现了严重的错误。二战之后，纳粹暴行逐渐为世人所知，历史学家开始讨论德国从19世纪中叶开始走的一条“特殊道路”（Sonderweg）。正是在这些辩论的背景下，人们越来越多地审视**现实政治**这一概念。**现实政治**与两个事实的关系尤其密切。首先是德国自由主义在面对瞬息万变的环境时脆弱无力，为非自由力量的涌入带来可乘之机。[6] 其次是俾斯麦的外交政策，其首要特点在于摆脱了梅特涅时代的会议外交。[7]

　　这引发了更广泛的讨论。二战后，德国出现了一个有影响的思想学派，该学派认为德国的发展受到了腐蚀，因为德国在经济现代化之后，没有经历西方其他主要工业国家所经历的那类政治自由化。[8] 值得注意的是，只有汉斯–乌尔里希·韦勒出版了罗豪的**现实政治**在20世纪的唯一版本，他是与“特殊道路”论关系最密切的历史学家之一。[9]

　　“特殊道路”论极具争议性，尤其是因为它假定在工业化社会中，只有一个政治发展版本。[10] 为什么德国应该沿着与英国和法国类似的道路发展呢？马克思主义史学家杰夫·埃利和大卫·布莱克本也提出与此相反的观点，即德国资产阶级实际上比"特殊道路"论所称的更强大。英国的政治制度更多地受旧地主精英阶层的支配，可以说，在一战之前，德国比英国更为民主和自由。德国确实发生了资产阶级革命，只不过没有反映在议会民主这一层面。正如埃利和布莱克本所说的那样，在德国资产阶级的**现实政治**中，资产阶级已经与以容克地主阶级为代表的前工业时代的权力精英结成了伙伴关系，俾斯麦就来自容克地主阶级。这个论点再次呼应了罗豪的观点（尽管他们使用"**现实政治**"时没有把这个词归因于他）。[11]

　　有人将矛头指向德国自由主义者与俾斯麦达成的致命妥协，另一些人则认为，早在1848年之前就已经错过了让德国走上另一条道路的机会，而1848年正是A. J. P. 泰勒曾指出的历史未能发生转折的时间点。德裔美国历史学家彼得·菲尔埃克在20世纪四五十年代写道，梅特涅应该承担大部分责任。梅特涅没有安抚笼络自由主义者，相反，他的镇压政策迫使他们孤注一掷，把赌注押在新出现的民族主义上，认为它将成为自由化的力量。自由派和保守派本该结合"各自掌握的一半真理，对付他们真正的敌人的彻头彻尾的谎言，这些敌人包括自封的现实主义者……种族主义者、军国主义者和预谋战争的领土收复主义者"。但是，1848年，"中间阶级国际主义"和"君主贵族国际主义"重创彼此，出现真空状态，极端民族主义由此流行。[12] 反过来，这又对欧洲的国际关系产生了深远的影响。

　　菲尔埃克认为，尽管梅特涅时期的欧洲存在种种缺陷，但也维持了一段漫长的和平时期。他将欧洲政治理解为国家联盟，在这个联盟中，各国都尊重一般的行为准则，而俾斯麦后来把这一理念抛在一边。在菲尔埃克看来，国际舞台上的**现实政治**会导致人们不再相信会取得任何更好的结果，对任何关于善恶的普遍规范都缺乏信心。[13] 尽管所有国家的政策都或多或少带有**现实政治**的元素，但只有德国"走得最远，将这种可悲的做法合理化，将它美化为一种理论"。[14] 这将导致灾难性的后果。

海因里希·冯·特赖奇克及其对现实政治的歪曲

即使在罗豪去世之前，很多人对**现实政治**概念的使用也得不到这位首创者的认可。一个世纪之后，耶鲁大学的德国史学家哈乔·霍尔本在其著作中坚称，**现实政治**这个表述的使用应该仅限于1848年后十年内登上舞台的政治家，即使这样，它也仍然需要确切的定义。然而，随着1853年以后这个词的使用激增，其原始含义却变得模糊起来。它要么表示一种蔑视所有思想和意识形态的政策，要么表示一种只依靠权力的使用来实现其目标的政策。[15] 渐渐地，人们也不再意识到，罗豪的写作背景是自由主义。[16] 在这一时期之后，诞生于政治左翼的**现实政治**将主要与右翼人士联系在一起。

在维持**现实政治**的概念方面，有一个人比其他任何人都重要，然而他同样扭曲了这个词的含义。他就是罗豪的同僚，民族自由党政治家兼历史学家海因里希·冯·特赖奇克。这个词与俾斯麦越发紧密地联系在一起，主要归功于他。也正是因为特赖奇克，**现实政治**与德国国家理想中对权力重要性的崇拜联系在一起。最重要的是，通过特赖奇克，盎格鲁-撒克逊世界第一次接触到了**现实政治**这个令人尴尬的概念——其中包含着罗豪的一些关键理念，也有很多后来加进去的东西。二战爆发后，有人甚至将特赖奇克称为国家社会主义（National Socialism）的"先知"。[17]

特赖奇克于1834年12月15日出生在德累斯顿（Dresden）。他的父亲是萨克森军队中一名杰出的捷克裔军官，与罗豪的父亲一样，参加的第一次军事行动就是与拿破仑的军队作战。在美国独立战争期间，特赖奇克的外祖父在乔治·华盛顿的指挥下打过仗。年轻时，特赖奇克出现弱听问题，多年来病情不断恶化。他也是一位诗人，比起罗豪寡淡乏味的文风，他的作品风格更吸引读者。1848年革命爆发时，他虽然只有十四岁，却为之激动不已；当时，他支持共和制。然而，到了19世纪50年代初，当他成年后，他对1848年出了哪些问题越来越痴迷。

1853年，特赖奇克在海德堡大学的图书馆发现了罗豪的《**现实政治**的基础》第一卷。他认为这本书中包含的内容"对于学术研究而言，比厚厚的政治教科书更有用"，并声称"没有哪本书，能用更具洞察力的逻辑来摧毁先入为主的错觉"。[18] 给特赖奇克留下深刻印象的是《**现实政治**的基础》第一卷的最后一句话，它断言，唯一可以统一德国的是某种"能够吞并其他邦国的优势力量"。这让他深刻地认识到，普鲁士在德国国家统一事业中扮演着重要角色。而更值得注意的是，他进一步发挥了罗豪的逻辑，将德国国家（统一）问题置于自由主义纲领之上。[19] 1854年，特赖奇克承认，他最珍视的道路是能以最快速度实现国家统一的道路，即便它会导致专制主义。[20]

从19世纪50年代特赖奇克的思想发展中，人们可以看出罗豪的影响。他借用了罗豪使用过的一些隐喻，比如1848年革命者只是建造了"空中楼阁"。特赖奇克写道："政治科学的任务绝不是在空中为自己建立一座虚幻的楼阁，因为真正具有人本性的东西根植于现实生活的历史事实。"[21] 1857年，他向莱比锡大学提交了一篇论文，文中指出，理想国度并不存在。1859年，罗豪所写的法国历史作品出版，特赖奇克大表钦佩。事实上，他希望撰写一本同样风格的德国史，"但是要尽可能比（罗豪的）这本书写得更好"。[22]

特赖奇克甚至还读了罗豪那些不甚知名的作品，比如说他在意大利旅行的游记（这是他唯一被翻译成英文的著作）。特赖奇克不无钦佩地

图5 海因里希·冯·特赖奇克（1834—1896）是德国民族主义历史学家，路德维希·冯·罗豪的崇拜者，并着力向世界宣扬"**现实政治**是多么了不起"。然而，特赖奇克后来被指责为国家社会主义的"先知"以及极端军国主义和反犹主义的宣扬者。图片来源：维基共享资源

评论道，罗豪用了大量篇幅来讨论该国的经济、社会习俗和制度（而不像普通游客那样致力于描述艺术画廊或风景名胜）。[23] 他阅读了罗豪的德国简史（两卷分别在1870年和1872年出版），不过该著作给他留下的印象不深。此外，他还读了罗豪在生命的最后几年创作的关于意大利加富尔伯爵的作品。[24] 1870年，特赖奇克在撰写自己关于意大利的作品时表示，他希望向德国人展示"**现实政治**是多么了不起"。[25]

像罗豪一样，就政治本能来说，特赖奇克仍然是一个自由主义者。他写道："19世纪所创造的一切新事物都是自由主义的杰作。"但是，代

表政治演变的终极和最高阶段的是民族主义，而非自由主义。[26] 正是基于这些理由，在1861年发表的一篇关于约翰·斯图尔特·密尔的文章中，特赖奇克开始对盎格鲁-撒克逊自由主义观念的基础提出批评。他在文中阐述了一种国家内部的自由和自由权利的概念，而不是像密尔那样，阐述来自国家的自由。在1864年的一篇题为《联邦国家和单一国家》（"The Federal State and the Unitary State"）的文章中，特赖奇克将德意志"人民的自由"与"普鲁士国家的权力"联系在一起。[27] 德国缺乏的是其他许多国家所拥有的那种自信心和命运感。因此，特赖奇克开始撰写一本关于19世纪德国历史的著作。政治是历史的应用。建立在现已为人熟知的理念基础上的国家是一个活的有机体。历史的宏伟建立在国家之间的永久冲突之上。世界主义和地方主义都是这一现象的敌人。[28]

在特赖奇克看来，**现实政治**与其他思想潮流相互交织。除了罗豪和密尔的著作之外，特赖奇克还熟读了亚里士多德的《政治学》和马基雅维利的《君主论》。他引用了亚里士多德（正如罗豪所做的那样）来支持自己的论点，证明国家是人类生活中最高的道德化和人性化机构。因此，国家必须遵循自身的规则，即维护自身存在并发挥全部潜力。关于马基雅维利，特赖奇克写道，他"比其他人都更适合打消人们的错觉，即凭借真理和道德的理念这些武器就能够改造世界"。特赖奇克并不是简单地被马基雅维利的现实主义所吸引。他还将马基雅维利视为爱国者：如果能够使佛罗伦萨共和国强大起来，马基雅维利愿意抛弃他的共和主义思想。马基雅维利牺牲了"正义与美德，以换取一个伟大的理想，那就是他的人民的强大和团结"。[29] 在《君主论》中，他看到的是"炽热的爱国主义和一个坚定的信念，认为只要能确保祖国的强大和统一，即使是最具镇压性的专制主义也必须拥戴，正是这些理念说服我与伟大的佛罗伦萨人的许多令人反感和可怕的观点和解"[30]。当时德国的另一位新马基雅维利主义者卡尔·博尔曼（Karl Bollman）则在1858年写了《马基雅维利主义辩护书》（*Defence of Machiavellianism*），其座右铭是"祖国高于一切"。[31]

特赖奇克强烈的新教信仰也使得他的著作带有一种天命论的意味。他对德国国家命运的信念让他的作品几乎带有福音书的调子。与黑格尔一样，他也笃信历史和国家是上帝的工具。国家命运的前进轨迹不是凡人所能看清楚的。人们绝不能试图主宰历史。现实的政治家最高尚的品质就在于"他能够指出时代的标志，并在某种程度上意识到世界历史在某个特定时刻可能会如何发展"。政治家必须让自己"只去追求那些真正可以实现的目标"，并在追求的道路上坚持不懈。[32]

在普鲁士与奥地利战争之前，特赖奇克对俾斯麦的态度是一种有条件的尊重。正如他的第一位英国传记作家后来所说的那样，当时他还是"半个自由主义者"，仍然坚持自己在学生时代所学到的自由宪政理论。[33] 1866年，在奥普战争期间，俾斯麦试图招募特赖奇克来为他起草战争宣言。特赖奇克回复道，虽然他支持俾斯麦的对外政策，但拒绝在宪法重新确立之前成为国家的公职人员。[34]

然而，与罗豪一样，特赖奇克相信普鲁士在1867年"七周战争"中战胜奥地利是德国问题的转折时刻。特赖奇克来自萨克森，却要求俾斯麦派兵侵入他的家乡，这让他在当地人中相当不受欢迎。作为一名虔诚的新教徒，他质疑天主教徒超国家的忠诚，也支持俾斯麦的"文化斗争"立法政策。[35] 战后，俾斯麦准许他不受限制地使用国家档案材料，特赖奇克因参战而受伤的兄弟也受到了俾斯麦的关照。[36]

特赖奇克名义上独立于俾斯麦，但是，他很快成了普鲁士政府宣传机构的总负责人。到了1870年，特赖奇克敦促："在统一问题上我们必须更加激进，在自由问题上我们必须更加保守。"[37] 1871年俾斯麦实现德国统一的时候，特赖奇克的民族主义完全取代了他的自由主义。他甚至宣称，1871年德意志帝国的建立"已经实现了自由主义纲领"。[38] 捷克裔犹太移民汉斯·科恩在1945年撰写了一篇研究特赖奇克的论文，文中指出，在那一时期，德国的自由主义在民族主义的热潮中已经失去了灵魂。罗豪与执政当局保持了距离，而特赖奇克则投身于其中。因此，科恩认为："俾斯麦的**现实政治**不仅在外交和军事领域完成了征服，而且在德国的思想领域也完成了征服，而这对思想界是更大的灾难。"[39]

现实政治和国际关系

到19世纪70年代早期，特赖奇克是德国最有影响力的历史学家之一。他通过讲座和演说赢得了大量的追随者。1874年，他在柏林大学获得了一个声名显赫的教职（他一直任职到1896年去世），并成为利奥波德·冯·兰克的同事。[40] 兰克或许可以说是19世纪为推动历史研究职业化做出最突出贡献的人物，他写了一篇题为《普鲁士国的天才》（"Genius of the Prussian State"）的文章，送给特赖奇克。对于年轻的特赖奇克来说，这件事令他倍感自豪。[41] 然而，在幕后，兰克反对特赖奇克的教职任命，理由是他狂热地支持俾斯麦，缺乏足够的学术中立性。[42]

兰克对历史研究的贡献广为人知，这体现在他强调对原始材料的实证处理和叙述的重要作用。也可以认为，他在**现实政治**的发展过程中扮演了并不显著却重要的角色。兰克的历史主义从所谓的自由主义规范出发，为普鲁士国家的特殊性辩护。他谈到了德国人对国家的理解是如何从法国革命的先例中"解放"出来的。德国的民族主义是对来自法国的生存威胁的回应。兰克写道："因为我们现在受到了精神力量的攻击，所以我们必须用精神力量来反对它。"德国人需要发展自己的民族意识，并通过国家表现出来。对此他补充说，外交是政治生活中最重要的因素，也是对一个国家的终极考验。[43]

在其他人那里，兰克的"外交政策占据首要地位"的观点可能会被赋予一种更激进好斗的形式，即一个国家的健康状况是以军事力量来衡量的。出生于捷克的社会学家维尔纳·施塔克在一个世纪之后写道："在光芒四射的兰克背后，是阴险的俾斯麦（且不说其他更为阴险的人物了），他是一个铁与血铸造的人，他在战争的熔炉里铸造了自己的帝国。"[44] 在特赖奇克这里，兰克和罗豪的元素则被融合在一起，为新的德意志国家开辟出一条走向进一步辉煌的道路。特赖奇克写道："拥有一支强大且训练有素的军队是一个国家高度卓越的标志。"正如卡尔·冯·克劳塞维茨所主张的那样，战争只是政治的延续。只要一开战，对国家行为的限制就不复存在了。可以使用最尖锐的武器，而且第一个目标必须是"刺入敌人的心脏"。[45]

特赖奇克关于国际关系的观点或许比最初看起来的更加复杂微妙。他认为，国际关系有两个主要的概念，而它们都是站不住脚的。一种是"所谓的自然主义理论"，其源头可以追溯到马基雅维利，基础观念是国家"仅仅只是权力的化身"并且"有权做任何对于它有利的事情"。在特赖奇克看来，这是十分荒谬的。这是与**现实政治**背道而驰的（纳粹在这方面就失败了）。如果一个国家单单渴望获得军事力量而不理会理性或良知的话，它的成功将不会长久。如果一个国家对诚信或条约协议表现出蔑视，它很快就会树敌无数。甚至连马基雅维利所崇拜的恺撒·博尔吉亚"最终都陷入了他为别人挖掘的陷阱之中"。因此，"纯力量"的理论实际上是不道德的，因为它不能证明自身存在的合理性。[46]

特赖奇克认为，国家间行为存在一种自然调节因素。这就是人性本身，它是国际事务中一个不可或缺的因素。事实上，他在提出这一观点时，也委婉地提出警告，受到**现实政治**诱惑过深存在诸多危险。宣称单单依靠实力和军队就能决定国家命运的人，"通常是一个令人厌恶的狂热分子，在青年时代热衷于宣扬和平，但是发现和平对于这个可怜的世界来说太不可企及了，于是就转向了另一个极端，现在又宣称一切事物的基础都是野蛮暴力和犬儒"。所有伟大的政治思想家都表现出"些许犬儒的对人类的蔑视"。但是，最有能力的政治家能够唤醒"人们身上那些潜藏的更高尚的能量，尽管人们都有缺点和粗暴的本能"。[47]

此外，特赖奇克否认了国家的"道德"概念，他认为这种概念在德国自由主义政治理论中占据主导地位。他写道："国家在这里被视为一个听话的小男孩，他被沐浴干净，梳洗整齐，然后送到学校；他必须经常被扯耳朵才能保持听话状态，作为回报，他应该成为一个感恩和心地善良的人，还有天知道的什么其他好的品格。"这助长了一种对国际体系的误解，认为这是一个受到规则和自我限制的良好行为所约束的舞台。国际法教条主义的鼓吹者"一厢情愿地想象他只需要说出几句格言，世界上的其他国家就会立即像理性的人那样接受它们"。这种观点忽视了这样一个事实，那就是"愚蠢和激情很重要，并且在历史上一直如此"。[48]

特赖奇克对国际舞台的观察最引人注目的是他心里有一个新的目标。在他看来，在操纵国际体系以达到自己的目标方面，动作最多的国家并不是罗豪主要关注的法国或俄国，而是英国，它是"肆意践踏国际法的野蛮行径的根源"。英国对海洋的统治残酷无情，对其他国家动辄欺凌、炮击，继而攫取优势地位。正是英国的存在，海上国际法"只不过是一种海盗特权制度"。然而，正是英国选择以其"空洞的关于人性的陈词滥调"，向全世界宣讲自由主义。[49]

在英国身上，特赖奇克看到的不仅是虚伪，还有软弱。他敬仰那些拿破仑时代及其后不久的英国将领和外交官，如威灵顿、卡斯尔雷、坎宁和帕默斯顿等人，他们诚实地谈论对自我利益的追求。然而，近几十年来，英国已经完全受制于"沾沾自喜"和平淡无奇的重商主义。特赖奇克引用了一些英国人所带来的影响作为例子（例如领导自由贸易运动的激进分子理查德·科布登），认为重商主义精神毒化了英国的国民性，"决斗已经变得过时……马鞭取代了剑和手枪"，而且，说到板球和足球的职业化，这个国家的青年人甚至将他们的运动也变成了一桩生意。

英国也比其他欧洲国家更为安全，这导致了英国人思想上普遍出现腐化堕落。"远离大陆的岛屿生活带来了一种虚幻的安全，英国和英国人养成了一种对其他国家感受的傲慢的无视，没有任何欧洲大陆的国家敢于如此放纵。"关于英国虚伪的例子有很多，例如1807年对哥本哈根的炮击，当时英国军队对该城发射了燃烧弹，造成三千名居民丧生。1877年，英国兼并德兰士瓦共和国（Transvaal Republic）是另一个例子。英国的策略是欺负弱者，而在遭遇强者时则表现出道德上的优势。[50]

在特赖奇克考虑德国的潜在力量时，他的目光开始转向欧洲以外，思考建立可与英国和法国的海外帝国相提并论的德意志帝国的梦想。在这里，我们可以看到所谓"**世界政治**"的发端。特赖奇克认为，"在这些原则用于野蛮国家时，国际法不过是哗众取宠的空谈"。这为德国的殖民主义铺平了道路。在其他国家都参与争夺新殖民地之时，德国政治家不去寻求发挥重大作用是一种"令人蒙羞的软弱"。德国民族主义中的扩张主义论调还带有一种厚颜无耻的种族主义色彩。在一篇讨论如何建立德意志帝国的臭名昭著的文章中，特赖奇克写道："必须以烧毁村庄的方式来惩罚黑人部落。"[51]

作为想向全世界展示"**现实政治**是多么了不起"的人，特赖奇克已经偏离了罗豪最初的理念。罗豪一直非常清楚德国在欧洲的弱点。因此，相较之下，罗豪关于德意志帝国的设想是较为克制的。他在《**现实政治**的基础》第二卷中指出，如果德国希望持久强大，前提条件将是延续温和路线，并且他从未谈论过殖民地或**世界政治**。[52]

在罗豪看来，**现实政治**是对事实的权衡，最关键的是，它是"自欺欺人的敌人"。然而在特赖奇克眼里，**现实政治**所要求的情感上的超然被军国主义和沙文主义所淡化。值得注意的是，特赖奇克与罗豪最明显的分歧在于犹太人问题。罗豪将德国犹太人视为未来德意志民族国家的组成部分。他认为反犹太主义是非理性的，因而与**现实政治**不相容。特赖奇克的论调则与罗豪最严厉的批评者之一康斯坦丁·弗朗茨的观点相似，他认为犹太人的重商主义和对新闻界的控制助长了一种反德国的倾向。[53] 对于法老针对犹太人的政策没能在古埃及得到更有力的推行，他表示遗憾。在一个不祥的声明中，他暗示，这给德国留下了一个亟须解决的犹太人问题。[54]

弗里德里希·迈内克与国家理由

特赖奇克于1896年去世，后继者是对他持批评态度的弗里德里希·迈内克。迈内克将把**现实政治**的思想带入20世纪，但是试图清除此前与之联系在一起的一些概念。二人之间的一个联系在于，迈内克接替特赖奇克担任了当时最重要的历史期刊《历史学报》(*Historische Zeitschrift*) 的编辑。[55] 在迈内克看来，特赖奇克已经成为德国在国家理由 (Staatsräson) 问题领域最重要的思想家。迈内克将国家理由与**现实政治**互换使用，这是20世纪许多"现实主义"学者都会遵循的做法。正是因为迈内克比其他任何人都更为频繁地融合这两个概念，以至于直到今天，国际关系理论家常常认为二者是同一回事。[56]

迈内克于1862年10月出生于萨克森-安哈尔特 (Saxony-Anhalt) 的萨尔茨韦德尔 (Salzwedel)，这意味着他比罗豪和特赖奇克要晚一代。他在波恩大学和柏林大学接受过教育。1887年到1901年间，他在德国国家档案馆担任档案管理员。他接替特赖奇克担任《历史学报》编辑一职，直至1935年被纳粹当局撤免。虽然不支持纳粹，但他一生都是一名反犹太主义者，信奉以牺牲东欧斯拉夫人为代价的德国"生存空间"（Lebensraum）理论。

迈内克活了九十二岁，这意味着他的职业生涯经历了许多阶段，大致可以划分如下：一战之前及期间，战间期的德国，以及后纳粹时期的德国。他所处时代的背景塑造了他的思想，因而他被 E. H. 卡尔形容为典型的时代精神历史学家。[57] 一战之前，他成为参与德国民族主义宣传鼓动的学者之一。他的学术研究不可避免地受到了俾斯麦主义和德国帝国主义兴起的影响，但是他对两者都不无批判。[58]

迈内克正是在研读特赖奇克著作的过程中发现了罗豪。[59] 他也非常重视 1848 年在塑造德国政治心理方面所起到的作用。事实上，迈内克提出了一个论点，那就是特赖奇克在罗豪身上发现了"理想主义者的影子，罗豪所做的只不过是预测到有理想作支持的权力的胜利而已"。特赖奇克没有拒绝理想主义，他像罗豪一样，试图去做一些德国理想主义者以前没有做过的事情。迈内克指出："在理想的领导下团结权力的世界和理想的世界，这在过去和现在都一直是特赖奇克爱国主义的更高目标。"[60]

迈内克所有著作的核心都是现实与道德之间的辩证关系。1907 年到 1908 年间，他出版了第一部代表作《世界主义与民族国家》。这本书论及在 1871 年德意志帝国建立之前的一个世纪里德国在国家问题上的思想发展。他赞同德国思想中日益增加的现实主义成分，以及对乌托邦主义和理想主义的背离。黑格尔、兰克和俾斯麦这三位"解放者"主导了这一努力。对于与伊曼努尔·康德以及约翰·沃尔夫冈·冯·歌德相关的德国理想主义和浪漫主义，迈内克不无同情。但他称人道主义是"一种身体想要自然运转就必须排出的毒药"，并将俾斯麦描述为应对这种情况的"医生"。[61]

迈内克比特赖奇克更加接近真正的**现实政治**的本质，他的作品与罗豪的尤为相似。[62] 他描述了19世纪中叶的德国人是如何感受到本国内部的分裂和压迫，在国际上又是怎样地羸弱、遭人鄙夷，"就像哈姆雷特一样，他们是思想产出过剩和意志惰怠之间失衡的受害者，也不确定后者是他人的问题还是自己的错误"。即使是德国理想主义的伟大思想成就，似乎也在20世纪中叶陷入腐朽境地。它们是一个纯粹依靠思想努力的时代的产物，无法回答"诸如在现代社会的生存、宪政斗争以及阶级之间迫在眉睫的经济竞争这样的问题"。[63]

迈内克还广泛使用了埃德蒙·柏克的观点。在柏克那里，他看到了对一种有机的国家发展概念最有力的辩护。柏克在抨击18世纪90年代的法国大革命时，对普遍存在的自然法观念发动了最有效的攻击。他教导读者对政治生活中非理性的组成部分以及传统、习俗、本能和感情冲动的力量给予更多的尊重和理解。柏克本人并没有发现这些东西，但他是第一个真正了解它们重要性的思想家。这与法国大革命时期试图将事物理性化的理论家形成鲜明对照，在他们眼里，这些只不过被视为"外生殖器"（pudendum）。[64]

这个看法发人深省，即政治中的非理性成分不仅仅是多余的外生殖器。像罗豪一样，迈内克也使用了柏克更为优雅的比喻，他将国家描述成一棵大橡树。根据迈内克的理解，柏克教导人们尊重甚至热爱这棵"枝条交错、自然和半野生生长的大树"，它在社会和国家中蜿蜒生长，提供了"舒适的避风港"和"隐性支撑"。同样地，对于迈内克这个宗教信徒而言，在历史发展的混乱中存在着一种隐藏的智慧，这种观点让人感到欣慰。[65]

迈内克论证这个观点，是在为俾斯麦创建德意志帝国提供历史辩护或理由。他相信，这个国家的创建并不是人为或强制的，而是民族意志的产物，并且有其历史根源。因此，那些将自己排除在这一过程之外的人就违背了**现实政治**的逻辑。他在一篇评论中指出："他们从外部进行道德说教，而不是试图从内部来理解国家的性质。"这种批评完全符合罗豪在两卷《**现实政治**的基础》中提出的观点。[66]

　　作为一名**现实政治**理论家，迈内克的影响力超过了罗豪和特赖奇克（尽管特赖奇克宣扬反犹太主义，并且其观点被纳粹宣传机器所采用）。他之后的作品将在后续章节中进行讨论。他有很多学生后来成为世界著名的历史学家和国际关系领域的专家，包括哈乔·霍尔本和费利克斯·吉尔伯特，他们培养出了数位美国下一代的学者和外交政策实践者。[67]有人提出，20世纪许多主要的"现实主义"思想家，比如 E. H. 卡尔、汉斯·摩根索和肯尼思·华尔兹等人，都"有意或无意地将自己的成果建立在迈内克所奠定的基础之上"。[68]后续章节将部分通过这些思想家的著作，探讨**现实政治**不断变化的含义。

世界政治的诞生

　　从短期来看，自19世纪90年代起，另一个词即**世界政治**的使用已经超过了**现实政治**。然而，这一分水岭不是俾斯麦的胜利，而是他在皇帝威廉二世的要求下于1890年交出权力。**世界政治**是一个综合思想体系，其基础是德意志帝国在欧洲以外扩张的愿景——通过获得殖民地让德国人"在阳光下占有一席之地"。从本质上讲，这表达了德国想要成为像英国那样的世界大国的愿望，而这将推动德国与盎格鲁–撒克逊民族以及法国人发生直接的利益冲突。

　　正如一位学者后来写到的，同**现实政治**一样，**世界政治**也是"政治词汇中众多耳熟能详却定义不清的口号之一"。19世纪90年代，俾斯麦下台之后，**世界政治**一词开始在一群有影响力的新闻记者和经济帝国主义的倡导者中间扩散。在政府内部，正是那些出力促成俾斯麦下台的官员提出了对**世界政治**最详细的论述。到一战爆发前，它已经频繁用于德

图6 历史学家弗里德里希·迈内克（1862—1954）提出的对**现实政治**的解释比其他许多人都更接近于路德维希·冯·罗豪最初的思想，但他鼓吹罗豪所反对的反犹太主义和沙文主义。图片来源：维基共享资源

国外交部、殖民部和德意志银行，存在于商业利益集团与官僚机构各部门之间的联系中。**世界政治**与伯恩哈德·冯·比洛的政策联系最为明显，他于1897年至1900年任德国外交大臣，并于1900年至1909年任总理。其他重要的**世界政治践行者**包括这个时期外交部最有影响力的人物弗里德里希·冯·荷尔斯泰因，新成立的殖民部的负责人保罗·凯泽，

还有跟随比洛就任外交部的阿道夫·冯·马沙尔·冯·比贝尔施泰因男爵和阿尔弗雷德·冯·基德伦–韦希特尔。[69]

正如人们可以在1848年后夸大**现实政治**的重要性一样，人们也可以夸大**世界政治**出现的意义。那些接受**世界政治**的人并没有放弃俾斯麦外交政策的所有原则，例如均势和结盟。更为重要的是德皇的个人影响力。正是由于这个因素，**世界政治**成为影响德国外交行为前后不一致的指南。德国的外交政策中还有其他一些与**世界政治**不同的新成分，例如社会达尔文主义以及越来越强调在欧洲确保德国"生存空间"的重要性。[70] 然而，那些从外界观察德国的人不一定能看到这些紧张局势和复杂性。

在登上世界舞台时，德国强行让其他国家意识到自己，尤其是那些它视为对手的国家。在试图理解德国的外交政策时，观察家将诸如**世界政治**之类的术语看作对德国未来行为的一种可能的解释和预测。19世纪90年代，他们同时发现了**世界政治**与**强权政治**，也首次遇到了**现实政治**，尽管此时距离其问世已经过去一代人的时间。在它被发现的过程中，**现实政治**不仅被与**世界政治**混为一谈，还与其他一系列弊病联系在一起，这些弊病后来在1914年欧洲战争的爆发中起到了一定作用。那时，路德维希·冯·罗豪早已被人们遗忘，**现实政治**也已经以自己的形式存在于世间。

第二部分

反现实政治和英美世界观

最近，一位柏林的教授向我保证说："我们德国人写了大量关于**现实政治**的著作，但是我们对它的了解还不如幼儿园的小朋友。"他又补充道，我猜测是以嫉妒的口吻："你们美国人对它了解得太透彻了，反而不会谈论它。"

（沃尔特·韦尔：《美国政策和欧洲观点》，1916年7月）[1]

第五章

英语国家对**现实政治**的发现

对英国人来说，以及在较小程度上对美国人来说，**现实政治**是一个令人不安的发现。这是一个危险的新对手的显著标志，更广泛地说，它意味着一种带有威胁性的未开化的世界观，一种看待政治和国际事务的新方式，它与那些在英语国家民众中盛行的观点格格不入。**现实政治**在英语国家的早期历史与英德对抗重合，这一对抗正式开始于19世纪最后十年，并在一战中达到顶点。由于这种对抗，**现实政治**一词从19世纪90年代中期开始进入英国媒体，用于讨论德国的内政和外交政策。进入20世纪，这个词在英国的各类报纸、杂志和期刊中随处可见。在20世纪10年代，随着德国开始在自己的势力范围内挑战美国，有关德国**现实政治**的讨论也开始出现在美国的新闻界和学术界。到了1914年，这个表述甚至用于当年一些主要参战国的官方用语和外交通信。因此，它很快就成为国际事务中一个实实在在的现象——承认它的已经不仅仅是理论家，还有实践者。

许多英语国家人士几乎完全从负面的角度看待**现实政治**。它通常被认为是普鲁士军国主义和德意志帝国主义的产物。**现实政治**一词进入英国和美国时，已经在德国经历了多种诠释。正如我们所见到的那样，路德维希·冯·罗豪的影响力已经消退，而自封为这一表述继承者的特赖奇克则被称为其卓越的信徒。这个词最初用于讨论国内政治，但这很快就被人淡忘，它被认为意指国际舞台上外交和战争中的卑鄙行为。在这一解释中，**世界政治**和**现实政治**相当于同一枚硬币的两面，人们并没有刻意去区分它们。人们还将标志着德国走向军国主义的**强权政治**加入其中。这些词在本书中都用加黑形式呈现，意在强调这些概念与盎格鲁-撒克逊文化格格不入。简而言之，这些都是德国人干的事。

然而，与此同时，一些有影响力的人物告诫他们的英国和美国同胞，不要简单地将**现实政治**视为一种德国所独有的罪恶。自由主义者、激进主义者和社会主义者——比如经济学家 J. A. 霍布森和爱尔兰剧作家萧伯纳——驳斥了这样一个观点，即在外交政策方面，德国在某种程度上比其他国家更为自私自利或虚伪。他们指出，每个大国都在不遗余力地追求本国的利益。事实上，这个观点也成为辩论谁应该为战争爆发负责的核心问题——这不仅仅是该由历史学家研究的问题，对接下来确定实现和平的条件也很重要。德国的辩护者，例如弗里德里希·迈内克，谴责了德国的对手英国、美国和法国的虚伪。事实上，萧伯纳和迈内克（加上后来的 E. H. 卡尔）的思想存在着一种奇怪的共通性，而在对英美帝国主义的批评方面，霍布森和列宁的观点也有共通之处。

在这一时期的报纸、期刊、小册子以及官方文件中寻找这个词，有助于了解一战前关于国际体系前提和西方政治思想基础的一系列辩论。各种观点的杂糅和多样性告诫人们不要对诸如"现实主义"或"理想主义"这样的思想趋势进行过于简单化的分类。[1] 尽管如此，在英美**现实政治**的早期历史中还是可以发现一些宽泛的主题。第一，在1914年以前，它主要被看作国际事务中"德国问题"的一个表征。第二，当协约国即将赢得胜利时，人们一致认为德国版**现实政治**就其本身而言已经失败了——它所代表的一切都并不现实。第三，虽然它在英国一直都是一个带有贬义的表述，但它确实在很大程度上促使人们深刻反思了英国对世界的态度（以及帝国问题）。这反映在人们希望1918年之后将国际事务置于一个更加公平的基础之上。这一愿望与英国和美国的自由国际主义联系在一起，推动了一种在此被称为"反现实政治"的新兴传统。在这里，"现实政治"并没有加黑显示，因为这是本书作者自创的用法。我所指的反现实政治是一个松散的概念，它被设计出来不仅是针对德国的外交政策，而且是为了解决整个国际体系中存在的弊病。

第四，尽管许多美国人反对德国的**现实政治**，理由与英国人类似，但是这个词在美国也有正面而积极的用法。正如本书第六章所述，美国精心打造了自己的"现实政治"，这个词首先由沃尔特·李普曼提出，但其源头是阿尔弗雷德·塞耶·马汉和西奥多·罗斯福。该词没有加黑显示，因为它与德国和其他"旧世界"外交官所践行的**现实政治**截然不同。事实上，美国版本的现实政治与最初的**现实政治**概念几乎没有任何关系，其基础是与美国的孤立主义相对立的，或可称为早期版本的"地缘政治"（geopolitics）。

综上所述，这一时期自由国际主义运动体现为对国际联盟的支持，由两种趋势融合而成。第一种趋势是在英语国家兴起的反现实政治的传统。这一观点认为，国际事务可以置于一种更可靠的基础之上，以多边主义超越狭隘的对国家利益的追求。第二种是美国式现实政治，它与德国版本截然不同。从根本上来说，这表明美国愿意在全球舞台上扮演领导者的角色。国际联盟成功的希望取决于两者同时运行，然而它们并不像有些人所希望的那样合拍。本书第七章（第二部分的最后一章）会对此加以解释。英美同盟曾经闪耀一时，但是这种光芒很快就暗淡下去，因为作为其基础的同盟在1918年后支离破碎，两国内部如此，两个国家也渐行渐远。

英国与德国的对抗

1872年的伦敦《插图评论》是首次使用**现实政治**一词的英语出版物。它出现在一篇评论中，讨论的是康斯坦丁·弗朗茨对路德维希·冯·罗豪和德国民族自由党的批判（见第三章）。评论者遗憾地指出，倡导国家间永久和平的康德是国际上最受尊敬的国际哲学家，但在本国，他却受到**现实政治**理论家越来越猛烈的抨击。在英国，人们普遍敬佩德国的文化、哲学和新教教义。事实上，统一后的德国似乎正在偏离这些强调道德和美学的文化传统，这实在是令人感到遗憾。[2] 德国的大学教授和宗教领袖似乎自愿参与到这一偏离过程中，这让英国的学者和宗教人士非常不解。[3]

康德被边缘化，以及歌德等浪漫主义作家受到排斥，成为19世纪末英国人对德国政治的讨论中反复出现的主题。同样，欧洲各国对马基雅维利思想再次产生兴趣——这被称为最新的"马基雅维利时刻"——也是引起担忧的另一个原因。处于霸主地位的英国充满自信，将自己视为一个与众不同的国家，这体现在它对德国和意大利的新马基雅维利主义的厌恶上。[4] 1897年，英国自由派政治家、学者约翰·莫利子爵警告说，马基雅维利"纠缠着人们的思绪；令人兴奋又倍感恐惧，发人深省又复杂费解，就像一些邪恶的巫师用悖论和谜团来迷惑理性和良知"。[5]

英国人对德国并没有天生的敌意。相反，英国同普鲁士和奥地利都有着良好的关系，这种关系可以追溯到拿破仑战争时期。英德两国之间的对抗或通往战争的道路并非不可避免。[6] 两国王室有着牢固的亲缘关系：德皇威廉二世是维多利亚女王的外孙。尽管如此，在1871年到1890年间任德国宰相的俾斯麦时常对英国表现出强烈的愤怒，特别是对在这一时期的大部分时间里担任英国首相的自由党人威廉·格拉斯顿。在 1868 年至 1894 年间，格拉斯顿曾四度出任首相。伪善是德国人对英国的通常指责。在普法战争期间，英国媒体谴责普鲁士炮击巴黎，俾斯麦对英国舆论的人道主义"假仁假义"表示不满。这是"一种英国希望获得其他大国尊重的感觉，尽管它并不总是允许它的对手从中获益"。在未来几年，另一种不满情绪将不断加剧，起因是英国将其海上霸权几乎视为一种道德权利，绝不允许其他国家对此构成挑战。[7] 尽管如此，俾斯麦还是避免与伦敦陷入对峙。他在欧洲大陆要做的事情已经够多了。当谈到德国的未来战略时，俾斯麦表示他相信与英国之间的"天然同盟"。[8]

正是俾斯麦的下台标志着英德两国开始滑向对抗冲突。德国在外交事务中有意识地转向**世界政治**，这增加了欧洲两大强国之间发生争斗的可能性，它们中的一个是既有的帝国，另一个则具有全球野心，希望建立自己的帝国。对两国关系产生有害影响的并不是德国和英国的利益发生了冲突，而是人们认为它们发生了冲突。这两个国家的社会和政治制度构造差异巨大，也加剧了两国之间的距离感。正如罗豪在《**现实政治**的基础》第二卷中所指出的，一个国家的内部动态可能会对该国的外交政策产生过激的影响。例如，德意志帝国海军大臣冯·蒂尔皮茨上将为了给他的舰队筹集更多的资金，大肆宣扬英德两国之间的竞争。特赖奇克已于 1896 年去世，但是他在德国的声望以及他对英国的严厉谴责，直到两国外交关系恶化后才在英国广为人知。[9]

现实政治第一次出现在英语中是在 1872 年，而它第二次出现要到 1895 年，即俾斯麦下台很久之后。德国政府似乎正在转向一种威权主义路线，这一事实凸显出两国之间日益扩大的鸿沟。1895 年 12 月，《泰晤士报》报道了德国警察对社会民主党反对派活动的镇压，并哀叹德国人性格中的老式理想主义还没有被所谓**现实政治**所取代的时代，已经一去不复返。现代德意志帝国"讲求实际的现实主义"正在腐蚀这个曾经的"思想家的国度"。[10]

接下来的那个月，即1896年1月，两国间发生了第一起严重的外交事件：所谓"克鲁格电报事件"（Kruger telegram episode）。这指的是德皇威廉二世向德兰士瓦共和国的总统斯特凡纳斯·约翰尼斯·保卢斯·克鲁格发出了一封电报，在电报中，威廉二世就该国击退了来自南非开普殖民地的数百名英国非正规军的突袭一事向克鲁格表示祝贺。当然，特赖奇克专门谴责了英国在德兰士瓦的行为，认为这是英国式虚伪的一个缩影。在英国，许多人把克鲁格电报事件当作德国对英国势力范围的蓄意干涉。英国出现了反德情绪，伦敦的一些德国商店被砸坏了窗户。[11]

尽管两国外交官都做出了努力，但在19世纪90年代的最后五年，紧张局势依然不断加剧。1898年1月，英国驻德武官宣称，他曾经听到德皇挑衅性的长篇大论，"他经常当着我的面抨击英国的外交政策"。德皇声称，在过去的八年时间里，他一直努力与英国友好相处，旨在与英国建立同盟关系，"携手合作，但是失败了"。他表示，英国再也不会有这样的机会了，因为永远也不会有女王的外孙能成为德国皇位的继承人了。[12]德皇还表示，在上次访问英国期间，他受到了媒体的猛烈抨击，因此他不可能再次访问英国。事实上，他认为英国媒体关于德国的报道"甚至比沙文主义的法国媒体的任何报道都糟糕得多"。[13]

英国确实讨论过与德国结成防务同盟的提议。然而，由于对德国的怀疑日益加深，外交部官员得出的结论是这并非英国的最佳选择。从长远来看，德国不仅很难获得信任，而且在欧洲其他国家里也越来越不受欢迎。外交部副大臣弗朗西斯·伯蒂向他的同事发出警告，他说："请记住普鲁士在结盟问题上的历史，此外，俾斯麦政府还背着盟友奥地利，与俄国签订针对奥地利的条约。"更重要的是，德国"在欧洲处于一种危险的境地……被那些不信任它、不喜欢它甚至敌视它的政府所包围"。与其把赌注押在一个似乎心怀恶意、不可靠又难以捉摸的朋友身上，英国最好还是保持一种置身事外的立场。[14]

从1899年持续到1902年的英布战争使得英德两国进一步走向对抗。对于德国人来说，英国人在那场战争中的所作所为——如在历史上首次建造了大规模集中营——是盎格鲁–撒克逊人伪善的又一例证。1902年初，英国自由统一党政治家奥斯丁·张伯伦（他于19世纪80年代在柏林大学听过特赖奇克的演讲，并且对此震惊不已）在爱丁堡发表的一次演说引发了一场外交风暴。他在演说中对这些批评做出了回应，宣称这些措施并不如德国在1870年对法国人采取的行为那样严重。该演说在德国激起公愤，于1900年至1909年担任德国总理的冯·比洛伯爵在一次国会演说中也对此加以谴责。[15]

1902年，人们担心行事稳健的德国驻伦敦大使哈茨费尔特伯爵去世后，英德关系会进一步疏远。《泰晤士报》刊文提出一个问题，不知道哈茨费尔特是不是最后一位这样的德国大使，会强调"在处理两国的政治关系时，要考虑不属于外交事务领域的因素，或像德国人说的那样，不属于**现实政治**领域的因素"。[16] 1902年末，德皇又一次访问了英国，意在缓解英德两国之间的紧张局势，但是与《泰晤士报》有着同样分量的德国《时代周报》断言，英德两国和解的机会已经过去了。《时代周报》评论道："**现实政治**和感性政策有着截然不同的方式。"从长远来看，前者是一个大国所能奉行的唯一政策。[17] 英国和德国之间的亲密关系已经走到了尽头。

"对土地的渴望"与帝国主义

并不是所有人都接受**现实政治**是德国独特国情的说法。1902年，在

《曼彻斯特卫报》上报道过英布战争的J. A. 霍布森出版了《帝国主义》一书。他在书中提出，德国的**现实政治**只是国际关系普遍恶化的一个表征。对非洲和亚洲的争夺是一场所有大国都参与的斗争。正是因为这场斗争，"跨越一切自然共情和历史联系的同盟"得以创建，陆军和海军军备开支前所未有地高涨，甚至把美国也拖入了这场大博弈之中。帝国野心催生了"一种经过深思熟虑的、贪婪的马基雅维利主义，这在其发源地德国被称为'现实–政治'，它完全重塑了外交艺术，并且将毫无怜悯和肆无忌惮的民族扩张作为外交政策的自觉动力"。[18]

霍布森所谓"对土地的渴望"（earth hunger）——对市场和资源的争夺——背弃了条约义务，狭隘地关注自身利益。其结果是国际体系中所有国家的表现都逐渐恶化。这反映在"外交语言的逐渐堕落"和诸如"腹地、利益范围、势力范围、最高权威、宗主国［和］保护国"等概念的盛行。这些概念被用来掩盖帝国的野心，并为强行夺取或吞并土地以及在外国港口驻军进行辩护。

尽管德国和俄国更为大胆地"宣称将本国的物质利益作为其公共行为的唯一标准"，但其他国家"接受这一标准的动作也并不慢"。霍布森警告说，这种行为具有危险性。虽然各国相互打交道的时候，其行为总是为自私和短视的考虑所决定，但是情况正在变得更为糟糕。所有大国有意乃至蓄意地采用这些标准，是"一种退步，将对文明事业造成严重威胁"。[19]

英国面临的挑战不是建立一个帝国，而是维持一个帝国。在获得这样一个全球强权地位的过程中，悉尼·洛等所谓的自由帝国主义者支持自由党，赞成以一种更为松散、更具有联邦制特点的形式维持大英帝国，而且要给予殖民地更多的自治权，他们宣称英国的行事方式确实是出于自身利益，但其自由主义的自我形象起到了遏制帝国主义过度行为的作用。历史学家约翰·西利爵士曾有一句名言：大英帝国是"一不小心"建立起来的；而乔治·皮尔则声称，英国有意识地、系统而有力地对抗那些咄咄逼人的竞争对手，捍卫了自己的贸易和自由。悉尼·洛对这两位的观点采取了折中立场。他十分审慎地认为，英国"既没有别人说的那么好，也没有别人说的那么坏"。英国政治家首先希望确保英国的安全，其次才是它的繁荣和富有。这是一个总体原则，使得英国会与任何可能威胁其海上地位或殖民地的国家进入敌对状态。但是，英国从来没有以任何特别狂热崇拜的方式把自身利益摆在首要地位。他写道，除了"我们应该以某种方式阻止其他国家变得非常强大"这个模糊的想法之外，"我们并没有像想象中的那样坚定地专注于**现实政治**"。此外，他还认为，如果英国不能在国际舞台上发挥有效作用，那么就会放弃"国际大家庭的主要一员"的地位，失去一个具有自尊的国家应该拥有的威望。[20]

现代化和工业化的影响大大增加了这场博弈的风险。国际历史上的王朝时代正在成为过去。现在所有国家都动员起来参与国际竞争。来自德国和其他国家的挑战引发了一场新的辩论，主要议题是关于英国在世界上发挥的作用，以及这一作用应该如何保持或是系统化，以便使英国为即将到来的斗争做好准备。维多利亚时代晚期，英国出现了一种新的帝国治理理念，那就是"全球国家"，一种在大不列颠领导下的松散联邦主权。[21]

爱德华时代（1901—1910）早期出现了所谓"新"帝国主义，反映出这些思想的进一步扩展。最早一本关于英国"大战略"的著作将爱德华时代的帝国主义描述为对德国**现实政治**的回应，同时在此基础上发展出一种全新的、具有英国色彩的现实政治。塞西尔·罗兹和奥斯丁·张伯伦（他一直都受到特赖奇克演讲的影响）领导发出了关于关税改革和帝国联邦制的呼吁，意在强化英国的帝国体制。但是，脱离自由贸易和非正式帝国（一个不系统的帝国）的概念，与迄今为止的英国战略明显背道而驰，事实证明这是难以接受的。就像德国的帝国主义者一样，英国的新帝国主义者也试图将这一事业提升到更高的道德层面，例如宣扬"白人的负担"（White Man's Burden）。但对于许多人来说，这些努力十分矫揉造作，而且显然是出于一己私利。新帝国主义者预见到了来自德国的威胁，而为此对英国体制进行彻底改革的努力以失败告终。[22] 自由主义者和激进分子担心，对国际地位的新的强调会损害国内政治，而遵循**现实政治**的逻辑则会通过集权打开使英国"普鲁士化"的大门。在1913年出版的另一本小册子《德国恐慌》中，霍布森指责政府有意夸大了英德之间的贸易竞争，称这是企图从英国的社会改革项目中转移资金的一种犬儒主义行为。[23]

批评英国的帝国主义是一回事，但不了解德国对英国的挑战的本质和严重性则是另一回事。1904年，在霍布森出版《帝国主义》一书两年后，颇具影响力的英国记者，后来成为《观察家报》编辑的 J. L. 加文在《双周评论》上撰文，对德国的官方思想进行了一场"心理分析"。加文崇拜德国文化，但是他着手"揭示车轮的内在机制"，在这一机制中，对国家利益的追求达到了近乎狂热的地步。德国"完全致力于研究一门利己主义的科学，其方法比任何其他国家的外交部都更为明确系统，运用时也更为连贯一致"。英国对德国文化的亲近掩盖了后者所构成的威胁的本质。像霍布森这样的激进分子倾向于"放大我们眼中的污点，并接受我们兄弟所做出的保证，即他自己没有任何污点"。公正通常是一种优点，但如果力求公正产生了"为敌人或竞争对手提出特别辩护"的情况，这种努力就会变成一个陷阱。[24]

加文使用了"卡尔查斯"这个笔名，其意为特洛伊战争的希腊先知。英国不仅需要明确了解德国的意图，还必须用自己的新现实主义来进行反击。"仅仅本着模糊的对人类的仁爱精神"来推行外交政策将是一场灾难。在表达自己希望和平共处的长期意图时，德国人采用了"一长串冠冕堂皇、令人肃然起敬的陈词滥调"，这些话"抽象地看，都有道理，却与具体问题毫无关联"，这令英国舆论界感到困惑。这种语言暗示每个国家在追求利益方面都具有相似性，迎合了"人类不可救药的理想主义"，也满足了"其均衡感"。然而，落入这个陷阱是幼稚的。德国计划修建一条连接柏林和巴格达的铁路，该计划始于1903年，这成为德国人追求**世界政治**的一条无可辩驳的证据。[25] 英国外交部一些有影响力的人物对德国这一举动也持相同看法。事实上，正是为了应对这一威胁，英国和法国于1904年4月签署《英法协约》(Entente Cordiale)。这是英国做出的一个决定性举动，打破了它在欧洲事务中不结盟的传统，并将带来深远的影响。

直面德国的现实政治

在这一时期，英国外交部内部就如何应对德国的挑战存在严重分歧。[26] 在勾画这一挑战的各个因素方面，最重要的文件是《关于英法与英德关系现状的备忘录》，由英国外交部高级官员艾尔·克劳于1907年1月1日为外交大臣爱德华·格雷爵士起草。克劳无比清晰地解释了一个论点，即英国的世界体系和世界观的基础与竞争对手德国的截然不同。这并不是说英国在追求自身利益时就一定更加高尚或仁慈。至关重要的是，英国实力的本质赋予了自己一种内在的优势，因为它的利益从本质上来说与其他国家的利益更具有一致性。

当然，这并不意味着英国没有敌人。英国实力的本质是"拥有广阔的海外殖民地和属地"，以及"与每一个可以从海上通达的国家都是邻国"，这将不可避免地招致嫉妒和抵制。然而，正因如此，对这样一个依赖自由贸易和全球通行的国家来说，"与全人类的普遍愿望和共同理想相协调"，并且确保自己"与大多数或尽可能多的其他国家的首要和重大利益密切相关",符合自身利益。如果遵循这一条原则,英国维护自己帝国之外其他国家独立的行为符合自身利益,因此,它必定成为任何威胁他国独立的国家的天然敌人,以及"弱国顺理成章的保护者"。1914年被德国入侵的比利时就属于这类弱国。

重要性仅次于独立理想的是自由贸易。大多数国家"始终珍视在世界市场上自由往来和贸易的权利"。英国仍然是自由贸易最重要的倡导者,"它无疑会加强对其他利益相关国家友好关系的掌控,至少使它们在面对主张自由贸易的英国的海上霸权时产生的忧虑,比面对占优势的保护主义大国时产生的要少"。当然,每个国家都希望拥有海上霸主地位。但是,"当这一选项已经被排除在外,人们宁愿看到英国拥有这种海上霸权,也不愿看到任何其他国家在海上称霸"。克劳认为,如果英国政策中这一观点是正确的,那么英国将不可避免地被迫反对任何威胁到这种平衡、希望对其他国家实行独裁统治或者破坏自由贸易的国家。

与加文以及许多英国精英一样,克劳对德国并没有天生的敌意或厌恶。他的妻子和母亲都是德国人,他也曾在德国任外交官多年。尽管如此,从这个国家近代的历史中,他还是看到了一些他认为非常值得关注的东西。随着1871年德国实现统一,普鲁士精神传入新德国,德国正是凭借着"铁与血"在国际舞台上确立了自己的地位。德国渴望成为帝国,意味着挑战现状在所难免,而现状一直对英国有利。任何了解德国政治思想的人都不会否认,这些想法受到了"高调宣扬,而不认同这些想法在德国则被视为有偏见的外国人"。没有一个现代德国人会为自己仅仅有"征服欲望"而认罪。但是,"日耳曼模糊不清的扩张方案"体现出一种根深蒂固的感觉,那就是德国"为自己确立了维护德意志民族理想的优先性的权利"。[27]

其他有影响力的官员,如托马斯·桑德森,主张对德国采取更具妥协性的态度。但最终是艾尔·克劳的建议占了上风。[28] 建议提出不久之后，第二次海牙和平会议于1907年6月到10月召开，大会上发生的事情无疑提升了克劳建议的影响力。在由罗斯福总统提议召开的这次大会上，德国拒绝了英国关于限制军备和在国际争端中进行强制仲裁的建议，以避免任何阻碍德国打破现状的企图。在英国，大会讨论的结果证实了德国是世界和平的主要障碍的印象。《泰晤士报》称，德国人让英国陷入了一种虚假的自满情绪，这是一种蓄意的虚伪外交战略的一部分。据称，"要将我们所挑选出来的攻击对象置于死地"，是德国统治者宣称的**现实政治**的一贯信条。[29]

俄国驻柏林大使奥斯滕－萨肯伯爵提供了一个来自德国内部的独特视角。他向上级报告说，德国围绕海牙会议所采取的举措是一项大战略的一部分，其目的在于通过增强海军实力来挑战英国的主导地位。他在一份秘密备忘录中写道："武装和平理论是德国**现实政治**的基础，德国采用这一原则主要针对的是英国。"[30] 这一战略在1911年6月经受住了考验，当时，为了回应法国对摩洛哥的主张，德国将炮舰"黑豹号"（Panther）部署到了摩洛哥港口阿加迪尔（Agadir）。这是将理论运用到实践中的典型案例。值得注意的是，英国自由党首相赫伯特·阿斯奎斯将这一事件称为"**现实政治**的一个有趣例证"，旨在检验英国的胆识以及它对维持与法国友好关系的坚决程度。[31]

对于普鲁士军国主义的极端观点，没有什么比已退役的普鲁士将军弗里德里希·冯·伯恩哈迪于1911年出版的《德国与下一场战争》一书更能说明问题了。伯恩哈迪的书十分好战，将国际法和各种条约斥为一派胡言，并将战争描述为一种"生物的本能需要"。试图通过国际仲裁来消除战争的努力是"有毒"和"不道德的"。他宣布英国是德国最大的敌人，德国只能凭借武力来对付它。[32]

在这里，我们可以看到，**现实政治**的意义是如何越来越与那些似乎源自普鲁士的其他卑鄙行径混淆在一起的。最重要的是，讲英语的评论家认为这与传统的**强权政治**（一种强调武力和权力至上的政治方针）有很多相同之处。1912年，当伯恩哈迪的书被翻译成英语时，英国媒体抗议它是"彻头彻尾的**现实政治**学派"的缩影也就不足为奇了。[33] 这个译本也给美国留下了深刻的印象。1912年，（巴尔的摩）《太阳报》刊登了一篇文章，向读者解释"普鲁士沙文主义者"，作为该书的解读。文章称这是"著名的普鲁士学派**现实政治**"的一个例证，它断言德国必须通过击败英国从而"在阳光下占有一席之地"。[34] 作为对伯恩哈迪的回应，《泰晤士报》仍然表示，相信这种极端的观点只能"对德国人的思想产生短暂的影响"。为了驳斥伯恩哈迪的观点，《泰晤士报》援引了康德的"绝对命令"（categorical imperative）思想——一个人的行事方式只有被所有好人作为准则，才能这样行动。这种行事方式，即国际关系中的"普遍良知"，可以让各国在不诉诸战争的情况下追求自身利益。[35] 这种想法，无异于一厢情愿。

没有俾斯麦的现实政治

尽管英德对抗日益升温，但是英国的舆论领袖们仍然保留了些许希望，认为更高尚的德国思想传统能够重新占据上风。已成为《观察家报》编辑的加文在1912年对一家德国杂志表示，他的书架上满是歌德、康德、兰克、济贝尔和蒙森的作品，但在它们旁边，却是越来越多的关于德国海军军备的报道以及伯恩哈迪和特赖奇克的作品。《泰晤士报》驻柏林记者乔治·桑德斯在提高人们对德国威胁的认识方面发挥了重要作用。1914年初，一战爆发前夕，桑德斯写道："确实，德国人对他们的'文化'（Kultur）表现出荒谬的傲慢。"但是，试图证明他们没有文化、不够文明，"同样骇人听闻"。[36]

1914年初，特赖奇克的《政治》一书第一次被译成英文，英国外交大臣爱德华·格雷爵士对书中内容感到惊骇不已。在这本书里，"除了武力外的一切理想都被摒弃了"。但是，格雷也拒绝相信这种立场普遍存在于特赖奇克的同胞中。他说，"相较于其他任何种族"，德国人"与我们更为相似"。[37]牛津大学历史学家 H. W. C. 戴维斯在1914年7月下旬战争爆发之前，发表了一篇关于特赖奇克政治思想的研究论文。在文章里，他确实对特赖奇克持相对赞同的态度。戴维斯指出，在德国以外，特赖奇克被称为"普鲁士学派最杰出的历史学家，德国的马基雅维利，俾斯麦时期最直言不讳的**现实政治**倡导者"。在德国，他作为一名"教授–预言者"，受到了广泛欢迎，为自己的同胞带来了实现国家统一所必需的信心。

戴维斯问道，特赖奇克真的恨英国吗？一方面，他批判了功利主义和约翰·斯图尔特·密尔的《论自由》。另一方面，特赖奇克曾对19世纪早期（至少是格拉斯顿之前的）英国国家利益的代表人物表现出了一定的钦佩之情，赞赏他们对国家利益的直率追求。威灵顿、卡斯尔雷、坎宁和帕默斯顿都具有令人钦佩的品质，尤其是他们都愿意在追求国家利益的过程中关注荣誉和价值，而不是把这些看作不相容的东西。正是19世纪末"自由帝国主义"的伪善之辞（即帝国是一个基于广泛共识的慈善项目）激怒了特赖奇克。这与英国对帝国的激进批判没有太大区别。在仔细观察后，戴维斯得出结论，"令人惊讶的是，如此多人文主义和自由主义思想"保留在特赖奇克的作品中。[38]

翻译的过程并没有丢失全部的原意。一些英国评论员能够在极端民族主义和真正的**现实政治**之间做出区分。因此，根据英国保守派杂志《旁观者》的说法，德国的问题不在于**现实政治**的存在，而在于它已越来越稀缺。德国政治文化中的其他倾向（如军国主义和侵略）才是真正的危险。例如，《旁观者》引用了最近一任德国驻伦敦大使马沙尔·冯·比贝尔施泰因男爵去世一事。他在几个月前被派往英国，旨在扭转迅速恶化的英德关系，他的去世再次打击了通过外交努力重建和谐关系的尝试。比贝尔施泰因男爵被不无尊崇地描绘为"自俾斯麦以来，德国**现实政治**最具威严的代表"和"最睿智的外交家"。³⁹这意味着，俾斯麦及其追随者毕竟并没有那么糟糕。

《旁观者》更关心的是来自德国的所谓"拜占庭式马基雅维利主义"（Byzantine Machiavellianism）。即使到了1913年，人们仍然希望崇尚该思想的人只是少数。但是，如果这种情绪没有像俾斯麦这样的"政治治国理政大师"来控制，就会变得更加危险。其中的风险在于，德意志民族"想象着幕后有一些俾斯麦式人物"在掌舵，会"允许那些借用了俾斯麦式**现实政治**的形式而非实质的人为所欲为"。⁴⁰换句话说，俾斯麦知道应该在什么时候结束边缘政策游戏，而德国新一代的领导人正在玩一场赌注极高而且看不到尽头的游戏。同样，1914年8月，也就是英国宣布参战的当月，《星期六评论》将德国的政策描述为"笨拙的马基雅维利主义"。这是"俾斯麦式暴虐，却缺少俾斯麦的天才"。可能罗豪本人都会承认这一点。德国怀着"对**现实政治**的无限信仰，忘记了使政治成为现实的因素"；它忘记了在其他国家中也存在着爱国主义，也忘记了它的行为可能会在其他国家引发反应。它如此相信自己的实力，"毫不留情地践踏他国，把最后通牒像名片一样四处散发，不尊重任何权利和感情"。有人指出，在英国，人们并没有对德国怀有与生俱来的反感——"只是出于一种奇怪的信念，认为德国的意图可能不会与它的行为方式一样糟糕"。事实上，许多英国人声称德国是被误解了，德国人正是利用了这一事实。但是对英国的威胁和向比利时发出的最后通牒证明德国人已经做过头了。最后，"任何一个理智的人都不会再对**现实政治**在实践中的含义抱有幻想了"。于是，与霍布森等人联系在一起的"模糊的世界主义"逐渐烟消云散，这一理论认为，主要的大国都不过是一丘之貉。⁴¹

当时，一些英国人并没有将俾斯麦视为邪恶之源，相反，在一战开始时，他们希望俾斯麦在德国能够重新掌权。9月，即战争开始一个月后，《英吉利评论》的编辑将战争的起因追溯至1890年德皇罢免俾斯麦并宣布德国将"全速前进"的那一天。不到二十年，**强权政治**就成了帝国的国教。同样，这被视为"以武力为基础的唯物主义，与歌德古老的日耳曼理想相悖"。德国外交官利用了英国对"德国这个康德和歌德的祖国、音乐与学者的国度、手拿啤酒和香肠三明治的米夏埃尔的国家"的感性情绪。但是德皇对德国社会的军事化造成了"人性美好情感的野蛮化"。对德国政治和哲学的歪曲并没有就此结束。不仅是俾斯麦，就连特赖奇克也一度遭到皇帝的冷遇。弗里德里希·尼采和他的"权力意志"（will to power）观念以及肯定生命价值的奋斗在德国民族主义话语中得到普及。但是，有人认为，其中大部分都是基于对尼采哲学的误读，以及在他的作品中只看到"以自我为中心的人生理论"倾向。在现实中，"塑造德国人普遍态度的是负责操练的指挥官手里的教科书"。而且这不仅仅是普鲁士独有的情况。最终，即便是德国南部的巴伐利亚人，尽管他们信仰天主教，具有"审美品位"，也还是屈服于普鲁士的行事方式。[42]

这一观点的含义是，德国的战略从根本上说是受到蒙蔽的，终将自取灭亡。它用狂热的语言谈论国家利益，同时却与一种高度理想化的信念纠缠在一起，那个信念就是德国注定要成为一个伟大的帝国主义强国。对一些人来说，德国战略最大的缺陷在于对帝国本质的误解。基于此，美国的古罗马研究学者坦尼·弗兰克对德国的治国理政之道提出了一种不同的批评。弗兰克的一个著名理论认为，罗马在中东地区的帝国主义首先源于一种通过阻止竞争对手崛起来维持和平的意愿，即"罗马治下的和平"（pax Romana）。弗兰克认为，古罗马的扩张可以从自身利益和意识形态（即以众神的名义）这两个方面来加以辩护。宗教的语言掩盖了掠夺的本能。他认为，德国的民族主义野心同样操弄了这种意识形态和唯物主义的理由。区别在于，德国政治家没有认识到这种双重性。因此，他们的行为往往自相矛盾。弗兰克辩解道："当德皇谈到'天定使命'时，他的宰相正在呼吁**现实政治**，而两人步调完全一致的地方在于，他们都准备断言，在国家扩张的问题上，情绪和个人道德毫无用处。"相形之下，罗马帝国的元老院已经十分成熟，可以根据每个案例的实际情况进行讨论，也能够抵制"以取悦上帝作为借口"吞并被征服的土地的诱惑。与德国不同的是，罗马元老院避免了"迷失在**现实政治**的泥潭之中"。正如波利比乌斯所描述的，罗马元老院对于"文明世界的正确意见"很敏感，而这是德国早已经忘却的教训。[43] 换句话说，德国的战略并不是罗马式的，注定会失败。

后来成为自由党国会议员的曼彻斯特大学学者拉姆齐·缪尔在1914年写道，他在德国**现实政治**中发现了一个战略盲点。他在《英国反对德国的实例》一书中写道："**现实政治**的大师们以拒绝感情用事，只关注残酷的事实为傲。"然而，在这样做的过程中，他们错过了政治生活中一些不那么明显却极其重要的力量。荣誉也是一个政治事实。"不可征服的人类灵魂"是一个事实，尽管它不能像德国伟大的武器制造商克虏伯所生产出来的枪管那样以厘米为单位来衡量。德国人还忽略了一个事实，即一个被摧毁的小国所迸发出的激情和爱国主义可能会比德国这样一个强大或优越的国家更加强烈。所有这些都被"特赖奇克式现实主义者忘记了"，这导致他做出了奇怪的误判。最重要的是，德国战略家们未能理解大英帝国的力量源自它的临时性和非正式性。德国人无法理解英国全球地位的秘密，因为这个秘密藏身于某种"与德国文明格格不入的东西。……**现实政治**的信徒们断定大英帝国是一种不真实的存在，因为它缺乏体系"。因此，在面对侵略时，英国要比德国人所预想的更加顽强不屈。[44]

在缪尔看来，德国在国际舞台上的行为可以用"一种自19世纪中叶以来就占据德国人民头脑的国际政治理论"来解释。根据这种理论，蛮力是驱动力量。然而，与此相反的是一种"处理国际关系的更为高尚也更为明智的观念"。这种国际政治的替代观念体现在"欧洲协调"的发展、签署保护小国的条约、国际仲裁的发展以及"在1899年和1907年海牙会议上达到高潮的整个引人注目的运动"。因此，以缪尔的还原论看来，这场战争不仅仅是一场国家之间的战争，也是一场"关于国际关系的两种相互矛盾的观念"之间的冲突。德国的愿景是建立在纯粹力量的胜利之上的。站在它的对立面的是"一种与之相反的学说，它并不太古老，因为它存在的时间只是和文明一样长"。这种学说认为"战争本身就是一件坏事，战争唤起了许多伟大的品质，但是也摧毁了许多美好和高尚的东西，应该尽可能地避免；虽然希望将战争从世界上完全消除可能只是一种不切实际的空想，但由理性的人民组成的社会应该能够使战争发生的频率越来越低"。

当然，这既带有自我辩护的意味，也是片面的。但这不应掩盖其重要性。战争一开始，协约国就声称自己是在为一种更为崇高的国际关系愿景而战。缪尔意识到德国人批评这是英国人的虚伪之辞，反驳道，英国人的观点"被其竞争对手诬蔑为多愁善感或伪善，然而这已经比大多数人所能意识到的要进步得多了"。缪尔甚至勾勒出了实现该目标的五个步骤：争取妥协的"大国协调"的构想；组建一个得到欧洲各国保护的小国集团；推广国际仲裁的实践；限制主要国家的军备；以及在那些无法避免的情况下，制定一套各方都同意的战争行为准则。在战争期间和战争结束之后，更有影响力和说服力的人士将这些思想发扬光大。尽管如此，我们可以看到，一些更为重要的事情——一种建立在回应并拒绝任何类似于**现实政治**的事物的基础上的国际关系愿景，其种子已经开始生根发芽。[45]

普鲁士恶狼和英国羊羔

英国的世界角色既虚伪又充满妄想，这种对英国的指控并不像缪尔所希望的那样容易消失。后来成为印度总统的哲学家萨瓦帕利·拉达克里希南指出，**现实政治**的原则是，"我偷你的牛是好事，但你偷我的牛就是坏事"。几个世纪以来，**现实政治**一直都是欧洲国际关系的主导力量。印度一直处于被动接受的一方。他解释说："自身利益是目的，力量是手段，而良知是禁忌。"欧洲一直坚定地忠诚于一个虚假的理想，而战争就是它为此付出的代价。[46]

即使英国已经为战争而动员了起来，不列颠群岛内部一些有影响力的人物也拒绝接受一种观点，即**现实政治**、军国主义甚至容克精神都是德国特有的罪孽，或者说协约国是光明的力量，正在与黑暗的力量对决。在1914年10月出版的《希伯特杂志》的特刊中，英国前三军总司令、陆军元帅罗伯茨伯爵坦率而详尽地阐述了英国的战争目标，他称其为对德国侵略的回应。这是一个勉强做出的决定，但英国得出的结论是：它不能袖手旁观，任由它签署的保证比利时独立的条约被摧毁。于是，罗伯茨把英国描绘成秩序、法理和民主的捍卫者，被迫卷入了一场它从来都没有希望发生的斗争。[47]

在萧伯纳为《纽约时报》撰写的一系列文章中，罗伯茨的论点受到了这位激进的反战分子的尖锐批评。萧伯纳称其为出自"只能从自己的立场看问题的人"之手。萧伯纳指出，罗伯茨为战争辩护的理由，通篇充斥着"关于尼采的一贯的无稽之谈"，以及英国虚伪的关于"白人的负担"的装腔作势。在英国对德国的批评中，让萧伯纳尤其感到恼火的一个观点是德国还没有发展成一个真正的民主国家，而且不知何故，德国的政治发展受到了阻碍。英国人经常批判普鲁士贵族（也就是俾斯麦所属的容克阶级）总是占据统治地位。难道英国有什么不同吗？难道贵族在英国政治中不是占主导地位吗？英国外交部简直就是一个"容克俱乐部"。至于德国政治和思想领袖使德国社会变得更为激进以便为战争做准备的观点，英国同样也掀起了"沙文主义热潮"（Jingo Fever）——以侵略为主题的畅销小说如1871年出版的《多金之战》（*The Battle of Dorking*）或 H. G. 威尔斯于1897年出版的《世界大战》（*War of the Worlds*）就是这一热潮的反映。

在萧伯纳看来，英国受到了不能理解自己历史的诅咒，这是一种致命的思想上的懒惰，"一种罪恶的遗产，它源于我们对煤和铁的垄断，这使我们有可能变得富有和强大，却不必思考或不必知道其原因"。然而，由于当前这种垄断地位受到了敌对国家的威胁，这种懒惰已经变得危险：

> 我们本能地追求自己的眼前利益而致富，这是天生的孩子般的自私；当有人质疑我们的辩护理由时，我们发现很容易用似是而非的胡言乱语来压制它（只要它能恭维自己，并且不会带来任何麻烦或牺牲）……我们变得愚蠢不堪，不仅对自己的所作所为失去了思想意识，还失去了客观地自我批评的能力，而且为自己堆砌了许多虔诚的词句，它们不仅满足了我们已经腐朽和萎缩的良知，还给我们一种感觉，那就是用行动来检验这些虔诚的词句极度缺乏绅士风度，在政治上也是危险的。我们把路德的"因信称义"（justification by Faith）学说发挥到了一个毫无意义的地步：我们相信，只要一个人说了我们已经同意接受且认为正确的事情，那么他实际上做了什么就丝毫不重要了。事实上，我们根本不清楚一个人为什么需要提出道德这个话题，除非有什么值得质疑的东西需要粉饰。不带偏见的外国人称之为虚伪：这就是为什么我们说他带有偏见。[48]

在崛起为大国的过程中，德国从英国身上学到了很多。的确，萧伯纳指出，伯恩哈迪将军为实现德国军事荣耀所制订的计划在英国被认为是普鲁士侵略的缩影，引起了巨大的恐慌，然而这一计划在一定程度上受惠于英帝国发展军事力量的先例。英国人"是他在**现实政治**方面的老师。……是我们执行了伯恩哈迪的计划；德国却忽视了这一点"。德国和英国立场唯一的不同之处在于，德国人准备对自己的目标坦诚相告，而英国人则对自己如何成为一个全球超级大国处于一种稀里糊涂的恍惚状态。伯恩哈迪将军关于条约可以根据形势发展加以修改的建议"并不是出自马基雅维利的著作"，而是英国的"法律书籍中老生常谈的论调"。因此，萧伯纳敦促说："让我们不要再就所谓的普鲁士恶狼和英国羊羔，以及普鲁士的马基雅维利和英国福音布道者这样的话题胡说八道了。"[49]

英国人认为德国的治国之道最终会自取灭亡，但是萧伯纳在批评爱德华·格雷爵士的外交政策时，将这种逻辑倒转了过来。格雷未能认识到外界对英国的感受，或是没能理解英国权力的真正基础，所以他应该对英国灾难性地走向战争负责。这使得他总是谨言慎行，并且拒绝谈论除和平以外的任何话题。相较之下，至少（前内政大臣）温斯顿·丘吉尔对外交事务的理解是明确的，"他持一种直截了当的流行立场，那就是如果你受到威胁，除非你害怕，否则你应该反击"。萧伯纳问，如果丘吉尔是个德国人，英国的自由主义媒体会对这种咄咄逼人的话语做何种解读呢？格雷是一个"有魅力的人"，不会告诉德国人"他打算把他枪毙了"。但是他却两头落空。他"不愿意承认自己将会走向战场，而且，灾难性的是，他让德国人相信他不会开战"。[50]萧伯纳对格雷立场弱点的解读，是20世纪30年代关于绥靖政策辩论的可怕先兆。

萧伯纳的批评并没有被德国人忽视。弗里德里希·迈内克在强调英国"赤裸裸的利己主义和伪善的优越感"时，对萧伯纳"令人耳目一新的真实"的观点表示了欢迎。像大多数德国教授和历史学家一样,迈内克对这场战争的最初热情已经烟消云散。[51]他意识到了一个指控,那就是德国的政客和学者,包括像他这样的历史学家,已经成为"权力崇拜的牺牲品"。的确,德国正在推行一种利己和武断的外交政策。但是,欧洲舞台上的其他主要大国也都在这样做。不同之处在于,德国对这一现实并不加以隐瞒。他写道:"今天,我们自己,还有包括朋友和敌人在内的所有人,都在积极推行一种以自我为中心的帝国主义政策,但是,我们的敌人比我们更擅长用感情上的幻觉和梦想来本能地隐藏严酷的现实。"英国人一如既往,滔滔不绝地说着"名副其实的伪善言辞"。但是,在迈内克看来,法国人也有过错,他们也说了大量冠冕堂皇的话,用炫目的文化和文明光环掩盖着他们帝国主义政策的每个行动。西方国家所谴责的德国的谎言,实际上是一种残酷的诚实:一种"严峻的真实,它穿透每一层面纱,直抵事物的核心,并不屑于通过夸夸其谈来炫耀自己"。[52]

迈内克并不是唯一提出这一观点的德国人。在战争爆发之初,平面设计艺术家刘易斯·奥本海姆为德国政府创作了一张宣传海报,回应了德国是"野蛮人"的国度这一指责。其中包括一张图表,显示德国在社会支持方面的支出是英国的二十倍,花在学校方面的经费是英国的三倍,出版书籍是英国的四倍,申请的工业专利是英国的六倍,诺贝尔奖得主人数是英国的四倍。另一张海报问道:"谁才是军国主义者?"海报指出,自1700年以来,英国所参与的战争次数是普鲁士的三倍,目前英国的军备支出比德国高出百分之五十。[53]

迈内克特别提到了1914年一群牛津大学教授所写的一本题为《我们为什么处于战争状态》(*Why We Are in War*)的小册子,以此作为英国人自我欺骗的典型例子。小册子里有一章专门谴责了特赖奇克,另一章则宣称这场战争是关于两个原则的冲突:国家理由和法治。英国人的典型做法是把自己的政策描述成"一件没有饰面的家具，一整块巨大的绝对合法并且忠实履行条约的木头"。迈内克的总结令人印象深刻："他们认为新德国理论是'我们的利益是我们的权利'，而古老的英国理论是'权利即我们的利益'。"[54]

迈内克进一步指出，权力意志并不是20世纪德国人的反常之举。在处理国际事务时，这是一个不可或缺的历史事实。迈内克于1914年8月在弗莱堡发表的一次演讲阐述了这一点，他暗示，德国的行为并没有什么不寻常的地方。每个国家都屈从于"民族利己主义"，这是一种命运感和对所处环境的自我主张。[55]尽管如此，在阐述这个问题时，迈内克还提出了一些重要的限制条件。他警告说，不要过度运用外交政策，也不要对外交政策过分骄傲。他指出，俾斯麦"注意到了提升国家利益的政策和提升国家威望的政策之间存在着明显的区别，甚至像兰克这样一位宽容大度、视野开阔的历史学家，都能准确地分辨出一个临界点，在这个临界点上，健康的和有组织的帝国主义终结，而狂热和透支随之开始"。[56]

换句话说，尽管迈内克自己支持德国帝国主义，但对德国社会的某些群体（从企业家到军官）正在酝酿的"激进而傲慢的民族主义"持怀疑态度。尽管自己持反犹太主义和反斯拉夫主义立场，但是他仍然对德国的"优等民族""种姓傲慢"等理念提出了批评，此外还批评了对查尔斯·达尔文、弗里德里希·尼采和种族理论家阿瑟·德戈比诺等人思想的"粗俗诠释"，正是德戈比诺使雅利安人是优等民族的思想流行起来。如果德国渴望扮演一个全球性角色，就必须少对其他民族表现出沙文主义态度。这种"冷酷无情、吵吵闹闹、冲动冒失的态度，使我们比没有接受过高等教育的暴发户好不了多少"。[57]真正的**现实政治**意识到自我中心主义和狂热主义可能会使人盲目。但是就像在他之前的罗豪一样，在四年战争中死亡一千六百万人的背景下，这些限制条件难以维持。

第六章

美国的现实政治

　　在所有大国之中，美国是最后一个发现**现实政治**的国家。如果说英国认为自己远离了德国和其他欧陆强国赤裸裸的马基雅维利主义的话，那么美国在意识形态和地理方面就离得更远了。美国人谴责德国的帝国野心，但对于英国奉行一种优越的、自由主义的帝国主义模式时的虚伪造作，他们同样持怀疑态度。这里面带有某种讽刺意味。拉迪亚德·吉卜林在1899年创作了著名的关于"白人的负担"的诗，所指的实际上是美国在菲律宾的殖民统治。然而，美国却常常认为自己是一个反对殖民主义的大国。美国的例外主义意识成型于一种相对安全的氛围中，远离欧洲大国政治的零和生存主义。[1] 很简单，美国的自我形象是如此清高，以至于它都不愿意参与这种卑鄙的游戏。

　　可以说，正是在1900年到1914年这个时期，美国注意到了在欧洲引起如此轩然大波的**现实政治**。然而，美国对这一概念的发现在许多方面与英国截然不同。首先，美国人认为有理由怀疑所有主要的欧洲强国，而英国尽管一再声称要坚持更高的标准，却也与"旧世界"的外交方式脱不了干系。在美国介入一战之前，英国对德国的谴责遭到了美国人的怀疑。其次，部分出于以上原因，从**现实政治**在20世纪10年代开始渗透到美国公共领域的那一刻起，这一概念从未像在大西洋彼岸那样具有负面内涵。在美国最终参战时，普鲁士军国主义的种种恶行成了讨论的焦点，德国的**现实政治**也受到了一些严厉的批评。但从长远来看，这个词更容易摆脱这些带有负面意义的联系。

在这个时代，一小部分有影响力的美国人开始阐述一种处理国际事务的新方法。他们更加大胆坚定地主张美国需要与世界其他国家进行接触，于是在美国外交政策辩论中就出现了可以被称为新"现实主义"的东西，这体现在西奥多·罗斯福和阿尔弗雷德·塞耶·马汉等有影响力的战略家身上。在他们两人思想的基础上，记者沃尔特·李普曼率先敦促他的美国同胞在自己的外交政策中推行"些许现实政治"。就这样，一个美国版本的现实政治（这个词并没有加黑呈现）诞生了。从一开始，它就明显不同于德国。在最基本的层面上，李普曼所称的现实政治实际上更接近于后来的地缘政治。事实上，李普曼版本的现实政治更多地受到传统的英国而不是德国战略思想的影响。它认为，美国在国际体系的稳定性方面拥有更广泛的利益，而且美国必须在世界对美国施加影响之前塑造世界。在本质上，这是一种有活力的国际主义，将给整个20世纪带来长期的影响。

白人的厌倦

正是在这个时代，美国成为国际舞台上其他超级大国的强大对手。这是众多趋势共同作用的结果。最重要的因素是19世纪美国人口和财富的迅速增长。贸易帝国不断扩张，导致美国在中南美洲推行扩张主义，加强对当地的干涉。为了保护其商人和贸易安排，进而获得邻国的稳定和良好的治理带来的利益，美国开始更肆无忌惮地将力量投向南方的近邻。[2]

尽管扩张主义的本能可以追溯到更早时候，但1898年的美西战争被视为美国外交政策的分水岭。如果认为美国是在反抗自己过去的孤立主义，那就错了。[3] 要想进一步扩大影响力，扩展横跨大西洋和太平洋的贸易帝国，美国必须建立一支世界级的海军。从19世纪90年代开始，越来越多的人开始强调发展海洋力量的重要性。最有影响力的海军战略家是海军上校阿尔弗雷德·塞耶·马汉。然而，在1900年之前，可以说，马汉在美国国外拥有的影响力比在本国大。他在英国、法国和德国受到追捧，尤其在日本受到了狂热的崇拜。1894年，他在伦敦与英国女王、首相以及海军大臣共进晚餐，并在牛津大学和剑桥大学获得荣誉学位。在德国，冯·蒂尔皮茨上将对马汉的著作《海权对历史的影响》（*The Influence of Sea Power upon History*）印象深刻，下令将这本书作为德国海军的官方教科书，并推荐给德国皇帝。[4] 德皇说道："我现在不是在看书，而是从马汉上校的书中大口大口地汲取营养，我在努力把它背下来。这是本一流的书，它在各方面都很经典。我麾下所有的军舰上都有这本书，我的舰长和军官时常引述书中的内容。"当他听说马汉将作为美国代表团成员参加1899年的海牙会议时，他还称马汉是德国"最重要和最危险的敌人"。[5]

马汉是美国孤立主义的批评者，他认为孤立主义不可能成为美国未来的战略。但他也知道，任何成功的外交政策都必须建立在广泛的民众支持的基础之上，尤其是在美国这样的国家。正如他在一段呼应了罗豪思想的文章中所解释的那样："人民的情感是国家行动中最有活力的元素。即使物质利益是最初令人兴奋的原因，但是它们所产生的情感以及情感所产生的道德风气，才是更大的力量。无论统治者个人可能做什么，要唤醒人民群众采取有效的行动——而不是间歇性的——只能通过使他们感到自己受到不公待遇或需要采取行动维护正义。"[6]

对于马汉来说，国际政治的显著特征不是意识形态的冲突，而是争夺权力的斗争。利己主义是外交政策的充分动机。也就是说，马汉认为，与其他帝国主义国家相比，这两个伟大的盎格鲁–撒克逊国家可以提供一些不同的东西，这也是艾尔·克劳在1907年提出的观点。建基于意欲与其他民族进行贸易而非征服之上的全球体系更为温和。马汉意识到，对于英国人和美国人来说，这是一个非常自私的理由。但是他并不认为这样做有什么问题。他说过一句名言："如果为世界谋福利的理由看起来像是谋求国家自身利益的幌子，令人生疑，那就让谋求国家利益作为一种充分的动机坦率地接受就好了，它确实就是。"[7] 迈内克和萧伯纳至少会称赞他为人诚实。

马汉并不是唯一一主张美国必须在其周边地区发挥更加积极和果断作用的人。在其他倡导者中，最重要的是在1901年到1909年间任美国总统的西奥多·罗斯福。正是他带领美国开始在马汉所阐述的一些策略的指引下进入了这场"大博弈"：1903年，美国在获得巴拿马运河区的过程中向外界展示了自己的实力；1904年，美国在门罗主义中加入了"罗斯福推论"（Roosevelt corollary），宣布介入欧洲和拉丁美洲国家之间的冲突；1905年，美国调解了日俄战争；1907年，美国派遣"大白舰队"（Great White Fleet）进行环球航行。虽然罗斯福的政策——包括他"讲话温和，手持大棒"的指导方针——在本国政治圈子里仍然激起了许多反对，但这标志着美国日益增长的野心。[8]

亨利·基辛格后来所称的"罗斯福式大战略"将永久性地改变美国的外交政策，尽管这并没有马上显现出来——部分原因是罗斯福的观点当时并没有得到美国民众的广泛认可。[9] 正如德国的外交政策因俾斯麦的下台而受损一样，人们普遍认为1909年到1913年罗斯福的继任者威廉·霍华德·塔夫脱不太擅长这些政治手腕。1909年，英国《旁观者》

杂志宣称，塔夫脱声称除了要在南美洲扩大影响力，还要在中国实现"门户开放政策"（Open Door Policy）的目标，这些让人联想到确定一个国家大战略的"日耳曼方式"。然而，这些相似之处只是流于表面。《旁观者》认为，德国的政策可以恰当地被描述为**现实政治**，因为它在没有实际或潜在的实现手段的情况下，很少采取任何行动。相比之下，塔夫脱的新政策是"不现实的"，因为美国没有能力像最近保护其在南美的投资那样，在东方实现新的抱负。[10]

1911年，英国作家悉尼·布鲁克斯——他的作品经常刊登在《哈珀杂志》上——在一篇关于美国外交政策的文章中就同样的主题展开讨论。文章提出了一个问题，美国对远东的态度是属于"**现实政治**的范畴"，还是应描述为一种虚张声势的外交手段。布鲁克斯认为，外交政策在一定范围之外是否有效至少取决于武力的影响。美国还没有意识到，在全球事务中，其他大国正在为生存而战。在列强中，只有它的地位相对安全，几乎没有遭受外国侵略的危险。欧洲人生活在一个"火药桶"当中，而美国人则"生活在一种非常简单、宽广和自我陶醉的氛围中，直到某一天出于无聊，才被迫在国际事务中小题大做，这种消遣本身就足以证明他们有独特的不受**世界政治**严峻现实影响的豁免权"。[11]

外交政策在美国政治中处于次要地位。布鲁克斯声称，他不记得国会曾就国际事务进行过任何有深度的辩论，美国公众也倾向于孤立主义。但是他认为，这种状况不可能长期维持下去。美国注定要被卷入欧洲和远东的冲突。美国的贸易网络扩张如此之迅速，以至于美国人将猛然惊醒。在完成了向古巴和菲律宾的扩张后，美国人已在从夏威夷到马尼拉的太平洋上布满了垫脚石，就像英国人在地中海所做的那样。[12] 尽管如此，布鲁克斯仍然认为，美国人尚未理解美国这个意外成就的帝国所具有的影响。他们已经拥有了一个帝国，但是"还没学会帝国的做派"，他们仍然习惯于"过去的陈腐戒律"。他们的贸易对象和外交接触在世界各地不断迅速增加，但是仍然不愿意放弃19世纪的"在国际事务中置之度外的超然态度"。他开了一个玩笑："在美国人看来，白人的负担已经变成了白人的厌倦。"

尽管如此，有迹象表明，美国正在逐渐意识到这些更广泛的现实。布鲁克斯引用了出版不久的两本美国人所写的书，他认为是对这种天真的有效解药。一本是美国哈佛大学的阿奇博尔德·柯立芝于1908年出版的《作为一个世界强国的美国》（*The United States as a World Power*），另一本是阿尔弗雷德·马汉于1910年出版的《国际环境下的美国利益》（*The Interest of America in International Conditions*）。两人都试图唤醒美国人，以便让他们对自己所处的世界有更准确的认识。两人都试图弥补美国"国际装备"中的最大短板——美国人民对外交事务缺乏冷静、持续和博识的兴趣。令人宽慰的是，两人都对英国怀有一种亲切的感情。[13] 具有讽刺意味的是，布鲁克斯后来登上了向欧洲运送美国军队的豪华班轮"图斯卡尼亚号"（SS Tusciana），它于1918年被一艘德国U型潜艇发射的鱼雷击中。

事实上，认为美国人尚未准备好参与国际博弈的假设是基于一种对美国战略文化的相当肤浅的解读。美国并没有忽视德国的崛起和**世界政治**的本质。在海牙会议召开的1907年，在海德堡大学获得博士学位的美国政治学教授阿莫斯·赫尔希谈到了一个"在硝烟和战火中诞生的成熟且团结的勇士的国度"。他向美国同胞解释说，德国的领土收复主义植根于**现实政治**。那些了解"自俾斯麦时代以来所践行的马基雅维利原则（**现实政治**）的人，几乎不相信德国政府会否认其真实意图"。[14]

与在英国一样，伯恩哈迪将军的《德国与下一场战争》在1914年被译成英语后，在美国文学界也引起了阅读热潮。这本书以低价的平装本在书报摊和酒店大堂出售。尼采和特赖奇克著作中更令人震惊的文章和关于德国海军军备大规模扩张的报道也在媒体上广为传播。就像在英国一样，外国入侵的情节为越来越多的戏剧、小说甚至电影提供了素材，比如1915年的无声电影《和平之战》（*The Battle Cry for Peace*），改编自赫德森·马克沁的畅销小说《毫无防御的美国》（*Defenseless America*）。[15]

因此，在报纸和期刊上，有关德国**现实政治**的讨论的性质与当时在英国发生的有相似之处。然而，两者之间也存在一个显著差异。正因如此，一种独特的美国版本的现实政治开始形成。反过来，这又成为孤立主义者、和平主义者与喜欢类似马汉－罗斯福外交方式的人的论辩武器。第一个迹象是，美国人比大多数英国人更愿意从较正面的角度使用这个词。例如，在讨论前驻英国大使海约翰的职业生涯时，《纽约论坛报》认为，他的职业生涯（他也曾在中国任职）证明了"这个国家在国际关系中所代表的理想，有可能是最持久、最成功的现实政治"[16]。1916年，《芝加哥每日论坛报》认为，受自身利益支配"并不是什么见不得人的事"。欧洲的原则或许会冒犯美国的"道德权利意识"，但如果美国断然拒绝现实政治，那么除了留下"忠于利他主义原则的记录"，将一无所有。[17]

从1913年起任总统的伍德罗·威尔逊的首要目标就是避免使美国卷入欧洲的冲突。在一些共和党媒体上，威尔逊总统被嘲笑为和平主义者，天真地认为，美德和繁荣的传播可以取代武力，塑造国际格局。1915年11月，《纽约论坛报》刊登了一幅关于威尔逊与德国驻华盛顿大使谈判的讽刺漫画。在漫画中，威尔逊和他的私人秘书约瑟夫·帕特里克·塔马尔蒂以及外交政策顾问爱德华·豪斯上校坐在总统办公室里。在他们面前，德国大使约翰·海因里希·冯·伯恩斯托夫正在大肆吹嘘他的**现实政治**，并威胁要轰炸白宫，同时告诉威尔逊，他对总统怀有善意。[18]这幅讽刺漫画创作于美国宣布参战的两年前，寓意是德国此时已经对美国构成了直接威胁。不久之后，部分因为得到了国际联盟的前身

"实现和平联盟"（League to Enforce Peace）的支持，威尔逊开始得出一个同样的结论：美国人是"世界生活的参与者，不管喜欢与否"。他也开始逐渐意识到，自由国际主义或许也需要以武力做后盾。1916年，《纽约论坛报》的一位记者将此作为美国政治家"正在将梦想转变为现实政治"的证据。[19] ①

与此同时在英国，《旁观者》兴致勃勃地描述了1916年10月在美国海岸发现了德国潜艇的活动后，美国是如何意识到德国外交政策的真实面目的。德国，"用他们在得克萨斯州的话说，已经将所有约束完全抛诸脑后了"。美国终于也提出了英国在过去10年里曾经提出的问题："德国到底在玩什么把戏？"对于英国媒体的读者来说，这个问题的答案已经十分熟悉。德国人正在追求一种"完全不受道德因素，甚至是世界舆论影响"的**现实政治**政策。德国手上有一张新牌，那就是潜艇，"因此德国会打出这张牌"。《旁观者》批评美国在战争刚爆发时对谁才是真正的侵略者含糊其词。直到现在，一些人还持有"双方各有对错的传统观点"。尽管如此，罗斯福和一些美国"精英人士"已经理解了威胁的本质，事态的发展也已经证明了他们是正确的。[20]

英国政府一直都在密切关注这些辩论。1916年秋季，英国外交部向首相赫伯特·阿斯奎斯递交了一份备忘录，其中提出了按照实现和平联盟的一些建议组建国际联盟的可能性，但备忘录也承认，如果想要让这一组织发挥作用，就必须确保美国在其中发挥核心作用。在美国出现了一些令人鼓舞的迹象，那就是"更多有思想的人开始意识到，在现代的形势下，美国已经不能再继续固守其光荣孤立的地位了"。[21]

---

① 文后注释为《纽约时报》，原文如此。——本书编者注

一战与美国现实政治的诞生

在1917年参战前，美国已经开始熟悉欧洲国家治国理政方略的黑暗艺术。第一步是了解其他国家是如何看待自己的。正如罗伯特·奥斯古德后来所描述的："在干预前的漫长时间里，存在着一种对美国传统的国家安全态度的重大挑战。"随着欧洲战事愈演愈烈，一种建基于罗斯福和马汉思想之上的"新现实主义"开始得到发展，这一理念又将二人的思想进一步向前推进。[22] 新现实主义的背后是《新共和》周刊杂志的三位年轻编辑：沃尔特·韦尔、赫伯特·克罗利和沃尔特·李普曼。

沃尔特·韦尔曾在德国各地旅行，他熟读了很多关于治国理政之道的德语著作。从这段经历中，韦尔得出一个结论：美国在欧洲的最佳政策是将自己标榜为"国际法与道德"的捍卫者。美国的优势在于，相对而言它不受分裂欧洲的历史敌意的影响。然而，美国在着手实施重整军备的计划时必须意识到，欧洲国家正心存疑虑地密切关注着自己的一举一动。尽管美国否认在欧洲有任何自私的目的，但不能指望"那些处理欧洲外交事务的精明政客怀有过多的善意来理解我们的动机，或者用我们自己的历史书和启蒙读本来解释我们的外交"。在欧洲人的心目中，美国的政治领导人是"实际、有先见之明同时又冷酷无情的政治家，而且还有些专横"。他们举出了很多例子，包括美国侵略西班牙、墨西哥和哥伦比亚，曾经背弃承诺、违反条约，在扩张美国领土时心安理得。韦尔写道："他们自认为比我们更有远见，而且没有意识到我们经常能够靠误打误撞取得成功，甚至在睡梦中也追求**现实政治**。"

为了说明这一点，韦尔讲述了他在访问柏林时与一位德国学者就美国立场进行的一次谈话："最近，一位柏林的教授向我保证说：'我们德国人写了大量关于**现实政治**的著作，但是我们对它的了解还不如幼儿园的小朋友。'他又补充道，我猜测是以嫉妒的口吻：'你们美国人对它了解得太透彻了，反而不会谈论它。'"因此，韦尔认为，仅仅依靠防御性武器并不足以保护美国。确实，如果只是使敌人警醒却没有自己的战略，将会招致灾难。如果这个世界对各自的战略和目标有一个更明确的说明，美国将会更为安全。国际舞台的流动性要求各国都要有按照自身意图来塑造它的意愿，否则就会被他国利用。和平不能通过"美化世界"来实现。你不能像让手表停摆那样阻止国家的崛起和衰落。有些国家会比其他国家发展得更快。贸易路线会改变，生产技术、消费模式和原材料供应来源也会发生变化。这将需要新的需求和新的组合。有些时候，勇往直前才是最安全的做法。[23]

尽管韦尔是第一个使用**现实政治**这个词的人，但是向美国民众普及这个词的是他的同事，《新共和》周刊的编辑沃尔特·李普曼。李普曼于1910年从哈佛大学毕业，他后来描述说，在那个时代，"让一个美国人完全不了解自己所生活的世界"已经不可能了。这解释了他自己的思想之旅。1914年6月，就在弗朗茨·斐迪南大公遇刺事件（这引发了一战）发生几天之后，他启程前往欧洲。到达英国后，他在一所由萧伯纳等英国社会主义者开办的暑期学校里待了一个月。就在李普曼参加萧伯纳讲座的那个月，萧伯纳在《纽约时报》发表了谴责英国伪善的文章。那么，李普曼似乎有可能是从萧伯纳那里学来了这个词，尽管他使用这个词的目的截然不同。

在1914年7月的最后一周，李普曼前往比利时旅行。他原本计划在夏天徒步穿越德国，但是在德国入侵前夕，边境被关闭了。李普曼匆忙回到伦敦，实际上，1914年8月4日英国向德国宣战时，他本人就在英国下议院的大厅里。在那之后的两年里，他与《新共和》周刊的第三位编辑赫伯特·克罗利一样，"与疑虑和犹豫不决做斗争，想要弄明白我们在战争中的利益到底是什么"。后来，他责备自己没有站出来反对华盛顿裁军会议这样的愚蠢行为。到1917年，他已经确信，美国需要加入这场战争。[24] 不久之后，威尔逊的战争部长牛顿·贝克（Newton Baker）找到了年仅二十八岁的李普曼，并且委任他为"调查员"，以研究实现和平的可能途径。[25]

早在1915年，李普曼就出版了《外交赌注》一书。从那时起，他就开始为美国加入冲突进行辩护。他一开始就援引了马汉上校的话。李普曼领受过萧伯纳的教导，他对英国的战争目的的本质并不带半点幻想。说大英帝国是在为欧洲大陆的小国而战，只不过是"一厢情愿的英国自由主义者的空谈"。对于我们的论述而言，《外交赌注》最重要的意义在于李普曼援引了现实政治这个理念来纠正天真、孤立主义及和平主义。在《些许现实政治》（"A Little Realpolitik"）一章中，他提出，如果各大国一致同意建立一个人道而稳定的法律和行政框架来管理世界上不稳定的地区，和平就可以得到保障。他嘲笑和平主义以及那些"不惜一切代价实现和平的宣传"，认为这并不意味着放弃武力，而是将武力集中在最不民主的帝国之中。他还提出了建立"某种西方联盟"来确保国际秩序的前景，理由是自由民主国家倾向于不相互进行战争。他还提出了一个让人联想到艾尔·克劳的观点，他将西方的安全与"落后国家"的稳定联系起来，从而解放自由贸易。世界贸易与"进步政府"密不可分。[26]

从另一个角度看，这是对积极的国际主义的有力支持。然而，尽管国际合作的新时代将是一个长期目标，但当前的形势要求美国去蹚这趟浑水。李普曼写道："我们如果要解决使世界纷扰不已的问题，就必须进入这个是非之地。"在落后国家进行投资，创造贸易机会，将增加美国外交的分量。但是如果要真正有效，美国的外交政策"必须有足够强大的军备作为后盾，从而得到其他大国的重视"。此外，美国人将不得不摒弃一直以来对欧洲同盟的厌恶之情，不得不与那些利益和政治上的行事方式最接近自己的国家合作。对于美国开始实施自己的全球政策的前景，李普曼并没有掉以轻心。他知道这可能会引起强烈的反对。的确，他谈到了自己对这一前景的不安心情。然而，最终并没有什么可行的替代方案：

> 我意识到，对于大多数美国人来说，这是一个可怕的计划。它使我感到害怕，并扰乱了我接受训练后形成的所有原有观念。我们所有人都受过孤立主义的教育，我们喜欢这种不负责任的处事方式。但是，如果我们要为国际主义做出任何有效的贡献，就必须放弃这种孤立。当然，如果我们想任由世界自生自灭的话，就只需要保卫我们的国土，为我们自己建立一种与世隔绝的安全。但是，即便是这样的安全，在当今我们所处的这个世界里也将岌岌可危。保持中立、远离冲突的可能性正在变得越来越小。我们无意参与这场世界大战，但是我们有好几次都几乎被卷入其中。虽然我们可能躲过了战场上的厮杀，但同样遭受了巨大的损失，因为地球上的混乱会影响到每一个角落。

孤立主义已经难以为继了，美国必须在以下两者之中做出抉择，"要么成为国际上混乱局势的被动受害者，要么下定决心成为结束这种乱局的积极领导者"。当然，放弃孤立是要付出代价的。但有一点可以肯定：美国自己主动放弃孤立主义，会比在毫无准备的情况下突然被卷入国家间的混战更为安全。[27]

有人认为，李普曼等知识分子的激进倾向有损美国外交政策中实用现实主义和反帝国主义的传统。根据 T. J. 杰克逊·李尔斯的观点，克罗利、韦尔和李普曼"所说的语言中并没有过于强硬的措辞，他们采用务实的修辞并且意志顽强，但一如既往地坚持崇高的目标"。这种"崇高

图7　沃尔特·李普曼（1889—1974）是20世纪美国最有影响力的新闻记者之一。在一战期间，他是《新共和》周刊的一名编辑，他将**现实政治**的理念介绍给了美国读者。其后一直到冷战时期，他在关于美国外交政策的辩论中都发挥了重要影响。
图片来源：维基共享资源

的目标"就是通过美国的干预来实现威尔逊的宏伟目标，即依照美国的模式重塑世界。《新共和》周刊的编辑们特别喜欢提出的一个论点是：美国还没有意识到自己已经具备了帝国的所有特质。在接下来的一百年里，美国干涉主义的批评者一直认为："现实主义的言辞加上不切实际的目标，这种模式在未来数十年里仍是军事干预论调的特征。"[28]

正如李普曼所预料的那样，许多美国人对这些新论点的含义深感不安。但值得注意的是，他们并不反对李普曼使用"现实政治"，而是反对他试图垄断这一表述的使用。关于美国的战略也有其他的设想，而这些设想并不依赖于卷入欧洲事务。哥伦比亚大学教授雷蒙德·马西于1917年5月在纽约的美国全国对外关系大会（National Conference on Foreign Relations of the United States）上演说时就曾提出一个反论点。马西对他所认为的"正直的美国外交"传统大加褒奖，他将这一传统与旧世界的外交传统进行了对比。美国发展的未来在东方。改善同中国和日本的关系将足以确保美国在太平洋地区的利益向前推进。因此，马西对两种现实政治进行了区分，一种是欧洲的"陈旧而狭隘的"**现实政治**，一种是他敦促国家采纳的"崭新而广泛的"现实政治。他写道："那种陈旧而狭隘的**现实政治**只看到了现实的一部分，今天的欧洲战场正在用鲜血来书写它的失败。"李普曼对于外交政策的愿景所承诺的更多是旧政策。通过在远东寻求新朋友，在相互尊重的基础上，美国可以打通一条新的生命线：一道跨越太平洋的"彩虹拱门"。[29] 然而，只过了短短的几个月，这个梦想就破碎了。美国堕入了欧洲黑暗的中心。

德国崩溃的教训：旧现实政治的失败

到1917年，德国在战争中已经举步维艰，这表明这个最依赖旧**现实政治**的国家遭到当头一棒，世人开始意识到这一理念的局限性。在许多美国人看来，这些局限性是如此明显，以至于让人感到困惑。德国人犯下的第一个也是最大的错误，就是在与法国和俄国开战之前不久，将英国变成了自己的死敌。英国并不确定是否有必要干预欧洲大陆冲突。然而，德国如此明目张胆地侵犯比利时主权，违背了英国承诺要维护比利时独立的条约。英国别无选择。

在外界观察者，比如美国历史学家伯纳多特·E.施米特看来，迫使敌人联合起来对付自己百害而无一利。施米特在1914年8月的《国家》杂志上撰文道："德国人心中如此珍视的**现实政治**，本应该建议人们走温和路线的。"然而，就连德国前总理冯·比洛亲王也承认，德国人不懂得政治这门精细的艺术。[30] 值得注意的是，战后，施米特公然反对向公众公开外交事务从而接受公众监督——而这是伍德罗·威尔逊大力推动的事业之一。1914年欧洲一步步滑向战争的深渊，这足以证明公众舆论是如何"在政府的煽动下"步步升级，直到它"成为无法控制的怪兽"。[31]

第二个灾难性错误是德国对美国政治的错误解读。20世纪30年代，美国历史学家罗伯特·宾克利回顾了这一时期的历史，他指出："当**现实政治**的精神成为（德国）外交部的指导方针时，外交官们就变得无法理解任何其他精神的存在。"宾克利给出的例子是1915年战争初期所发生的一个事件。当时，瑞士记者威廉·马丁在柏林拜访了德国外交大臣阿图尔·齐默尔曼。这次会谈的目的是确定美国参战的可能性有多大。齐默尔曼告诉马丁，他认为美国更有可能与德国站在一起，对英国开战（因为加拿大的紧张局势）。换句话说，齐默尔曼"是按照他所认为的政治关系中放之四海而皆准的规则来思考问题的，而根据这些规则，以牺牲邻国利益为代价扩张领土是一种正常的政治动机"。[32]

1917年1月，齐默尔曼向德国驻墨西哥大使发出了一封著名的电报，实际上，没有什么比这封电报更能说明德国外交政策自寻死路的性质了。齐默尔曼向墨西哥提议，如果美国对德国宣战，德国就将与墨西哥结成军事同盟。英国情报部门截获并破译了这封电报，其内容在美国引起了全民公愤，并推动了美国参与这场战争。事实上，这一举动是如此鲁莽，以至于美国新闻界的亲德人士都拒绝相信确有其事，德裔美国作家乔治·西尔维斯特·菲尔埃克就是其中之一。1910年，在柏林讲学一年之后，菲尔埃克写下了一本畅销书《一个野蛮人的自白》。他在书中表达了对德国军国主义和成为强大国家的理想的强烈同情。[33] 1917年2月，在得知齐默尔曼电报的消息后，菲尔埃克给报社老板威廉·伦道夫·赫斯特写了一封信，认定这封电报"显然是伪造的"。"真不可能相信这位德国外交大臣会在这样一份荒谬的文件中签下他的名字……（德国外交部所在地）威廉大街（Wilhelmstrasse）的**现实政治践行者**绝不会提出以墨西哥征服美国领土这样荒唐的主张为基础而建立同盟。"[34]

为回应德国对美国迅速升级的侵略行动，1917年4月2日，威尔逊终于要求国会对德国宣战。《华盛顿先驱报》声称，突然之间，总统在旧世界外交与和平主义者和孤立主义者的"托尔斯泰式"理想主义之间找到了一个中间地带。没有任何一个欧洲国家有足够的政治资源来预测1917年俄国沙皇政权的崩溃。更为糟糕的是，德国人现在已经把美国拖入了战争："这些欧洲总理府里现实政治的鼓吹者认为美国总统只不过是个学究，他的言辞中也尽是一些关于千禧梦想之类的虚无缥缈的东西，而此时他们改换了论调，这是一件多么怪异的事情啊！"那些欧洲外交官和军国主义分子只看重眼前的事实，"鼠目寸光"。他们生活在一个受自己的智力限制的圈子里。他们一直认为，俄国十月革命，或者美国对战争的干预等都是完全不可能发生的事情，直到它们变成既定事实。相比他那些目光短浅的敌人，威尔逊则有远见得多。[35]

虽然大多数美国人对欧洲列强的态度暧昧不明，但德国针对美国的阴谋似乎表明，德国的意图远比美国虚假得多。1917年4月，《纽约论坛报》的一篇文章对比了德国与英国的战争目标，恰好得出了这样的结论。特赖奇克和其他德国教授都谈到了战争的文明力量。作者将这种好战倾向与1914年罗伯茨勋爵在《希伯特杂志》上发表的相对温和的英国战争目标声明（当时萧伯纳在《纽约时报》上对它大加嘲讽）进行了对比。的确，英国人并非完全没有责任。罗伯茨也确实写道，战争是

"有益且必要的，是国家唯一的滋补品"，另一位英国高级将领基奇纳勋爵也曾哀叹"长期和平的腐朽"。但是，其中有一个至关重要的区别。对于英国人来说，战争仍然是别无他法时才会采用的手段，面对重大挑衅，他们不得不迎战。在战场上，备受赞誉的德国军事机器也停止了运转。德国在技术战上的创新方法（例如齐柏林飞艇和潜艇）并没能给它带来决定性优势。德国政治家和将军理智地谈论过**现实政治**，"而实际上，他们被古老幻想的奇怪碎片所困扰"。他们喋喋不休地谈论"在阳光下占有一席之地"，因为在现实中，他们害怕黑暗。起初，他们把信仰寄托在一艘能在空中航行的魔法船（飞艇）上，后来又将它寄托在一艘能在水下航行的魔法船（潜水艇）上。[36]

与英国类似，美国也出版了一系列关于德国精神和普鲁士政治哲学的新书。约翰·霍普金斯大学政治学教授韦罗璧探讨了其不足之处。普鲁士人希望将冲突的欲望合理化，故而创造出了一种为自己辩护的政治哲学，这种政治哲学"虽然基于明显错误的前提，并导致了使世界其他所有国家都感到恐惧的行为，但仍然被（普鲁士人）认为是正确的"。[37]同样，由理想主义国际主义者奥斯瓦尔德·加里森·维拉德任编辑的《国家》杂志，发表了一篇题为《真正的"现实政治"》的文章，描述了如何"持之以恒地洗脑，将这些理论灌输到人们的头脑中，使人们麻木不仁，感觉迟钝，以至于无法辨别是非"。现在，德国正在走向灭亡，因为它"将疾病视为一种美德和荣耀"。[38]就连《埃尔帕索先驱报》也给出了关于马基雅维利主义的一个有用的定义，反映了马基雅维利主义与德国观念之间的紧密联系："马基雅维利主义是对不择手段的外交行为的一种表述。马基雅维利主义源于佛罗伦萨政治家马基雅维利的名字……它由普鲁士军事独裁统治者重新提出，现在被称为**现实政治**。"[39]

到1918年3月，《华盛顿先驱报》满意地指出，**现实政治**的"杰出信徒"在战争形势对他们不利时，对自己的战略考虑得越来越少。尽管英国的虚伪受到嘲讽，但德国再一次发现，自己在世界上没有任何朋友，英国却在幕后笑。[40] 七天之后，德国发动了春季攻势，他们孤注一掷，试图在美国向欧洲全面投放军事力量之前击退协约国。然而，到1918年4月，德国人再次被迫处于防御状态，其战败已成定局，人们谈论的话题开始转向和平。

在干预欧洲战事之前，美国人并不相信英国对德国**现实政治**的谴责，他们认为这是带有偏见和私利的。当德国正式成为敌人时，美国人的态度开始与英国人一致。与心目中普鲁士主义的罪恶做斗争，这让他们感觉到自己正在参与一项共同的事业。人们也都认识到，德国的战略所缺乏的恰恰是它宣称自己比他人掌握得更好的东西。如同在英国一样，德国**现实政治**的虚伪在美国也受到嘲笑。但从长远来看，正是这种独特的美国化的现实政治，为美国的外交政策提供了更好的指导。

第七章

即将到来的和平与消灭现实政治

协约国领导人将他们的斗争定位为为民主而进行的战争，是为一个铲除了德国式**现实政治**的欧洲而战。早在伍德罗·威尔逊带领美国加入战争之前，英国政府就已经利用这一观念来动员国民，以获得他们的支持。在1915年一篇关于战争伦理问题的论文中，萧伯纳的朋友、学者吉尔伯特·默里写道："我们不是圣人，也不是一个由早期基督徒组成的国家。然而，我们正在为一项伟大的事业而战斗。"这项伟大的事业包括遵守条约，相互承认对方的权利，以及"国家之间相互诚实和友好的传统……传统的正直和体面的行为，传统的人道主义行为，等等"。敌人用"某种我们尚无法完全理解其内涵的规则"取代了这些价值观。它被称为**现实政治**，包括"武力和欺诈的支配地位……有组织的残暴无情、有组织的恐怖主义和有组织的谎言"。吉尔伯特·默里的文章被收录在1917年出版的一本文集《民主战争：协约国的声明》中，该书的编辑是1916年12月就任英国首相的劳合·乔治。[1]

随着战胜德国的前景越来越明朗，如何处理随之而来的和平问题显得越来越紧迫。随着协约国在战场上不断取得胜利，如何衡量战争罪行也变得越来越重要。1914年，德国的战争目标究竟是什么？德国人民应该为他们的领导人所犯下的错误承担多大的责任？这些问题使协约国陷入了比原先预想的更深的两难境地。从国际体系中彻底消除**现实政治**行为及其所有相关弊端的前景如何？至少在英国和美国，人们越来越乐观地认为，如果能够取得胜利，国际体系的根基就可以更为健康。

有些人，比如具有盎格鲁血统的美国学者查尔斯·瓦尔德施泰因爵士，对于恢复德国和平习惯的前景深感怀疑。瓦尔德施泰因出生在美国纽约，他曾经在哥伦比亚大学学习，后来在英国剑桥大学担任教职。他以一名受过专业训练的古典考古学家的身份，在海德堡生活过数年。在德国，他采访过许多资深政治家，基于这些经历，瓦尔德施泰因认为，德国的战争目标不仅仅是政治精英的目标，而且是"德国每个阶层、每个职业、每个政党"，包括社会主义者的共同目标。国家和政治原则的整个基础"确定无疑是非道德的"。**现实政治和基于利益的政治**（*Interressen-Politik*）这两个词时常被德国的领导人挂在嘴边，从德皇以降至基层政治人士都是如此。"公共政治话语的堕落开始于1848年。此后，德国的迅速统一削弱了其拥有众多独立思想中心（如海德堡）的传统，并且导致了一种顺从性思想文化。

对康德式理想主义的攻击是一种有预谋的、自上而下的政治战略。瓦尔德施泰因回忆起1904年他与德国总理冯·比洛亲王的会面。比洛用罗豪式的话告诉他，德国人民需要加强他们的政治思想，因为长久以来，他们被灌输的"精神食粮都是些浪漫主义的多愁善感和虚无缥缈的口号"。在瓦尔德施泰因看来，德国在国际政治中没有尊重规则或荣誉的意识。权力意志已经腐蚀了德国人的大脑。这可以从德国完全缺乏公平竞争的本能或同情心中反映出来。因此，瓦尔德施泰因十分怀疑德国是否有可能重新融入国际社会。除非德国人秉持"绅士的理想，而不是超人的理想"，否则德国和西方之间就不会达成任何谅解。[2]

　　1917年，爱丁堡大学的比利时教授查尔斯·萨罗利亚对德国思想及其对国际关系的影响做了更为直言不讳的分析。在战争爆发之前，萨罗利亚就英德问题写过大量文章，他于1915年前往美国，旨在提高人们对德国在占领比利时期间所犯暴行的认识。在为萨罗利亚的著作《德国的问题与个性》所作的序言中，《纽约时报》的文学编辑赞扬了该书作者是最先强调德国人真实意图的人之一，还认识到美国不可避免地将要面对这些意图。在引言部分，萨罗利亚抱怨说，1912年，英国激进主义和自由主义的媒体都对他不屑一顾，而事态的发展证明了他的观点是正确的。

　　除了对**现实政治**的一般性谴责之外，萨罗利亚还指出了一些进入德国政治文化中的更为有害的东西。他指出，德国民族主义中的种族主义与扭曲的社会达尔文主义混合在一起，已经渗透到德国的国际事务理论中。生物唯物主义（biological materialism）是"在**现实政治**和**世界政治**中取得了胜利的概念，并消除了高层政策制定过程中的道德因素"。从19世纪早期开始，"种族教条的专制"就已经渗透到大多数德国历史学家和政治评论家的思想当中。这些信念也存在于遍布整个德国的反犹、反俄以及反法宣传鼓动中，在"超人、超级种族和超级国家的三重教条中"达到顶峰。德国的**现实政治**是所有这一切的总称，其目的在于奴役整个欧洲。[3]

　　到1918年初，德国开始意识到它在西线战场战败的可能性，于是在与协约国（尤其是美国）的沟通中开始使用一种更为温和的语气。但这是一种与旧外交的背离，还是在新的伪装之下的旧外交的延续呢？作为对这些和解声音的回应，1918年2月，英国外交大臣阿瑟·贝尔福在英国议会首次提到了**现实政治**。贝尔福特别提到，德国总理赫特林伯爵最近发表了一个演说，来回应伍德罗·威尔逊。这表明德国国内的语调已经有所软化，并且德国愿意进行谈判。在贝尔福看来，保持高度警惕至关重要。他深信，德国总理的这个演说是"本着**现实政治**的精神构思的，这是至少两代人以来，在每一位重要的德国政治家、德国士兵和德国思想家心目中真实的并且占据主导地位的信条"。[4]

到1918年8月，在德国的春季攻势失败之后，德国随时都会提出和平谈判的请求。但是《旁观者》杂志警告说，德国政治家依旧"完全沉迷于**现实政治**的原则"。[5] 10月，就在停战协议达成前不久，《旁观者》开始"提醒世界注意作为德国外交主张基础的**现实政治**原则"。既然德国当前处于劣势，那么它就会打出许多感情牌。但现实情况是，对于德国人来说，诸如国家荣誉、正直和诚信这样的抽象概念并不存在。使用这些概念都是为了"缠住敌人的双腿"。[6]

《旁观者》在试图定义**现实政治**时，回顾了著名的"米洛斯人对话"（Melian dialogue），它记载于修昔底德的《伯罗奔尼撒战争史》第五册。在与斯巴达的战争中，雅典人试图迫使小岛米洛斯放弃中立地位，要求它向雅典朝贡，否则就会被摧毁。当米洛斯人回应说他们有权保持中立并呼吁雅典人尊重人道主义和价值观时，雅典军队的反应是一举征服米洛斯，他们杀死了所有适龄从军的男性，并将其余的人变为奴隶。雅典人对米洛斯人的警告是：强者可以为所欲为，而弱者只能任人宰割。这被视为关于暴力和权力凌驾于正义这一现实最深刻的历史事例之一。[7]《旁观者》非但没有接受德国人表面上对正义和情感的重新发现，反而建议与德国打交道的人应该牢牢记住比利时、塞尔维亚、波兰和阿尔萨斯-洛林的教训。这些国家和地区或许会发现，"在普鲁士**现实政治**的毁灭和惩罚中，正义不是诗意的，而是现实的"。[8]

自由国际主义和英美时代

1914年底，哥伦比亚大学历史学教授、历史学家威廉·阿奇博尔德·邓宁在美国和平百年委员会（American Peace Centenary Committee）和美国国际合作协会（American Association for International Cooperation）的指导下，出版了《不列颠帝国与美利坚合众国：对〈根特条约〉之后两国关系的回顾》。这本书的引言由詹姆斯·布赖斯子爵撰写，他是英国自由派政治家、法学家，不久前刚刚卸任英国驻美国大使一职。[9] 回顾过去的一百年，布赖斯认为，英美两国的关系证明，如果两国认真为之努力，那么即使两国的利益看似相互冲突，它们也能维持总体的和平。[10]

邓宁解释说，虽然两国关系在一百多年来没有破裂，但也发生过多次争吵。五大湖区的裁军和门罗主义的推广有助于缓和1814年之后的紧张局势。但随之而来的是"咆哮的四十年代"，美国向西、向南扩张，与加拿大出现了一系列边界争端，与墨西哥和中美洲争执不断，此外，英国以奴隶贸易为名对美国船只随意采取行动，引发了不少争议。19世纪中叶，在詹姆斯·波尔克总统和帕默斯顿首相当政时期，两国的紧张局势达到顶点，但是，外交官们在幕后默默工作，以防敌对行动的爆发。

在美国内战时期，英国终于得到了一个难得的机会，能以一种符合自身利益的方式来鼓动美国分裂。然而，正如布赖斯指出的那样，总体而言，像约翰·布赖特和戈尔德温·史密斯这样的英国自由主义者都抵制住了支持南方的诱惑，因为他们认为反奴隶制事业足以成为置身事外的理由。普鲁士军国主义的代表人物冯·伯恩哈迪将军在一幅讽刺漫画中嘲笑英国没有抓住机会在战争中支持南部邦联，进而瓦解一个对手，他将此作为盎格鲁–撒克逊式道德主义的证据，认为这将导致英国的衰落。1915年1月，伦敦大学国王学院的殖民史学家悉尼·洛爵士在《泰晤士报文学增刊》中谈到了这一点，他认为，这种如此狭隘的"**现实政治**概念尚未被英国政治家接受"。实际上，从长期来看，英美关系提供了一个有益的教训，那就是两国如何逐渐化解相互之间的紧张和对抗。这一关系的教训或许可以为如何从战争中获得"更大的和平"提供指导。[11]

虽然"国际主义"和国家间合作的模糊概念已经存在了很多年（国家间永久和平的思想可以追溯到康德），但正是一战的可怕现实赋予了它新的动力和紧迫感。这次世界大战是"结束所有战争的战争"的想法反映了一种希望，那就是国家之间的关系可以建立在一种更为牢固的基础之上。它认为，因为各国都一门心思地追求自身利益，并随意践踏小国的自决权，所以每个国家都对战争的爆发负有一定的责任。更成问题的是开展外交的方式，外交活动是由精英或既得利益者在秘密状态下进行的，没有民主的控制或监督。的确，国际关系领域的研究（被认为值得进行学术探索和更深入的科学理解）在这一时期出现并非偶然，它是在新的国际主义冲动下产生的。[12]

自由国际主义运动是围绕民主控制联盟（Union for Democratic Control，UDC）而组织的，该联盟成立于1914年，创立者是因反对宣战而辞职的自由党政府部长查尔斯·特里利廉和因工党支持政府的战争预算而辞职的工党主席拉姆齐·麦克唐纳。经过多年的讨论，国际联盟最终于1920年成立。建立国际联盟的想法与民主控制联盟运动的目标相吻合，那就是把外交从精英手中夺下，让它接受更为严格的民主监督，并维护小国的国家自决权利原则。[13]

因此，人们希望能够实现更大的和平，从而解决国际体系中的深层次缺陷。自由国际秩序——或许甚至是世界政府——的理念开始流行起来，尽管其倡导者在如何实现这一目标方面存在分歧。[14]工党议员、民主控制联盟的创始人之一诺曼·安杰尔最有影响力的论点是，导致这场战争的是国际秩序的瓦解，而威尔逊的理想主义可能是应对这种瓦解的最佳对策。安杰尔后来于1933年获得了诺贝尔和平奖，刚好也是希特勒上台的那一年。他经常被描述为战间期典型的理想主义者，并且在国际政治上持有天真的乌托邦立场。这在一定程度上是E. H. 卡尔（1939年的著作）和汉斯·J. 摩根索（二战后的著作）让人们产生的印象。事实上，这一描述并没有公正地对待他论点中现实主义的核心。[15]

从另一个角度来看，正如尼尔·弗格森所指出的那样，安杰尔著名的"和平主义"著作《大幻觉》（*The Great Illusion*）实际上可以被归为"自由帝国主义"一类。该书排除了使用武力镇压殖民地的可能性，但仍然认为帝国的力量在于"自愿进行的贸易"。他写道，世界各国将"以英国的实践……和经验作为在这一问题上的指南"。将大英帝国的统治原则推广到欧洲社会，为解决国际问题提供了基础。更为重要的是，因为这些"国际社会中自由人类合作的原则""在某种特殊意义上，是英国的产物"，所以应该由英国为此指明方向。这一论点让人回想起了艾尔·克劳在1907年起草的备忘录。安杰尔的书掩盖了它对和平主义的赞颂，在英国海军高级战略家中间受到了广泛赞扬。[16]

在美国参战一个月后，安杰尔在《北不列颠评论》上发表了一篇文章，文中虚构了在一次英国晚宴上六名持不同政治立场的人进行的一场讨论，主题是关于美国参战的意义。客人中包括一位年老的自由主义者（他担任过19世纪自由党首相威廉·格拉斯顿的助手）、一位年轻激进的劳合·乔治的支持者、一位外交部官员、一位工党议员、一位政府官员，还有这场讨论的主持人——一位在美国做了多年生意的英国银行家。这位银行家一开始就提出，英国和美国这两个自由资本主义国家的合作将是"未来真正的和平联盟"。那位外交部官员批评美国不遵守条约，同时又将自己视为"无可匹敌的仲裁的捍卫者"。工党议员（大家可以认为，他代表了安杰尔本人的观点）举起双手，插话道："你们召开的那么多次会议都以失败告终，你们难道没有从中得到什么教训吗？听你说话的口气，就好像你在外交、专家、**现实政治**和外交部等方面的解决方案都取得了巨大的成功。但在大多数情况下，他们都遭遇了惨败……难道我们现在还不能承认旧的方法已经失败了吗？难道我们还不能承认，除非接受战争以可怕而悲惨的徒劳无果而告终，我们必须以某种方式采用新的［方法］吗？"[17]

安杰尔意识到了一个观点，那就是新国际主义被认为是天真和不切实际的。因此，他毫不讳言地指出，美国对国际联盟的支持从本质上来说也是为了自身利益。这"不仅要从人道主义和理想主义的角度来解释，还要以自然政策的非常具体的理由来解释"。英国和美国的自身利益都与自由的国际秩序紧密相连。[18]

在这里，我们可以看到美国对地缘政治的觉醒与那个时代的自由国际主义运动之间的协同作用。为了支持他的论点，安杰尔引用了沃尔特·韦尔、赫伯特·克罗利和沃尔特·李普曼为《新共和》周刊所写的社论，并补充说，他们与威尔逊政府有着密切的联系。事实上，就在两个月前，也就是1917年2月，李普曼曾经委托安杰尔为《新共和》周刊撰稿，旨在为这本杂志争取奉行和平主义理念的读者群。李普曼解释说，安杰尔所写的"一篇以自由主义和国际主义的理由为美国参战辩护的文章将给我们带来巨大的帮助"，这提出了一个诱人的前景，那就是"美国加入战争使整个关于和平联盟的宣传有机会具体化并成为现实"。[19]

换句话说，自由国际主义者并不羞于以一种能引起英国和美国民族主义者共鸣的方式提出他们的主张。胜利能够带来更大和平的想法是爱国的。在发表在《雅典娜神殿》杂志上的一篇题为《国际主义对民族主义》的文章中，在二战期间担任工党副主席的政治家阿瑟·格林伍德提出，我们在战争中损失巨大，而建立国际联盟是我们获得的唯一对得起我们所做出的牺牲的胜利。民主与和平事业的最大敌人是那些误读战争的教训，并敦促英国、美国和法国人民"走唯物主义和军国主义的道路"的人。这是一种"以毒攻毒，比普鲁士更普鲁士"的政策。那些攻击国际主义的人可能会认为自己是爱国者，但是，格林伍德看不出他们与"招人憎恨的**现实政治**学派德国人"有什么不同。[20]

自由主义理想的局限性

在英美时代的背景下，威尔逊在1918年1月宣布了"十四点和平原则"，提出以自由贸易政策、国家间公开协议、民主和自决作为国际关系的组织原则。正如大卫·肯尼迪所写的，威尔逊建设"国家共同体"计划（具体体现是国际联盟）背后的一个重要推动力是，它将取代"历时已久的**现实政治**体制，即权力和强权体制"。[21] 然而，继霍布森之后，一些自由国际主义者预言，自由国际主义的最大障碍将是英美世界内部的既得利益。

持这一立场的人包括反资本主义的美国经济学家索尔斯坦·凡勃伦。1915年，凡勃伦出版了《帝国主义德国与工业革命》，该书认为，"先进的工业技术、半封建形式的社会融合以及权力过于强大的官僚主义国家"之间的奇怪联系使德国受害不浅。[22] 凡勃伦在1918年12月的一篇文章中指出，每个人都应该为国际秩序的崩溃承担一定的责任。当然，在这一问题上，德国和协约国之间存在着重要的差异。例如，民主国家的外交政策通常是由选举产生的政治家来执行，而不是伯爵和亲王。尽管如此，他辩称，这些政策的推行仍然是为大企业和大公司等既得利益集团服务的。因此，即使在现代社会，外交仍然沿着"系统化的推诿"和一己私利的"中世纪精神"的路线运行："所有这些国家层面

的自命不凡、争论、控制、扩张、欺骗和敌意，都只不过是那些以国家
力量和欺诈行为为业的外交政治掮客所熟悉的套路，这也被称为**现实政
治**。"[23] 要真正改变这个体制，协约国必须改变它们的行为，也必须改变
它们的内部政治制度。

在保守派方面，存在着一种不同类型的怀疑态度。《旁观者》当然
承认国际联盟的吸引力。与其简单地恢复战前外交的模式，还不如努力
追求一种更高的理想，即使这种努力以失败告终。通过达成协议和建立
联邦制国家实现和平的愿景已经存在了很多个世纪。完全消灭这种愿景
是不可能的。早在公元前431年至前404年希腊雅典人和斯巴达人之间
的伯罗奔尼撒战争期间，"尽管愤世嫉俗者和**现实政治**的鼓吹者对他们
的天真嗤之以鼻"，但像柏拉图这样有远见的人依旧坚持了更大的希望。
把联盟的目标设定为"抽象地消灭战争"将是灾难性的。或许有可能
"建立一个极度单调乏味的国际体系，以至于雄心勃勃的煽动家或犬儒
主义独裁者无法再诱惑受他蒙骗的国家，也无法迫使受他控制的人民继
续沿着铁与血的道路前进"。然而，《旁观者》预言，西方外交官工作
时，更有可能"对那些不切实际的理想主义的努力嗤之以鼻"。[24]

自由国际主义者和更宽泛的"新"现实主义的倡导者之间结成了联
盟，但是这个短暂的联盟很快就分崩离析，正是在这一瓦解过程中播下
了国际联盟失败的种子。一个问题是，其他欧洲国家的政治家还没有准
备好完全接受威尔逊理想主义的逻辑。谈及威尔逊的"十四点和平原
则"时，法国总理乔治·克里孟梭曾圆滑地指出，上帝只给了我们十诫
（Ten Commandments），而我们打破了每一条。另一个问题是，自由国
际主义阵营具有广泛和折中的性质，缺乏凝聚力。威尔逊、诺曼·安杰
尔和沃尔特·李普曼基于自由主义和现实主义而暂时结合，形成了一个
奇特的轴心，但是这一轴心很快就瓦解了。尽管他们在阐明战争的目标
方面发挥了非常重要的作用，但在《凡尔赛条约》签署之后，克罗利和

李普曼同威尔逊分道扬镳，原因在于威尔逊支持美国参与国际联盟。以这种方式将美国的参与正式化，并将其绑定到一个体系中，这一步操之过急。[25]

　　然而，比这更重要的是德国人是如何看待这些事件的。1919年，英国地理学家哈尔福德·麦金德爵士对国际联盟的前景进行了评估。麦金德爵士有时被称为"地缘政治学"之父，本书后续章节将会对他进行分析讨论。他写道，理想主义者是"地球之盐"，没有他们，社会将很快停滞，文明将会逐渐消逝。但是，《凡尔赛条约》是胜利者的和平。他警告说，德国人认为国际联盟的崩溃是不可避免的，这只是时间问题。事实上，他认为，战前在德国出现的对**现实政治**的崇拜，在德国的民族心理中根深蒂固，其程度远超西方国家的想象。德国社会中庞大而聪明的群体"在一种政治哲学信仰的指引下行事，这种信仰……并不因为我们认为它是错误的就失去真诚的坚持"。[26] 无论协约国怎么想，它们都没有赢得这场争论。西方最艰难的考验还没有到来。

第三部分

战间期的现实政治

我们所要求的是去除我们外交中的那些言不由衷的形而上学和集体安全的陈词滥调，开始用现实政治的话语来与墨索里尼交谈。

（内维尔·张伯伦首相，1936年《早报》）[1]

第八章
对现实政治的接受

20世纪初，如果出现对国际现状的挑战，英国会遭受最大的损失。因此，面对那些试图采用新的行为方式挑战现有秩序的国家（尤其是德国），英国会率先表示强烈抗议，这并非偶然。而到一战结束时，也有人承认，英国并不像它的自我形象所表现的那样，能不受这种行为方式的影响。在一个层面上，这体现在弗里德里希·迈内克所称的英国人"伪善的优越感"有所削弱，在这个时代，英国人对帝国认同感的确定性已经遭到严重破坏。在另外一个层面上，一个人数不多但具有影响力的小群体开始建议，小剂量的现实政治——英国化并且去除了原有的日耳曼内涵——或许可以加在英国外交政策的某些方面。不久之后，这个词越来越多地出现在英国的外交电报、备忘录以及高级别的政治讨论中，最为重要的是，它不再仅仅用于描述其他国家的行为。

英国外交具有显著特点，并且优于许多欧洲国家（尤其是德国），这样的观点并没有被完全抛弃。然而在幕后，有人承认，英国的**理想政治**或者说反现实政治中具有道德优越性的行为方式，有时或许不得不被抛弃。所谓"现实政治的蔓延"开始于战争期间。这个词可以毫不费力地用以辩护对奥斯曼帝国统治下的人民采取的短期措施，或为针对中东地区（在那里英国的资源已经捉襟见肘）的短期措施正名。但在战争结束后，又出现了一系列的新问题：大英帝国面临解体的潜在危险，这使得英国在印度和爱尔兰都面临巨大压力；1917年的俄国革命，带来了前所未有的国际挑战；还有前一章提到的自由国际主义共识的瓦解。新的挑战催生了新的、富有想象力的对某一类行为方式的辩护，如果其他人这样做的话，这种行为就会受到谴责。不出所料，对盎格鲁-撒克逊式虚伪行为的指责再次抬头。

与此同时，美国进一步发展了自己的定制版现实政治（其中使用了"现实政治"这个词，但是很少提到其德国起源）。20世纪20年代，这一理念更适用于拉丁美洲，而非欧洲。美国和欧洲列强（尤其是英国）渐行渐远，这削弱了战争结束时存在的自由国际主义共识。由于美国不再参与国际联盟事务，自由国际主义的机制在面对维持全面和平的任务时，日益显得力不从心。英美世界正在形成一种对理想主义的疲劳感。而在威尔逊主义解体的同时，英美现实主义一些更广泛的基础也遭到了破坏。

到20世纪20年代初，西方许多有影响力的舆论领袖和政治家明显已经接受了现实政治的重要元素。英国人第一次开始使用这个词来为自己的行为正名。这通常被描绘成事出必要的举措而非刻意的谋划——一种临时措施而非全新的行为方式。尽管如此，重要的是，德国**现实政治**的一些最坚定、最有说服力的批评者，如外交家兼学者詹姆斯·黑德勒姆-莫利爵士和首相劳合·乔治，都认为"些许现实政治"对于应对战后理想主义的泛滥或许是必要的；而且，他们明确地使用了这个词。这些英国现实政治的例子并不是为了模仿德国的先例。相反，它们被视为医治威尔逊主义或和平国际主义幼稚病的解药。特赖奇克和伯恩哈迪在英美两国也开始失去市场。现实政治逐渐增加的内涵意味着19世纪那些久经考验的治国理政模式的回归。由于1919年《凡尔赛条约》慢慢遭到破坏，英国的政治家们开始回顾一百年前的《维也纳条约》时代，那时候，一种不过分感性、更为现实的制定外交政策的方式正处于上升期。他们希望彼时那种行事方式能提供一种更好的指导。

具有讽刺意味的是，就如第九章将写到的那样，正是德国的治国方略理论家们看到了英美联盟的潜在力量，即一种"盎格鲁–撒克逊治下的和平"（pax Anglo-Saxonica），然而就在此时，这一联盟开始瓦解。与其他所有主要大国一样，德国在1918年之后也经历了激烈的自我反省。**现实政治**受到的审视比以往任何时候都更为严格。在这个高度紧张的氛围中，出现了20世纪几种极具独创性、充满力量的关于治国方略的思考——其中最引人注目的是马克斯·韦伯的著名演讲《政治作为一种志业》，以及弗里德里希·迈内克的著作《国家理由观念》（*Die Idee der Staatsräson*）。然而，关键在于，**现实政治**并没有在德国遭到唾弃，而是以一种经过修订、改革，甚至复兴的形式重新出现。一方面，特赖奇克受到战后治国方略理论家们的广泛批评。但这种批评仅局限于大学教师的学术圈子里。取而代之的是一种以大众化的形式出现的新**现实政治**，特赖奇克理论的一个低劣版本再次为其提供了脚本。它又一次展示了迈内克早在1914年就警告过的狭隘的种族主义。就提出一种不同形式的现实主义而言，最富有成效的尝试部分来自说德语的犹太人和说德语的捷克人，他们非常了解德国的国家理论，同时又能够超越这些理论的局限性，他们提出的现实主义能够实现国家目标而不屈服于狭隘的私利或者沙文主义，这成为**现实政治**历史上一个有趣的插曲。

在西方，自由国际主义的失败造成了一个真空，国际环境也正在变得日益危险，此时，人们会明白为什么回归传统外交方法似乎很有吸引力。1925年，在签署旨在实现与德国关系正常化的《洛迦诺公约》

（Locarno Treaty）时，外交大臣奥斯丁·张伯伦坚持要求在墙上挂一幅卡斯尔雷勋爵的画像，挂画的位置可以俯瞰整个房间。张伯伦引用了卡斯尔雷对1815年战败后的法国的和解态度，他暗示《洛迦诺公约》"不是绥靖和解的终结，而是开端"。[1] 他的弟弟内维尔·张伯伦于1931年到1937年担任英国财政大臣，1937年到1940年担任英国首相，受到了19世纪外交史的深刻影响。[2]

但从根本上来说，退向旧式外交的特征是对当代世界认识和理解的失败。这部分将在第十章（第三部分的最后一章）中讲述。那些将历史作为当代外交政策指南来阅读的人会以一种相当草率和机械的方式来看待国际舞台，将其视为各国作为理性的行为者追求自身利益的竞技场。这尤其使得英国未能理解法西斯主义所构成威胁的本质。正是国际社会不拘泥于预先设想的模式或一般性规则，揭示了这种方法的局限性。但是，这条学习曲线既起伏巨大又具有危险性。于是，在二战爆发前，现实政治在英国再次变成一个肮脏的字眼。人们有这样一种感觉：它曾作为一种外交手段被尝试使用过，但是失败了。然而，这一次它没有被用来谴责"其他人"，而是用于谴责英国自己的政治家和他们所追求的绥靖政策。

英国滑向现实政治

在一战期间将现实政治纳入英国外交部的用语可以归功于詹姆斯·黑德勒姆-莫利，这位学者于1914年加入宣传部（Propaganda Department），后来成为情报部（Department of Information）下属政治情报局（Political Intelligence Bureau）的助理局长（1917—1920年在任）。他是1919年参加巴黎和会的英国代表团成员，并于1920年成为外交部的历史顾问，任职期间，他致力于撰写一战前英国的官方外交史。

与顶头上司艾尔·克劳一样，詹姆斯·黑德勒姆－莫利也娶了一位德国妻子，他对德国的历史和文化有浓厚的兴趣，后来还写了俾斯麦的传记。他和艾尔·克劳都认为普鲁士军国主义和德国民族主义是战争的根源。作为一名熟练的宣传者，他定期为《泰晤士报》和《泰晤士报文学增刊》撰稿，这也解释了为什么这两个刊物会刊登关于现实政治这一概念的详细阐释。[3]

不出所料，在由詹姆斯·黑德勒姆－莫利的团队执笔的关于德国的官方报告中，**现实政治**出现得最多。例如，1917 年 12 月，当德国与苏俄新政府在布列斯特－立陶夫斯克（Brest-Litovsk）谈判时，内阁大臣们被告知，德国人迫不及待地利用俄国溃败的机会，向对方提出苛刻的条件，要求吞并东欧和波罗的海诸国的大片土地。德国毫不留情的战略——将自己对俄国人的优势利用到极致，并且拒绝与其他大国协调谈判——被认为是其总体外交政策风格的典型体现。因此有人提出，东部边境地区最终实现和平将"按照**现实政治**的路线进行，而不是以军人眼中纯粹的感伤主义为基础"。[4]

当时，在大多数情况下，**现实政治**仍然被视为一个贬义词，一种有缺陷的行为方式。1918 年 8 月，黑德勒姆－莫利所在的政治情报局为内阁起草了一份文件，内容是预测德国人将会以何种方式发起和平攻势。德国压制强硬派的声音，同时大谈"通过理解实现和平"，但这只是它为了寻求和平而采取的一种纯粹的战术游戏。然而，黑德勒姆－莫利在回顾这场战争之后，发现德国的战略迄今为止都适得其反，这令他感到震惊。德国的主要错误包括入侵比利时（这迫使英国参战）、低估了英国的战斗精神，以及发动将美国拖入战争的潜艇攻击。一种观点认为，英国不过是一个缺乏战斗精神的杂货店店主的国度，但五百万志愿参军的英国人在战场上牺牲这一事实就是对这种说法强有力的驳斥。美国的参战也表明，各国只会根据眼前的物质利益来采取行动的观点是站不住脚的。德国的无限制潜艇战与齐默尔曼电报"从短视的**现实政治**角度看或许有些道理",但美国的干预则必须从相反的视角来看待。[5]

因此,并不存在什么模仿德国行事方式的强烈意愿,尤其是当胜利临近的时候。但人们也认识到,**现实政治**在实践中已经传遍了整个欧洲。特别是俄罗斯帝国的崩溃和东欧的分裂意味着许多新的行为主体看到了利用权力真空的机会。在巴尔干地区,一些胸怀抱负的新生国家认为,实现民族诉求的时刻已经到来。斯拉夫民族之间的团结感正在迅速瓦解。例如一名英国官员所指出的,保加利亚不顾斯拉夫民族团结的呼吁,而只是在玩自己的"**现实政治**"游戏。[6]

在1917年10月的布尔什维克革命之后,俄国构成了继德国之后最大的外交挑战。苏俄新政府采取的第一个行动就是单方面退出战争,此举破坏了与协约国现有的全部条约。但除此之外,尚不清楚苏俄新政权能否维持下去,如果能的话,也不清楚它的行动是基于狭隘的本国利益还是革命原则。这在一定程度上是因为尚不清楚列宁和列夫·托洛茨基之中谁会成为新俄国的主导政治人物。在1918年1月的布列斯特-立陶夫斯克谈判中,英国官员希望托洛茨基的布尔什维克理想主义能挫败德国在西线与协约国实现和解之前与苏俄单独达成协议的意图。在他们看来,"在俄国,布尔什维克比其他任何政党都更有可能放弃自己的原则,如果俄国政府奉行**现实政治**的理念而不是社会主义理想,那么他们(德国人)连后悔都来不及了"。确实,出于这个原因,英国外交官们认为,"无论当前俄国的统治者对资产阶级和帝国主义政府的攻击有多么猛烈,在短时间内,布尔什维克政府可能会符合协约国的利益"。然而,托洛茨基继续控制谈判的能力远未明朗,因为在圣彼得堡的权力角逐还在进行当中。[7]

最终,苏俄采取了现实主义而非革命的方式来处理外交事务。做出这个决定是为了应对(内部和外部的)敌人,巩固新生国家的地位,而不是为了在其他地方积极推动共产主义革命。正如E. H. 卡尔后来所描述的那样，尽管托洛茨基本人对现实主义立场怀有同情，但他对这一政策的反对，包括对共产国际活动的压制，使得很多社会主义者感到"社会主义和世界革命的利益是在屈从于一种狭隘和臆想的**现实政治**"。1924年，宣布"一国建成社会主义"政策的是约瑟夫·斯大林，但这一趋势始于列宁当政时期，而且关键时刻是列宁在1921年做出与美国签署贸易协定的决定。[8] 虽然列宁本人并没有使用这个词，但是20世纪20年代的一些马克思主义理论家，如格奥尔格·卢卡奇，确实以赞许的态度使用了"现实政治"这个表述，以便将列宁的行为和托洛茨基式的乌托邦主义区分开来。[9]

1921年3月签署的《英苏贸易协定》旨在反映新制度下的现实情况。但对于一些美国观察家来说，这也标志着一种欧洲外交官们所钟爱的旧习惯的回归。美国仍然拒绝承认布尔什维克政府。即使最初支持解除对其封锁的法国，也以苏俄破坏国际联盟的权威为由而批评该协议。事实上，《纽约论坛报》暗示，英国的盘算中除了贸易关系之外还有其他战略上的私利。英国人的真正目的在于阻止列宁使用反帝国主义的言论来破坏英帝国在阿富汗和印度的稳定。换句话说，此举回归了19世纪英国和俄国争夺亚洲的"大博弈"。《纽约论坛报》称，用现代话语来表述，这是"德国人所谓的**现实政治**的宣传传单。[10] 这不是理想主义"。这是古老的帝国博弈一个新的简略表达。

国际主义的瓦解

1918年后，英国在维护其全球帝国方面受到了严峻挑战。为了应对这些挑战，英国政府开始推行一种策略，并准备以"现实政治"为其辩护。一个较早期的事例是亚美尼亚问题，在战争爆发的几年前，这个问题已经开始给英国留下深刻印象。英国人（还有美国人）非常同情亚美尼亚人的困境以及他们在奥斯曼帝国统治下所遭受的苦难，这在当前会被认为构成种族灭绝。然而，英国对亚美尼亚问题的态度反映出它一直以来的担忧，即奥斯曼帝国解体会威胁英国在东地中海的利益。另一个担忧是这一问题会将奥斯曼帝国推入战争，并站到德国那一边（这最终还是发生了）。对亚美尼亚问题的态度主要是透过这种地缘战略（geostrategy）的视角来进行观察的，其结果就是英国的亚美尼亚政策被描绘成现实政治的典范。[11]

这种不带感情色彩的逻辑的另一个例子是1916年签署的《赛克斯－皮科协定》（Sykes-Picot Agreement），它经常被谴责为英国虚伪和帝国主义的典型案例，而英国却以民主和自决的名义进行了一场战争。这一协定以外交官马克·赛克斯爵士和弗朗索瓦·乔治－皮科的名字命名，将现在伊拉克、叙利亚和黎巴嫩等国家划归英法两国控制。在战争爆发之前，越来越多的英国外交部官员，尤其是T. E. 劳伦斯等驻开罗的阿拉伯主义者，主张建立一个由阿拉伯人而非奥斯曼人领导的哈里发国家，以麦加（Mecca）作为其首都。英国希望能够通过支持这样一项计划来确保自己在该地区的利益，以便不受限制地通过苏伊士运河，进入新兴的石油市场。这一计划的主要障碍是法国，尽管法国是英国在欧洲战场上最重要的盟友，却不愿意放弃其对叙利亚和黎巴嫩的阿拉伯领土的要求。与劳伦斯不同，赛克斯优先考虑的是与法国达成协议的直接利益，从而抵抗德国和土耳其联合入侵的威胁，巩固英国在中东地区的利益。阿拉伯人除了感觉自己遭到了背叛，还对英国1917年《贝尔福宣言》（Balfour Declaration）中支持犹太人在巴勒斯坦建立家园的条款感到怒不可遏。

T. E. 劳伦斯谴责了这些他认为是短期主义的行为，指责赛克斯"充满偏见、凭感觉行事、不学无术"。[12] 然而，至关重要的是，赛克斯得到了英国内阁的支持，内阁也将战争的成功推进列为优先事项。事实上，正是在这个问题上，英国官员第一次不带贬义地使用了"现实政治"这个词，将其作为他们行动的正当理由。正如英国外交部一位高级官员在1919年所解释的那样，"对于我们而言，唯一的'现实政治'就是在近东采取这样一条路线，让我们与法国人（虽然我不喜欢他们）和犹太人保持一致，而不要对阿拉伯人的感受过于紧张"。他们不会牺牲与法国的密切关系来换取阿拉伯人的团结，因为这种团结可能永远都无法实现。[13]

英国战时联合政府的首相劳合·乔治（1916—1922年在任）主持了《赛克斯–皮科协定》和1921年《英苏贸易协定》的签署，他本人就是所谓"英国现实政治"的争议人物。就像法国的乔治·克里孟梭一样，他对威尔逊的国际主义以及国际联盟能否取得成功持怀疑态度。他的朋友、《曼彻斯特卫报》编辑C. P. 斯科特当时曾指出，首相"更喜欢俾斯麦的'现实政治'，而不是我们应该分享的威尔逊的理想主义"。[14]

事实上，在《英苏贸易协定》签署后不久，劳合·乔治还于1921年与爱尔兰共和军（Irish Republican Army）领导人迈克尔·柯林斯签署了《英爱条约》（Anglo-Irish Treaty），对爱尔兰进行分治，在南部建立爱尔兰自由邦。这一条约是在残酷的镇压行动之后签署的。当时，爱尔兰自治联盟（Irish Dominion League）反对分治，主张一个将爱尔兰保留在英联邦的解决方案，其领导人霍勒斯·普伦基特写信给美国外交官兼《外交事务》杂志的编辑、威尔逊主义者汉密尔顿·菲什·阿姆斯特朗："你必须时刻牢记劳合·乔治的现实政治立场，抛弃原则，将眼前的权宜之计作为决定因素。"[15] 英国政治话语中发生了微妙却意义重大的变化。从外交部到首相，现实政治不再被认为是德国人的专属。

有人提出，国际体系以及外交行为本身在1918年之后可能会发生彻底转变，但这一观点很快就遇到了困难。1919年的《凡尔赛条约》就

图8　1919年，英国首相大卫·劳合·乔治、法国总理乔治·克里孟梭和美国总统
伍德罗·威尔逊出席凡尔赛和会。尽管威尔逊提出了崇高的理想主义，但劳合·乔
治和克里孟梭常被指控推行了各自版本的现实政治。图片来源：维基共享资源

是一个很好的例子。该条约的缔约方有意识地与旧的外交行为划清界限。他们宣称自己不愿意让1815年《维也纳条约》所犯的错误重演。《维也纳条约》是在拿破仑战争结束后，由欧洲的精英阶层秘密谈判达成的，目的是恢复欧洲战前的局面。对1815年这份解决方案的批评意见中，有一条就是它支持那些臭名昭著的君主统治，并且践踏了自由派和民族主义者的抱负。然而，《凡尔赛条约》真的就比《维也纳条约》好吗？在《凡尔赛条约》签署后不久，外交史学家沃尔特·艾利森·菲利普斯表示，1919年的和平缔造者们本应该"与充斥着秘密辩论和幕后阴谋的维也纳会议没有任何共同之处"，这样巴黎和会"也就不会像1814年至1815年的维也纳和会那样，充满自私和狭隘的观点了"。他怀疑，世界即将陷入深深的失望。[16]

在其1914年出版的欧洲外交史著作《欧洲联邦》中，沃尔特·艾利森·菲利普斯为1815年任英国外交大臣的卡斯尔雷进行了辩护，因为他远比一个世纪以后《凡尔赛条约》的缔造者更深入地了解外交事务的本质。他特别赞扬了卡斯尔雷的远见卓识——建立大国间定期会商的制度，以维持1815年后新的国际体系。他的策略是将俄国的亚历山大大帝"牵制"在国际体系之内，这样，他就不会从外部破坏这一体系的稳定。在这里，菲利普斯的措辞意义重大，因为他引用了英国特有的"现实政治"传统。卡斯尔雷召开国际会议并不是源于对多边主义的抽象信仰，而是希望借此牵制俄国。这"代表着英国的**现实政治**战胜了（沙皇）亚历山大危险的理想主义"。[17]于是，在后凡尔赛时代，现实政治被认为是19世纪的传统外交的回归——这是一种过去久经检验的方法，在"世界政府"的构想被炮制出来很久之前，就已经在为国家利益服务了。

政治情报局的黑德勒姆–莫利正是英国官方观念逐渐转变的代表人物。他在1918年曾经乐观地宣称："威尔逊总统的个人意志是……世界上最强大的力量之一。"然而，在不到五年的时间里，他从一个凡尔赛和平解决方案和国际联盟的坚定支持者，转变为凡尔赛条约的批评者和国际联盟的怀疑者。德国人抱怨新的世界秩序不公正，偏向英美两国的利益，他在谈及此事时指出，这些批评"并不是没有道理"。约翰·梅纳德·凯恩斯1920年出版的《和约的经济后果》(*The Economic Consequence of Peace*)一书给他留下了深刻的印象，这本书暗示，鉴于英德两国之间的紧密联系，强加给德国的苛刻的和平条件正在损害英国经济。他也开始与E. H. 卡尔及其他志同道合的新兴"现实主义"学派知识分子通信。[18]

1922年8月，黑德勒姆–莫利在《泰晤士报文学增刊》上发表了一篇题为《现实政治》的长文。这篇文章发表的背景是《欧洲各内阁重大政策》(*Die Grosse Politik der Europäischen Kabinette*)第一卷的出版。这是由德国政府资助的智库"战争起因研究中心"(Centre for the Study of the Causes of the War)编辑的一部多卷本文件汇编，挑战了德国应对战争爆发负主要责任的观点。黑德勒姆–莫利对这一文集提出了批评，并拒绝接受德国对战争起因的翻案。然而，另一种观点开始出现。这反映在他对战后世界理想主义的泛滥的关注上："置身于统治世界的机器之外的人们正在思考、批评和制订他们关于未来的乌托邦的计划。"基于以上这些原因，他提出了一种更为冷静的逻辑——这是被迫坚决抵制普罗大众不切实际的要求而疲惫不堪的官员的典型表现，这种逻辑认为，正如1918年时那样，小国的独立对于英国或其核心利益来说也许并不那么重要。在这一点上，我们可以看到绥靖政策的根源。他写道，没有一个"理性的人"会认为，像法国或英国这样的国家为了一个遥远而陌生的民族损害他们自己重大利益的行为是合理的，这预示着1938年英国将抛弃捷克斯洛伐克而让它任由希特勒宰割。[19]这种逻辑也被转移到刻意对德国进行的重新评价中。1925年，黑德勒姆–莫利宣称，自

1918年以来，德国发生了一种"非常真实的思想上的变化"，并且大多数德国人已经摒弃了军国主义。[20] 在1933年希特勒成为德国总理之前，这个假设获得了更多人的接受，并且对英国的外交政策产生了越来越大的影响。

学术理想主义的消亡？

在美国，现实政治一词从来没有像在英国那样带有贬义。在美国的政治心理中，德国从来没有扮演过如此重要的角色。例如，1920年，《纽约论坛报》提到了捷克斯洛伐克与南斯拉夫之间最近的"和解"，称其为"一种最能体现**现实政治**（在这个常常被滥用的概念的最好的意义上）精神的措施，一种基于准确把握现实的政策"。[21] 同样，当谈到日本在东方日益膨胀的野心时，人们认为这个问题只能用"现实政治"的原则来加以应对。[22]

对于《英苏条约》所体现的欧洲外交的传统做法，美国人始终保持距离。然而，美国与拉美国家的关系凸显了美国的自我形象与其日益增长的实力背后的现实之间潜在的紧张关系。一方面，泛美运动在反对旧世界外交的"黑暗"艺术时模仿了威尔逊的国际主义。1921年，《泛美联盟公报》宣称："在泛美主义之上，只有泛人类主义，某一天泛美主义可能会将我们引向泛人类主义，给全人类带来法律的原则，而这些原则在当前只是一部分人的特权，我们美洲人在理论和大多数实践中也用这些原则取代了征服和力量。"另一方面，即使是像美国这样的理想主义国家，有时也会表现出一种以"不尊重形式"为特征的叛逆风格，这些形式包括国际组织和现行法律。这"恰如我们所称的**现实政治**的追随者，在公众舆论前贬低德国思想的某个方面"。[23]

同样的逻辑也体现在1928年对所谓"罗斯福推论"的完善中，这一推论最先在1904年提出。西奥多·罗斯福对"门罗主义"做了修订，提出美国保留干预欧洲和拉丁美洲国家之间冲突的权利，以此执行欧洲国家的合法主张，而不是让欧洲人自己来做。1928年，卡尔文·柯立芝总统的副国务卿鲁本·克拉克起草了一份关于"门罗主义"的备忘录，备忘录宣称，1904年的"罗斯福推论"与"门罗主义"的原始条款并不相符。该备忘录作为美国旨在改善与拉丁美洲国家的关系的"睦邻政策"（Good Neighbor Policy）的前奏，于1930年公布。

　　克拉克对19世纪早期的英国外交进行了积极的反思。他引用卡斯尔雷的话说："稳定、温和地应用诚实原则是它（英国）权威的最佳源泉。"在卡斯尔雷当政时期，英国外交政策另一个强大的准则是，一个和平与稳定的欧洲符合英国自身的利益，同时也与各国总体利益一致。美国可以凭借其正处于萌芽期的"睦邻政策"在拉丁美洲发挥同样的作用。为此，鲁本·克拉克引用了本章之前讨论过的沃尔特·艾利森·菲利普斯的《欧洲联邦》一书。事实上，克拉克改编了菲利普斯对英国欧洲事务战略的描述——"用利他主义加以调和的**现实政治**"——作为美国拉美政策的理想脚本。正是在这份文件中，"国家安全"也首次被用来描述美国的战略。这样一来，美国的国家安全从一开始就受到众多19世纪英国先例的影响。[24]

　　战间期的美国依旧存在一股颇具影响力的威尔逊式理想主义思潮。1927年，美国外交官詹姆斯·麦克唐纳认为，从长远来看，美国将不可避免地被拉回到国际联盟，不可能将所有精力都集中在拉丁美洲。麦克唐纳是位于费城的外交政策协会（Foreign Policy Association）的主席，其前身是"自由国家联盟协会"（League of Free Nations Association）。一方面，他警告美国同胞要有自我认知，批评那些在他看来是"我们洋洋自得的姿态，坚信美国在外交关系上即使不是一贯慷慨，至少也是一贯公正"。美国的外交政策受到自身利益的推动，这与其他任何国家如出一辙。美国政府"宣扬崇高的理想主义，但是更多的时候是在推行**现实政治**"。例如，在拉丁美洲，看不到任何美国"以一种仁慈的、兄长般的态度来行使我们的权力"的例证。另一方面，他保留了一种笃定的信念，那就是美国是**世界政治**的改革者。麦克唐纳呼吁制定新的国际道德准则，他相信，要实现这一目标，第一步必须是"对美国真正含义的全新理解"。在他看来，这应该是"具有冒险精神的美国，它敢于在国际事务中尝试一种基于新哲学的全新方法，这种哲学不局限于宣扬'黄金法则'（Golden Rule），而是越来越多地将其付诸实践"。[25]

许多人认为，和平运动的崩溃、自由秩序的瓦解以及国际联盟的无所作为，最有力地否定了两次大战之间以威尔逊主义为代表的所谓幼稚的理想主义。历史学家亚当·图兹认为，如果从中学到的是这样一个教训，那是错误的。也许，不懈追寻确保秩序与和平的新方法，不是"虚假的理想主义"的表现，而是体现了一种"更高层次的现实主义"，他称其为"进步的现实政治"。它的失败并非不可避免，这可以从两个层面来加以解释。第一个是复仇派（法西斯主义和革命派）国家的决心，他们动员了所有的资源，以摆脱以美国及其盟友为首的"犯罪团伙"的包围。第二个更为重要的原因是，美国本身仍然是一个犹豫不决的巨人。它试图构建一个可行的宏大战略，但是一种奇怪的对自身政治体制脆弱性的焦虑，又使得它无所作为。因此，威尔逊担心，卷入欧洲这个"黑暗大陆"或亚洲"东方种族"的纷争，会损害美国共和政体的健康和活力。以美国为主导的世界体系正在迅速发展，在这个体系中心的是这样一个政体：始终坚守对自己未来的保守愿景，宁愿远离其他国家贪婪的争夺和权力游戏，对于自己最近所经历的动荡仍然心有余悸，并且依旧未能接受一个事实——伴随着现代化一同到来的，是自己之前从未设想过的责任。[26]

同样，在许多方面，战后年代的自由国际主义也是由英美各种国际秩序观念融合而来的。虽然威尔逊在1917年成为关注的焦点，并且使国际联盟成为前进的方向，但这些只是表象，还有着更深层的基础。它产生于诺曼·安杰尔、沃尔特·李普曼、詹姆斯·布赖斯子爵以及西奥多·罗斯福等人的对话，以及马汉和艾尔·克劳等人共同的战略假设。然而，20世纪20年代，英国和美国之间日益疏远的关系使这种共识越来越难以维持。在英国和美国，国际联盟的倡导者都表达了失望。1924年，英国驻华盛顿的大使埃斯米·霍华德爵士就西方列强转而关注内政的现象提出了抱怨。他们以前对国际秩序的承诺统统都被抛诸脑后，"转向了德国人所称的'**现实政治**'——实用政治"。他永远都无法摆脱的遗憾是，主导国际事务仍然是这样的理念："以其人之道，还治其人之身"和"先下手为强"。[27]

五年后，在华尔街股市崩盘的1929年，霍华德为英国外交大臣奥斯丁·张伯伦爵士起草了一份关于英美关系的备忘录。其中描绘了与时任白宫主人赫伯特·胡佛关系的悲观图景，并希望他的继任者能更愿意与英国开展更为紧密的合作。霍华德说，在美国，"人们的行动同时受到两种力量的影响，一种是慷慨但无知的渴求和平与善意的情感，另一种是某些强大且完全自私的国家利益。"尤其令人不安的是，美国人"不断地同时在两种动机的影响下采取行动"："在同一时刻，他们会一边宣布要在地球上实现和平，一边宣布会以武力维护美国的国家利益。"霍华德写道，胡佛总统"是一个彻头彻尾的'现实政治家'"。他惆怅地将胡佛与威尔逊进行比较，"他更关心效率，而不是学术理想主义"。[28] 仅仅在十年前，美国还誓言要摧毁现实政治，而现在现实政治已经开始腐化美国。

第九章

一战后的德国与**现实政治**的复兴

一战结束后，德国进入了一个自我反省并深刻反思失败原因的时期。这个国家面对的是一个由盎格鲁–撒克逊人主导的西方国家集团，法国人则是他们的小伙伴。在德国历史学家埃里克·马克斯看来，英国似乎"和北美一起，是这场战争的唯一赢家"。他可以看到"盎格鲁–撒克逊人对世界的主宰正在浮出水面"。[1]**现实政治**这个对于德国的自我形象如此重要的概念，遭到德国知识界的彻底审视。

尽管经受了失败的痛苦，但最终**现实政治**并没有被完全拒绝或摒弃。**现实政治**的自由派批评者（即那些一直都反对战争的少数人）的声音在德国被完全淹没了。德国政治家和理论家希望阐明的是一个全新的、经过完善的版本。马克斯·韦伯、赫尔曼·翁肯和弗里德里希·迈内克等学者试图找到一种新的、更有效的**现实政治**模式。他们得出的成果在思想上要优于以前的版本。然而，他们所做的细微改良并没有体现在新诞生的**现实政治**的大众版本中，而是再次落入了特赖奇克粗暴的民族主义陷阱。

韦伯对现实政治的批判和新现实主义的局限性

无论是在政治层面还是在文化层面，1919年魏玛共和国（Weimar Republic）的诞生给德国的自由主义注入了新的活力。西格蒙德·弗洛伊德和托马斯·曼的作品受到了新人文主义精神的影响，尤其是托马斯·曼1924年的小说《魔山》（*The Magic Mountain*）。然而，尽管政治环境发生了变化，顽固的现实主义残余依旧存在。马克斯·韦伯在《政治作为一种志业》中对这一点的阐述最广为人知，这篇文章起源于他1919年1月在慕尼黑所做的一个讲座，当时正值德国革命期间。韦伯反对革命，他敦促年轻的理想主义者不要落入幼稚的陷阱。他警告说，那些参与政治的人应该遵循"责任伦理"，对社会收益和潜在成本加以权衡。一个对公共利益负有责任的政客也不得不使用权力和"道德上值得怀疑的手段"。其他任何事情都是"政治婴儿"的行为。[2]

韦伯被现代国际关系理论家视为"现实主义"思想的创始人之一，《政治作为一种志业》则被奉为这一学派的基石。[3] 韦伯在十三岁时就读过马基雅维利的《君主论》，并被誉为最接近于集黑格尔和康德思想之大成的德国思想家。[4] 更具体地说，韦伯在**现实政治**的历史中也占有一个有趣的位置。这主要是因为他的父亲是路德维希·冯·罗豪时代的一名民族自由党政治家，包括弗里德里希·达尔曼和特赖奇克在内的主要民族自由主义者都在他家里住过。[5]

19世纪80年代在柏林求学期间，韦伯去听了年迈的特赖奇克的讲座。他惊讶于这些讲座的论调，也对讲座内容如此缺乏学术客观公正性感到震惊。韦伯也认为，特赖奇克作为一名教授如此受到追捧，对于他的同僚和学生而言是一种悲哀。他们在思想上缺乏深度，这表现在他们倾向于沙文主义或盲目崇拜俾斯麦。他不无厌恶地说："当他说到任何带有反犹太主义色彩的东西时，课堂上就会爆发出狂热的欢呼。"韦伯回忆起特赖奇克如何能够让一个拥挤不堪的演讲厅里的听众群情激昂，他认为这"首先是观众的错误"：

> 俾斯麦的情况也是如此：如果当时的国民知道如何应对他，在他最需要民众支持时坚决反对他……他们本可以从一开始就理解这一点（但现在为时已晚），那么他经常具有破坏性的个人政策的影响就不会如此之大。如果我们这一代还没有崇拜军国主义和所谓"现实主义"文化等与之类似的怪物，也没有藐视所有那些不诉诸人类的邪恶面（尤其是人的粗鲁无礼）来追求目标的努力，他们从特赖奇克的课堂上所学到的就不会仅限于以下这些了：大量常常极为片面的观点，与其他观点对抗的强烈兴奋，在成功的压倒性影响下所产生的对现在所谓**现实政治**的偏好。[6]

这是在一战前韦伯曾经多次提及的主题。首先，他认为**现实政治**是一个相当懒惰的术语，往往事后被用来描述简单的常识，并赋予它一些思想上的光彩。他写道："总体而言，人们倾向于努力去适应那些有望获得成功或暂时性成功的事物（这件事情本身是完全可以理解的），而不仅仅是他们希望借以实现最终理想的手段或方法。"在德国，"人们试图用'现实政治'的口号来美化这种行为"。因此，韦伯抱怨说："有一种'感到满足'的德国人，他们在现实政治的影响下膨胀不已，对于任何'当下成功'的东西都加以支持。"其他国家追求本国的利益，但是"不会将它挂在嘴边喋喋不休"。与此形成鲜明对照的是，德国人"非要将现实政治变成一个口号，然后他们热情拥抱了这个口号"。[7]

所以韦伯意识到了一个事实，这或许可以称为**现实政治**的腐化。然而，他自己在多大程度上逃脱了这个陷阱呢？有人提出了令人信服的观点：《政治作为一种志业》一文与特赖奇克的著作有些许相似之处——尤其体现在韦伯所使用的"阴郁的路德式英雄诗体"中。除此之外，还有韦伯对德国在一战中战败所感到的悲观和绝望。韦伯对《凡尔赛条约》持强烈的批评态度，条约于1919年6月签订，距离他的讲座仅几个月的时间。他特别批评了协约国追究战争爆发责任的方式——"就像老妇人一样寻找'有罪的人'"。最为重要的是，韦伯的现实主义是一种关于局限性而非可能性的现实主义。他倾向于将他所不认同的观点斥为乌托邦或不现实的东西。尽管他的话语用"现实主义言辞"的外壳加以包装，但实际上，韦伯已经屈服于宿命论和绝望的诱惑。[8] 这是一种受到旁观者自己当下最关注的事物影响的现实主义。

理想政治和"非我"的微弱压力

那些曾经反对德国1914年做出开战决定的人更愿意挑战**现实政治**的基石。流亡的奥地利政论家胡戈·甘茨博士在瑞士的德文报纸《苏黎世报》（*Zürcher Zeitung*）上表达了担忧：德国的自由主义者并没有利用德国战败的机会在政治上对他们的国民开展教育。在甘茨看来，战争以及随之而来的失败，是"帝国得以建立的方式所带来的必然后果"的产物。"铁与血"的方式已经被证明是一种错误。相反，自由主义的理想（比如国际和解、和平与民主的发展、与邻国良好的相互理解）从本质上来说更为现实。如果起初有人听取了那些"不切实际的理想主义者"的话，德国就既不会招人憎恨也不会被击败了。这一理念对人类文明所做出的无可置疑的贡献也就不会被一个充满敌意的世界所否定了。[9]

然而，在1918年之后的德国，为新国际主义辩护是一件很困难的事情。首先，新的国际体系建立在德国战败以及（正如韦伯所抱怨的）德国对战争爆发负有罪责的基础之上。其次也更为根本的是，由于美国决定置身事外，国际联盟从其诞生之日起就显得软弱无力。这也得到了流亡的德国和平主义者和伦理学家弗里德里希·威廉·弗尔斯特的承认。弗尔斯特于1920年出版了一本名为《我的奋斗》(*Mein Kampf*)的回忆录，详细描述了他与德国军国主义的斗争，这真是一个令人不寒而栗的讽刺。

在国际联盟问题上，弗尔斯特承认："西方的和平主义并没能表现出足以应对世界问题的能力。"它有"太多的架构，但是活的灵魂太少"。然而，他向同胞们提出了一个问题，他们真的有一个有效的替代方案吗？上一代德国人对国家理由的笃信使他们看不到"非我的现实"："因此，尽管我们大谈'现实政治'，我们依旧还是完全无法对周围的世界做出客观的评估，或是摆脱自己陶醉于其中的利己主义；而且，这种情况尤其要归因于这一事实，那就是一种根本错误的政治哲学教导我们将利己主义奉为唯一正确的世界哲学。"

弗尔斯特所希望的是一种"文化联盟"，一种国家之间思想观念更广泛的交流。虽然他也承认，这或许是"这个世界尚未为之做好准备的梦想"，但他还是提出，研究和思考其他国家的文化对于德国的国家利益很有帮助。罗马人在鼎盛时期，因钟爱希腊文化而收获活力。正是因为愿意摆脱"自身的片面性，这种通向普遍性的自我发展"，才让罗马能够成为霸主。与之类似，在当代，英国人一直以来对德国文化的尊重也起到了很好的作用。英国人也有很强的自我意识，但所幸的是，他们能意识到在这个世界上还有其他人的存在，而且考虑到他们。事实上，弗尔斯特甚至宣称，研究英国文化或许能够治好德国人"对于'现实政治'的幻想"以及一个"自负的假设——我们从根本上说比其他所有民族都要优秀，因为我们在对外征服方面取得了如此巨大的成就"。

德国的好战表现还源于未能认识到自己位于欧洲中心的地缘政治地位所带来的后果。"我们忽略了一个事实，那就是位居中心的人必须寻求公平正义而不是权力，"他写道，"我们向土地之神祈祷。他降临人间，让我们服从他的规则。"德国人不应该发明一种新的**现实政治**，恰恰相反，他们应该重新树立对自己的理想主义的信心，成为"真正的建设者中的主要推动力量"。对于德国而言，最好的道路是引领世界联盟，就像它此前通过制定和实施自己的联邦宪法，在保持欧洲和平方面起带头作用一样。弗尔斯特写道："中心国家而不是外围国家的精神面貌，决定着世界的命运。"由于德国的地理位置和发展历史，其真正的命运是"扮演调停者的角色"。德国人"必须摆脱狭隘的民族主义"，恢复德国人的荣誉。[10]

神学家和伦理学家能够拯救德国不再重蹈特赖奇克式民族主义最糟糕的极端举动的覆辙吗？民族主义会再次将德国的自由主义踏在脚下吗？一个有趣的案例是关于著名的新教神学家和哲学家恩斯特·特勒尔奇的。在战争之前，很多英国学者直接呼吁特勒尔奇站出来发声，认为他作为一位著名教授，或许能够在德国发挥影响力，缓和一下民意。例如，他表达过这样一种观点：一个国家只有在利益驱使下才需要对外扩张。然而，面对英国学者的一再催促，他回应称：德国的利益与英国的利益是直接对立的，没有和解的希望，德国唯一的选择就是战争。[11]

战争结束后，特勒尔奇访问了伦敦，目的在于修复此前言论所造成的一些破坏。他谴责了德国在民族国家理论上的僵硬思想，以及将妥协视为软弱的倾向。他还谈到了国际联盟"坚不可摧的道德核心"和"价值观共同体"的潜力。[12]确实，特勒尔奇为在他看来存在于德国精神核心的矛盾提供了一个巧妙的诊断。"在它的一面，你会看到许多浪漫主义和崇高的理想主义；在它的另一面，你就会看到一种犬儒现实主义，对所有的理想和道德漠不关心；但是，你首先会看到一种将这两种元素惊人地结合起来的倾向——简而言之，就是将浪漫残忍化，将犬儒浪漫化。"[13]

但特勒尔奇和其他人也都谈及了之前的一个主题：盎格鲁–撒克逊人的虚伪。在战争结束后的十年里，诸如赫尔曼·翁肯等众多学者就托马斯·莫尔1516年所著的《乌托邦》展开了一场旷日持久的辩论，特勒尔奇也是其中一员。一方面，莫尔的理想主义是毋庸置疑的，这在他关于人类大同思想以及他的殉道中都有所体现。另一方面，他是宫廷中的一名官员，非常富有。通常情况下，莫尔被认为是重商主义的倡导者，也是英国贸易权利的坚定支持者。因此，他是英国人的典范，完美展示了英国人打着人道主义的旗号追求赤裸裸的私利的特质。[14]

当然，这些都是些小众的论点，其影响并没有超出学术圈子。四十多年后，迈内克的一个学生，耶鲁大学的哈乔·霍尔本在论及这一时期时，批评了德国历史学界在战间期放弃领导公众和政界的做法。"学术研究的日益专业化和职业化干扰了广泛的交流"，人们开始到别处寻求整合以及叙事。呈现在他们眼前的是一群新的民粹主义作家——他们填补了特赖奇克留下的空缺，这些人首先强调了德国文化的生命力。他们当中最主要的是奥斯瓦尔德·斯宾格勒，他1918年出版的著作《西方的没落》（*The Decline of the West*）实际上是为了迎接德国的胜利而写的。斯宾格勒是德国所谓"新保守主义反革命"运动的核心人物，这一运动的目的在于清除德国国内的自由主义和资本主义。[15]

在这次讨论中，尽管罗豪本人并没有被完全遗忘，真正的**现实政治**（以其1853年的形式）却也从未得到完全恢复。1921年，第一部也是唯一一部罗豪传记在海德堡出版。[16] 值得注意的是，传记导言是由翁肯撰写的。[17] 像韦伯一样，翁肯是特赖奇克的批评者，后来还反对纳粹德国。[18] 但同特赖奇克一样，他也推崇罗豪向德国自由主义所灌输的**现实政治的本能**（*Realpolitikal Instinkt*），并且他认为这对魏玛德国来说仍有借鉴意义。[19] 显然，**现实政治**很难被完全抛诸脑后。

当应用于政策层面时，这种重生的德国**现实政治**也朝着一个奇怪的方向发展。1920年,《纽约论坛报》提醒读者关注格奥尔格·冯·特拉普上校新近撰写的一本小册子。特拉普上校是奥匈帝国海军军官,在德国潜艇战中表现出众,被授予勋章,他的事迹也成为电影《音乐之声》(*The Sound of Music*)的主题。至少在过去的二十五年里,德国的海军战略主要是对抗英国海军的主导地位。现在,特拉普暗示,德国犯下了一个严重错误。他认为英国不应为英德对抗承担责任,甚至呼吁德国国民议会通过一个决议,谴责(德国)此前的政策是"战争最根本的起因之一",并在每个问题上都要与英国步调一致。对于美国的观察人士来说,这种极端的立场转变表明了一种令人担忧的趋势:从一个极端转向另一个极端。《纽约论坛报》刊登了一篇文章,对特拉普的小册子做了一番评论:"……让德国人以外的所有人都印象深刻的不是特拉普上校言论的完全不切实际,也不是政治,而是那种非此即彼的哲学思想。"这正是"这个名为**现实政治**的国家却缺乏对现实的认识"的典型表现。真正的德国人"并不知道或关心现实到底是什么;他被自己假定的大前提的力量所胁迫,这就是他的逻辑的力量,结果他经常会将'应该'和'是'混淆"。真正的德国人似乎是"自诩为逻辑学家的感伤主义者"。[20]

德国犯下了严重的战略错误,这是毫无疑问的。但人们对错误到底出在哪里并没有达成共识,关于导致这场战争的各种事件却有大量的自私自利的修正主义说法。例如,德国右翼的宣传一直以来都试图淡化这样一种说法:德国推行了一条狂热路线,将种族主义和沙文主义上升到政策纲领的层面。奥托·哈曼博士认为,泛德意志联盟的活动仅仅局限于"对政治事务一知半解的上层民众中的民族主义者,并没有深入到全体人民之中"。哈曼承认,在这个阶层当中,"尼采哲学中的超人以最粗俗的形式表现出来"。正是这些人将自己想象为俾斯麦的真正继承者,虽然他们完全缺乏自己尊奉的英雄所具有的品质。但是,尽管这些观点对国内事务产生了一些影响,哈曼声称它们对德国外交政策本身没有什么冲击，因为德国的外交政策仍然由传统的精英阶层以一种理智的方式把控着。

这种修正主义的危险之处在于，它可能成为一种辩解的工具，被那些试图淡化德国民族主义更为虚假的一面的人所利用。在某些情况下，这是一种蓄意为之的策略。在著作被翻译成英文时，哈曼以一名"杰出的德国政论家"的身份被介绍给美国读者。但有一件事没有被提到：他在战争期间曾担任德国外交部新闻司司长，负责向世界其他地区（特别是美国）传播关于德国的正面看法。20世纪20年代，美国历史学家哈里·埃尔默·巴恩斯（他后来因为否认纳粹大屠杀而声名狼藉）曾大力声援哈曼。1925年，在评论一本关于泛德意志联盟的书时，巴恩斯驳斥了一战爆发应该归咎于德国的说法，相反，他将之归罪于法国人和俄国人。[21] 关于战争起源的争论并不容易平息。但正如本书第四部分将要表明的那样，正是由于有了这些先例，1945年以后任何关于德国历史的新修正主义的迹象，都会迅速引起诸如A. J. P. 泰勒和彼得·菲尔埃克等历史学家的警觉。

迈内克和盎格鲁–撒克逊治下的和平

那些在1914年之前就曾倡导**现实政治**的人确实做出了更微妙的重振**现实政治**的尝试。弗里德里希·迈内克试图为德国的战败提供一些解释，从而开始了其思想的下一段演进。1919年出版的《革命之后》（*After the Revolution*）暗示，德国的困境主要归咎于德皇威廉二世，他被证明是俾斯麦外交政策的灾难性继承者。最重要的是，他把德国拖入了俾斯麦所设想的最糟糕的境地：在两条战线上同时与法国和俄国开战。德皇的第一个错误是在海军战略方面给了阿尔弗雷德·冯·蒂尔皮茨上将过多的控制权。第二个错误是未能在可能的情况下实现缓和（尤其是与英国）。第三个错误是他不顾哈曼的反对，过于听信泛德意志联盟，而这个极端民族主义游说集团要求德国向东扩张并驱逐波兰人、斯拉夫人和犹太人。[22]

1924年，也就是《魔山》出版的那一年，迈内克在**现实政治**的历史上再次走上了前台。他最著名的作品《国家理由观念》在这一年出版，这本书后来被翻译成英文，以《马基雅维利主义：现代史上的国家理由观念》[①]为名出版。这本书可以被看作到当时为止关于**现实政治**的历史最权威的一本著作——书中自始至终都使用了**现实政治**这个词。这本书被献给他的朋友恩斯特·特勒尔奇，有人认为两人在以某种方式对韦伯的文章《政治作为一种志业》做出回应。[23]

迈内克还攻击了和平主义作家弗里德里希·弗尔斯特。迈内克认为，政治洞察力的关键还是历史主义。与弗尔斯特进行任何讨论都是不可能的，因为他讲的不是利奥波德·冯·兰克所倡导的"德国历史主义创造的思想语言"，而是"基督教和中世纪的古老自然法则"的语言。由于他"没有吃过历史主义的苹果，所以他没有经历过他认为我们所有人都深陷其中难以脱身的罪恶"。[24]尽管迈内克对弗尔斯特进行了如此严厉的批评，但他也愿意承认，基督教理想主义的理论应该受到尊重，"因为它强调人的良知，并提醒人们注意到相对主义的缺陷"。此外，迈内克还接受了弗尔斯特的观点，即德国在思想上已经变得孤立，部分原因在于它背离了其他西方国家钟爱的自然法则理论。以狭隘追求国家利益为基础的思想体系也被证明是有缺陷的。因此，尽管迈内克没有放弃自己思想的基础，但他确实承认，"对历史主义进行自我反省是非常有

---

① 中译本见（德）弗里德里希·迈内克《马基雅维里主义："国家理由"观念及其在现代史上的地位》，时殷弘译，北京：商务印书馆，2008年。亦有许多学者认为 Die Idee der Staatsräson/ raison d'etat 应译为"国家理性"。

必要的"。基于这样的理由，可能会实现一种"介于德国历史思想与西方历史思想之间的新的理解"，尽管他认为这将需要好几代人的时间。[25]

迈内克并没有简单地回归1914年以前的德国民族主义思想，而是试图为德国人理解治国理政方略做出新的贡献。也许这本书中最引人注目的论点是迈内克对英国力量基础的重新评估。他频繁引用埃德蒙·柏克（罗豪也受过他的启发），他读过沃尔特·斯科特爵士的"现实主义"小说（斯科特也受到卡尔·马克思的推崇），并且非常了解英国的外交史。在战争爆发之前，他曾经密切关注英国对德国的评论，尤其喜欢萧伯纳对英国伪善的谴责。英国在战争中获胜促使他重新思考。被他和特赖奇克等人谴责为"伪善言辞"的东西，其核心实际上是现实主义的。迈内克对英国实力的投射做了一个绝佳的分析，他描述了英国是如何通过武力和海军力量取得霸主地位后，突然改变做派的：他们"越来越倾向于将英国人一贯追求的赤裸裸的权力政策之剑变成法律执行者之剑——无论这一任务是出于上帝的召唤还是正义和道德的召唤"。因此，英国人大谈维护国际条约和海上法律的必要性，却绝口不提那些法律都是根据他们的自我形象以及他们的利益制定的。

盎格鲁-撒克逊人的确虚伪，但是他们并不像迈内克曾经想象的那样天真。虚伪，也许在国际事务中是一个有用的工具。实际上，他们所践行的是"一种最有效的马基雅维利主义，国家权力政策的意志可以使这种马基雅维利主义变得失去自我意识，并且（不仅对于其他人，还对于自己而言）表现为纯粹的人性、坦诚和宗教"。换句话说，这是一种有用的自我欺骗，而且似乎没有被那些"倾向于名实相符"的德国人觉察到。[26] 德国的政治理论家对英国的虚伪感到怒不可遏，但他们没能理解这种细微差别。特赖奇克就是个典型的代表，他总是用"祈使句"来思考和写作。他的话一如命令。在不止一代人的心目中，他一直是那些认为国家应提供权力和自由的人的领袖。然而，通过他的影响，特赖奇克也腐化了"那些相对于思想而言更看重欲望的人，现在，这些人在特赖奇克鼓舞人心和令人信服的陈述和命令中，找到了可以代替自己所有思想活动的东西"。[27] 换句话说，在特赖奇克的影响下，德国的批判性思维能力不断萎缩，并滑向绝对准则。

对于迈内克来说，一战见证了两种相互竞争的政治思想体系的冲突。西方和德国的政治思想都表现出了严重的缺陷。西方（他指的是英国、法国和美国）关于国际体系性质的理解已被证明是幼稚的，并且未能对现实做出回应，直到为时已晚。西方思维模式的深层次缺陷在于"没能对政治家产生深刻影响"，阻碍了国家理由观念在国际事务中的迅速扩散，"所以，它导致了漫无目的的抱怨和教条主义的假设，或者虚伪和言不由衷"。

相形之下，德国政治思想的失败则是朝着另一个方向走得太远。这反映在"为**强权政治**辩解并使之理想化"的倾向上，甚至还赋予它"一种优越的道德感"，理由是至少它是诚实的。最终的结果是创造出了一种"大体上是自然主义和生物性的实力伦理"。这对德国的未来有着重要的意义。迈内克发出警告说："对权力政治错误的理想化"以及对"国家的错误的理想化"都必须停止。[28] 在战争爆发前，德国人"对权力政治的有益含义以及各国的好战阶层"有很大信心。然而，这一事态发展的消极面受到的关注太少。正如他现在所说："权力政治和**现实政治**一旦摆脱了普遍原则——普遍原则基本上都是道德原则——可能很容易堕落成……暴力政治。一战的残酷使得调和这些相互竞争的观念变得更加重要。""功利主义和道德动机必须携手并进"，并且有必要限制国家中心主义的各种出格举动。只有通过"自我限制、自我净化和抑制自身所包含的自然因素"，才能成功谋求国家利益。[29]

迈内克对于国际联盟持怀疑态度，但也并非完全敌视。与韦伯不同，他至少认为这是一个值得尝试的实验。即使国际联盟不太可能成功，但"如果不想为无限的马基雅维利主义牺牲自己"，那除了为国际联盟的成功而努力之外别无选择。他承认，在战争爆发之前，他曾经将国际联盟的想法"简单地视为一个世界主义的想法"，是对国家自治做出了不受欢迎的限制。战争结束后，他现在认为，至少试图找到一种新的国际关系的基础是一种"最神圣的职责"。[30] 如果国际联盟如他所预料的那样失败了，迈内克想知道，是否可以建立另一种类型的自由秩序——基于英美主导地位的自由秩序。国际冲突的时代可能会结束，"不是由一个真正的国际联盟而终结，而是由盎格鲁–撒克逊人的世界霸权而终结，在英美两个大国手里已经集中了世界上最强大的力量"。"这样一种'盎格鲁–撒克逊治下的和平'不可能是最佳的，但其优点在于，对于处于这一体系之下的国家而言，这种和平形式相比许多其他形式的外部主导，更易于忍受。"[31]

如果说迈内克接受盎格鲁–撒克逊霸权的态度有些听天由命的意味，其他德国人则更为抵制现状。这正是阿道夫·希特勒在他的两卷本回忆录《我的奋斗》(*Mein Kampf*) 中不遗余力地抨击的局面。回忆录分别于1925年和1926年出版，其中甚至提出了以英德联盟取代英美霸权的想法。[32] 希特勒和那些谈论"背后一刀说"(Dolchstoßlegende，为了求和而"在背后捅刀子") 的人对于迈内克关于国际联盟的谨慎思考和沙文民族主义的危险没有多大兴趣。1926年，德裔美国学者克里斯蒂安·高斯 (他的父亲在19世纪逃离普鲁士) 警告说，德国的极端民族主义者仍然是一个强大的群体，他们希望恢复德国失去的威望。事实上，**现实政治**只是问题的一半。高斯在这里做了一个罕见的区分。真正的危险实际上是**强权政治** (在国际关系中全面致力于以武力政治作为决定性因素)，它的目的在于打破现有的秩序。1926年，法德两国在莱茵兰地区的紧张局势加剧，这也表明旧的习惯很难改变。[33]

局面很快就变得明朗了：回旋的余地比迈内克在1924年所推测的

要大。国际联盟的弱点使得国际舞台重新面临新的机会和威胁。1927年，在《1890—1901年德英同盟问题史》(*History of the German-English Alliance Problem 1890-1901*)中，迈内克再次讨论了他在1919年的《革命之后》中首次提出的主题。在书中，他强调了直觉和创造力在治国方略中的重要性。外交政策是一个舞台，回旋和思想在其中比仅仅承认确凿事实拥有更大的空间。他现在对两种人进行了区分，一种是在外交事务中善于理解国家理由的人，一种是以国家理由之名行事却违背其逻辑的人。[34]

迈内克一直活到1954年，因此在审视他这部作品时，很难不受到希特勒、纳粹主义的崛起以及二战的影响。1918年，他自称是魏玛共和国的支持者以及德国民主党的创始人之一。在他众多有影响力的学生中，有一位名叫海因里希·布吕宁，后来成为魏玛共和国的总理。在希特勒1933年成为总理后，虽然勉强，但迈内克还是愿意顺应纳粹的统治。到1935年11月时，迈内克发现自己已经不再受欢迎，最终他丢掉了《历史学报》的编辑职位。[35]他私底下对纳粹政权的方方面面都持批评态度，但是在公开场合，他仍然是一个强烈的反犹主义者，并支持纳粹1939年入侵波兰。迈内克的天才在于他善于解读所处的环境，但是他也从来无法逃脱环境的约束。能够理解时代精神的政治重要性（正如罗豪那样）与超越时代精神之间存在着重要的区别。迈内克未能做到后面一点。

逃避现实政治：自由犹太复国主义和捷克的民族主义

德国尽管在1918年战败，但还是拒绝完全放弃**现实政治**。值得注意的是，正是那些曾经接受德国民族主义的人最为了解其中的缺陷，也更愿意直接攻击它的核心。德国**现实政治**历史上的两个小插曲揭示了这样一个事实，那就是一些极具想象力的超越**现实政治**以及为民族地位和安全创造更可持续的基础的尝试来自两个群体，他们是德国民族主义的直接受害者：德国犹太人和讲德语但没有德国族裔特征的捷克人。

第一个群体中，最引人注目的是迈内克的学生——犹太神学家弗朗茨·罗森茨维格。1917年，罗森茨维格以亚当·邦德博士（Dr. Adam Bund）为笔名发表了一篇题为《**现实政治**》的文章，文章写于马其顿前线，当时他正在一个防空部队服役。眼看战败的可能性越来越大，德国的"世界历史使命"要求它摆脱对国家利益的狭隘追求。俾斯麦的外交政策仅仅基于他对所处时局的有效解读。然而问题在于，自从俾斯麦去世之后，**现实政治**一直被奉为神明：它本身就是一种价值。这种"精于算计的狡猾"虽然听上去让人印象深刻，实际上却让德国失去了方向，陷入了混乱，没有一个长远的战略。更糟糕的是，它还助长了一种狭隘的沙文主义，破坏了德国作为文明和人道的灯塔的历史使命。[36]

早期的自由犹太复国主义进一步推进了这个论点。继承了罗森茨维格传统的是美国犹太教教士和哲学家朱达·L. 马格内斯，他在海德堡取得了博士学位，并于1922年来到巴勒斯坦。1928年，犹太定居者与当地阿拉伯人之间的冲突不断升级，在论及与当地阿拉伯人和平相处时，马格内斯坚称，这不仅仅是"**现实政治**……的战术"。相反，他阐述了一种人道主义的犹太复国主义愿景，旨在超越资产阶级文化和沙文主义的局限性，而不像许多欧洲国家的民族主义那样屈从于此；马丁·布伯和阿哈德·哈姆等人也支持马格内斯的立场。这种愿景将以其理想化形式，"向国际社会表明，国家的生存不需要由军国主义、**现实政治**和沙文主义来推动"，这些知识分子认为，这些主义应该对一战的爆发负责。[37]

另一个对德国**现实政治**提出批评的犹太人群体是当时在犹太复国主义运动中出现的和平主义运动，1922年成立的"犹太人国际理解协会"

（Jewish Society for International Understanding）就是例子，该协会的领导人汉斯·科恩是出生在捷克的讲德语的犹太人，他先前移民美国并于1925年到巴勒斯坦定居。在两次世界大战期间，他成为集权主义最具影响力的批评者之一。他写了大量关于德国历史的作品，其中很多都是关于海因里希·冯·特赖奇克的负面影响。作为一个自由派民族主义者，他寄希望于像英国的约翰·斯图尔特·密尔、意大利的朱塞佩·马志尼和布拉格哲学教授托马斯·马萨里克这样的人物，马萨里克是捷克民族主义的英雄，在1918年到1935年担任捷克斯洛伐克首任总统。[38]

　　犹太人和捷克人都拒绝了**现实政治**，正如第二个小插曲所表明的，二者之间的联系并非巧合。尽管捷克人经常受到德国沙文主义的欺凌，但是他们同时也有强烈的斯拉夫人的反犹太主义倾向。反对捷克沙文主义和种族主义是托马斯·马萨里克受到科恩等人尊重的原因之一。马萨里克冒着招致同胞不喜的危险，证明了被奉为捷克民族神话基石的中世纪手稿实际上是伪造的。他还反对1899年到1900年波西米亚的所谓"希尔斯纳审判"（Hilsner trials）中盛行的关于犹太人血腥诽谤（blood libel）[①]的迷信。对于马萨里克来说，有抱负的民族应该体现个人道德，而不是赤裸裸的个人利益。同样重要的是，马萨里克的战略提供了切实可行的代替狭隘的**现实政治**的方案。在捷克民族主义问题上，他是一个渐进主义者，而不是绝对论者。最初，他呼吁在奥匈帝国内部进行改革，而不是推动分裂或独立。他是1900年成立的现实主义党的创始人，1907年至1914年，他作为该党代表出任奥地利国会议员，后来在战争

---

① 血腥诽谤是12世纪时欧洲基督徒社会盛传的恐怖谣言，称犹太人绑架并杀害基督徒的男孩，并用他们的血制成面包作为逾越节的祭品。波西米亚的希尔斯纳案中，希尔斯纳正是被指控在逾越节期间杀害了一位基督教女性，当局和居民认为这是一次犹太仪式谋杀（血腥诽谤）。——编者注

期间他成为捷克独立运动的倡导者。在战争期间，他的战略是说服西方国家（尤其是美国）支持欧洲小国民主自决的必要性，因为这符合大国的利益。这一战略帮助捷克斯洛伐克在1918年获得了独立。

在迈内克发表了《马基雅维利主义》一年之后的1925年，马萨里克写了一篇题为《关于战争罪问题的思考》的文章。他看到德国试图将战争责任推给协约国，从而破坏《凡尔赛条约》，于是写了这篇文章做出回应。他首先回顾了弗尔斯特、特赖奇克和迈内克的著作，接着探讨了西方政治思想和德国治国理论的区别。在这篇现已广为人知的文章中，他提出"从康德开始，德国的思想就走错了方向"。从这个角度看，德国的大学"业已成为哲学专制主义……的精神堡垒，被黑格尔所神化的关于普鲁士国家和王国的思想标志着这种哲学专制主义达到了顶峰"。普鲁士军国主义和泛德意志联盟的种族主义也掺杂其中，结果就是德国草率地投入战争："历史权利在达尔文主义的帮助下得到了加强，通过机械进化理论，保证了最强者的成功。战争和通向战争的道路变成了神圣的制度。普鲁士军国主义……将所谓的**现实政治**也就是强权出自公理的理论奉为圭臬。"

马萨里克拒绝所谓德国哲学"完全错误"的观点，反而认为它"有趣而深刻"。他写道："野蛮人是出于最原始的野性而战斗；但在一战中，在战壕里作战的是卢梭、康德、歌德、赫尔德、拜伦和缪塞的信徒！"然而，从本质来说，德国的民族主义已经被证明，"相对于自由而统一的伟大人性而言，它是绝对主义的、暴力的、不公正的"。[39] 马萨里克对"所谓的**现实政治**"的谴责也很值得关注。虽然没有证据表明马萨里克直接阅读了路德维希·冯·罗豪的作品，但他的一位传记作者暗示，马萨里克的政治敏感性比俾斯麦本人更接近罗豪的"现实政治"精神。[40] 在布拉格采访过马萨里克的《泰晤士报》驻外记者威克姆·斯蒂德于1930年在伦敦大学国王学院发表了一篇论文，正是基于这些理由对他赞扬有加。马萨里克认为现实主义"是政治的真正目的，也是思想和生活的真正目的"。但两者之间存在一个关键的区别。他教导说："与德国的**现实政治**观念不同的是，政治中的现实主义并不是犬儒地无视原则，而是谨慎考虑道德和物质方面的事实；诚实不仅是最好的政策，而且是公共和私人生活中唯一可靠的指导；这种品质，而非精明或善使诡计，才是政治家的首要条件。"在马萨里克的现实主义观念中，诚实的人并不是"头脑简单的人，也不是傻瓜"。

至关重要的是，马萨里克可以像俾斯麦一样，宣称自己取得了成功。如果不是战争给了他机会来检验他的理论，他可能仍然被认为是一个不切实际的道德主义者，"一个追求仁义道德的空想家不会是政客们的对手，无论是勒索政府还是蒙蔽公众，抑或在提出响亮但口是心非的口号方面，游刃有余的都是政客"。然而，作为一个"新政治思想流派的领军人物，以及一种新的外交手段的倡导者，他一次又一次地在旧流派的阵地上击败对手"。在这方面，马萨里克要比俾斯麦更胜一筹。当然，他们二人都为新国家的建立做出了贡献。但是，如果说俾斯麦版本的**现实政治**考虑到了政治中的道德因素的话，那这样做也是不情愿的。相形之下，马萨里克对这些"难以理解的道德因素"表示欢迎，给予它们高度重视，并将它们当作至关重要的因素。[41]

1930年之前，有人可能会说，马萨里克的战略是一种或许可以被称为"自由现实主义"的模式。有人甚至可能会说，马萨里克比俾斯麦更能代表罗豪最初的**现实政治**理念。然而，他在捷克斯洛伐克的胜利最终也无力承受20世纪30年代欧洲秩序的崩溃。面对纳粹主义的崛起，那些在1918年给予捷克独立的西方自由主义国家在1938年的《慕尼黑协定》中又把它出卖给了阿道夫·希特勒。1950年，在马萨里克诞辰一百周年之际，A.J.P.泰勒以一种类似于威克姆·斯蒂德的方式赞扬了他。泰勒写道："与大多数民族主义领导人不同，马萨里克理解权力的含义"，但"他是一个比俾斯麦更甚的现实主义者，因为他清楚理想的力量"。然而，随着西欧和东欧在20世纪30年代再次变得疏远，马萨里克所获得的收益看上去越来越脆弱。随着受德国或俄国主宰的可能再次出现，捷克人、斯洛伐克人、克罗地亚人和塞尔维亚人等各斯拉夫民族很快就开始表现得像毫不相干的民族一样自行其是，也开始推行自己的沙文民族主义。在泰勒看来，马萨里克对于这些不同民族能够抛开千百年来相互间的冲突过于乐观。马萨里克的一生中有一个更深刻的教训："缺少人道主义的民族主义是残酷和有害的，缺少民族主义的人道主义是空洞和不切实际的。"[42]

第十章

现实政治、法西斯主义和绥靖政策

到20世纪20年代的最后几年，一些人希望借以重塑国际关系的人道主义理想显得越来越站不住脚。1928年，在一篇关于意大利法西斯领袖贝尼托·墨索里尼的文章中，美国哲学家威廉·基尔伯恩·斯图尔特反思了"虚幻而无形"的世界政府愿景的起起落落。过去的十年创造了一个破碎的偶像，这体现在国际联盟上。欧洲只能为这一僵死的组织而战。基尔伯恩·斯图尔特指出，在他自己的国家美国，也还有很多不尽如人意的事情。他抱怨腐败、党派偏见和暴民政治等问题。但欧洲政治的弊病发展得更为严重，这体现在欧洲主要国家的政界回归"现实政治"信条上。自由国际主义是建基于对人类的乐观看法之上的，因此它的基础并不牢固。欧洲对现实政治的偏爱反映了其在文化和政治方面悲观主义的独特倾向。欧洲故态复萌，再次转向了一个历史悠久的"幻灭的哲学传统"。在这种背景下，马基雅维利作品的重新流行并不令人感到意外。在这方面，墨索里尼是一个领军人物，他将马基雅维利誉为"政治实用主义时代的预言家"，并称马基雅维利所写的《君主论》为

"政治家的最高指导"。[1]

其他许多作家也证实了新近的马基雅维利时刻。当然，这一传统在意大利尤其强大，这其中的理由十分明显。被墨索里尼流放的意大利天主教牧师、基督教民主党人路易吉·斯图尔佐将法西斯主义的起源追溯到了马基雅维利的"实效真理"（真理由成功与否来验证）这一概念。经过恺撒·博尔吉亚、法国的路易十四和俾斯麦的改造，这成为"绝对主义的政治和没有限制的权力"。在国际舞台上，这意味着如果条约有用，就会被保留下来，如果没有用，就会被废除。这种逻辑的影响已经在新近的历史中有所体现。当德国人在1914年宣布保证比利时独立的条约不过是一张"废纸"时，他们给出了**现实政治**最真实的表达。[2]

问题到底出在哪里呢？一战之后，英国神学家J. C.哈德威克指出，马基雅维利主义被指责为"普鲁士军国主义的精髓"。然而，到1930年，民主"出于各种各样的原因，或多或少地笼罩在阴云之下，而且在政治上令人失望"，于是再次出现了这种倾向：人们"发现马基雅维利的犬儒现实主义非常适用"。尤其危险的是这种犬儒现实主义同最近的观念和趋势相结合的方式。首先是那些知识分子的论点，他们"告诉我们，我们被平庸和无知所淹没"，而民主是软弱和女性化的。其次是科学家们（他指的是社会达尔文主义的追随者）所提出的理论，"尤其是生物学家，他们的言论被人们虔诚地不加批判地接受，就像教徒信众听从牧师的教条一样"。第三种趋势是基督教的衰落，过去人们从上帝那里寻求精神慰藉，如今他们转向了别处。[3]

更糟糕的是，这些趋势是在一种几乎持续不断的政治危机的氛围中混合在一起。结果就出现了针对欧洲弊病的一整套全新的假定"解决方案"。法西斯主义的独特之处在于它能够将左翼和右翼政治理论的元素结合起来。

可以说，汉斯·科恩是20世纪30年代对欧洲法西斯主义最具洞察力的分析家，他出生于布拉格，是一个讲德语的犹太人，一战中他加入德军参战，后来在一个俄方战俘营里被关押了五年。在20世纪30年代，科恩撰写并公开发表了一系列著名的论文，它们被收入了一部题为《革命与独裁政权》的文集，并在二战前夕出版。[4] 科恩坚持认为，面对这些复仇主义势力的崛起，人们必须了解这些势力对战后国际体系提出挑战的思想基础，而不是将法西斯主义仅仅视为对国家利益的主张。德国、意大利、西班牙和日本都在反抗"道德和思想价值的既定秩序"。19世纪下半叶，民族主义被日渐"剥除所有世界主义思想的内涵"。但凡平等和博爱的概念被接受，就被严格限制在国界之内，从未应用到外交事务当中。在他看来，法西斯主义本身就受到《圣经》中弥赛亚教义的间接影响，"普鲁士（军国）主义与浪漫主义结合的产物"是对它最好的理解。

有人宣称，所有国家都以清醒追求国家利益作为行动指南，这样说是失之偏颇的。在科恩看来，当法西斯主义者谈论**现实政治**时，他们指的并不是"现实主义"或"现实"。西方国家的政府如此看待他们的行为是一个致命的错误。法西斯主义者的真正所指是**强权政治**（武力的政治）。这是他们带着一种意识形态的热情来追求的东西，不会因为理性而放弃。[5] 自由民主国家未能建立一个强有力的国际秩序，正在为此付出代价。科恩并不是一个泪眼蒙眬的和平主义者。他清楚，"民主、人类团结和'夸夸其谈'的道德说教"不足以成为国际秩序的保证。如果没有一个关于如何实现和平的严肃战略，和平的意愿毫无意义。法西斯主义利用了西方的这种自我怀疑。民主国家在面对反革命时的失败主义和相对主义，是极权主义理念追随者手中最有效的武器。[6]

在德国，许多传统的民族主义者也看到了纳粹主义信条中一些不同的东西，这一信条背离了俾斯麦时代的**现实政治**，带来有害影响。1933年，保守派政治理论家奥斯瓦尔德·斯宾格勒在《政论手稿》

（*Politische Schriften*）中说，真正的**现实政治**立场与纳粹党的极端民族主义者所推行的种族主义完全背道而驰。与路德维希·冯·罗豪的《**现实政治**的基础》相呼应，他认为，反犹太主义是"卑鄙、肤浅、狭隘和有失庄重的"。[7]

更让人困惑的是，纳粹党人自己也并不确定他们是否愿意与**现实政治**联系在一起。从某些方面来说，认为自己继承这一衣钵是适合的。1939年，纳粹党资助了一个研究默勒·范登布鲁克著作的项目。范登布鲁克是一名德国历史学家，对魏玛共和国持批评态度，并创造了"第三帝国"（Third Reich）这个表述。纳粹党人不愿意让他因创立国家社会主义获得任何荣誉，故而谴责他缺少希特勒那种对政治成功的清晰理解。默勒·范登布鲁克受到嘲讽，被认为持有一种"不现实的意识形态，与实际的历史发展或清醒的**现实政治**风马牛不相及"。[8] 那些更具洞察力的德国政治观察家则并不容易被这种论调所左右。例如，他们意识到，希特勒对俾斯麦外交政策中自我限制的本质心存鄙视。[9]

在汉斯·科恩之后，德裔美国学者彼得·菲尔埃克也警告说，纳粹的战略并不像面对它的人们所设想的那样"现实"。他写道，从表面上看，**现实政治**"由于其残酷性和明确性，似乎是一个相当简单的问题"。然而在实践中，"很少有国家和政治家有比它更复杂的心理动机"。虽然科恩更倾向于用**强权政治**这个词来描述纳粹的思维方式，但菲尔埃克认为，**形而上政治**（*Metapolitics*）更能抓住其本质。纳粹主义代表着一种"有意识的反理性力量"。为了证明这一观点，他引用了《我的奋斗》中的文字。在这段话中，希特勒将歌德和康德斥为西方思想的理论家，对于现代德国没有任何贡献。他们提出了一种文明的观点，将理性和理性主义摆到了高于一切的地位。在希特勒看来，真正的爱国者更倾向于寻找"生命力量"和内心非理性的冲动。菲尔埃克认为，反犹太主义和日耳曼种族主义正是其产物。纳粹主义没有自我约束。在一战中，普鲁士的军国主义受到了自我限制，限制的来源是"一种严格的新教徒的责任感和真正的贵族品质（noblesse oblige），这种贵族品质常常弥补势利行为"。那些要面对纳粹德国的人必须明白，俾斯麦式克制现在已经荡然无存。真正影响希特勒的是里夏德·瓦格纳和他那种"咄咄逼人的夸夸其谈，近乎歇斯底里的激动情绪"以及模糊而神秘的"腾飞和奋斗"的想法。[10]

绥靖政策和对抗

认识到纳粹主义代表了某种新生却危险的事物是一回事，在国际舞台上制定有效的政策来对付它则是另一回事。早在1933年，希特勒成为总理仅仅几个月后，英国下议院举行了关于德国的辩论，英国前外交大臣（1924—1929年在任）、诺贝尔和平奖得主奥斯丁·张伯伦发出了警告：纳粹主义是普鲁士帝国主义的翻版，并且"更为野蛮，还带有种族自豪感"。[11]但具有讽刺意味的是，正是奥斯丁·张伯伦同父异母的弟弟内维尔，在1937年到1940年任首相期间，一直与绥靖政策紧密联系在一起。

法西斯主义的模糊性让西方政治家陷入了一种新的两难境地。在国内，它的革命性毋庸置疑。重要的是他们如何解读这种主义应用于国际事务的方式。在这方面，有一些可供参考的先例。虽然苏联是一个革命性国家，但英国能够在利益而非理想主义的基础上与它打交道。一方面，如果法西斯国家只是维护国家利益，那么西方大国就有可能顺应这些国家的利益。即使这意味着要削弱集体安全原则或国际法，外交史上也不乏强国为了避免战争而达成交易的例子。另一方面，如果法西斯主义确实代表一种新奇的东西，并且主要是受到意识形态的驱动，那么通过绥靖来满足其欲望可能就不是那么容易了。

　　有些人同意科恩的分析，即法西斯主义是国际舞台上的一股革命性力量，它善于捕捉对手软弱的迹象并借此坐大。不应该将来自罗马或柏林的**现实政治**与"现实主义"混为一谈。早在1933年8月，希特勒刚被任命为德国总理后不久，英国外交部常务副大臣罗伯特·范西塔特就描述道，德国"越来越倾向于抓住每一个机会，利用（对手的）每一次让步，以推进一种好斗而激进的**现实政治**"。范西塔特可以被称为绥靖政策的早期批判者。"只要这种情绪普遍存在，诚实掮客的介入就不再是一种润滑剂，反而很容易成为一种危险的刺激物，或是混乱和不安的普遍来源。"他警告说，"有时，这个微妙的过程常常弊大于利，而我们正在进入的时期似乎就是如此。"范西塔特建议道，在这样的时刻，唯一"能阻止希特勒这样的独裁者不可挽回地致力于实施一种外交冒险和挑衅政策的方式，就是在他的计划定型和明确之前果断制止他，这种断然制止通过大国间的联合行动可以做得最好，而且事半功倍"。[12]

　　在英国，这场辩论在20世纪30年代中期进行得相当激烈。驻外记者弗朗西斯·高尔1935年为《旁观者》杂志撰文，他暗示墨索里尼更多的是一个"浪漫主义者"而不是"现实主义者"。将意大利的政策描述为**权力意志政治**（*Wilpolitik*）更为准确，而不应该理解为对利益和资源的理性追求。意大利对阿比西尼亚的野心就应该从这个方面来理解。宣称在阿比西尼亚建立帝国对于意大利缓解人口压力是必要之举，是"现实主义的矫情"的最好例证。对付墨索里尼的唯一办法就是有能够与他的权力意志相匹配的和平意志。[13] 然而，和平意志需要一种使用武力的意愿来作为支持。

　　如果认为绥靖政策的支持者对他们所面对问题的本质完全不了解，那就错了。1935年，曾担任英国驻意大利大使的詹姆斯·伦内尔·罗德指出，"现实政治这种托词"经常被用来"掩盖某种永远不会为国际社会的传统做法所认可的行为"。然而，在认识到法西斯主义含有虚假成

分的同时，仍有一种假设认为它有一个理性的内核。伦内尔指出："在
我们国家，或许每个人都有点偏向于认为道德价值观会影响国际政治。"
在寻求缓解与其他国家的紧张关系时，"必须站在那些与我们意见不同
的人的角度来看问题"，了解他们的立场是否有合理之处，分析是否有
满足对方要求的余地。因此，伦内尔表示他能够理解德国人民为何对
《凡尔赛条约》持有合理的反对态度。[14]

　　尽管意大利在1935年10月入侵了阿比西尼亚，英国仍试图与墨索
里尼达成协议，也是基于同样的逻辑。英法两国政府都准备允许阿比西
尼亚分治，这样墨索里尼就能成功获得他想在非洲建立的意大利殖民
地。这背后的逻辑之一是将意大利与英法绑在一起，以便在对付希特勒
时能够建立更为牢固的联合阵线。当谈判的细节被公开后，公众对于收
买墨索里尼的企图一片哗然，尤其是在他公然藐视国际联盟的条约，悍
然入侵一个国际联盟的成员国之后。正是在此次危机中，内维尔·张伯
伦走到了英国政策的最前沿，当时他担任英国财政大臣。张伯伦代表内
阁发出哀叹，英国政府被国际联盟的盟约束缚住了手脚，而英国公众对
"集体安全"概念恋恋不舍。

　　于我们这本书而言，重要的不是政府的政策本身，而是张伯伦为这
种错误政策寻找理由进行辩解的方式。他选用的措辞发人深省。1936年
5月，他在《早报》的一篇文章中抱怨道："所谓的集体安全束缚住了我
们的手脚，导致我们无法与墨索里尼私下达成交易，这个交易可能既维
护和平又保护我们至关重要的帝国利益。我们从新的体制中没有得到任
何好处，却失去了旧体制赋予我们的所有优势。"为取代集体安全，张
伯伦诉诸另一种完全不同的传统："我们所要求的是去除我们外交中的
那些言不由衷的形而上学和集体安全的陈词滥调，开始用现实政治的话
语来与墨索里尼交谈。"[15] 在这一点上，有一个区分至关重要。张伯伦所
指的现实政治并不是德国的治国理政模式，而是与坎宁和卡斯尔雷有关

的19世纪英国外交的传统。张伯伦广泛阅读了从会议外交时代以来的外交史，他要从中寻找的正是这些先例。[16]

这种英国化的现实政治的危险，不在于它是普鲁士军国主义的翻版，而在于一旦法国和英国恢复使用"旧外交"的手段方法，这种做法就会像野火一样蔓延开来。放弃集体安全成为一种自我实现的预言，导致了国际秩序的进一步解体。如果所谓的自由主义国际秩序的捍卫者玩起了这个游戏，那么其他小国就别无选择，只能参与其中。这有一种多米诺骨牌效应——而英国官员很快就意识到了这一点。很明显，张伯伦重新使用现实政治这个词之后，它就开始在外交电报中更加频繁地出现。例如，在1936年的埃及，英国与受到民众拥戴的华夫脱党（Wafd Party）签订了条约——这是一个仓促完成的条约，反映出英国十分担忧意大利在北非的帝国野心会带来重重挑战。据报道，在条约签订后不到一年，埃及人开始游说英国人帮助他们实现阿拉伯世界的统一，就像在一战时英国所做的那样。正如外交部亲阿拉伯人的官员所希望的，阿拉伯世界的统一意味着对意大利在该地区渗透的抵制。英国将再次成为阿拉伯统一事业的推动者。一位驻开罗的外交官警告说，如果不这样做，阿拉伯人将转而向意大利寻求支持。在这里，人们可以看到张伯伦的"现实政治"手段是如何迅速传播的。埃及人会"发现，从近东和中东地区'现实政治'的角度来看，很难避免与可能正在崛起的力量实现某种妥协"。[17]

同样明显的是，法西斯国家认为自己在意识形态上有共同的事业，它跨越了国家利益的狭隘概念。这体现在德国和意大利出兵干预西班牙内战，支持佛朗哥将军领导的国民军。事实上，就在英国和法国保持自由民主秩序的意愿消散的那一刻，法西斯国家夺取欧洲灵魂之战胜利的共同事业的意识就大大加强了。1937年，自由派德国哲学家、宪法专家卡尔·勒文施泰因（1933年被迫逃离德国，前往美国）警告说，无论是在自己的国家内部，还是在与苏联对抗中，欧洲的法西斯主义者们都有"传教士式冲动"。必须再次强调，他所使用的措辞很值得注意。其优先级要高于"方案、意识形态和受国家条件影响的**现实政治**前提中的其他显著迹象"。[18]

对于绥靖政策的批评者来说，张伯伦使用"现实政治"这一措辞来为英国的政策辩护象征着两件事。首先，这是一种完全不现实、注定会失败的战略，因为它没有抓住法西斯主义的本质。事实上，在这个阶段，英国政府相信战争是极有可能爆发的，而且实际上是在争取时间来重整军备。然而，"现实政治"象征的第二件事或许更为重要。这是英国外交政策的一种低级化和道德堕落，这让人感到羞耻，同时还会招致灾难。

为了延续本书的核心主题，外交政策的语言仍然极为重要。1938年4月，依照《复活节协议》（Easter Accords）的条款，英国实际上对意大利控制阿比西尼亚的局面视而不见，以此换取意大利同意不进一步破坏大中东地区的现状，并维护苏伊士运河的自由通行。这再次遭到议会的强烈反对。在英国与意大利达成协议后不久，下议院的工党领袖克莱门特·艾德礼宣读了首相在1936年发表于《早报》的一篇文章，文中表达了将以"现实政治"与墨索里尼交谈的愿望。"我要对首相的坦率表示祝贺，他明确无误地表达了他真正同情的到底是谁。"艾德礼手里拿着那篇两年前咄咄逼人的文章说道，"我们一直以来都在谈论不和敌对的意识形态站在一边，不把欧洲国家推向敌对的阵营，但是一旦现实主义者说出他的观点，他就对墨索里尼先生及其政权表示钦佩。"张伯伦已经"抛弃了国际联盟的原则"。但是，艾德礼认为，更糟糕的事情还没有到来。马基雅维利是"墨索里尼先生顺理成章的老师"，马基雅维利主义也不是珍视荣誉或信任的政治。只要时机成熟，墨索里尼就会与希特勒达成另一个交易，这一战略将完全失效。[19]

图9　在1938年的慕尼黑会议上，英国首相内维尔·张伯伦会见意大利独裁者贝尼托·墨索里尼。之后不到一年的时间，绥靖政策便告破灭，二战业已爆发。图片来源：维基共享资源

1938年9月，张伯伦现实政治的巅峰出现在慕尼黑，当时他与法国和意大利一起，同意希特勒吞并捷克斯洛伐克的苏台德地区（Sudetenland）。当张伯伦向世界宣称《慕尼黑协定》意味着"我们这个时代的和平"时，捷克斯洛伐克在谈判桌上连一个席位都没有。在美国观察家看来，英法这两位曾经的国际联盟和集体安全的捍卫者已经完完全全放弃了这一国际体系。美国外交事务记者阿尔诺·多施–弗勒罗

的父亲是移民到俄勒冈州的德国人，这位记者在（巴尔的摩）《太阳报》上撰文写道，他认为慕尼黑（协定）证明欧洲总体而言已经再次陷入了1914年那场导致战争的游戏。希特勒的领土修正主义打响了第一炮，其他人则很快效仿。他写道："希特勒无情的种族主义就如同当年俾斯麦的'铁与血'政策一样，推动着欧洲又回到了过去的老路上。"1938年9月，甚至在张伯伦乘飞机去见阿道夫·希特勒之前，首相就已经宣称他的意图是"做一个现实主义者——换句话说，就是接受武力统治"。当法国邀请德国外交部长约阿希姆·冯·里宾特洛甫到巴黎签署法德双边条约时，法国人坦率而顺从地走上了"**现实政治**的道路"。这彻底消灭了法国几个月前还坚持维护的集体安全的最后残余。在英国和法国的外交部，他们只需要到档案室去走一遭就可以为下一步应该采取的行动找到大量的先例。但多施－弗勒罗认为，"当今的**现实政治**比19世纪后半叶的更加坦诚"。

事实再次证明，一旦大国故态复萌，小国不可避免地会效仿。于是，波兰人开始在有争议的泰申（Teschen）地区欺负捷克人，就像德国人在苏台德地区对捷克人所做的那样。据弗勒罗说，波兰外交部长约瑟夫·贝克"是一个真正的**现实政治践行者**"，他试图挑起纳粹与苏联人之间的互斗，并绕过国际联盟行事。眼见对他们生存的挑战不断加剧，捷克人"抛弃了过去二十年间所推行的政策，甚至扔掉了无可置疑的高尚而爱国的马萨里克总统的塑像，只是为了与当时的'**现实政治**'保持一致"。[20] 马萨里克通过理解和改善德国**现实政治**，并在一战结束时充分利用了自由国际主义的时机，推动捷克的自决权，从而实现了捷克的独立。现在，捷克人再次被卷入**强权政治**的旋涡，另一场战争近在眼前。

理解二十年危机

传统上，人们认为战间期的二十年是三次"大辩论"中第一次大辩论的舞台，这三次"大辩论"将国际关系实践定义为一门学科。以支持国际联盟或集体安全政策为表现形式的理想主义在战间期土崩瓦解，这有时被说成是国际关系中"现实主义"观点胜利的顶峰。根据这种解释，E. H. 卡尔在1939年出版《二十年危机》是"现实主义"观点胜利的一个重要时刻，恰逢战间期国家间自由国际主义的瓦解，而正因如此，现实主义者们被证明是正确的。[21]

《二十年危机》在英语世界的现实政治历史上占有重要地位。这是因为卡尔喜欢用现实政治这个表述来作为赞扬之辞。他在为劳合·乔治1921年的《英苏条约》辩护、支持张伯伦20世纪30年代的外交政策时，都使用了这个词。卡尔是一名职业外交官，从1916年到1936年一直在外交部工作，他也是一位享有盛誉的学者。在《二十年危机》中，他讨论了马基雅维利、马克思、特赖奇克、迈内克、萧伯纳和诺曼·安杰尔等很多人的著作，这些著作在本书中也做了讨论。他的主要论点是：自一战以来，英语国家的学术界和普通民众对国际事务的思考未能理解权力作为决定因素的作用。这导致了关于国际体系错误的、乌托邦式思维，以及令人担忧的"理论与实践之间的割裂"。艾德礼曾对张伯伦提出批评：自由民主的秩序如果得到足够有力的保护（通过坚持集体安全而不是进行穿梭外交），或许就会幸存下来。卡尔驳斥了这种批评，在他看来，这是一个错误的前提。这是"毫无意义的逃避，假装我们目睹的不是国际联盟的失败，而仅仅是那些拒绝让它发挥作用的人们的失败"。相反，20世纪30年代国际体系的崩溃是"作为其基础的假设破产"引起的。[22]

应该指出的是，卡尔在他的现实主义版本中插入了重要的限定词。

尽管他主张对外交事务采取"现实主义"的态度，但他也警告过"纯粹的现实主义"的局限性。"如果我们用现实主义自己的武器来攻击它，就会发现现实主义在实践中通常会和其他思维方式一样受到很大的限制。"在政治中，"认为某些事实不可改变、某些趋势不可抗拒的想法，通常反映出人们缺乏改变或者抗拒它们的欲望或兴趣"。[23]

尽管如此，卡尔的书在国际关系的"现实主义"理论中获得如此受人尊崇的地位，多少还是有些令人惊讶。首先，《二十年危机》并不是一部纯粹的原创作品，而是本书之前章节中详细阐述的一系列论点的最新部分。正如前人所做的那样，卡尔开始强调英美世界观中屡见不鲜的矛盾、言不由衷的话语，还有（无意中的）虚伪。他指出，在过去的五十年中，英国的作家"一直能言善辩，支持着一种观点，那就是维护英国的霸权地位是对整个人类的责任"。在他看来，国际道德理论"一直以来都是占主导地位的群体的产物，这个群体将自己等同于整个社会，并且拥有下属群体无法获得的资源"。因此，他将温斯顿·丘吉尔宣称的"大英帝国的国运和荣耀与整个世界的命运密不可分"斥为一派胡言。他将丘吉尔的论调与德国历史学家威廉·迪贝柳斯的观点进行了比较，迪贝柳斯认为，英国是唯一完全遵循利己主义外交政策的国家，却向全世界宣称：英国正在为所有人的秩序、进步、繁荣与和平而战。

卡尔在继续谈论这个主题时，赞同了萧伯纳的观点，即英国人"永远不会忘记，一个让自己的责任与利益背道而驰的国家会迷失方向"。他批评了艾尔·克劳在1907年撰写的备忘录，克劳在备忘录中对来自德国的危险提出了警告。卡尔认为这个备忘录表明"我们急于揣测别人的用意，无论是有意还是无意，同时假设我们自己的用意是完全客观的"。值得注意的是，卡尔还认为，美国同样有自私自利和虚伪的毛病。他提及了美国对菲律宾的吞并，以及"随后民众中爆发的道德上的自夸，迄今为止，这更常见于英国而非美国的外交政策中"。这种自私和虚伪在西奥多·罗斯福身上表现得最为突出。他"比以往任何一位美国总统都更坚定地相信'朕即国家'（l'état, c'est moi）的信条"。[24]

不出所料的是，卡尔还广泛引用了弗里德里希·迈内克当时尚未译成英语的著作。事实上，他很有可能是在迈内克的基础上进一步提升了**现实政治**这一概念。在结语中，卡尔甚至借用了迈内克"盎格鲁-撒克逊治下的和平"这个理念，来表达其他人是如何看待国际关系现状的。"罗马治下的和平"是罗马帝国主义的产物，而"英国治下的和平"（pax Britannica）则是英帝国主义的产物。"美国治下的和平"（pax Americana）也有相同的特点。美国在拉丁美洲的"睦邻政策"是"美帝国主义"的缩影；因为只有最强大的国家才能在夸耀自己是"好邻居"的同时，保持自己的主导地位。卡尔引用了《我的奋斗》中的一段话来阐述自己的观点，在文中，希特勒要求建立一种"德国治下的和平"（pax Germanica）。对于卡尔来说，英国人和美国人有能力反对德国或日本的野心，而且他们有权利这样做。但事实是，一个国家会随着时间的推移而盛衰起落。"德国治下的和平"与"日本治下的和平"（pax Japanica）的理念"并不比伊丽莎白时代的'英国治下的和平'与华盛顿和麦迪逊时代的'美国治下的和平'更为荒诞不经"。[25]

要理解卡尔，最恰当的方式是将他视为他所处时代的产物，而不是后人眼中外交政策领域的智者。[26] 最重要的是，《二十年危机》应该被视为反对战间期的自由国际主义的雄辩。[27] 例如，卡尔对诺曼·安杰尔爵士毫不留情，而伍德罗·威尔逊、克莱门特·艾德礼和温斯顿·丘吉尔也受到了批评。[28] 通过更仔细的审视，我们可以发现卡尔论点的片面之处。此外，卡尔认为迈内克做出了"最佳判断，因为他预料到了乌托邦主义在这个时期的国际政治中的作用"。正如前面所提到的，他引用了迈内克的言论，即西方自由国际主义的深层次缺陷是没有渗透到政治家的意识当中，并"导致了漫无目的的抱怨和教条主义的假设，或者虚伪和言不由衷"。在这个例子中，他犯下了选择性引用的错误。因为卡尔并没有引用迈内克接下来的评论：德国"对权力政治的错误的理想化"已然错上加错。[29]

有人可能会说，卡尔版本的现实政治实际上是对迈内克论点的简单重复。值得注意的是，托洛茨基的传记作者、波兰裔犹太移民伊萨克·多伊彻认为，卡尔有时候"受到了他对现实政治的尊重和对幻觉的蔑视的影响"。[30] 更为重要的是，正是这个版本的现实政治成为卡尔支持绥靖政策的原因。在《二十年危机》中，卡尔多次正面地引用了与绥靖政策的失败联系最为紧密的内维尔·张伯伦的话，他与张伯伦站在一边，反对丘吉尔和艾德礼。[31] 在外交部任职时，卡尔多次与罗伯特·范西塔特爵士发生冲突，范西塔特早先对绥靖政策的抵制在上文已经进行了讨论。卡尔在1936年辞去了外交部的职务，部分原因就在于此。

在张伯伦和卡尔所提出的现实主义的版本中，现实政治被明确用于为绥靖政策辩护，而这并不是这一时期的唯一版本。事实上，有人指出，那些被广泛认为是"现实主义者"的人，就如何应对德国在20世纪30年代的所作所为产生了分歧——汉斯·摩根索和温斯顿·丘吉尔呼吁坚决反对希特勒；处于另一个阵营的是卡尔、张伯伦，还有当时驻布拉格的美国国务院外交官乔治·凯南。1940年10月，凯南从布拉格发出一份电文，其中他抱怨"在苏台德这个受保护区域的内外，不负责任的捷克人"正在酝酿危机。[32]

就像保罗·肯尼迪所言，在《慕尼黑协定》签署的时候，绥靖主义者面对的是一种未经协调的"来自右翼和左翼的钳形夹击"，他们中有自封的现实主义者，如丘吉尔（他认为他们幼稚到无可救药的地步），也有理想主义者（认为慕尼黑和解是一个不体面的交易）。[33] 这一观点十分重要，它使我们摆脱了将战间期视为现实主义者和理想主义者之间的"大辩论"的简单解释。这是后世杜撰出来的错误范式——他们中的很多人通过卡尔的这本书来审视战间期，并且模仿了他所创造的二分法。[34]
他们将两次大战之间的年代描述为"急于发迹的理想主义"被"现实主义亘古不变的原则所击败"，这样的说法是经不起推敲的。[35] 事实上，关于二战起源的说法也提出了现代版本的现实主义是否有效用的问题。正如扎拉·斯坦纳所写的那样，所有重要的政治家都受到了意识形态假设的塑造。个性、政治信仰、民族和种族成见以及历史假设，包括国内政治的紧张和压力，都在其中发挥了各自的作用。对国际环境的过分关注只能说明一小部分问题。[36] 或许可以说，20世纪30年代张伯伦–卡尔版本的现实政治也落入了类似的陷阱。

有人指出，1945年后，自诩为"现实主义者"的思想家在美国兴盛起来，在学术界占据了主导地位，而英国的"现实主义者"则依旧是少数。一些学者认为这是英国相对实力下降导致的，其隐含的意思是，现实主义在很大程度上是一种"霸权哲学"。更为重要的是，现实主义已经因为与绥靖政策的联系而或多或少地背上了污名。例如，在《二十年危机》中卡尔试图批判的左翼历史学家阿诺德·汤因比谴责了20世纪30年代的当政者，因为他们举着现实主义的幌子，同时却"对政治现实……视而不见"。在右翼阵营中，丘吉尔的外交大臣、绥靖政策的反对者安东尼·艾登认为，20世纪30年代现实主义的核心缺陷是其宿命主义。西方不能"满足于被动地承认不愉快的事实。……如此定义的现实主义变得与失败主义并无区别"。正如乔治·奥威尔所指出的，希特勒和墨索里尼曾为马基雅维利大唱赞歌，最终却因为"自己失察而产生的"力量击垮。如果西方想摆脱它所处的"猪圈"般的困境，首先要明白一个道理，那就是"现实主义并没有什么好处"。[37] 作为一名社会主义者，奥威尔对英国的民主和大英帝国并没有感情。但与一战时期的萧伯纳不同，奥威尔认为"英国的民主有时看上去像一场骗局，但实际上它并非如此"。是的，英国的制度是虚伪的，但正如迈内克等人在事后意识到的那样，"虚伪是一种强有力的保护……象征着现实与幻想、民主与特权、欺骗与体面的奇怪组合，象征着一种微妙的由妥协构成的网络，国家借此保持着我们所熟知的状态"。[38]

一种新的反现实政治?

就像一战之后那样，英国在进入二战之际，又深刻地意识到了现实政治的局限性。在关于外交政策的辩论中，这个词再次被赋予了极其负面的含义。但这一次，现实政治并不是一个被敌人践行的外来信条。这意味着，英国外交政策中出现了道德上的堕落，而让问题变得更加复杂的是，这种外交的基础是对现实的错误解读。反现实政治借着反对绥靖政策而重整旗鼓，这将对1945年以后英国的外交政策产生影响。

的确，有人可能会说，这也有助于解释为什么英国在冷战初期对苏联持相对强硬的立场——当时，宣称反对张伯伦外交政策的工党发挥了主导作用。作为议会反对党领袖，1945年4月，克莱门特·艾德礼在富兰克林·罗斯福去世之际在下议院发言，他表示："面对……战后世界的问题，我们必须做现实主义者。"然而，在20世纪30年代一直倡导集体安全的艾德礼也强调，他强烈支持在1945年建立的联合国。正如他在接替丘吉尔成为首相的几个月前告诉议会的那样："我们是现实主义者，但这一事实并不能阻止我们同时也是理想主义者。"[39]

这个国家一直在为实现正义，如为建立一个"新耶路撒冷"而进行广泛的斗争——这个认知对于英国的整个战争努力而言至关重要。英国的"大战略"也反映了这一认知。1942年，两名军事战略家写道："取得胜利的基础不仅是物质资源或军事和工业技术，还包括社会组织、宗教理想和教育方法等，所有这些都必须在和平时期得到维护。"英国正在"为自己寻求一种更为公平有效的民族主义的形式"，并且"试图消除过去困扰我们的那些弱点和不公正现象"。[40] 1944年，弗里德里希·哈耶克在《通往奴役之路》中写道，如果西方想要说服德国人改变行事方式，"那就不应在思想体系上向他们让步。我们借用了他们父辈的很多思想——不管是国家–社会主义、'现实政治'还是科学规划——我们不能用这些思想的陈腐复制品来欺骗他们"。[41] 1945年，丘吉尔在竞选中借用了哈耶克的论点，而艾德礼将之斥为"一个奥地利教授学术观点的二手版本"。[42]

卡尔认为，《慕尼黑协定》被谴责为"不道德"是一件很荒谬的事情，这对于英国来说是个"耻辱"。[43] 然而，这一观念在英国政治意识中的影响力不容低估。在战争结束后，年轻的工党政治家理查德·克罗斯曼提出："真正导致绥靖政策的……是保卫一个虚弱无力的秩序时的模棱两可和优柔寡断。"所谓慕尼黑的"罪人"遭遇了失败，这是"因为他们没有那种应对纳粹的挑战所必需的精神"。1945年以后，西方面临着新的威胁，新近的经验似乎证明，现实政治——或者至少是张伯伦和卡尔向他们兜售的那个版本——并不足以应对威胁。

第四部分

现实政治和美国现实主义
错综复杂的根源

由于我们所存在的缺点和不足，我们不会接受新的科学，也不会遵循虚无缥缈的**现实政治**。我们不会放弃我们赖以生存的信仰，也不会阻止其他国家获得在没有恐惧的情况下自由生活的权利。我们致力于建立一个每个自由的人在自由的国家里共同工作的世界。民主信仰是我们所珍惜的一切事物的基础，也是美国国内外政策中压倒一切的准则。我们不能放弃小国也具有同等尊严的信念，如果我们放弃这个信念，我们也终将放弃所有人都具有同等尊严的信念。

（弗兰克·坦嫩鲍姆：《反对现实政治》，1953年10月2日）[1]

第十一章

地缘政治和美国治国方略的道德准则

1939年，卡尔写道：1918年，世界的领导权在"几乎没有任何反对意见的情况下"被赋予美国。他暗示，美国拒绝这一领导地位的事实，并不意味着在未来的某个时候美国不会接受它。[1] 但在许多方面，美国是一个不情愿的庞然大物。美国在崛起的过程中，一直伴随着一种不安和不祥的感觉。

20世纪30年代和40年代，在美国的国际政治方法中，一种明确的"现实主义"传统得到了进一步的发展，这最初发生在学术界，但在外交界，这一传统也有几位声名显赫的追随者。现实主义是用于针对过度的乌托邦主义、法制主义和感伤主义的弊病，而这正是伍德罗·威尔逊的外交政策的特点。这种传统在学术界的代表是芝加哥大学的汉斯·摩根索（当时最著名的现实主义学者）等学者，在外交官中的代表是乔治·凯南（冷战时期最卓越的现实主义者）等人。20世纪下半叶，这一传统对美国的外交政策产生了重要影响。然而，美国现实主义的根源出现在1945年之前，这反映出许多美国人认为在世界事务中处于领导地位会有惴惴不安的感觉，因为这有可能带来很大的道德上的两难困境。

虽然大多数美国人仍然不愿意重新介入欧洲这个是非之地，但是大国竞争再次回归，而且越来越多的国家愿意使用武力来挑战国际现状，这意味着，在20世纪30年代，欧洲再次成为压在美国心头挥之不去的难题。1934年，哈佛政治哲学家弗朗西斯·科克尔出版了一本题为《近期政治思想》的汇编文集，主要探讨了欧洲大陆的一些政治概念，如国家理由、马基雅维利主义和**现实政治**（以及那些被认为是主要倡导者的人——海因里希·特赖奇克、伯恩哈迪将军和弗里德里希·迈内克）。他注意到了这些人的作品在法西斯时代的复兴。[2] 正如我们所看到的，路德维希·冯·罗豪早已从人们的记忆中消失。

到二战爆发时，这些概念已经完全融入了美国的政治词典，不再需要详细的定义。1940年4月，《美国语言》杂志将**现实政治**一词列入了来自德语的"外来词"清单；清单还包括"帝国"（Reich）、"盖世太保"（Gestapo）和"暴动"（Putsch）等词语，这些词在过去几年中在美国媒体上越来越流行。[3] 但"现实政治"一词也可以出现在相当温和、宽泛的语境中。随着欧洲陷入战争，一位电影评论家呼吁电影业"**现实政治**意识的觉醒"，以此纠正自大萧条以来导致电影观众数量下滑的"糖衣式"圆满结局。[4]

正如我们已经看到的那样，在战间期的英国，现实政治被用来表示传统的19世纪外交。这个词也与绥靖政策联系在一起。在同一时期的美国，现实政治的使用方式与美国外交政策辩论的特定环境有关。与英国的情况相反，现实政治被用来反对绥靖政策，而不是为其辩护。更具体地说，它被用来对抗美国外交政策中的孤立主义倾向。那些主张美国要有"更多的现实政治"的人呼吁美国政府直面德国、意大利、日本以及国际体系中其他心怀不满的国家所构成的危险。这是沃尔特·李普曼当年主张美国干涉一战的现实政治概念的进一步发展。

更准确地说，这里所提倡的实际上是地缘政治——与现实政治可以互换使用。体现在具体的政策上，这要求美国必须站在全球大国博弈的前沿，要先发制人并且遏制敌人和对手扩张领土的野心。地缘政治学这一表述在英语中的传承可以追溯到英国地理学家兼战略家哈尔福德·麦金德爵士。人们也可以以相似的方式将罗斯福、马汉和李普曼的观点进行分类。但为美国地缘政治注入新动力的是人们对纳粹新地缘政治理论的认识，将这一理论带到西方并加以发扬的是那些讲德语的移民。

然而，1945年之后，现实政治在美国又有了不同的意义，也变得更有争议性。在二战后的第一个十年，也就是冷战初期，那些自称现实主义者的人开始在美国学术界和外交界变得更有影响力。正如第十二章将解释的，在大多数情况下，冷战早期自诩现实主义者的人都回避了这个标签。他们明白，这个词起源于德国，带有负面含义。从摩根索到亨利·基辛格，那些从德国移民到美国的人都担心因此受到影响，这样的担忧也是可以理解的。尽管如此，那些在学术、外交和公众层面上反对现实主义者的人认为，一种非美国的政治理念已经开始内化到这个国家外交政策的制定过程中，他们对此提出强烈抗议。一些人声称，美国的现实主义起源于德国的**现实政治**。

在化学、物理、历史、社会学和国际法等许多领域，德国（或讲德语的）移民对美国学术界都产生了深远的影响。德国**现实政治**与美国现实主义传统之间的联系是不可否认的。但重要的是要准确地理解这些联系的性质。我们可以把德国**现实政治**的最初倡导者和美国一些重要的"现实主义者"直接联系起来。他们中的少数人知道罗豪的《**现实政治**的基础》一书。更常见的情况是，他们对**现实政治**的理解是通过研读马克斯·韦伯或弗里德里希·迈内克的作品来获得的。韦伯对美国现实主义话语体系有深远的影响。与此同时，迈内克的一些学生也成为美国学术界有影响的人物，比如耶鲁大学历史学家哈乔·霍尔本成为美国历史学会（American Historical Association）第一位在外国出生的会长。虽然这给我们提供了一个大概的谱系，但我们应该避免凭空臆想并不存在的目的论。值得注意的是，霍尔本和诸如费利克斯·吉尔伯特的其他一些学生批评了迈内克以及德国的大学教授，而且他们之中没有一个人模仿迈内克的作品。

　　有些人提出，德国的**现实政治**是被这些德国移民不怀好意地加入美国人的话语体系当中，并在某种程度上颠覆了美国人关于国际事务的思想基础。这种观点是不公平的。实际情况恰恰相反，这些思想家中的许多人都经历了美国化的过程。早在1918年10月，一位名叫莱因霍尔德·尼布尔的年轻新教神学家（他后来成为美国现实主义传统的关键人物）将一篇题为《德裔美国人问题》（"German-American problem"）的文章提交给《新共和》周刊的沃尔特·韦尔。[5] 尼布尔没有因为双重忠诚问题而批评德裔美国人，而是认为他们不够忠诚于德国思想中的人道主义和理想主义传统——忘记了自己的传统，未能维护欧洲自由主义的传统，因此为德国在这个时代咄咄逼人的外交政策铺平了道路。[6] 日耳曼人为美国外交政策贡献的现实主义并不是某种外部强加的东西，因此，不管剩下来的是什么，只要能与现有美国政治思想的曲调产生共鸣，就能幸存下来。

　　通过考察"现实政治"一词的用法，人们可以获得关于1945年后美国现实主义的本质及其争议的新认识。首先，诸如卡尔·J.弗里德里希、维尔纳·施塔克和A.J.P.泰勒等现实主义的批评者，都对正统的**德国现实政治**的历史了如指掌。他们看到了德国**现实政治**与美国现实主义的相似之处（尤其是对俾斯麦的崇拜），他们警告说，摒弃理想主义而狂热痴迷于现实主义可能会很快演变成病态的犬儒主义和宿命主义，如果坐视它控制政界和学术圈，可能会有更为严重的后果。自由主义可能会因为坚持必要性优先于感情因素或现实性优先于乌托邦主义而成为妥协的牺牲品。这一批评不能被简单地斥为孤陋寡闻的仇外者的论调，因为这是由来自欧洲的讲德语的移民以及本书到目前为止所涉及的对相关情况最为熟悉的人提出的。德国的例子提供了一个警告。他们明白，当"现实政治"这一概念被错误的人使用，或者被曲解、误用的时候，会带来怎样的危险。

然而，在这一背景下，美国现实主义者强烈地反对自己被诋毁或讽刺为德国**现实政治**的倡导者，这在很大程度上被证明是正当的。战后，美国的现实主义是一种克制和负责任的话语，它是在潜在的核战争的阴影下形成的，对冒险主义持怀疑态度，这与主导了德国民族主义的军国主义和沙文主义形成了鲜明的对比。这一时期的特点是"现实政治"与现实主义的概念更广泛的融合。这具有误导性，并且反映出有关外交政策的辩论已经变得日益激烈。尽管辩论在学术背景下进行，但仍然有很多问题取决于语义学。事实上，现实主义者与其批评者相互嘲讽。双方也形成了一种各说各话的倾向，这一情况直到今天仍在延续。

在最后的分析中，第十二章会提出一个观点，即虽然存在一些关键性区别，但美国的现实主义并没有完全摆脱与俾斯麦和迈内克相关的德国**现实政治**的特征。这确实是两种不同的信条，但美国的与最初版本的**现实政治**有一些共同点，尤其是强烈的韦伯式悲观主义。另一个相似之处在于，美国的现实主义是由一种内在的道德和哲学焦虑塑造的，这种焦虑主要关乎国家的健康和现代性的挑战。这赋予了现实主义者的话语一种恼怒和不耐烦的语调——这反映在他们总觉得身处逆境，或者认为当权者根本就没有现实主义者所具备的眼光上。在新兴的国际关系学术研究领域中，现实主义者蔑视其他人的幻想，这使得它的一些支持者越来越倾向于神学，或是在某些情况下采用了伪科学的立场。他们谈到了对美国外交政策进行全面"改革"的必要性。为了寻求这种改革，他们也把自己组织成不同的类别和学派。各个学派都以某些著名的学者、机构或关键文本为中心，这和派系众多的新教倒有些异曲同工之处。

本书第四部分的最后一章即第十三章，将不再探讨国际关系理论家之间的争论。这一章提出，一些关于真正的**现实政治**的最活跃的辩论是在历史学家之间进行的，他们了解它的起源（发端于罗豪）以及它与俾斯麦的联系的本质。重要的是，必须强调这不是一种学术游戏。政策制定者大多喜欢将历史而不是理论作为更加可靠的指导。冷战期间，美国重新对俾斯麦大加崇拜，这在政策层面产生了影响。本书第五部分对此做了进一步的探讨，诸如乔治·凯南等一些有影响力的人物将俾斯麦奉为治国理政的典范。有人认为，比起19世纪英国的先例，俾斯麦处理外交的方式为美国提供了一个更好的范本。事实上，"俾斯麦还是英国？"这个问题即便在冷战结束之后依旧存在。[7] 然而，与此相反，其他一些人（比如A. J. P. 泰勒）提出警告，在美国兴起的俾斯麦狂热崇拜会有不小危险，并强调了这种崇拜在德国历史上的恶劣影响。因此，在英语世界里，一种新的反现实政治再次出现。令许多现实主义者感到沮丧的是，英美两国外交政策的方式仍然抵制源于欧洲大陆的治国理政理论，从马基雅维利到俾斯麦都是如此待遇。对英美外交政策的现实主义改革从未实现。

第二次地缘政治浪潮

美国在二战前的几年里重新参与到全球政治之中，并在这一过程中借鉴了源于德国战略思想的概念。这种重新定位的一个起点是，芝加哥大学的弗雷德里克·舒曼的《国际政治：西方国家制度概论》在1933年4月出版。在后来的一篇文章《让我们了解我们的地缘政治》（"Let Us Learn Our Geopolitics"）中，舒曼将"地缘战略"一词引入美国政治。该词是对德国战略家卡尔·豪斯霍费尔率先使用的德语词"地缘政治"

（Wehrgeopolitik）的翻译，豪斯霍费尔的著作对纳粹的扩张主义思想产生了深远影响。

值得注意的是，《国际政治》一书正是希特勒成为德国总理后不久出版的。舒曼在书中宣称，他正在提供一种新的研究国际事务的方法，这种方法打破了狭隘的外交史或国际法的界限，并试图将两者结合起来，使之成为更宏大的战略谋划的组成部分。他在序言中将自己的研究方法描述为"**现实政治**的方法，其特点是具有马基雅维利式超然态度，以及认真深入探讨潜藏在言辞之下的现实的努力"。在英国，内维尔·张伯伦用了非常相似的措辞来为他的外交政策辩解。但此处就有一个重要的区别。舒曼认为张伯伦的绥靖政策与现实政治背道而驰，这与卡尔的观点恰好相反。1937年4月，舒曼在该书第二版的序言中写道："从**现实政治**的角度来看，20世纪30年代不负责任的外交的后果是，那些'有活力的''尚未满足的'国家的战斗能力持续加强，法国、英国、苏联和美国的力量则相对减弱。"

舒曼认为，近年来，一种新的现状得以发展起来，这一现状取决于一种高度不稳定的力量平衡。接受它也就意味着被动地接受日本侵占中国东三省、德国重整军备、意大利征服阿比西尼亚、莱茵地区重新军事化以及法西斯主义在西班牙取得胜利。在呼吁西方国家应对这一威胁时，舒曼援引了马基雅维利的名言："谁是促使他人强大的原因，谁就自取灭亡。"在某种程度上，法西斯国家的各个敌对国必须进行武装抵抗，否则就会丧失独立。他在1937年警告说："在伦敦、华盛顿或日内瓦，无论怎样的逃避、不负责任、'中立'或是不顾一切的满怀希望都将无法改变这一结局。"他预测，在他的书第三版出版之前，几乎可以肯定，大国之间会爆发战争。舒曼回顾了1914年斐迪南大公在萨拉热窝遇刺进而引发一战这一事件，他写道，权力游戏"已经又恢复到萨拉热窝之前的模式，其特点是前所未有的军备竞赛、周期性外交危机，以及为取得进攻或防御上的有利战略地位而开展的角力"。[8]

在这次美国的地缘政治觉醒中，第二位有影响力的人物是另一个讲德语的人，他就是来自奥地利的移民、位于费城的外交政策研究所（Foreign Policy Research Institute）的创始人罗伯特·施特劳斯–胡佩。施特劳斯–胡佩在1942年出版的《地缘政治：为和平而战》（ *Geopolitics: The Struggle for Peace* ）是以英国地理学家哈尔福德·麦金德爵士的思想为基础的，就像李普曼的《外交赌注》是建基于马汉上校的思想一样。施特劳斯–胡佩对**现实政治**和地缘政治做了重要的区分，而舒曼则没有解释这一点。事实上，如果地缘政治被敌人所推行，可能是一个更大的威胁。表面上看似乎是法西斯主义狂妄自大，实际上却有一个地缘战略的理由。施特劳斯–胡佩写道，地缘政治并不像此前人们所普遍认为的那样，是一种"权力政治，甚至**现实政治**的理论，如果按照这些术语在19世纪的意思来理解的话"。地缘政治是对**世界政治**的一种解释，其含义是"永恒的斗争"，在这种斗争中，国家的边界仅仅是一种暂时性权力状况的表现。[9]

麦金德的观点重新受到追捧这件事本身就很说明问题。1942年，麦金德1919年出版的著作《民主的理想与现实》在美国推出了新版，普林斯顿大学的爱德华·米德·厄尔为此书撰写了序言。正如前面所提到的，麦金德借这本书警告西方领导人，国际联盟由于存在潜在缺陷，恐怕难以在1918年之后遏制战败国家的图谋。他还警告道，德国领土收复主义可能再次抬头。麦金德特别强调了地图在德国文化和德国战略思想中所发挥的关键作用。早在1919年，麦金德在刻画一名典型的德国政治家的形象时写道："他的现实政治生活在他脑海里的一幅地图上。"而唯一的应对之策就是西方国家制定自己的全球战略。必须以**世界政治**在地图上的一种构想来应对另一种构想。[10]

二十年后，在战争即将爆发的前夜，麦金德的预言似乎已经被证明是正确的。卡尔·豪斯霍费尔在塑造纳粹战略方面占据主导地位（希特勒也明确表达了结束英美战略霸权的愿望），意味着美国人必须清醒地意识到这一威胁。那些自由主义国家将不得不为即将到来的挑战做好准备。[11] 来自德国、意大利和日本的三重挑战（再加上对苏联长远意图的担忧）凸显了这一挑战在政府层面的全球性。在1939年3月7日写给《纽约时报》的一封信中，美国前国务卿亨利·L. 史汀生指出，越来越多的人已经有了这样一个共识，即美国的外交政策再也不能四平八稳地"局限于防御本半球或是我们自己的大陆边界"。[12]

　　虽然不情愿，史汀生所意识到的问题与沃尔特·李普曼在1915年的《外交赌注》一书中提出的观点有着明显的共性：为了保护自己，美国需要准备好向周边以外的地区投射力量。事实上，在这场辩论中，李普曼在1943年出版的《美国外交政策：共和国之盾》（该书在出版后的几个月内售出了五十万册）中再次强调了这一点。在书中，李普曼再次解释了美国干预这场战争的战略考量。如果英国和法国陷落，无力再控制西欧或西非，美国将有史以来第一次在它的大西洋侧翼陷入一种"脆弱不安"的境地。[13]

　　然而，1943年五十四岁的李普曼和1915年二十六岁的李普曼大不相同。尽管李普曼参与了"十四点和平原则"的提出，但他在1918年后就摒弃了威尔逊主义。现在，他预料到二战结束后"世界一体主义"的论调可能重新抬头，他对这一论调持强烈的怀疑态度。世界和平取决于大国合作，而不是国际法和跨国议会。因此，李普曼呼吁推行一种基于"国家利益"而非抽象的"现实主义"的政策。[14] 他在《共和国之盾》中写道："我们将不会在自己还在沙地上修建防御工事的时候，倡导人类建造空中楼阁。"在此，他使用了路德维希·冯·罗豪最喜欢用的一个比喻（特赖奇克和迈内克也用过）。美国必须最终成为一个"成熟的大国"。[15] 对此，李普曼补充了一个重要的告诫。他关于美国安全的地缘政治概念仅限于大西洋两岸。他认为，美国在太平洋地区的脆弱性要小得多。这意味着，他对后来美国在朝鲜和越南的干预持怀疑态度，也比许多人更愿意接受苏联在东欧拥有势力范围。

机构训练和超级大国的准备情况

尽管李普曼的著作是面向普通大众的，但在20世纪30年代，地缘政治这门新科学（它有意识地使自己更具有科学性）却是扎根于美国学术界。在这个发展过程中，两个最重要的机构是芝加哥大学和耶鲁大学。

舒曼就是在芝加哥大学撰写了《国际政治》一书，那里的扛旗者是国际法教授昆西·赖特。赖特在1942年完成了长达十年的关于战争起因的研究，并赢得盛赞；还探讨了"人性的情感"与"国家的理性"之间历史悠久的辩证关系。尽管1919年的和平缔造者做出了很大的努力，但马基雅维利主义在国际政治中仍是不可或缺的因素。他指出，这不是人们第一次认为马基雅维利是国家理由以及所有与之相关的观念的首创者。他写道："中世纪的骑士精神以及无论世俗还是宗教的普遍秩序，在很大程度上都因马基雅维利的**现实政治**而被抛弃。"尽管凡尔赛的和平缔造者做出了极大的努力，却还是没有找到任何能够替代它的东西。[16]再一次，我们看到，在美国，人们对这个概念的理解方式与英国不同。大多数使用这个词的美国人都敦促对修正主义势力采取强硬立场。因此，当罗伯特·卡普兰将"**现实政治**的国家安全观"归功于赖特时，他指的是，赖特愿意支持海外干预，以便先发制人，消除对国家安全的威胁。与此一致的是，赖特大力支持援助盟友保卫美国委员会（Committee to Defend America by Aiding the Allies）的活动，该委员会是一个反绥靖和反中立的组织。[17]

一套类似的地缘政治假设也在1935年成立的耶鲁大学国际问题研究院（Yale Institution of International Studies, YIIS）占据了主导地位。这所研究院的两位引路导师是荷兰裔美国学者尼古拉斯·斯派克曼和阿诺德·沃尔弗斯，后者是一名瑞士律师，曾在柏林工作，后于1933年以访问学者的身份到达美国。[18] 1940年，沃尔弗斯发表了一项关于战间期英法外交政策的研究成果，以此展示不同地缘战略环境是如何塑造两国相互冲突的和平战略的。这也有助于解释为什么两国未能就维护凡尔赛条约做出一致的努力。在强调自由国际主义的局限性的同时，沃尔弗斯还攻击了绥靖政策，强调了在世界事务中保持"均势"的重要性。[19] 同样，当卡普兰将耶鲁大学描述为另一个"**现实政治**思想的学术基石"时，他是指这与20世纪30年代在耶鲁大学同时存在的经常发声的孤立主义运动（卡普兰认为，孤立主义运动是上流社会思想的产物）形成了鲜明的对比。[20] 这也是冷战时期美国国务院外交官雷蒙德·L. 加特霍夫所暗示的意思。加特霍夫后来写道，对他的思想影响最大的是"阿诺德·沃尔弗斯对现实政治的阐述"。[21] 再一次，这个词的使用方式被彻底美国化了。从李普曼到赖特、沃尔弗斯以及斯派克曼，它成了一种修辞工具。现实政治就像一桶冰冷的水，被倒在孤立主义者与和平主义者的头上。

斯派克曼在1942年出版的《美国在世界政治中的战略》一书标志着这一主题的进一步延伸。[22] 斯派克曼与美国大多数地缘政治的倡导者保持了一致，认为"国际关系的基本权力方面"在他的新国家中没有受到足够的重视。他呼吁，美国外交政策的制定必须反映一个事实，即每个国家都将自我保护作为首要的目标。应该指出的是，斯派克曼对于现实主义的认识并不是仅仅关注权力。国际事务也受到"爱、恨、慈善、道德义愤、物质收益、心理异常和情感痛苦等"的影响。[23] 这本书在三个月里售出了一万本。[24] 据称，这本书中包含了对苏遏制战略的起源。[25]

　　芝加哥大学和耶鲁大学作为外交政策研究中心的崛起，也反映出人们日渐意识到，美国需要做好准备，承担和履行自己作为全球超级大国的责任和要求。为了满足这一需要，一系列新的关于其他国家和地区的专门课程得以开设。斯派克曼认为，世界上没有哪个地区遥远到美国的力量都无法到达，因此美国需要对它们进行研究。鉴于大英帝国的衰落，这一点被认为更加具有紧迫性。美国人对大英帝国的厌恶是普遍存在的。然而，1945 年 3 月，耶鲁大学国际问题研究院召开的会议在决议中提出了一项建议：在可预见的未来，支持英国以及在欧洲维持均势符合美国的利益。决议明确指出，为了做到这一点，美国不得不参与决议所称的"肮脏的权力政治游戏"。[26]

　　耶鲁大学国际问题研究院长期以来都具有重要地位，这反映在战后该院校友任职于政府最高部门的数量上，其中包括未来的国防部副部长和国务卿赛勒斯·万斯、未来的助理国务卿威廉·邦迪，以及肯尼迪总统的国家安全事务助理麦乔治·邦迪。[27] 还有人指出，一些像耶鲁大学国际问题研究院这样的机构存在于大企业和政府之间的关系链中。其资金来自巨大的亲商界的慈善机构，尤其是福特基金会和洛克菲勒基金会，这反过来又打开了获得高层政治影响力的大门。一位学者指出，这样的结果就是出现了一种国家、慈善机构和大学教授都欢迎的"自私自利的现实政治"。例如，正是出于这种精神，斯派克曼向洛克菲勒基金会报告说，那些将国际关系研究视为"基督教和平建设"的学生，对耶鲁大学教授"看待这一问题相当现实的方法"感到大为震惊。[28]

　　要论传播这一世界观以及希望美国下一代外交官做好地缘政治责任方面的准备，人们还必须承认普林斯顿大学爱德华·米德·厄尔的影响力。厄尔曾编辑了 1942 年版的麦金德的著作，这在上文已经提及。从 1939 年起，作为美国国际问题研究委员会（American Committee for International Studies）主任，厄尔负责协调在加利福尼亚大学洛杉矶分校、西北大学、北卡罗来纳大学、宾夕法尼亚大学、耶鲁大学和普林斯顿大学开设战争战略课程。[29] 他对美国国家安全需求的观点是，必须采取一种在军事力量支持下的积极的外交政策。他还认为，经过教育，美国人民可以理解这种军事干涉主义立场的必要性。[30] 1943年，厄尔还出版了《现代军事战略的缔造者：从马基雅维利到希特勒》，该书由两位德国史专家戈登·亚历山大·克雷格和迈内克的学生费利克斯·吉尔伯特共同编辑而成。[31]

很重要的一点是，要弄清楚1945年以前美国地缘政治的支持者（他们使用了现实政治这个词并予以赞许）与战后现实主义者（他们没有使用现实政治一词）之间的差异。前者最显著的特征是他们强调全球军事投射能力的重要性；斯派克曼和厄尔负责为1942年6月设立的国防部军事情报局（Military Intelligence Service）的地缘政治部门提供咨询。第二个特征是，这样一种地缘政治理念会导致干涉主义倾向。整个星球都日益被理解为美国的战略环境。[32]

将朝鲜战争或越南战争解释为芝加哥大学和耶鲁大学兴起的新地缘政治的产物，这具有目的论的特点，也无法客观公正地论证1945年后国际环境的复杂性或关键决策者本身的作用。但也许有人会说，现代美国现实主义者有时会攻击错误的目标，比如他们攻击威尔逊主义的幽灵，将其作为美国对外干涉的根源。地缘政治的支持者确定了这些与干预相关的概念术语，这始于二战。[33] 迈内克的学生、历史学家费利克斯·吉尔伯特是来自德国的犹太移民，他与爱德华·米德·厄尔共同编辑了《现代军事战略的缔造者》一书，他最准确地概括了支撑美国进入另一场世界大战的思想共识。正如他所解释的那样，至关重要的是，其发生"不是出于威尔逊的理想主义的原因，而是出于**现实政治**的原因"，比如国家安全。[34] 这证实了在二战开始之际，美国的现实政治已经有了自己的生命，而且有了与德国版本（与俾斯麦的支持者有关）甚至英国版本（与张伯伦和卡尔有关）截然不同的意义。

美国现实主义的道德基础

20世纪30年代，美国对自己在世界上扮演的角色进行了内容广泛的重新设想，地缘政治只是其中一个因素。威尔逊主义的各种版本以及这个国家在世界上肩负着一项道德使命的信念仍然存在，尽管它们通常都会有一个关于国家安全的更强硬的理由作为外壳。1937年，《外交事务》的编辑汉密尔顿·菲什·阿姆斯特朗出版了《我们或他们》（*We or They*）一书，提出专制国家和非民主国家同自由民主制度不相容，而长期的安全依赖于保护和维护民主。在《思想和武器》（*Ideas and Weapons*）一书中，《国家》杂志的编辑马克斯·勒纳将1939年的《苏德互不侵犯条约》视为民主国家需要为了全球安全而团结在一起的证据。与1917年时一样，开始为美国干预战争提供理由的是《新共和》周刊和《国家》等顶尖的自由主义期刊。[35]

一个人不需要成为威尔逊主义者就能够意识到伴随着美国崛起成为超级大国而来的巨大道德责任。比任何人都更清楚地阐明了这一道德困境的，是自称为现实主义者的莱因霍尔德·尼布尔。"我们需要一种比自由主义更大胆的东西来拯救世界。"尼布尔在《道德人与不道德的社会》（*Moral Man and Immoral Society*，1932）中写道。这反映了他对威尔逊理想的幻灭感，而最初，他对此十分认可。[36] 然而，很重要的是，尼布尔插入了一个重要的附加说明。他拒绝了他所认为的过度的现实主义，这导致了犬儒主义和悲观主义。[37]

20世纪30年代尼布尔关于国际政治的思考的发展历程，反映出一个事实，即外交政策与简洁的道德和哲学公式并不一致。1931年日本入侵中国东北这个早期案例就能证明这一点。尽管他同为神学家的弟弟理查德·尼布尔敦促美国不要干预，但莱因霍尔德·尼布尔采取了一种更为强硬的立场，并敦促美国向日本施加外交压力。他很快就意识到了日本帝国主义和欧洲法西斯主义在本质上的重要差别。在尼布尔看来，国际关系中均势的概念也涉及道德层面。人类本性中的极恶只能通过相互竞争的利益主张来加以遏制——这是一种受到道德制约的地缘政治。[38]

在《二十年危机》中，卡尔表达了他对尼布尔的敬佩之情。但在大多数情况下，尼布尔对卡尔并不认同。与卡尔不同的是，尼布尔是绥靖政策直言不讳的批评者。尼布尔在20世纪30年代的立场与温斯顿·丘吉尔更为接近。丘吉尔也批评了那些固守国际联盟大腿不放的人，认为他们过于天真幼稚，因为国际联盟的无能早已世人皆知。但他拒绝屈从于他在绥靖政策中看到的宿命论。有效的外交政策需要信誉和能力，以及"有原则和谨慎"的政治家风度。与丘吉尔类似，尼布尔在20世纪30年代也提出了一些与所谓的现实主义者相反的观点，他坚持认为，在一个充满权宜之计的世界里，仍然有超然的价值存在。他的"现实主义冷静却不阴暗"，在其核心，它对于人类的进步抱有一定的信心。[39]

尼布尔的世界观根植于神学，因此，它有别于地缘政治学这一通过推定得出结论的科学。这也意味着尼布尔的世界观使用的词汇也有所不同。尼布尔关于马基雅维利主义的观点截然不同，舒曼和其他美国地缘政治的倡导者也提到了这一点。1939年，尼布尔在牛津大学发表演讲时宣称："有一种观点认为，因为世界是罪恶的，所以我们有权建立马基雅维利式政治或达尔文式社会学来作为基督徒的规范。这是一种可怕的异端邪说。"[40] 事实上，尼布尔对舒曼的著作《苏联国内和国外的政治》（*Soviet Politics at Home and Abroad*）的评价进一步凸显了这两派现实主义话语之间的距离。虽然舒曼被认为是坚定的冷战思维的代表，但众所周知，他是左翼分子，后来遭到众议院非美活动委员会（House Un-American Activities Committee）的调查，原因是据信他同情共产主义

（他对此予以否认）。[41] 在尼布尔看来，《苏联国内和国外的政治》一书未能将舒曼的自由主义理想与他所给出的方法结合起来。他有"一个令人困惑的习惯：先是上升到宪法理想主义的最高境界，然后突然下降到**现实政治**的深处，而不给可怜的读者机会来调整自己，以便适应不同的层次"。[42] 尼布尔断言，这种两极分化并非总是有益的。

尼布尔的这一立场同时反对威尔逊的自由国际主义和悲观的孤立主义，马克斯·勒纳也持有相同立场。[43] 在尼布尔的《基督教与**强权政治**》（*Christianity and Power Politics*）出版一年后，勒纳在1941年出版的《冰河时代的观念》一书中也讨论了马基雅维利主义在国际舞台上的回归。虽然马基雅维利在启蒙运动时期受到广泛排斥，但是从19世纪中期的新民族主义时代起，他再度流行。在德国人中尤其受欢迎，他们"从他那里得到了国家理由的概念——这是一种以国家政策为辩护理由的机会主义，以及在外交事务领域的**现实政治**的概念"。这些概念很快就传播开了。在几乎每个国家，对马基雅维利的重新发现都产生了深远的影响。例如在英国，H. G. 威尔斯1911年出版的小说《新马基雅维利》就将马基雅维利主义与英国的费边主义（Fabianism）结合在一起。

勒纳认为完全拒绝马基雅维利是愚蠢的。他解释说："让我们明确一点，理想和道德在政治中是很重要的规范，但作为技能而言，它们几乎没有什么效果。"同样，马基雅维利在帮助区分"'应该是什么'（what ought to be）以及'实际是什么'（what is）两个领域"方面是有用的。他接受后者而拒绝前者。但勒纳认为，还存在第三个领域，即"可能是什么"（what can be）。在这里，勒纳也效仿尼布尔，呼吁以一种高于马基雅维利主义的"人道主义的现实主义"来重新塑造美国对世界的态度。"我们可以从我们的民主价值观开始，也可以从马基雅维利关于强硬方法的现实主义开始，"他解释说，"［并且］我们可能会发现，在一个强有力和富有战斗精神的国家里，以及在关于人类动机的非感性的现实主义的范围内，有效追求民主价值观是可能的。"[44]

换句话说，从一开始，美国外交政策中的"道德现实主义"的倡导者就警告了纯粹的马基雅维利主义存在危险。德国**现实政治**的存在已经表明了其局限性。即使是像斯派克曼这样更具科学意识的地缘政治的倡导者也告诫人们，不要忽略人的个性和激情而过于机械地解读国际政治。但在随后发生于20世纪50年代和60年代的辩论中，这些警告有时被忽略了。此处出现了一个有意思的情况，与**现实政治**早期的历史有相似之处。路德维希·冯·罗豪最初的概念为观念、抽象和道德都留下了空间。但在其他人的手中，他的想法变得僵化死板，并被当作一种击败对手的思想武器。

在不拒绝现实主义的情况下，尼布尔和勒纳明白，为美国的外交政策设立更高的目标是非常重要的。正如尼布尔在1944年5月所说的那样，行动和不作为，即干涉和不干涉，都包含善与恶的可能性："我们无法在做善事的同时不做恶……我们无法在捍卫我们最珍贵的东西的同时，而不冒着摧毁比我们生命更为宝贵的东西的风险……我们无法在我们的任何美德中找到道德上的安宁，一如在我们所吹嘘的文明的城墙上并没有安全保障。"[45]

1945年后，这些两难困境在冷战的背景下更加深化。美国的全球主导地位带来了更多的责任和新的两难困境。"我们做梦都没有想到，我们会拥有像今天这么大的政治权力，"尼布尔在1952年出版的《美国历史的反讽》中写道，"与其他意志和目的更深更广的纠缠，使得任何单一意志都无法占据主导地位，任何特定的历史目标都难以轻易成为全人类的目标。"[46]

遏制：在神学和地缘政治之间

经常被打包放在"遏制"（containment）大旗下的各种冷战战略，既包含新地缘政治的因素，也包含尼布尔神学中反映出来的道德现实主义。[47] 两者的融合体现在乔治·凯南1946年关于"苏联行为的根源"的传奇性"长电报"中，它的修改版于1947年刊登在《外交事务》杂志上。[48] 值得注意的是，凯南的文章与罗豪的《**现实政治**的基础》中对德国政治和社会的分析有一些相似之处。凯南在战间期的德国待过几年。1926年夏天，他身处海德堡，之后的1929年到1930年和1930年到1931年，他在柏林待过。罗豪曾经在柏林工作，弗里德里希·迈内克也曾经在柏林教书。更重要的是，凯南对苏联体制的分析旨在实现一种类似于《**现实政治**的基础》中罗豪那样高超的客观公正和包罗万象。凯南的文章也试图理解社会经济条件与思想之间的关系，以作为政治行为的指南（凯南精通俄语，对此有所帮助）。在一个罗豪式短语中，他指出苏联政权的特点是"意识形态和所处环境的产物"，他甚至引用了列宁关于经济和政治发展不平衡的说法。[49]

凯南的观点也受到当代美国新教教会（尤其是尼布尔）所使用的语言的影响。[50] 在主张在国际舞台上要有更多克制的同时，凯南也描述了他"对上帝的感激之情，因为他向美国人民提出了巨大的挑战，这使得他们整个国家的安全都有赖于……接受历史明确希望他们承担的道德和政治领导的责任"。事实上，他后来把这封"长电报"比作"18世纪的新教布道"。[51] 这是一个发人深省的描述，有人或许会说，这一描述适用于战后出现的许多著名的国际事务文本。

在凯南看来，美国的外交政策必须加以控制，以防它自我失控。1948年，他在芝加哥大学做了一系列讲座，这些讲座成为他的《美国外交》一书的基础。他牢记过去的失败，警告说，伍德罗·威尔逊的理想主义"就像贯穿我们整个外交政策的一根红色的乱麻线刺"。威尔逊从孤立主义转变为一种完全胜利的哲学。他的错误在于，他假定可以使其他人也像美国人那样思考、说话和行走。更显著的错误是，威尔逊还向德国的**现实政治**宣战。这一举动向外界表明了他的观点，即"普鲁士的军国主义必须被摧毁，以确保我们想要的那种和平"。在一个令人印象深刻的隐喻中，凯南将美国的民主描述为一个史前巨兽，身躯庞大，头脑却像针头一样小："它舒舒服服地躺在史前的烂泥里，对周围的环境毫不在意；它是个慢热脾气，实际上，你必须用力打它的尾巴才能让它意识到自己的利益受到了干扰；但一旦它意识到了这一点，就会盲目地乱打一气，不肯停歇，结果它不仅会摧毁敌人，而且会重创自己的栖息地。"[52]

一方面，凯南的立场说明了与德国崛起联系在一起的**现实政治**与战后美国现实主义之间的根本区别。前者源于奋斗、对其他国家的恐惧，以及意识到国家命运意味着获得大国地位。后者则源于一种关于承担重大责任的假设，以及对伤敌一千、自损八百的担忧和警惕。而在另一方面，凯南对伍德罗·威尔逊，以及1918年之后消除普鲁士军国主义的企图的批评也很具有启发性。凯南对世界政府的宏伟计划深表怀疑，同时也对俾斯麦崇敬有加，这使得他坚定地反对本书中所描述的反现实政治的传统。不出所料，即使凯南没有使用这个词，其他人在他的著作中还是能看到一个现实政治美国化的版本。法国哲学家雷蒙·阿隆在英国自由主义报纸《曼彻斯特卫报》上撰文指出，凯南"捍卫了德国人所谓的现实政治，或者如果你愿意的话，可以用一种不那么令人反感的表述来指代它，那就是传统外交方式"。[53]

值得注意的是，正是在他自己的国家美国，凯南倡导的做法被视为很早以前美国人就拒绝了的欧洲方法的内化版，因而受到了最多的怀疑。1952年，《华盛顿邮报》指出："他会把世界视为一个丛林，而不是一个潜在的社会。因此，人们将有意避开理想主义，而现实政治将成为上帝。"《华盛顿邮报》宣称自己已经转而接受尼布尔的论点，即美国需要"重新定位我们理想主义的整个结构"。但它拒绝了凯南提供的重新定位的方法。该报表示："回归到一个未界定的，也无法界定的民族自利主义，并不符合历史的意志，更不用说我们所继承的文明了。"[54] 因为这里有一种与之针锋相对的神学——一种天定使命感，它更接近哈里·杜鲁门总统所宣称的美国"现在面对着全能的上帝在1920年时希望我们面对的事情……领导世界自由人民"。[55] 对一些人来说，这个伟大的责任带来了一种谨慎和不祥的预感；对另外一些人来说，命运感可以激励人心。

第十二章
德国移民与美国现实主义

20世纪30年代，大量的德国人文和理工科学者涌入美国学术界。他们中的许多人都是为了逃离纳粹主义的流亡者，而他们带来了早在希特勒掌权之前就在德国大学里学到的方法、思想和传统。他们的作品和成果并没有颠覆美国的学术传统，而是往往带有他们新的国家及其重点关切问题的印记。此外，德国对美国学术界的影响在许多移民到来之前就已经存在。美国存在着一种对德国文化和宗教的深切钦佩之情，而且两国有着悠久的可以追溯到19世纪的学术交流传统。美国社会学界受德国的影响尤其深刻，莱斯特·沃德、阿尔比恩·斯莫尔、罗伯特·帕克和阿瑟·本特利的研究都是建立在路德维希·贡普洛维奇、古斯塔夫·拉岑霍费尔和弗朗茨·奥本海默等德国前辈的基础之上的。有人指出，通过这些联系，美国社会学家从德国吸收了精神绝望和虚无主义的因素。甚至有人指出，美国社会学不经意间也受到了兰克、特赖奇克和伯恩哈迪将军的影响。[1]

历史学尤其受到这些移居美国的德国学者的影响。[2] 事实上，通过他们关于19世纪德国历史的著作，或他们在20世纪20年代接受的迈内克等德国伟大国家理论家的教育，人们可以追溯到他们与路德维希·罗豪的直接联系。在迈内克移居美国的学生中，最具影响力的是此前提到过的哈乔·霍尔本，他于1924年获得博士学位，同年迈内克出版了《国家理由观念》一书。正如迈内克通过特赖奇克发现了罗豪一样，霍尔本也是通过迈内克接触到罗豪的思想的。[3] 因为妻子是犹太人，霍尔本被迫逃离纳粹德国，他首先去了英国，然后前往美国，于1934年得到了耶鲁大学的教职。二战期间，他在战略情报局（Office of Strategic Services）担任另一位耶鲁大学历史学家威廉·L. 兰格的特别助理，兰格本人是第二代德国移民，也是俾斯麦的崇拜者。战后，霍尔本以资深教授的身份回到了耶鲁大学。

另一名在美国赢得显赫地位的迈内克学生是费利克斯·吉尔伯特。吉尔伯特回忆了他在20世纪20年代与霍尔本一起在柏林大学上迈内克研讨课的经历，他们会在课上阅读、讨论马基雅维利作品的节选。吉尔伯特称迈内克的《世界主义与民族国家》对他的思想发展产生了重要影响，还提到了迈内克的朋友恩斯特·特勒尔奇长期以来对他的著作的影响。[4]

这些学者并不认为自己不加批判地全盘接受了在德国所学的知识。当他们将迈内克的著作教授给下一代的时候，他们通常会提出中肯的告诫。在为1970年版《世界主义与民族国家》撰写的序言中，吉尔伯特批评了他前导师著作的某些方面。他认为迈内克并没有充分地将对思想趋势的研究与它们所代表的社会力量联系起来，而罗豪当时可能已经意识到了这一点。[5] 在德国的这些思想传统中，有很多值得探索的地方。但认识到这些局限性也很重要。

历史学家认为，他们尤其有责任以一种批判的眼光来看待这些观念。霍尔本十分惋惜德国历史学家在一战前后的公开辩论中所扮演的角色。特赖奇克是一个最著名的例子，而其他人也步其后尘。在19世纪下半叶，除了极少的例外，他们都自封为俾斯麦的帝国的护卫者。霍尔本写道："对于他们来说，历史纯粹是国家之间的斗争，只有政治史才是有意义的研究领域。"这就意味着他们未能促进所处时代重要的道德和社会问题的研究。一战也没能将他们从昏睡中唤醒。为了给迈内克正名，霍尔本指出，他的前导师在探索1918年战败的真正原因方面比其他绝大多数人走得更远。迈内克承认了**强权政治**的邪恶潜能，并坚持普遍道德规范的绝对有效性。[6] 然而，纳粹的崛起已经证明，他和学术界的其他人做得还远远不够。

　　霍尔本自己的学生，奥托·普夫兰策（第二代德裔美国人，他后来还写了俾斯麦的传记）认为，迈内克对霍尔本的影响主要是在个人生活和专业方面，而不是哲学方面。如果霍尔本心目中有一个英雄的话，他不是恩斯特·特勒尔奇或者迈内克，而是19世纪杰出的历史学家兰克，他在后者身上看到的不是"科学的历史"，而是具有"科学气质"的历史学家，其指导原则是精神上和道德上的客观调查以及一种更为广泛的将德国历史与欧洲整体历史联系在一起的普遍主义。有人甚至会认为，霍尔本更多地受到了罗豪原著的影响；可以说，他或许比任何人都更接近《**现实政治**的基础》一书的基本精神。霍尔本对历史学研究方法最独到的贡献是他坚持要将观念与社会运动联系起来——而这是罗豪最先提出的观点。1953年，霍尔本在纪念迈内克的文集中写道："社会史是对观念史的必要补充。"在此，他温和地批评了老师没有考虑到这一点。[7] 在《近代德国历史》中，霍尔本在一些场合引用了罗豪的《**现实政治**的基础》——尤其是在那些讨论观念和社会力量重要性的部分。[8]

　　作为杰出的历史学家，霍尔本和吉尔伯特也许比同时代的任何国际关系学者都更了解**现实政治**的真正起源。考虑到这一点，他们没有试图将美国人转化为**现实政治**的信徒，这具有重要意义。因为他们前导师所提出的哪怕是最精炼版本的德国**现实政治**都受到了批评。他们不认为新世界的思想传统幼稚且不成熟，而是认为它们拥有自己的内在力量。在《近代德国历史》的开篇，霍尔本表示他"转变"为美国人的过程向他提供了一个新视角，能更好地审视从前的母国。[9] 同样，吉尔伯特在他前期关于马基雅维利和文艺复兴时期的外交的研究之外，还进一步就早期的美国外交政策发表了研究成果。[10]

战争期间，两人均在中央情报局的前身战略情报局任职，这一事实是这个群体迅速融合的典型例子。更多的德国移民加入了他们的行列，如左翼犹太学者弗朗茨·诺伊曼、赫伯特·马尔库塞和奥托·基希海默尔。在1942年到1944年间，绰号"野蛮的比尔"的威廉·多诺万将军将这三位"法兰克福学派"（Frankfurt school）的创始成员从美国学术界招募到战略情报局。他们被要求就一系列问题提供观点，例如关于"德国崩溃的可能模式"，以便帮助盟国加速希特勒的失败，此外更为重要的是，为入侵德国和战后德国的重建制订计划。他们所有报告背后最重要的主题，是他们坚信阶级结构在纳粹德国是一个决定性因素。这些学者驳斥了这样一个观点，即德国政治文化中有一种内在的东西，比如普鲁士的军国主义或者诺伊曼所称的"日耳曼人的统治欲"，使其更容易受到纳粹主义的影响。与此相反，占据纳粹主义核心的支持和默许，并不来自普鲁士容克地主阶级，而是出自工业资产阶级。纳粹主义的基础是技术官僚的高效，因此它高度现代化，著名的纳粹建筑师阿尔贝特·斯佩尔这样的人的崛起就是明证。[11]

同样，在这些人所撰写的报告里，显然有真正的**现实政治**（这一直可以回溯到最初的《**现实政治**的基础》）的微弱回音。与罗豪一样，他们分析了社会结构、权力分配和观念的作用，并试图阐明它们之间的关系。他们也像罗豪一样，强调在分析过程中保持公正立场的重要性。这些都是用于研究迫在眉睫的外交政策问题的历史学方法。他们的目光超越了政府的范畴，对对象国进行了更深入的研究。战略情报局所提供的方法和营造的文化都与1945年以后国际关系领域中日益激烈的辩论形成了有趣的对比，在后者中，法学家和理论家掌握了更大的话语权。

汉斯·摩根索和国家利益的道德尊严

在所有移民到美国的德国人中，最经常被贴上"现实政治"标签的是法学家和国际关系理论家汉斯·摩根索。事实上，有人说，正是摩根索"在20世纪30年代末将德国的**现实政治**话语带入了美国"。[12] 摩根索于1904年出生在德国科堡的一个犹太人家庭。在被迫逃离德国之前，他在法兰克福和慕尼黑教授法律。摩根索1937年来到美国，当时他三十四岁，此前他曾经先后移居法国和西班牙。到美国后不久，他就在芝加哥大学崭露头角。1946年，他的《科学人对抗权力政治》一书出版，该书对人类进步以及"自由理性主义"的局限性基本上持悲观态度，定下了摩根索战后论著的基调。[13]

摩根索最初的学术身份是国际法理论家，而不是国际史专家。在职业生涯早期，摩根索曾经考虑写一本关于历史上的国家理由的书，但是他放弃了这个尝试，因为他觉得很难在迈内克的《国家理由观念》的基础上有大的突破。摩根索是赫尔曼·翁肯的学生。翁肯不仅是研究俾斯麦和1870年至1871年普法战争的专家，还写过关于罗豪的著述。没有证据表明摩根索读过罗豪的著作，但他非常了解罗豪之后德国**现实政治**概念的演变。在摩根索看来，这个概念一直都与俾斯麦的外交政策息息相关。当他还是翁肯的学生时，摩根索描述了自己通过"提炼俾斯麦的**现实政治**思想"，第一次感受到了"一个有连贯性的思想体系的冲击"。[14]

来到美国之前，摩根索在德国写过三本书。在职业生涯之初，他对于国际法的潜力持乐观态度，认为其可以作为解决冲突的工具，但在20世纪30年代他早期的理想主义开始弱化。因此，有人认为，摩根索逐渐吸收了一些悲观主义以及更有争议性的非自由主义思想，这些思想与战间期的许多德国政治理论家有关，如卡尔·施密特，而摩根索最初对卡尔·施密特持反对态度。这让人更加相信，国际舞台是一场"为了生存和权力的无休止的斗争"，正如《科学人对抗权力政治》一书所表达的那样。在他关于"生命的悲剧感，对事物本身固有的、人类理性无法解决的不和谐、矛盾和冲突的意识"的观察中，也出现了马克斯·韦伯的影子。[15]

　　尽管如此，摩根索用英语撰写的著作必须放在英美语境的背景下加以理解。他认为自己跟随E. H. 卡尔等人的步伐，成为英美现实主义传统最新的倡导者。[16] 因此，他一再强调谨慎治国的道德价值，反对狂热崇拜国家利益。[17] 摩根索于1948年出版《国家间政治》一书，这成为战后美国现实主义的一份重要文献。他写道："现实主义主张，普遍的道德原则不能适用于国家的行动。"国家利益必须是国家外交政策的组织原则。与此相对应，他强调了国际政治中平衡的重要性。摩根索对国际关系中平衡性的认识，源于他对成功和稳定的国家（主要是盎格鲁–撒克逊国家）如何实现内部平衡的理解。在美国，这种见解可以追溯到开国元勋和《联邦党人文集》，《文集》强调了确保各方利益在国家结构内得到平衡的必要性。[18] 摩根索的著作很快受到了乔治·凯南的关注。凯南当时在国务院政策规划司（Policy Planning Staff）担任司长。两人于1948年在芝加哥经人介绍认识并成为朋友。凯南告诉摩根索，他的著作"正受到许多负责实施外交政策的人的关注和尊重"。[19] 但在他们早期的谈话中，人们可以看到一个不同的摩根索——一个对美国的独特权力有着强烈信念的人，他甚至准备对伍德罗·威尔逊大加褒奖。此外，他认为美国的理想主义比德国的理想主义传统（以歌德这样的思想家为代表）更有活力也更具韧性，而德国的这一传统在过去一百年中饱受践踏。

摩根索以一种非常理想主义的方式向凯南发出呼吁，希望美国能够以一种反映其联邦政体的方式来领导欧洲的统一。他认为，从乔治·华盛顿的告别演说到门罗主义再到马歇尔计划，整个美国外交政策的历史表明，如果用坦诚和准确的语言向美国人民介绍政府的重大决策，就有可能得到民众的积极回应。摩根索知道凯南曾经在德国学习，很熟悉德国的历史。然而，正是基于美国例外主义（American exceptionalism），他才提出这一呼吁。如果说德国的理想主义和人本主义遭到了践踏，美国的却并非如此。因此，摩根索提到了尼采的评论，即歌德是德国历史上"一场没有带来后果的意外"。他知道，华盛顿、亚伯拉罕·林肯、伍德罗·威尔逊、富兰克林·罗斯福，或是最近退休的美国国务卿乔治·马歇尔的情况都不是这样。[20]

虽然《国家间政治》是摩根索最具思想内涵的著作，但使他声名鹊起并引发了一场超出学术界范围的争议的是他1951年出版的《捍卫国家利益》。这本书的观点更具有争议性，它在推动国际关系领域第二次大辩论的过程中发挥了重要作用（第一次大辩论发生在战间）。[21]

在摩根索看来，美国的外交政策中有四大弊病需要正视：乌托邦主义、感伤主义、过于强调法律和新孤立主义。没有哪个国家能够"逃进一个以道德原则，而不是以权力考量为行动导向的领域"。他的第二个论点是，在英语世界中业已存在一种现实主义思想原则。他担心，说英语的民族会忘记自己的现实主义传统。

摩根索大量参考了20世纪10年代和20年代英国外交史学家的著作，如查尔斯·韦伯斯特、哈罗德·坦珀利和W. 艾利森·菲利普斯等人，并提出了一个在20世纪30年代的英国已经很普遍的观点，那就是1815年的《维也纳条约》比1919年的《凡尔赛条约》更具智慧。通常，他对卡斯尔雷勋爵赞扬有加，尤其是称赞他能够理解"意识形态与权力政治之间的区别和关系"，以及他"一贯拒绝被意识形态上的好恶所左右，也不会去支持那些对国家利益没有任何贡献的政策"。秉持这个现实主义传统的人物还有亚历山大·汉密尔顿、乔治·坎宁、约翰·昆西·亚当斯、本杰明·迪斯累利、索尔兹伯里勋爵以及活跃于当时的迪安·艾奇逊。摩根索在给乔治·凯南的第一封信中将亚伯拉罕·林肯、伍德罗·威尔逊、富兰克林·罗斯福和乔治·马歇尔等人称赞为美国理想主义的英雄，这一次，他们都没有上榜。更具争议性的是，摩根索在书的附录部分摘录了温斯顿·丘吉尔的演讲，试图将丘吉尔归入他所认为的现实主义传统。

摩根索警告说，美国必须避免"好心做蠢事"，必须关注国家利益而不是沉迷于虚无缥缈的自由国际主义的幻想。与此同时，有人认为他将"国家利益"凌驾于治国理政中道德或伦理考量之上，对此他予以否认。恰恰相反，与人们关于凯南和尼布尔（摩根索将他们视为朋友）的说法一样，他的观点中有一个不可简化的道德核心。摩根索断然拒绝了所谓"将政治的道德化等同于道德，将政治现实主义等同于不道德"的做法。事实上，国家利益带有一种强烈的"道德尊严"，尤其因为它要求在行使权力时必须非常谨慎。[22] 与此前一样，克制的理念仍然是美国现实主义的显著特征。

反现实政治的回归：对摩根索的反击

尽管摩根索已经做出了最大的努力，他还是无法逃脱一个指责，那就是他试图使美国转而接受某种形式的**现实政治**——一种与美国格格不入的强硬的治国理政之道。甚至《经济学人》刊登的相对支持摩根索的评论也宣称，《捍卫国家利益》是对现在"美国已经为数众多的基于**现**

实政治神学的布道书"的最新补充。[23] 此外，犀利的辩论风格并没有给摩根索带来多少追随者。

引人关注的是，一些对摩根索（以及与他联系在一起的凯南）最严厉的批评来自其他讲德语的移民。对摩根索作品最不客气的评论之一来自弗兰克·坦嫩鲍姆，这位奥地利裔历史学家和社会学家是哥伦比亚大学教授。他在（巴尔的摩）《太阳报》上提出警告："**现实政治**的倡导者会把我们所有的旧信仰和愚蠢当作感伤和道德说教，并将它们统统清除掉。"他们会让美国人将外交政策建立在均势以及国家利益这个伪"科学"的基础上。他抗议道："鉴于我们所存在的缺点和不足，我们不会接受新的科学，也不会遵循虚无缥缈的**现实政治**"，或者放弃"作为我们生命意义一部分的人类的诚实以及国家的道德意识"。[24]

哈佛大学的政治理论家卡尔·弗里德里希是一位影响力更大的德裔美国评论家。作为研究极权主义的专家，他于1925年从海德堡大学毕业，曾经师从马克斯·韦伯的哥哥阿尔弗雷德·韦伯。弗里德里希对《捍卫国家利益》和凯南的《美国外交》的评论刊登在1952年的《耶鲁评论》上。他大胆地指出，那些自认为属于"不断崛起的外交政策分析家流派、自称'现实主义者'的人，本质上来说是生存主义者"，他们对国家的未来表现出极度的不安。他们倾向于认为，美国"空前地崛起到世界强国的地位，是那些没有任何'现实'感的无能的'道德主义者'的成果"。他们的立场可以追溯到马基雅维利，实际上"是德国**现实政治**的美国版本，强调军事潜力和自然资源"。鉴于弗里德里希本人就来自德国，他认为自己所处的位置使他一眼就能够看出问题所在。

弗里德里希并没有不分青红皂白地拒绝现实主义者的观点，而是承认这个新学派的论点对"过度热情"和乌托邦主义提供了"有价值的抑制"。即便如此，他认为现实主义者过于教条。摩根索对"道德说教"的愤怒是如此强烈，以至于变得"盛气凌人"。摩根索在《捍卫国家利益》中的一页上三次断言，"将政治的道德化等同于道德，将国家利益视角下的政治现实主义等同于不道德的做法是错误的——所用的措辞只是略微不同"。弗里德里希很高兴地承认，摩根索和凯南并不是想摒弃道德。但在他看来，二人仍然未能"说明如何将道德和其他利益考虑混合在一起"。他们也没有充分界定"国家利益"在实践中的含义。国家利益的概念总是被赋予相互矛盾的含义。

此外，弗里德里希认为，那些自封的现实主义者正在大肆嘲讽他们所反对的所谓"法律主义–道德主义"立场。在摩根索书中的很多地方，那些强调道德因素在政治中的重要性的立场都"被误用，使得它们成了稻草人"，例如，一个"被反复强调的论点是，'感伤主义者'将对外政策视为一场'善与恶'的斗争"。人们很可能会同意摩根索所说的（老生常谈），即成功的外交政策"必须与可用于推行这一政策的权力相称"。但是否就如摩根索所主张的那样，在外交政策中，所有道德目标本质上都无关紧要，因为它们是主观的？弗里德里希评论说，德怀特·艾森豪威尔将军在他回忆录的书名中将二战描述为一场类似于"十字军东征"的斗争，这显然没有达到现实主义者所设定的标准。但这种说法是由一种道德热情所激发的，"即使它言过其实，也会带来不少好处"。谁说美国人更容易接受"纯粹从增强国家实力或生存的角度来定义国家利益的这个旧世界的传统"？为什么美国人民不得不将外交政策"仅仅当作盾牌，而不是剑或箭呢"？正因如此，弗里德里希指出，杜鲁门主义（即杜鲁门总统承诺美国将抵制共产主义的全球扩张）得到了大多数美国人的理解和支持，尽管包括凯南在内的一些现实主义者对此提出了批评。

最后，弗里德里希认为，美国外交政策制定者所面临的问题在于如何平衡国家的"利益和抱负"与物质和道德方面的资源，以获得成功。在他看来，这要求"坚定不移地坚持广泛和理想的目标，它是美国传统的一部分"。这不仅仅是出于理想主义，也是因为它们为长期的成功提供了更好的保证。只有这些目标才能为同盟和友好关系提供坚实的基础。他对前几章所描述的反现实政治传统进行了经典的总结："从长远来看，权力的逻辑不能脱离正义和善良的逻辑。"[25]

在20世纪30年代的英国，类似的辩论早已展开。因此，英国历史学家的观点受到绥靖政策失败的影响，针对美国的现实主义者他们提出了不同的批评。他们尤其反对19世纪的外交方法中包含着更高的智慧。研究19世纪欧洲的英国历史学家约翰·罗伯茨提出了一个问题：如果所有国家都把私利作为政策的唯一标准，那么谁愿意生活在这个世界里呢？这就是所谓"现实的政治"（real politics）在实践中的含义。摩根索勾画出了这样一个世界，"只考虑冰冷的事实。与文明人的世界不同，这里各个国家不可能安全地思考道德，也不受任何形式的自律或超越纯粹自私的社会思想的约束"。罗伯茨本人不反对权宜之计。他给出的一个引人注目的例子是战时与苏联的同盟，对此他是全力支持的。尽管如此，他认为，现实主义者将美国的行动与美国的理想主义划清界限的任何尝试，都是对现实主义本身的否定。如果美国不能为一个更美好的世界而战——无论实现这一目标有多么困难——就根本不会投入战斗。[26]

对摩根索最具杀伤力的批评是另一位英国历史学家A. J. P. 泰勒在《国家》杂志上发表的文章。在评论开篇，泰勒承认，大多数历史学家和政治观察家都会认为权力是国际关系中的决定性因素。但如果将权力定义得过于狭隘，就会很危险。观念也是权力的一种形式，只有让观念也站在自己这边，国家利益才能得到最好的保障。泰勒特别指出，摩根索对梅特涅伯爵的崇拜证明了他的论点存在不足之处。在谈及1848年的革命时，他指出，正是"观念把梅特涅赶下台"。泰勒认为，在一个世纪后，随着冷战成型，"拥有崇高理想的现实主义才是现实主义的最佳形式"。与梅特涅一样，摩根索是一个"制度创建者"。遵循一个剧本或某种模式的外交政策才会让他满意。[27]

摩根索花了很多时间来回应泰勒以及其他所有评论者，这表明了他对这些批评是多么怒不可遏。他在回应中表示，他的书引发了如此饱含敌意的反应，这着实让他感到意外。他并没有提出一个新的国际政治理论，而是反复说自己只是想重温"过去的教训"，华盛顿、汉密尔顿、约翰·昆西·亚当斯、威廉·皮特、卡斯尔雷、本杰明·迪斯累利和索尔兹伯里勋爵等人的外交政策就是最好的例证。他否认了对梅特涅的任何崇拜，因为他在文中从来没有提到过梅特涅（虽然出版商将梅特涅放进了书护封上的简介里）。此外，认为现实主义者相信制度是十分荒谬的。他认为，情况恰恰相反。从皮特、卡斯尔雷到迪斯累利和俾斯麦，再到丘吉尔，"所有现实主义者都被对手指责为机会主义者，缺乏原则，没有制度"。[28]现实主义者与其批评者又一次在各说各话。他们都将丘吉尔归入自己的阵营里，这就是一个明证。

令人感到吃惊的是，那些最熟知德国的**现实政治**演进历史的人最急于阻止这种观念在美国本土扎根。德裔美国历史学家和诗人彼得·菲尔埃克就是其中之一，本书已经讨论过菲尔埃克早先对特赖奇克的谴责。在1953年出版的名为《知识分子的耻辱与荣耀》的新书中，菲尔埃克表达了他的担忧：美国外交政策方面的现实主义者正在复苏那些已经被西方理想主义打败的观念。在二战取得胜利后，这样做是反常的。在纳粹大屠杀的年代，他曾经呼吁："为了满足物质需要，需要有更多的理想主义；为了满足经济需要，需要有超越经济的考虑；还需要有一条摆脱**现实政治**和暴虐化的道路。"

对于是否应该将丘吉尔称为现实主义者，菲尔埃克感到格外举棋不定，他列举了丘吉尔反对E. H. 卡尔等现实主义者的建议的四个例子：1918年他呼吁对苏俄的布尔什维克主义进行干预；他反对向希特勒采取绥靖政策；他在二战期间警告了战后来自苏联的威胁；以及他在1946年在密苏里州富尔顿（Fulton）的威斯敏斯特学院发表的著名演说，他在其中使用"铁幕"（iron curtain）一词来描述欧洲的分裂。20世纪30年代，西方国家"裹足不前，自废武功"，而它们的敌人却攫取了半个地球。菲尔埃克向二战后那些自诩现实主义者的人指出，他们不该"带着一种不耐烦的优越感告诉我们，诸如'道德''绝对真理''人类尊严''悲剧''死亡'等都是错误的、外行的词语"。[29]

菲尔埃克的观点十分重要，它触及本书的核心思想。在外交政策辩论中，语言确实很重要。坚持理性的主导地位或是拒绝情绪和道德，都是在贬低话语的作用。这反映出缺乏对世界的雄心壮志。当然，西方可能是虚伪的。然而，总的来说，当它认为自己正确的时候，情况会更好。

在神学与科学之间：现实主义与失败的改革

根据旁人对自己论点的激烈反应，人们可以看到为什么现实主义者会感觉自己受到了围攻。这部分解释了为什么他们倾向于聚在一起，并且自我认同为一个思想"学派"，尽管他们之间存在着差异。凯南和摩根索之间的联系已经被提及。摩根索还与杜鲁门总统的国务卿迪安·艾奇逊（当时已经离职）保持通信联系，后者于1953年将自己描述为"摩根索思想的追随者"。[30] 在同一时期，摩根索和沃尔特·李普曼之间的交往也很深。李普曼的现实主义思想已经得到进一步发展，从支持美国对两次世界大战的介入发展到一种克制的现实主义。他此前所写的《共和国之盾》已经向我们提供了线索，他认为，美国积极对抗威胁应该仅仅限于大西洋两岸。1945年以后，他警告美国不要与苏联对抗，并认为美国应该接受苏联在东欧的主导地位。

摩根索寻求建立这种联系是因为他认为维护现实主义外交政策不能

仅仅依靠学术界的努力。他于1950年8月写信给李普曼，对《纽约先驱论坛报》上刊登的新闻报道以及李普曼的"公共服务精神、勇气和洞察力"表示钦佩，并称，"这些品质将确保您成为我们时代的伟大导师，在历史上拥有一席之地，无论您的意见是否得到接受"[31]。两人在华盛顿的大都会俱乐部和宇宙俱乐部会面，并将对他们著作的批评性评论进行比较。[32] 摩根索还给李普曼开出了建议阅读的书单。[33]

在摩根索（学者）、凯南（外交官）和李普曼（记者）身上，可以看到战后美国现实主义的三个重要方面。范围稍稍放宽，人们也可以将尼布尔（神学家）和艾奇逊（国务活动家）纳入这个群体，尽管他们走得不那么近。尼布尔在不同的思想空间中活动，艾奇逊、李普曼和凯南在冷战政策的细节方面存在分歧。尽管如此，正如摩根索向凯南所说的那样，他希望这个宽泛的群体不仅可以影响"学术"方面，还可以影响外交事务的"公共思维"方面。[34]

这些人认为他们正在与学术界、政策制定圈子以及在公共领域居于主导地位的正统思潮抗衡。因此，摩根索向凯南表达了他对汉密尔顿·菲什·阿姆斯特朗领导的《外交事务》杂志编委会的忧虑，他抱怨说："持我这类观点的人难以通过发表文章的方式向受过教育的普通公众表达观点。"《外交事务》享有"这个领域事实上的垄断地位，其观点对于整个关心美国外交政策的公众群体具有极大的权威性"。然而，威尔逊主义者和摩根索认为《外交事务》被"一种反对在美国外交政策中采取现实主义方法的偏见"所主导。事实上，摩根索认为上文讨论过的坦嫩鲍姆对他著作的攻击，是阿姆斯特朗故意安排的，旨在抵制他所认为的"邪恶的思想倾向"。同时，摩根索感到，他必须利用一切机会来表达自己的观点，他为一些知名度比较低、"只影响到这一公众群体中一小部分人"的期刊写稿。他将这种情况与过去在某一特定期刊上关于美国外交政策的辩论进行了对比：如亚历山大·汉密尔顿与詹姆斯·麦迪逊在《合众国公报》(*Gazette of the United States*)上的辩论，以及马汉上校与诺曼·安杰尔在《北美评论》(*North American Review*)上的辩论。

在摩根索不满《外交事务》杂志的这一纷争当中，有两件事值得关注。首先，摩根索认为他几乎没有赢得辩论的机会，这是他一再提出的抱怨。其次，在他的立场里绝对主义的成分越来越多。"如果你随机挑出几卷《外交事务》杂志，浏览一下它们的目录，"摩根索向凯南解释说，"你确实会找到一些持官方立场的作者的文章，比如你自己，这些文章含蓄地偏离了法律主义–道德主义的立场。但你找不到一篇明确对这一立场提出异议的文章。"换句话说，摩根索的目标不是限制理想主义，而是要摧毁它的哲学基础。他不是想对威尔逊主义进行限制，而是认为有必要将其彻底推翻。凯南或李普曼的一些文章不足以达到这一目的。整个编辑部的路线必须被彻底揭露。他解释说："我的基本观点是，这本在发行量和权威性方面具有事实上的垄断地位的期刊，至少在私底下，是被一种我认为已经落伍的外交哲学所主宰。"[35] 凯南的回答很巧妙，他敦促摩根索不要太过气馁。他描述了自己不那么绝对的目标——一种渐进的方法，这意味着逐步打破主流现状："你所发出的，是当前在我们国家关于这一话题的少数清楚和冷静的声音，我们迫切地需要这种声音。我认为，你已经对这个国家国际事务方面的传统思想学派产生了一些冲击，但要让人们耻于书写和说教那些冠冕堂皇的废话，还需要很长时间。"[36]

对于摩根索来说，这不亚于一场争夺美国世界观的灵魂的战斗。于是奇怪的是，外交政策的确切细节相对于其神学前提而言属于次要的东西。因此，摩根索渴望让二战后关于美国外交政策的辩论成为迄今为止国际关系历史上（作为一个研究领域的）最重要的一次辩论。在1952年一篇题为《另一场"大辩论"》的文章中，他指出，过去的外交政策辩论主要是关于战术选择：19世纪90年代的干涉主义与不干涉政策之争，墨西哥战争中的扩张与维持现状之争，20世纪30年代的干预与不干预之争。而发生在20世纪50年代的这场辩论则聚焦国家执行其外交政策的"哲学"基础。[37]

有人可能会说，美国现实主义给自己布置了一个不那么现实的任务，那就是将威尔逊主义从美国人的头脑和美国的政治体系中彻底清除。它努力这么做的时候，引发了一场认同危机——美国现实主义被夹在神学和假定的科学之间。它的一些主要倡导者强调了其道德成分，韦伯的呼应以及尼布尔的影响都已经被注意到了。但正如卡尔所做的那样，他们拒绝接受自由主义对国际政治本质幼稚的解释，还声称自己对国际体系的运转有着更深刻的理解。

要理解人类行为的道德界限，首先必须勾画出一幅令人信服的世界的真实图景，而不是人们想要看到的世界图景。一个例子就是耶鲁大学神学家欧内斯特·勒菲弗在其1957年出版的《道德与美国外交政策》一书中，着手调和他的宗教信仰、个人对人性的信仰以及他对国际事务的现实主义解释。他列举了尼布尔、凯南、李普曼以及摩根索的学生肯尼思·汤普森对他的影响。在该书的导言中，摩根索用了一个生动的比喻来赞扬勒菲弗，"神学家和政治思想家一直在从沟谷的两侧向对面方向搭建一座理解的桥梁"，勒菲弗为修建这座桥梁又提供了一块"石料"。这表明"拥有宗教信仰和道德感知的人可以做到用相关的术语反思外交政策"。[38]需要明确的是，摩根索没有把自己视为一名神学家或科学家，而是一名政治"技术层面"的专家，或者正如他所说，"政治艺术的规则"的专家。[39]但是，他们对国际政治有更科学的把握这个想法，对于塑造一些现实主义者的自我形象而言变得越来越重要。其中一个重要时刻是洛克菲勒基金会赞助的1954年的理论会议，此次会议的目的很明确，就是要实现对世界事务的科学理解。[40]

　　另一个重要时刻是肯尼思·华尔兹1959年出版的《人、国家与战争》，这是所谓结构主义或新现实主义的基础性文献之一。华尔兹是哥伦比亚大学政治学教授，参加过朝鲜战争，他特别站出来捍卫"现实政治"的概念，反对坦嫩鲍姆等人认为这个概念已经落伍过时的观点。华尔兹拒绝接受所谓现实政治暗示了对人之本性持悲观态度这一说法。在他看来，在以无政府状态为主要特点的国际舞台上，现实政治是一种"定义宽泛的方法"。[41] 但他自己的定义将马基雅维利当作创始人，表明了这一概念与其他政治思想趋势混淆的程度。他也没有理解其起源的背景及不断变化的意义。对于华尔兹使用的"均势"等概念，有人提出了同样的批评。均势长期以来被认为是19世纪英国政治家倾向于在欧洲维持的状态。但当它被用于国际关系的科学理论时，这种受到时间限制的概念被提升到规则或理论学说的地位。[42]

　　一方面，《人、国家与战争》是一部极具原创性的学术著作。它提供了观察国际政治的全新的理论视角。另一方面，它符合早已确立的现实主义哲学传统。华尔兹本人很清楚，他的著作属于欧洲大陆政治思想的主流传统。除了运用马基雅维利学说，华尔兹还借鉴了一些众人熟悉的德国前辈，比如兰克、梅特涅和俾斯麦。他的立场是毋庸置疑的。事实上，华尔兹批判了20世纪初出现的反现实政治传统（如本书第二部分所述）。因此，他将英美自由国际主义发展起来的部分原因描述为英国自由主义者对德国治国之道的厌恶。在华尔兹看来，反现实政治是一个不可信的传统。它的倡导者曾试图运用国内治理的所谓方法和手段（例如司法解决和公众舆论）来处理国家之间的事务。但他们未能理解一个基本事实，那就是每个国家都"以它认为最优的方式，追求自己的利益，无论这种利益是如何定义的"。使用武力是国际舞台上不可避免的现象，因为在一个无政府主义体系中，缺乏一个连贯可靠的程序来协调各国之间不可避免的冲突。基于这一国际关系形象的外交政策"既不

是道德的，也不是不道德的，而仅仅体现了一种对我们周围世界的合理
反应"。[43] 对于所谓它不道德的指控，这一版本的现实主义不需要为自己
辩解，因为正如其倡导者所称，它是建立在科学真理之上的。

韦伯而非特赖奇克：德国现实政治的最后遗产

尽管华尔兹支持一种更加科学或结构化的国际关系研究方法，但他
有意识地引用了德国的**现实政治**传统，这表明它与战后美国现实主义之
间依然存在着实实在在的联系。摩根索在他公开出版的著作中正面回应
这个事实时总是很不自在，这是事出有因的。然而，他的私人通信则更
能说明问题，特别是他与位于弗莱堡的德国外交关系委员会（German
Council for Foreign Relations）的远东问题研究专家戈特弗里德–卡
尔·金德曼博士之间的信件往来。金德曼非常喜欢摩根索的作品，并希
望用德语出版其摘录。他向摩根索寄去了一份关于他的政治理论基础的
问题清单。[44] 摩根索的回答是：美国的现实主义是一种不同的信条，但
它与德国**现实政治**的联系可能比他在公开出版的著作里所称的更多，尤
其是对俾斯麦的崇拜。

首先，很明显，莱因霍尔德·尼布尔是讨论美国现实主义的起点。
当金德曼问摩根索是否认为他的整体研究方法与尼布尔的研究方法之间
存在任何根本性差异时，摩根索的回答是否定的。当被问及尼布尔对政
治的基本因素的理解和他自己的不同之处时，摩根索回答说，只有一个
重要的区别：尼布尔强调"政治的道德和哲学方面"，而他自己则对其
技术层面和治国理政方略的细节更感兴趣。其次，美国必须走向政治成
熟的观点是一个重要主题。摩根索赞同金德曼对现实主义立场的定义，
即"一个特定国家的政治文化可以通过两种角度来衡量：对权力的性质
的认识程度，以及以一种能够保证国内安全的方式将这种认识转化为行

动的能力"。

金德曼问道，如果有的话，德国思想遗产对他的影响是什么？在这里，摩根索欣然承认马克斯·韦伯对他的影响。但当被要求点评他人对他与特赖奇克的著作所做的比较时，摩根索感到很生气，这是可以理解的。"这是对我的立场的完全误解，"他写道，"特赖奇克是俾斯麦所属国家的理论家，也是权力的鼓吹者。而我是民族国家和权力的分析者，并且一再强调它们的消极内涵。"[45]

将摩根索和特赖奇克放在一起比较是荒谬的。这个**现实政治**的极端版本对摩根索没有什么吸引力。但事实上，他对俾斯麦的赞赏比他在这种情况下所承认的要多。尽管他的英语著作主要聚焦于英语国家的政治方略，但他对19世纪欧洲不带感情色彩的治国理政方略表现出了一定的渴望。在1963年给迪安·艾奇逊的一封信中，他对于首都华盛顿"缺少能够从政治角度思考问题的人"感到绝望。他写道："我时常阅读19世纪的历史以获得思想上的启发，然而我对俾斯麦和加富尔在政治上的孤立感到震惊，他们最辉煌和最成功的举动在当时几乎没有人能够理解，而那些从他们的成功中获益最多的人却反过来强烈反对他们。"[46]

摩根索对过去的怀念表明了战后美国现实主义的另一些问题。那就是它比其自我形象所暗示的要更为理想化。某种能将现实主义者团结在一起的东西是怀念过去某个时代治国方略的倾向。20世纪60年代，尼布尔、李普曼、摩根索、凯南和艾奇逊都表示对美国政治的总体走向日益感到不安。除了外交政策领域的著作之外，他们还写了大量文化评论。他们的作品中带有一种感伤的语调，对技术发展带来的影响和西方财富的过度集中表达了不满。例如，凯南抱怨了汽车的影响，开始对环境保护产生兴趣，并谈到了对过去几乎田园牧歌式生活的怀念。[47]虽然背景是在美国，但这确实反映出了一种韦伯式的对现代性的担忧。这让人想起德裔美国犹太学者弗里茨·施特恩——他娶了尼布尔的女儿伊丽莎白·西夫顿——在论及有关德国民族主义时所称的"文化绝望的政治"。[48]

　　美国的现实主义者在努力揭穿威尔逊主义、法律主义和道德主义时，他们也渴望一场改革，只是这一改革永远不会到来。1980年，摩根索去世后不久，位于华盛顿的约翰·霍普金斯外交政策研究所（Johns Hopkins Foreign Policy Institute）负责研究事务的主任罗伯特·奥斯古德试图在一篇纪念文章中总结摩根索所代表的现实主义思想。奥斯古德得到过摩根索的帮助，他写道，一方面，摩根索"阐述了**现实政治**的信条，并驱除了我们国家在游离于国际政治主流之外的孤立时期所养成的道德主义幻想"，并正确说明了国家利益和负责任地使用权力中蕴含的道德尊严。另一方面，奥斯古德凭借自己敏锐的观察，指出摩根索"更多的是一位批评者而不是预言者"。[49]像其他许多现实主义者一样，他是一个受到从未实现过的使命启发的批评者。现实主义本身已经成为一种意识形态。它与所处环境的联系要比它的主要支持者们准备承认的更为紧密。

第十三章
关于俾斯麦的论战

在20世纪50年代的美国，国际事务学者和理论家越来越倾向于认为自己属于某些思想流派。试图避开这种归类并非易事，部分原因在于学界的赞助网络的性质。罗伯特·奥斯古德于1953年出版的《美国外交关系中的理想与私利》是一个重要尝试，但它被低估了。如果有人坚持要给学者贴上这样的标签的话，奥斯古德应该被列入现实主义者一类，尽管他的影响超越了这个范畴：在理查德·尼克松第一个任期内，他在国家安全委员会（National Security Council）为亨利·基辛格工作，后来还担任了罗纳德·里根的顾问。[1]

在1953年出版的这部著作的序言中，奥斯古德感谢了他在哈佛大学的导师麦乔治·邦迪和帮助他在芝加哥大学出版社出版该书的汉斯·摩根索。最重要的是，奥斯古德表示，在战后的大辩论中，两极观点尖锐对立，这是毫无助益的，他希望能够在两者之间找到某种妥协。乌托邦主义者"迫不及待地提出理想主义主张，并对现实感到不耐烦"，而现实主义者则"为乌托邦主义者无法察觉到民族利己主义的现实而怒不可遏"，这导致了一种错误的二分法。只有在极少数情况下，政治家才需要在理想与国家利益之间做出明确选择；更多的时候，他们面临的任务是在两者间进行调和。找到私利与超国家理想之间的交汇点是"政治家最重要的任务"之一。[2]

实际上，奥斯古德特意站出来替所谓的理想主义者说话，是帮助他们摆脱有关不了解国家利益的指控。真正将他与其他现实主义者区别开来的是，他讲述了过去五十年美国外交政策制定逐渐走向成熟的历程，"从不稳定的青春期到沉着自信的成熟期"。在这个过程中，他引用了李普曼的很多早期著作，当时还是在伍德罗·威尔逊总统任内，李普曼敦促美国在重塑国际秩序的过程中发挥作用。通过成为这一进程的领导者，并把自己塑造成民主捍卫者，美国扩大了影响力和权力。威尔逊在国际联盟问题上犯下了一个错误，那就是他混淆了希望做的事情与能够做到的事情。尽管如此，奥斯古德也认同，国家的内部健康取决于它在国外的行为。除非美国人"不断地将追求国家安全与不同层次的普遍价值观联系起来，否则就会破坏那些对于国家福祉不可或缺的道德品质，一如个人品德对于个人福祉不可或缺"。这"并不是学术命题"，因为随着美国的对外关系变得越来越复杂，会自然而然出现一种倾向——通过"忽视道德困境，或对其进行合理解释，使之不再存在"的办法，来解决道德困境。

奥斯古德支持有限遏制论，还强烈反对美国外交政策中反共产主义的征讨运动。但他也对自诩的现实主义者越来越不妥协的论调提出了警告。除非当代现实主义者充分理解国际关系中理想和私利的相互依赖关系，否则他们"通过一种过度简单化来反对另一种过度简单化的做法，不会有什么启发教化作用"。他解释说，马基雅维利式的人并不多，至少在美国不多。[3]

奥斯古德对李普曼早期著作的引用深深地触动了这位资深记者，他现在已经六十四岁了，早已远离美国外交政策中的威尔逊主义传统。奥斯古德曾暗示，年轻时曾经任《新共和》周刊记者的李普曼为威尔逊提出"十四点和平原则"做出不少贡献。在写给摩根索的信中，李普曼觉得有必要对此做出解释，"十四点和平原则"中有六点涉及欧洲特定领土问题的解决，而他与这几点没有任何关系。这些完全是威尔逊自己的工作，尽管在停战会议上，"在与协约国的谈判中解释那些合理和可行的抽象论点"的工作落在了李普曼肩上。更实质性的是，他还解释说，一定程度上，提出"十四点和平原则"是为了回应布尔什维克党人刚刚公布的包括《赛克斯–皮科协定》在内的秘密条约，这些条约揭露了协约国的阴谋。美国这样做是为了将自己与帝国主义列强加以区别。实际上，李普曼也解释了"十四点和平原则"背后更广泛的战略考量，即它是争夺世界舆论的斗争的一部分。正如他所说，这与"当时的现实主义和外交政策这些一般性问题有关"。[4] 然而，可以说这一澄清巩固而非削弱了奥斯古德的总体论点。它强调了这样一个事实，即威尔逊主义并不只是乌托邦式天真，美国在世界舞台上已经是一个更为成熟的演员，并且已经有一段时间了，而它的许多批评者都不愿意承认这个事实。

　　奥斯古德关于美国外交政策逐渐成熟的观点也与身在学术圈之外那些负责阐明美国外交政策目标的人产生了共鸣。一些现实主义者提出的美国必须"长大"或改变其外交政策的整个基础的论调，确实让一些人感到颇为恼火。公众尤其不喜欢被批评说像小孩一样。威廉·李·米勒是1956年民主党总统候选人阿德莱·史蒂文森的首席演讲稿撰稿人，并称自己为尼布尔的追随者。对于"十分常见的对我们'法律主义–道德主义'方法的指控"，米勒表达了恼怒之情，这似乎暗示这个国家应该"在某种程度上表现出前所未有的政治上的老练"。在现实主义者的批判中，威尔逊主义已经成为一个幽灵和稻草人。正如米勒所认为的，现实主义者下定决心想要揭穿的所谓威尔逊主义传统"仅仅是一种着色，而不是一幅完整的图画"。在他看来，在对立双方的这一边，即便犯错也要比走向另一个极端好，因为在对面是"犬儒主义、完全悲观主义的和彻头彻尾的**现实政治**"。[5]

超越俾斯麦主义

留给当代国际关系理论家的现实政治已经失去了这一概念的一些最初含义，同时失去的还有对它出现的背景的认知。只是在对立没有那么深的历史学家中，还有真正意义上的关于正统的**现实政治**的意识存在——他们了解这一概念19世纪中叶在德国的起源。关于**现实政治**优劣的一些最有启发性的讨论恰好与对俾斯麦和迈内克职业生涯的再获关注同时发生，这也不无道理。

这场辩论是由1955年出版的俾斯麦传记引发的，其作者是英国历史学家A. J. P.泰勒。泰勒提及了他认为令人担忧的一种思想倾向：英国和美国外交政策战略家中间悄然出现了对俾斯麦的仰慕。泰勒用他所写的俾斯麦传记来挑战俾斯麦是一位政治天才这个因特赖奇克而普及的观点。德国统一的过程充满了偶然和侥幸。俾斯麦的声誉有所失真的一个原因是他的回忆录《思考与回忆》，他在这部1898年出版的回忆录中为自己大唱赞歌。德国在一战中战败后，德国人对俾斯麦的敬佩实际上有所增加。1918年后，一些德国历史学家（迈内克就是其中之一）再次对俾斯麦时代的档案进行研究，旨在免除关于他应对这场灾难负责的指责。正如泰勒所描述的，他们认为德皇威廉的**世界政治**是一种错误，它偏离了俾斯麦的传统，即追求一种现实主义的外交政策，并避免受到敌人包围。但对俾斯麦的英雄崇拜的再次抬头也带来了负面影响。它带来了一种印象，那就是德国只需要重新推行俾斯麦的路线，就能够再次确立在欧洲的主导地位。这种论调破坏了1918年以后德国国内任何对多边主义和国际法的支持。

德国知识分子把自己包裹在这种舒适的叙事方式中，结果他们没能直面德国极端民族主义的各种危害。而这促成了纳粹主义得以蓬勃发展的环境。当魏玛共和国分崩离析，俾斯麦分子（容克贵族和传统的民族主义者）大行其道。但继承了这个国家的是纳粹党徒。俾斯麦分子很快就失去了对军队、外交部、行政部门乃至大学的控制，甚至连迈内克也因为拒绝增设反犹太史专栏而于1936年失去了《历史学报》编辑的工作。一些俾斯麦分子，比如保守的历史学家汉斯·罗特费尔斯因未能申请到名誉雅利安人的资格，只能离开德国前往美国定居。其他人则在德国保持低调，等待东山再起。他们不知道如何从外部反对纳粹政权，所以他们试图从内部合谋对付希特勒，或者引导他走上一条更为理智的道路。但希特勒一次又一次用计谋击败了他们。

只是在德国经过另一场世界大战和又一次惨败之后，德国人才终于摆脱了对俾斯麦式**现实政治**天才的幻想。迈内克1945年出版了《大灾难》（*The Great Catastrophe*），在书中他承认了这个错误，他是最早这样做的学者之一。正如泰勒所描述的，最后的几个"死硬派俾斯麦分子依旧为**现实政治**唱赞歌，甚至认为，希特勒如果没有干预基督教会也没有迫害犹太人的话，就没有任何问题"。但是，德国绝大多数教授不再宣扬这个神话。他们逐渐意识到，"学术界被俾斯麦的成功所诱惑"；他们"应该尊崇道德价值更多些，关注世俗权力少一些"；大学教授的典范应该是著名的古典主义和人文主义公共知识分子吉尔伯特·默里，而不是像特赖奇克这样的人。

为什么这在冷战时代很重要呢？到1955年，泰勒发现了另一个危险。他更关心对俾斯麦的英雄崇拜在西方世界的再次抬头，而不是它在德国的复兴。英美精英阶层中有很大一部分人在战间期受到了俾斯麦神话的熏陶。泰勒在分析绥靖主义的思想渊源时写道："在许多因素的共同作用之下，英国和美国对德国产生了同情。取得胜利后略带感伤的遗憾是其中最重要的因素；经济学家对于赔偿安排的不满也起了作用。但俾斯麦这个名字也得算上。"纳粹主义是如此脱离常规，以至于英国和美国的执政阶级都在惆怅地谈论着回归俾斯麦的时代，于是他们重复了在1891年德皇免去俾斯麦宰相职务时很多人都说过的话。"现在，他们开始相信**现实政治**终究还是正确的，"泰勒解释道，"或者说，至少比威廉·格拉斯顿或伍德罗·威尔逊的学说更为优越。"

就连温斯顿·丘吉尔也曾经为这一说法做出过贡献，他称赞西德战后的第一位领导人康拉德·阿登纳为自俾斯麦以来最好的总理，尽管他无意为之。但美国才是对俾斯麦新的狂热崇拜落地生根的地方。泰勒特别强调了德裔美国历史学家、耶鲁大学教授和战略情报局要员威廉·L. 兰格的著作在重塑俾斯麦在美国的声誉方面所发挥的作用。泰勒在著作中声称："**现实政治**被传授给了一代学生，而他们将决定美国在二战之后的政策——这也算得上是俾斯麦的一个胜利。"[6] 兰格提供了一个现在已经广为人知的论点的英文版本：俾斯麦是一个聪明的外交实践者，他精心构建的体系被德皇威廉和阿道夫·希特勒的狂妄所摧毁。[7] 正如下一章会讨论到的，乔治·凯南在《俾斯麦欧洲秩序的衰落：1875—1890年的法俄关系》一书中也提出了一个类似的观点。[8] 这也将受到亨利·基辛格的挑战。

另一个惊人的传承是兰格受到了奥托·哈曼著作的影响。如前所述，哈曼是一战前德国政府的首席宣传官员。在《德国的世界政策（1890—1912）》一书中，哈曼强调了俾斯麦的外交政策与更为极端的泛德意志民族主义之间的区别。1924年，兰格在《外交事务》杂志上对该书做了积极的评价。[9] 泰勒对之前提到过的汉斯·罗特费尔斯的批判尤为严厉，他视罗特费尔斯为现在已经为数不多的俾斯麦铁杆追随者。1948年，罗特费尔斯发表了一篇纪念1848年革命一百周年的文章，这

图10　1890年3月29日，英国政治杂志《笨拙》（*Punch*）出版了约翰·坦尼尔爵士（Sir John Tenniel）的漫画《把驾驶员赶下船》（"Dropping the Pilot"），作为对德皇威廉二世解除俾斯麦职务的回应。围绕俾斯麦展开的辩论在冷战期间一直都没有停歇，英国历史学家泰勒对1945年以后在西方重新出现的对俾斯麦的狂热崇拜提出了警告，这种崇拜也发生在1918年以后的德国。但俾斯麦还是继续拥有不少有影响力的崇拜者，乔治·凯南就是其中之一。图片来源：维基共享资源

篇文章实际上提到了路德维希·冯·罗豪，但是后文却将俾斯麦奉为任何有抱负的政治家的楷模。同年，罗特费尔斯还出版了一本关于德国人反对希特勒的书，歌颂了那些企图在1944年7月20日暗杀希特勒的军

官。[10]

　　当然，并不是每个人都会接受这种关于俾斯麦的修正主义。一个有说服力的例子是哈乔·霍尔本，他在战略情报局和耶鲁大学都曾经在兰格的领导下工作。霍尔本在他关于德国历史的著作中指出，有许多俾斯麦式保守派谴责过纳粹分子的"盲从特性、大规模的演说和缺乏**现实政治精神**"[11]。然而，正如他批评过迈内克一样，霍尔本并没有遵循兰格的路线。事实上，他提出了截然不同的解释。他认为俾斯麦并不是一个超级实用主义者，他受意识形态驱动的程度远比此前人们所认为的要深。确实，他把国家利益作为政策的指导。尽管如此，他仍坚信治国方略最终的道德目标，这源于他强烈的新教徒信仰。这使他认为自己是一个创造者，而不仅仅是一个只会对事件做出回应的人。[12]

　　霍尔本的学生奥托·普夫兰策进一步扩展了这一论点，值得注意的是，他也熟悉罗豪的原著。[13]事实上，普夫兰策试图根据他对历史背景的理解，给**现实政治**提出一个更为全面的定义：一方面，它意味着一种"关于政治生活现实的特殊概念"，另一方面，它是"在这些现实条件下取得积极成果的策略"。普夫兰策认为，俾斯麦主义本身就是一种错误的构想。认为俾斯麦创造了某种政治科学，这完全没有抓住问题的关键。俾斯麦的天才在于他使用了一种"选择的战略"，总是给自己留有一个备用选项，以便将风险降到最低。事实上，普夫兰策引用了俾斯麦对一名巴伐利亚记者说的话来强调他的观点："没有真正的政治科学，就像没有政治经济学一样。只有教授们才能将文化人不断变化的需求包装成为科学规律。"[14]换句话说，普夫兰策虽然对俾斯麦的才能表示敬佩，但是在俾斯麦是否给后世留下了伟大的见解这个问题上，他与泰勒一样谨慎。

　　因此，相较于国际关系理论家，历史学家能够提供关于真正的**现实政治**更全面的阐述。国际关系理论家经常无法准确地使用这一概念或将其用于辩论当中，而历史学家则旨在将其置于特定环境中来理解。从长远来看，**现实政治**的危险是其扩散和变形的能力。在关于二战期间外交史的著作中，美国历史学家约翰·斯内尔提出了这一论点。现在众所周知的是，希特勒的政策建立的基础是狂热和意识形态，而非俾斯麦式实用主义。然而，腐烂早在很久之前就已经开始了，它始于一个观念，那就是德国人致力于探索关于政治的基本真理，而其他人（主要是英国人）则沉迷于那些伪善言辞。即便是在俾斯麦时代，"许多就**现实政治**发表过论著和展开过谈论的德国人都是以虚幻而非现实的方式来思考这一概念的"，结果是他们曲解了这一概念，将其视为**强权政治**的同义词，并且未能区分目的和手段。从那时起，德国的政策就建立在一种教条主义的僵化而不是对国际舞台的冷静评估的基础之上。20世纪30年代，日本和意大利也经不住"假冒**现实政治**的赌博"的诱惑，并产生了同样致命的后果。斯内尔在此还对西方反现实政治传统的优势和劣势进行了评论。20世纪三四十年代，同盟国及其领导人（最主要的是罗斯福、杜鲁门和丘吉尔）学到了一个重要的教训。"如果对武力的过度专注歪曲了**现实政治**"，他解释说，那么一个全球大国拒绝接受全球责任，并且拒绝保持军事力量来承担这些责任，就和"将理想主义变为绥靖政策和投降"遵循了一样的路径。西方最好的资产就是"理性"。[15]

　　一方面，理性比单纯的理想主义更为优越，另一方面，它也优于狭隘的理性主义和唯物主义。对于那些试图给自由国际主义提供比在战间期中更稳固的基础的人们而言，这个观念越来越重要。1963年，在斯内尔的书出版一年之后，理查德·罗斯克兰斯的《世界政治中的行动与反应：国际体系透视》问世，这本书警告了在当前的冷战背景下，倒退到旧的外交手段（如首脑外交、双边主义以及对狭隘的自我利益的诉求等）的危险。这本书的序言由哈佛大学研究极权主义的专家卡尔·弗里德里希撰写，他曾批评过摩根索和凯南。罗斯克兰斯警告说，玩俾斯麦式游戏从长远来说会招致灾难。与现实主义者的论点相反，俾斯麦式外交并未预示着"一个具有非意识形态性质的新时代"。事实上，它意味着运用一切可能的手段实现意识形态目标，即在普鲁士的领导下实现统一。俾斯麦所推行的外交路线还带有"保守主义的绝望的印记"。俾斯麦及其追随者精心安排的虚假的改革主义和革命性军国主义，至多不过是一些短期战略。俾斯麦的**现实政治**取决于"按部就班地释放力量，否则它可能引发无法控制的连锁反应"。[16] 这种思想利用有限的机会取得了许多政治上的成功。但随着时间的推移，无论是由于愚蠢的行为还是错误的理解，它已经土崩瓦解，并被证明在其他人的手中是一种危险的工具。无论如何，一种高度依赖个人天赋和独创性的政治方法并不适合核时代。

值得注意的是，正是在这个时代关于俾斯麦的辩论中，罗豪的最初概念才逐渐熄灭。这是对俾斯麦最尖锐的批评，它把我们带回到本书的开篇。用罗豪的《**现实政治**的基础》中最初的标准来衡量，俾斯麦是失败的。

1972年，著名的德国历史学家汉斯-乌尔里希·韦勒出版了唯一一部现代版的《**现实政治**的基础》。[17] 韦勒本人关于俾斯麦主义局限性的批评是直接从罗豪的书中摘引出来的。俾斯麦取得了成功，但这些成功多数是短期而有限的。他抵制经济现代化的政治影响，而不是像罗豪所敦促的那样拥抱影响的发生。俾斯麦持一种"保守的乌托邦愿景"，这使得他对快速发展时期采取了压制和牵制的措施，"而与工业发展和民主化进程同步的真正现实主义的**现实政治**，应该以政治和社会的解放进程作为出发点，并力求推进这一进程"。[18] 韦勒对俾斯麦的批评对于英国和美国的俾斯麦崇拜者而言影响很小，甚至没有影响。但其眼光的独到之处在于，他指出了俾斯麦在**现实政治**方面是个失败者，而后世恰恰因为认为他在**现实政治**方面是个成功者而对他仰慕不已。[19]

英美思想对阵大陆思想

1957年，迈内克的《国家理由观念》的第一个英文版本问世。编辑是有捷克犹太人血统的无神论者维尔纳·施塔克，他还为该书写了序言。施塔克曾为躲避纳粹迫害而逃往布拉格和维也纳，最终移居英国，并于二战期间在英国军队中服役。在向讲英语的读者介绍迈内克时，施塔克以敏锐和同情的笔调描绘了迈内克职业生涯中思想的发展历程。但这也为一篇评论奠定了基础，这精心撰写的评论旨在打击美国当代现实主义的形象。施塔克的盘算在于指出迈内克的**现实政治**中缺乏现实主义的因素。此举让迈内克经受了韦勒对俾斯麦做过的同样的考验——施塔克用他自己的言语挑战了**现实政治**的英雄。

施塔克认为，迈内克被人们视为一名现实主义者，但事实上，他更多地受到宗教信仰的驱使。更具体地说，他对历史发展的理解是基于他的宗教理念，即世界的特定环境是上帝的反映。这是泛神论的一种形式：上帝和上帝所创建的世界是一体的。在迈内克的整个职业生涯中，他关于正义与邪恶的理解都未能超越所处的主流环境。最初，在1918年之前，"邪恶在他看来只不过是向善的一步，虽然过去它是一个支出项，但在适当的时候，它将以利润的形式做出回报"。因此，他可以为德国领导人的某些行动辩护，只要他们是以国家理想的名义采取行动。在1918年到1933年间，迈内克接受了宿命论。在他职业生涯的这一阶段，他接受了邪恶的存在，认为它是"自然界的一个事实，试图阻止它是徒劳的，就如同试图阻止星辰的运动或潮汐的起落一样，是徒劳的"。这表明他渴望逃脱现有环境的包围，推迟或避开在道德问题上的个人责任。1933年纳粹上台后，正如施塔克所言："人们确实在为邪恶发出哀叹，但与此同时，邪恶又被推到了遥远的地平线上，那是个形而上学的避难所，或是我们的哲人–历史学家修建养老居所的天堂。"

施塔克对迈内克的批评的有力之处在于他能够确认、理解甚至同情迈内克的**现实政治**理念——直击其要害并从其内部加以颠覆。施塔克认为迈内克是对周遭世界的杰出的分析家。他看到了其他理论家没有看到的东西。然而，施塔克也意在表明，迈内克是他所处环境的囚徒——他很难看到他视野之外的东西。因此，施塔克总结说："作为一名现实主义者，迈内克终其一生都失败了。"[20]

然而，无论德国的治国理政理论家发现了多少真理，无论他们在德国以外有多少崇拜者，都存在一种对他们的理念完全融入西方的自然而然的抵制。耶鲁大学杰出的地缘政治学专家，曾在柏林和慕尼黑学习过的阿诺德·沃尔弗斯教授指出，欧洲大陆和英美关于国际事务的政治思想之间仍然存在着一道防火墙。在1956年出版的与耶鲁大学同事劳伦斯·马丁合作编辑的一本论文集中，沃尔弗斯整理了一系列英美思想家关于治国理政的思考，从托马斯·莫尔开始，一直到伍德罗·威尔逊，其中包括霍布斯、柏克、汉密尔顿、杰斐逊、密尔、马汉和霍布森。首先，这是因为欧洲大陆的作者（例如马基雅维利、格劳秀斯、斯宾诺莎和康德等人）历来都受到了学术界更多的关注。其次，沃尔弗斯认为，分析英美思想家将有助于解释英国和美国应对世界事务的一些特殊做法，这些做法"往往使外国观察家感到困惑，并导致他们要么赞扬盎格鲁–撒克逊政策的特殊美德，要么谴责在他们看来虚伪的包装"。

沃尔弗斯甚至没有宣称所有的大陆思想在对国际政治的理解方面都是马基雅维利式的。实际上，沃尔弗斯引用了迈内克的《国家理由观念》作为证据，他指出，自从《君主论》一书出版以来，马基雅维利派和反马基雅维利派之间就一直存在着激烈的争论。然而，即便是迈内克的书也证明，欧洲大陆的辩论大多集中在"形势所迫"（necessity of state）这一观点上。在欧洲大陆的政治哲学家们看来，外交政策带来的主要问题是道德和国家理由之间的冲突。这符合所有大陆国家共同的历史经验。在面临外部威胁的情况下，这些国家都认为自己受到无法控制的力量的影响。总是有这样一种感觉：这些国家是"无法抗拒的恶魔力量手中的木偶，没有任何从众多悲剧性形势所迫中拯救道德价值观的余地，即使有也很小"。

与此同时，在过去的三个世纪里，英美两国关于治国理政方略的思想沿着不同的轨迹发展。地理上的隔绝给予他们特殊的选择自由，英国人和美国人对此并非不了解。"早在地缘政治学出现之前"，托马斯·莫尔、博灵布罗克子爵和托马斯·杰斐逊都承认"他们各自国家都拥有特权，事实上，他们有幸置身于许多国际斗争之外，因此也就能避免许多道德难题"。英国人和美国人对于外交政策的思考始于一种选择的哲学而不是形势所迫的哲学。从莫尔到威尔逊，他们经常关注和辩论的话题是自卫权及其局限性，干预或不干预他国事务的权利和义务，或者殖民统治和领土扩张在多大程度上是合理的。

形势所迫的政治易于导致"顺从、不负责任，甚至对非道德行为的美化"，而选择自由则可能会导致"过度的道德主义和自以为是"。然而，在英美政治思想中存在着一种自我修正的机制，能认识到自由选择不应以牺牲自我保护为代价。沃尔弗斯解释说，并不建议各国在人类或人类自由的祭坛上牺牲自己，也不应该将普遍利益置于自我保护的国家利益之上。正如迈内克所理解的那样，这一论点存在着虚伪的空间。

但总体而言，沃尔弗斯指出，英美两国的道德哲学家并没有摆出一副国家使命的辩护者的姿态，而是"扮演了为国家良知服务的良好角色，他们提醒政治家，必须恪守公平正义和理性"。即便在沃尔弗斯称为"权力政治学派"的代表人物（他将托马斯·霍布斯、弗朗西斯·培根、亚历山大·汉密尔顿和阿尔弗雷德·塞耶·马汉都归入此类）中，仍然有一个将他们与欧洲大陆传统加以区别的强大的道德核心。沃尔弗斯写道，于是，"悲观主义者和乐观主义者，现实主义者和理想主义者"

都强调了政治选择的道德因素。例如，他们拒绝了德国的观点，这一观点认为争夺权力的竞争、冲突、斗争或战争都可以被视为国家健康或英雄主义的标志。

但这里有一个隐藏的困难。作为地缘政治的倡导者，沃尔弗斯警告说，世界正在发生变化，这种变化的方式对英美外交理论提出的考验超过以往任何时候。在扩张或干涉其他人民的战争等问题上，仍然存在很大的回旋余地和道德辩论的空间。但这些道德规范赖以发展的源于地理隔绝的安全已经不复存在。随着空中力量和核武器的出现，国际舞台存在着对人类生存的威胁，并且，现在的局势看起来更类似于当年欧洲大陆理论家所看到的景象。

关于未来如何实施外交政策，英美都面临着选择。一种选择是回到欧洲大陆最极端的方式，这意味着无条件地接受形势所迫的哲学。在这条道路上，外交政策中的所有重大决策都"将被视为由超出人类控制范围的外部环境决定，政治家和普通民众一样，都因此被免除了所有的责任"。然而，这样做的危险在于跌入宿命论的陷阱，即用一种强词夺理的借口来辩称"别人做的时候是邪恶，轮到自己做的时候就不是邪恶了"。

在沃尔弗斯看来，这是一条错误的道路。英美两国的外交政策应该坚持自己一直以来的传统，而不是在战略思想方面转向欧洲大陆的传统。即便在核战争的阴影之下，仍有选择的自由，可以决定节制的多少，关心他人利益的多少，维护和平的努力的多少，尊重正义的多少，对整个人类的责任感的多少。英美两国政治思想的精髓，也即长期、有效服务于这两个国家的准则，都是旨在明智地解释国家利益，这种解释也要"符合道德的原则，合理地适用于人类更广泛的利益"。[21] 在寻求处理世界事务的现实方法的过程中，说英语的国家有丰富的资源可以汲取，不需要从俾斯麦、马基雅维利和迈内克那里寻求指导。与一些智者所告知的情况不同，这些国家更为成熟也更有自知之明，应该对不断变化的环境保持警醒并积极应对，但没有必要对自己的世界观进行大规模的调整，一直以来，这些世界观都很好地完成了任务。

第五部分

实用现实政治

　　这个词让人联想到强硬派领导人和武装力量的形象。这个词已经暗示了某种行为上的非道德和不道德，它选择的路线可能是最有效的，但对其是否正确或适当却没有人给予太多的关注。现实政治广泛应用于很多场合，有些纯粹是为了满足政治上的一己私利，另一些则只是为了思想上的辩论。不管怎么说，现实主义（现实政治的别称）在世界各国政府制定政策的过程中以及学术界象牙塔内都具有指导性影响力。

（弗兰克·韦曼和保罗·迪尔编《重建现实政治》，1994）[1]

第十四章

缓和之前的现实政治

经过学术界和外交政策理论家反复的锤炼打磨之后，在20世纪最后三十多年的时间里，现实政治一词已经深深根植于政府和其他决策圈中，体现在他们所使用的语言上。前几章所描述的关于美国外交政策的辩论发生在新闻界、公共领域、历史学界以及不断扩大的国际关系研究领域。相对于"现实政治"的理论化而言，辩论所引入的范畴和概念也越来越多地渗透到负责执行外交政策的人的话语中。1945年，这个词在关于中国的讨论中被罕见地提及。接着，20世纪五六十年代，美国国务院和中央情报局开始更频繁地使用"现实政治"这个词，它开始出现在报告、评论、备忘录以及政策声明中。这与一战后英国的情况非常相似。

但值得注意的是，这个词在20世纪五六十年代多少仍然受到人们的怀疑——这是一种来自异国的理念，所以与美国外交的传统格格不入。当这个词出现在关于外交政策的正式讨论中时，通常是用于描述其他国家的行为。其他国家的代表在与美国的对话中使用到这个词，也起了推波助澜的作用。其中一个这样做的人是匈牙利共产党领导人亚诺什·卡达尔，他在建议匈牙利和美国实现关系正常化时使用了这个词。或许更为重要的是，甚至像英国和法国这样重要的盟友也使用了同样的表述，而且频率越来越高。这两个国家历来反对德国的**现实政治**，并且在两次世界大战后都是国际主义的扛旗者。但当两国试图有计划地从所背负的帝国承诺中脱身时，它们在追求一种更为理想主义的外交政策方面的回旋余地却越来越小。在苏伊士和其他地方，殖民帝国的"大坝"正在渗漏，资源日益捉襟见肘。

面对一个从亲密盟友到敌人都用现实政治来为其行为辩护和解释的世界，美国很难永远保持超然态度。但这只是一个不情愿的结论。一些美国官员在用这个概念来为自己的行为辩解时，通常都会心存疑虑。其中一个例子就是美国20世纪60年代初对伊朗的政策。白宫当局陷入了一个两难境地：应该继续支持在1953年美国中央情报局和英国情报机构共同策划的政变后上台的伊朗国王，还是鼓励伊朗走上一条更为民主的道路。这是美国官员第一次明确使用这个概念来为自己的行为辩护。这与英国政府在1916年《赛克斯–皮科协定》签署时首次利用现实政治为自己的行为辩护的做法有着惊人的相似之处。与以往一样，现实政治也是首次在中东地区出现。虽然它在辩护中被视为最后的应急手段，但仍然给人们留下了不愉快的印象。

20世纪70年代，"大坝"的闸门打开了。正如本文第十五章所述，现实政治变得无处不在。在理查德·尼克松、杰拉尔德·福特和吉米·卡特担任总统期间，"现实政治"是关于美国外交政策的辩论中使用最为频繁的词之一，还在外交信函、官方政府文件、参议院和国会听证会以及新闻媒体中被大量使用。事实上，到了20世纪70年代早期，这个词在美国的政治词典中已经根深蒂固，甚至在与中国关系解冻、缓和、人权以及促进民主等一系列争议中被用作修辞武器。

　　这绝非不可避免。发生这种情况，主要是出于两个原因。第一，美国的外交政策已经传到了新一代人的手中，他们在20世纪50年代和60年代初接受教育。在此前所述的大辩论时期，许多政策制定者曾经在芝加哥大学、耶鲁大学、普林斯顿大学、哈佛大学、约翰·霍普金斯大学和乔治城大学等学校的外交学院求学。他们熟知此前讨论过的美国现实主义的关键文本。至少，他们对于这些辩论的理解为他们提供了一个共同的话语体系和一套组织概念。这种情况的出现带有一定的讽刺意味。尽管政策制定者们使用了大学里学到的语言，但越来越多的教授却对美国外交政策的总体方向感到失望。这种两极分化开始于朝鲜战争，让分化加深的最重要因素是越南战争。在短期内，这种情况在现实主义者和国家外交政策的激进的批评者之间造就了一种奇怪的协同一致。

　　对于这个词在这一时期使用范围不断扩大的第二种解释，是它与在1969年成为总统的理查德·尼克松的外交政策之间的联系，以及同样重要的，与1976年之后吉米·卡特对尼克松政策的修正之间的联系。和其他许多方面一样，在这一点上，亨利·基辛格（尼克松的国家安全事务助理，后来成为他的国务卿）发挥了至关重要的作用。在一般人的眼里，基辛格和尼克松处理对外关系的方式已然成为现实政治的代名词。由于基辛格有德国血统（或许还因为他的日耳曼口音），人们很容易产生这样的联想。这种联系并不一定是以负面的方式建立的。有人对这个时期美国外交政策的"欧洲化"表示欢迎，认为这是更加成熟的标志。基辛格在任期间得到高度评价，他被认为持有一种悲观主义世界观，并"受到其德国血统的巨大影响"，由此联想到他是与卡斯尔雷勋爵、梅特涅伯爵、俾斯麦以及19世纪末英国首相索尔兹伯里勋爵齐名的西方最后一位伟大的外交官。[1]

　　然而，认为基辛格是该信条的代言人的假设在许多方面都具有误导性。首先，基辛格对德国**现实政治**的局限性有着清醒的认识，人们在阅读他的学术著作时可以看出这一点。例如，他认识到卡斯尔雷、梅特涅和俾斯麦的局限性，人们经常将他与这些人相提并论。其次，基辛格从学术研究跨界到外交实践，他对在大学占据主导地位的那一类型的现实主义提出了温和而又不失深刻的批判。他不仅指出**现实政治**在俾斯麦时期已经变得自我封闭，还指出他在美国现实主义的代表人物（主要是凯南和摩根索）身上所看到的是一种走向绝对主义和学术逃避主义的趋势。应该指出的是，不仅基辛格的许多批评者忽略了这些细微之处，许多将基辛格处理外交事务的方式作为现实主义蓝本的人也是如此。

在20世纪70年代的主流政治话语中，人们对现实政治有两种不同的理解方式。在一些人看来，它是一个贬义词，是源于欧洲阴暗的中心的不受欢迎的舶来品，与高尚的英美传统格格不入。而在其他人看来，它是一种成熟老练的表现，是针对狂妄自大的一剂解药，是成熟、智慧以及了解历史的标志。对批评人士来说，这个词意味着犬儒主义和悲观主义，在某些情况下，还意味着卑鄙的交易或幕后外交。对其捍卫者来说，这是一种荣誉的象征，能够纠正幼稚和乌托邦主义。本文第十五章将进一步描述这种对立性外交政策辩论的话语是如何给政策的执行带来困难的。

第十六章是第五部分的最后一章，探讨了冷战后期及冷战结束以后"现实政治"的各种用法。20世纪80年代，在罗纳德·里根担任总统期间，这些话语框架的种种不足之处显现无遗，这表明美国的外交政策需要一个崭新的话语体系。所谓"里根主义"，是一种只适用于特定时间，并带有某种偶然性的表述。它的一个显著特点在于无视了现实主义者及其批评者通常提供的话语框架。一些里根派人士认为，里根的外交政策是针对与现实政治有关的悲观情绪的解药，另一些人则认为，里根主义是现实政治发展的新阶段。这留下了一份含糊不清的遗产，在小布什于2001年到2009年担任总统期间，这个问题依旧有待解决。

如果说里根时代打破了这些熟悉的框架模式，那么让它们寿终正寝的是冷战的结束以及国际秩序的单极化。柏林墙倒塌后，现实政治似乎已经成为明日黄花。即使是像国务卿詹姆斯·贝克这样的所谓现实主义者也开始大谈不需要现实政治的未来的时代，或者新的世界秩序。在英国，外交大臣罗宾·库克宣布，英国推行的是一种"道德外交"政策，在该政策下，现实政治将没有立足之地。英国首相托尼·布莱尔以拒绝历史化著称，更是将俾斯麦扫入历史的垃圾堆。最终，这种希望破灭了。20世纪90年代，在一系列关于在巴尔干、非洲和中东进行军事干预的辩论中，这个词又悄然回到了英美政治用语当中。到2005年时，谈论"现实政治的回归"再一次成为平常之事。但这与路德维希·冯·罗豪的《**现实政治**的基础》中的概念的区别比过去更大。而罗豪的原著，才是本书的结论最后要回归的地方。

知识分子与外交政策

大学教授为美国崛起成为世界超级大国提供了概念框架和话语体系。虽然教授之间或他们的学生之间的意见并不一致，但他们在语言及理解方面有共同点。战后某些机构所享有的主导地位意味着其特有的世界观也享有主导地位。耶鲁大学国际问题研究院于1935年创建，受到了洛克菲勒基金会五年共计十万美元的资助，研究院被戏称为"实力学派"。据估计，在1935年到1945年之间，约有八百名学生在该院主修国际关系，其中许多人进入了政府高层。在芝加哥大学、普林斯顿大学和其他主要大学，"现实主义范式"的传播也是显而易见的。[2]

尽管"现实政治"一词还有很多含糊不清之处，但毋庸置疑的是，新一代人对这个词非常熟悉。它出现在对许多前外交官和国务院官员的访谈中，这些记录都存放在美国国会图书馆的前线外交档案（存放从战后直至今天的外交档案）中。在许多这样的访谈中，受访者都将这个概念与特定的学校和教授联系起来。一位名叫约翰·W. 霍姆斯的外交官说，在哥伦比亚大学，年轻的肯尼思·华尔兹给他留下了"对外交政策的'现实政治'观点持久的偏向"。[3] 学生们也表示，乔治城大学外交学院在20世纪60年代也提出了一种关于国际事务的"现实政治观点"，当时比尔·克林顿在那里上学。[4]

　　有几本教科书的作用也特别重要，因为不同的机构都会使用它们。最早的例子是弗雷德里克·舒曼于1933年出版的《国际政治》一书。[5] 摩根索的《国家间政治》也旨在对国际历史进行类似的综合归纳，以便为当代提供经验教训。亨利·基辛格指出："作为后来者，当我们在教授这门课程时，不管我们彼此有多大的分歧，都必须从他的思考开始讲授。"虽然不是每个人都同意他的观点，但是"没有人能够忽略他"。[6]《国家间政治》也是南加州大学使用的一部重要教材。一位外交官指出，南加州大学的国际关系学院、历史系和政治学系都"为自己的现实政治倾向而感到自豪"，他还补充说，他们"认为自己在意识形态方面并没有什么倾向性，但是事实上，他们确实是有偏向的"。[7] 摩根索的影响是如此之大，以至于一些官员表示，他们还在念高中时就受到了他的著作的影响。一位美国国务院外交官在解释自己十几岁时反对越南战争的原因时坚持说，"我反对越南战争的原因与汉斯·摩根索一样，都是出于现实政治的理由，因为我认为这不符合我们国家的核心利益"。[8] 摩根索并不是唯一一个有如此影响力的人。20世纪60年代初曾经在加州大学伯克利分校念书的职业外交官弗雷德里克·A. 贝克尔表示，他在读基辛格于1957年出版的《核武器与外交政策》（*Nuclear Weapons and Foreign Policy*）时，感觉一个新时代正在到来，他还受到了"国际政治中的现实政治学派"的影响，在他看来，这一学派包括摩根索和凯南等人。[9]

　　一些主要的现实主义者对自己影响力的扩大非但没有感到高兴，反而对下一代的外交政策实践者不能胜任这一任务而感到失望。在1963年写给迪安·艾奇逊的一封信中，摩根索抱怨当前"缺少能够从政治角度思考问题的人"。这并不仅仅是一个涉及如何评估诸如近期古巴导弹危机等具体事件的问题，令摩根索感到沮丧的是（他们）"天生无法将政治思考带到这些问题上来"。这就"好像人们对绘画进行评判时，不是考虑画作本身的美学价值，而是考虑它们的创作成本、颜料的化学成分或者它们之间的物理关系等因素"。摩根索承认，他感到"一种矛盾的渴望，想要亲自尝试，把现在被其他人做得很糟糕的事情做得更好"。[10]

艾奇逊的回信则表明，他对外交政策的实际执行者所面对的困难有更多的了解和体谅。他承认："人们乐于掌握控制权，但如果是被别人要求去这样做的话，他又会犹豫不决。"承担责任"比'评论'——或那个令人不快的词——'批评'要难得多"。那些承担责任的年轻人有很多理由可以为自己辩护。尽管如此，艾奇逊也并不确定他们是否已经制订出了"在接下来的一两步之后"的长远行动计划。问题在于，他们执着于寻找眼前的解决方案。他提出了一个问题：他们有没有跳出眼前去思考过？他开玩笑说："但是毫无疑问，相对于大战略而言，这个目标未免也太微不足道了。""'奶奶，你可别说大话了！'小红帽说。"[11]

写这封信的时机很重要。1961年到1963年，在肯尼迪总统的领导下，美国开始在越南部署越来越多的军队。1963年之后，约翰逊总统进一步将越南战争升级，并于1965年正式部署了作战部队。正如大卫·哈伯斯塔姆在其1969年出版的著名的《出类拔萃之辈》一书中所提出的，艾奇逊关于"年轻人"和他们的"大战略"的抱怨预示着对肯尼迪总统和约翰逊总统旗下据信极为精明的顾问和学者的严厉批评，因为他们所制定的政策应该对越南战争负责。[12]

幻想破灭的现实主义者与新左派

越南在美国外交政策机构和知识分子之间打入了一个巨大的楔子。在这个幻想破灭和疏远的过程中，一些著名的现实主义者发现自己与一些非同寻常的人为伍。1965年，摩根索公开支持激进的"辩论会"（teach-in）运动，这些辩论会在大学校园内举办，旨在抗议在越南发动的战争。在他公开表明立场后，他收到了来自同为德裔移民的马克思主义鼓动家赫伯特·马尔库塞的一封用德文写的信，马尔库塞问摩根索，是什么"促使他这位现实政治理论家批判性地超越了现实政治"？马尔库塞惊讶地发现他与摩根索志趣相投，对他来说，"更为明显的是，道德责任不仅仅是意识形态，而且是一种真正的力量"。"否认那种道义，我们会丧失人性，所以我们必须为它而战。"[13] 换句话说，激进分子在现实主义者身上看到了某种属于意识形态和道德的东西。

马尔库塞是20世纪60年代美国新左派运动（New Left movement）的领军人物，在那个时代，许多激进学生受到了他的启发。他以强调马克思主义思想的人文性面向而不仅是简单的理性主义面向而著称。[14] 他还辩称，早在越南战争时期，苏联和美国已经开始了一种心照不宣的缓和。他们的权力游戏以牺牲弱国和穷国为代价。事实上，苏联和美国之间有着一种不言自明的合作，这种合作超越了"暂时的**现实政治**，并似乎完全符合一种非马克思主义的理论，即存在着一种与穷国相对的富裕国家的利益共同体，这种利益共同体超越了资本主义社会和社会主义社会之间以及个人之间的区别"。[15] 一位历史学家在对这一问题展开进一步探讨时甚至提出，缓和的根源可以被解释为苏联和美国精英阶层在面对民众抗议和动乱时都希望能稳定内部政治。[16]

虽然视角不同，但是摩根索和马尔库塞得出了相似的结论。摩根索认为，挑战现有政策的哲学基础是知识分子的任务。马尔库塞认为，知识分子应该成为民众抗议的先锋，并将其作为一种道德责任。马尔库塞的观点体现在极具影响力的麻省理工学院语言学理论家诺姆·乔姆斯基1969年出版的《美国权力与新官僚》一书中。在乔姆斯基看来，外交政策精英（即便基于知识的精英）的想法是危险的。教授及其学生的作用在于挑战当权者，而不是去帮助训练他们的治理能力。他问道，有什么理由可以假定，那些通过知识获得权力的人在行使权力时，会比那些通过财富或贵族血统获得权力的人更仁善呢？相反，"人们可能会认为，新一代官僚傲慢自大、咄咄逼人且无法适应失败，这是很危险的；相形之下，他们的前任获得权力的合理性并没有因为他们承认自己在知识方面的局限性、缺少可做的工作或有明显的错误而降低"。[17] 在批判美国资本主义帝国主义和反对越南战争的过程中，乔姆斯基引用了摩根索和沃尔特·李普曼两人的话语，这进一步表明了现实主义者和激进分子的暂时性结盟。[18]

当然，这种出乎意料的联盟不会永远持续下去。更重要的是，这种联盟建立的基础是将学者视为真理和正义的保护者这样一个不切实际的角色。1965年8月，被称为"新保守主义教父"的作家欧文·克里斯托尔在《遭遇》（*Encounter*）杂志上发表文章，将李普曼、参议员威廉·富布莱特等负责任的越南战争批评者与参加辩论会运动的学者和激进分子进行了对比，马尔库塞是该运动的一个关键人物。克里斯托尔写道："与大学教授不同，李普曼对于'越南人民真正想要什么'不做任何武断的猜测——他显然对此并不太在意——也并不关心在法律解释中，评断南越是否或在多大程度上存在'侵略'或'革命'。"

在《美国权力与新官僚》一书中，乔姆斯基提到了这种批评。事实上，他以此来谴责克里斯托尔，称他为现实政治的代表人物，理由是克里斯托尔以较为积极的方式使用这个词来形容李普曼。[19] 事实上，这并没有反映出克里斯托尔立场的复杂性，这一立场在60年代和70年代还

将继续发展。克里斯托尔批评了马基雅维利在他所谓的政治"亵渎"中
所扮演的角色。每个人都知道政治是肮脏的,但是马基雅维利扮演了这
个观点的"公开宣扬者"的角色,他肆无忌惮地公然宣称只应以成功与
否来作为评判政治家的标准。同样重要的是,克里斯托尔是少数几个读
过迈内克关于马基雅维利主义的著作的评论家之一,他了解书中对纯粹
的马基雅维利主义的批评(如特赖奇克所提出的)。[20]

　　因此,虽然克里斯托尔想把李普曼在越南战争上的立场和马尔库塞
的区分开来,但是这并不意味着他自己认同这种立场。1967年,在《遭
遇》上发表关于反越战抗议的文章两年后,克里斯托尔在一篇发表在
《外交事务》上的著名文章中进一步阐述了他的观点,对美国知识分子
在外交政策中的作用提出了更广泛的批评。值得注意的是,他挑出了现
实主义者理论的各个方面进行详细审视——尤其是美国"不加考虑就接
受了超出其能力范围的世界责任"这一观点。对于克里斯托尔来说,这
种观点就是"美国自由主义意识形态与美国式帝国主义共和国之间冲突
不断的关系"的征兆,这与弗里茨·斯特恩关于"文化绝望的政治"的
著作不谋而合。他称其为一种"知识阶层在面对帝国命运时的危机",
这真是一个令人难以忘怀的表述。总的来说,美国公众已经接受了他们
新的超级大国地位。但是,"美国人民对大国责任的勉强接受一直伴随
着知识分子极大的不安"。他写道,正是在美国知识分子当中,"孤立主
义者的理想正经历着最后的、剧烈的痛苦"。当代的政策制定者们将这
一责任视为极其沉重的负担,这是完全可以理解的。然而,"就像知识
分子们抱怨没有权力的道德责任一样,他们仍然对不用承担责任的权力
这一梦想而感到困惑"。[21]

　　尽管许多知识分子抱怨他们在20世纪60年代被边缘化,但是克里
斯托尔对此的回应是,他们倒是很善于孤立自己。摩根索在1963年写
给艾奇逊的信中,曾经哀叹政策制定者们未能从"政治"的角度来思

考，而是过分关注细节问题。与此形成对照的是，克里斯托尔认为这样的政治范畴几乎毫无意义。事实上，"外交政策的特殊之处正在于，它是公共生活中意识形态冲突最严重的领域"。在外交政策领域，没有左派和右派之分。在外交关系的处理方面，也没有任何伟大的激进派或保守派著作。这些都是虚假的对立。从马基雅维利和胡果·格劳秀斯再到凯南和摩根索，他们的著作"在情况允许的条件下被所有各方用于不同目的"（乔姆斯基对摩根索的选择性引用就说明了这一点）。事实上，从修昔底德的著作以降，"政治哲学见证了外交事务受到紧急情况、财富和命运的巨大影响，几乎没有给知识上的启蒙留下空间"。这使得知识分子们举步维艰。只有当政治被意识形态化时，知识分子才能发挥关键的社会和政治作用。但这在外交事务领域根本就不适用。

一个人要善于应付权宜之计和突发事件，并不一定要成为知识分子。克里斯托尔指出，事实上，"这甚至可能是个不利因素"。没有任何一个现代国家制定过能为本国知识分子所接受的外交政策，这个观点可能是他从早期阅读的迈内克的著作中得到的。此外，克里斯托尔还指出了他认为的"知识分子在外交政策上的极度不一致：他们能够轻松地阐述一个积极的原则，而就在下一秒钟，他们就会敦促采取截然相反的行动"。他引用了约翰逊总统负责教育事务的助理国务卿查尔斯·弗兰克尔的话，指出知识分子在寻求将外交政策理论化时，没有把握好自己的角色。弗兰克尔曾写道，国际事务"特别容易受到发展迅速的抽象概念的影响"，并且知识分子有"能力去创造、美化、夸大、批评、柔化或揭穿这些抽象的概念"。然而，克里斯托尔认为，知识分子很少去柔化或揭穿，而是"勤于夸夸其谈"。国际政治的现实主义理论就是这种情况的一个例子。正如克里斯托尔所写的那样："抽象概念是他们的命根子，即使他们下定决心要变成'讲求实际'的人，他们最终还是会安于一种过于简单化的现实政治意识形态，而这种意识形态对于指导外交事务毫无用处，还会导致其倡导者们陷入一个接一个的自相矛盾中。"他的观点并不是说知识分子在外交政策问题上总是错误的："他们并非总是错误，即便仅仅考虑概率因素也不可能如此。"更糟糕的是，他们的作用"从政治家的角度来看，往往是无关紧要的"。正是他们"将自己定义为意识形态的生物使得他们无关紧要"。[22]

　　然而，克里斯托尔对这种"过于简单化的现实政治意识形态"的批评并没有使他完全否定这一概念。这是一个重要的区别。1969年起，他已加入尼克松总统及其国家安全事务助理亨利·基辛格的阵营中。对于克里斯托尔来说，尼克松和基辛格所采取的处理外交事务的方式与大学里的外交政策现实主义理论有着明显的不同。它代表了一种历史的深度和对简单范畴无用性的直观理解，以及对自我定义的必要性的审慎。克里斯托尔的同僚、新保守主义思想家诺曼·波德霍雷茨后来写道："在尼克松政府时期，欧文（·克里斯托尔）是一名伟大的**现实政治**捍卫者，他对基辛格领导的对外政策的'欧洲化'表示赞赏。"波德霍雷茨声称，直到后来，他才说服克里斯托尔接受一个观点，那就是"意识形态是，并且也应该是美国与其他国家关系的核心要素"。[23]

　　最终，新保守主义者将在缓和政策问题上同尼克松和基辛格展开对抗。正如战后现实主义那样，新保守主义的批评反映了美国公众内心关于道德和政治状态的焦虑。在某种程度上，这些都是20世纪60年代后期国内政治动荡的后遗症。早在1974年，克里斯托尔注意到，基辛格是一位"广受钦佩但是又不受信任"的国务卿。同时他也指出，当时"对基辛格这个名字的含义的某种焦虑弥漫于整个政治圈子——包括右翼、左翼和中间派"。克里斯托尔后来对基辛格进行了描述，宣称当时存在着一种"模糊但又挥之不去的认识，那就是他对美国的外交政策提出了新的概念"。[24]

缓和之前的美国外交与现实政治

在尼克松上台之前，政府和决策界的高官们在接触到现实政治这个词的时候，都不知道应该怎样做。造成这种情况的一个原因是，那些在20世纪50年代接受国际政治训练的人还没有担任高级职务。对于那些战后时期在政府任职的人来说，现实政治仍然是一个带点儿异国情调的新东西。由于其他国家推行过现实政治，并且导致了又一次世界大战，美国大多数决策者都反对现实政治。然而，随着冷战的形成，它在国际体系中的存在已经变得无法回避。1968年之前，人们可以看到以下两种倾向之间的紧张关系——一种是希望抛弃旧有的做法，另一种是承认这些做法是国际博弈中不可或缺的因素。不管你喜欢与否，不争的事实是其他人依旧还是这样做。

在20世纪中叶的绅士-外交官阶层（迪安·艾奇逊是其中一个最好的例子）看来，他们的工作与追求赤裸裸的私利的理念格格不入。例如，关于现实政治，艾奇逊只提过一次，这反映了他的一种理念，即荣誉和信任是外交艺术的基础。在二战初期，英国毫无保留地与美国分享了核武器的秘密。到战争结束之际，美国在核武器领域已经遥遥领先，但美国政府内部的一些人则表示不愿意与英国分享所有的信息来作为回报。"遵守诺言可能会带来严重后果，但不遵守诺言的想法令我作呕，"艾奇逊写道，"在道德行为的所有问题上，将国家和个人进行类比并非总是恰当。但在我看来，在这种情况下，这是十分恰当的。即使在**现实政治**中，正直诚实的名声也会带来实实在在的回报。"[25]

战后美国外交政策的一个重要主题就是希望防止一战后伍德罗·威尔逊的失败重演。人们仍然希望国际事务能够建立在更牢固的基础之上，而且联合国可以提供比国际联盟更稳定的国际仲裁主体。尽管如此，如果说地缘政治教会了我们什么的话，那就是为了维护稳定，我们需要的不仅仅是法律架构。特别是，人们意识到，必须防止其他大国（主要是苏联）在对美国利益至关重要的领域获得霸权；为了达到这个目的，美国不得不采取主动措施，建立一种与之相抗衡的平衡。在这个问题上，人们感觉需要为新的方法留出更多的空间，而官员们越来越多地为这种新事物贴上现实政治的标签。

1946年8月，美国驻中国大使司徒雷登致信当时的国务卿詹姆斯·伯恩斯，谈到苏联在该地区影响力日益增长所带来的困难。美国积极参与了日本的重建工作，但是日本作为该地区的重要军事大国几乎已经被完全摧毁。这就造成了某种权力真空，而苏联人已经进入其中。这位大使写道："我们得立即承认一个事实，这个问题让我们进入了**现实政治**领域，我们在战后曾希望放弃**现实政治**，转而建立一个相互合作的体系。"他认为，对于美国来说，"不从现实出发来考虑苏联政策对我们历来认为重要的地区的影响，将是一种不负责任的做法"。[26]

与此同时，美国在中东和亚洲也都接过了令人生厌的负担，因为它的主要盟友英国和法国正在放弃它们原有的殖民地。在这些地方，美国再一次面对那些合理化为现实政治的行为。例如，英国在1956年试图夺取苏伊士运河控制权的失败行动（这导致英国与华盛顿关系出现裂痕）在英国议会中被谴责为"一种已经过时一百年的现实政治做法"。[27]但英国追求其他替代路线的能力却在不断减弱。在苏伊士运河惨败之后，英国需要与埃及的贾迈勒·纳赛尔上校的新政权达成妥协。正如英国自由党领袖乔·格里蒙德在下议院所说的那样，政府将不得不"面对一个简单的事实，那就是达成某种符合我们国家利益的安排"。最终，这"必须被视为一种现实政治的实践"。[28]

与20世纪30年代一样，这种逻辑可能会在整个欧洲产生多米诺骨牌效应。英国的政策充满了绝望的意味，而这种绝望又因为它与欧洲的疏远而进一步加剧。1959年，戴高乐将军成为法国第五共和国的总统，英国内阁对此感到震惊。英国内阁受到警告称，戴高乐的外交政策是"现实政治与经验主义混合的产物"。[29] 戴高乐调整了法国政策的方向，寻求与西德结盟，此举被明确描述为旨在制衡英美两国的主导地位，这表明法国与英美的分歧将进一步扩大（例如，他决定将法国地中海舰队撤出北大西洋公约组织）。在更遥远的亚洲，法国从印度支那撤军，此举成为美国填补这一权力真空的灾难性努力的前奏。

当时，在大多数情况下，美国在与其他国家打交道的过程中，都会面临对方的现实政治行为。1960年，美国外交官与匈牙利社会主义工人党总书记亚诺什·卡达尔之间的一次谈话就是一个典型例子。卡达尔是在1956年苏联镇压匈牙利叛乱后上台的。他在访问纽约时表示，自1956年以来，"我们两国之间发生了许多幼稚的事情"。美国政府和匈牙利人都"表现得像孩子一样"，定期驱逐对方的外交官。在探讨达成谅解和改善关系的可能性时，卡达尔提出如下请求："我不喜欢德国人（我指的是阿登纳领导下的西德），但为了说明我在这一问题上的态度，我会用德语中的'现实政治'这个词来说明应该如何处理这个问题。我们并不恨美国人。毕竟，让我们现实点吧：我们到底是谁？……在这个广袤无垠的世界里，我们就像'虱子'一样渺小。但关系正常化的前提是美国政府愿意承认现实。匈牙利人民共和国已经是一个既成事实。我们今天屹立于此，明天也将会屹立于此。你们要做的就是承认这个事实。其余的事情就很简单了。"[30] 美国官员也并非完全不受这种观点的影响。没过多久，他们在推行类似政策时，也开始使用同样的外交辞令。例如，一些外交官将美国试图让南斯拉夫领导人铁托将军脱离莫斯科的努力描述为"某种现实政治的成功"。[31]

在整个20世纪60年代，现实政治这个词通常被美国政府工作人员用来描述其他国家的行为。在大多数情况下，它被用来表示其他地方的实用主义例证。与这一时期国务院档案中的材料类似，美国国家档案馆收藏的中央情报局档案文件中有一百四十六处提到现实政治，而它们大部分都出现在关于其他国家意图的讨论中。

然而，国家利益的首要地位可以通过其他方式发挥作用。例如，美国重视巴基斯坦作为盟友的地位，这导致了印度与美国关系紧张。1962年，美国驻印度大使馆给美国国务院的一封电报指出了"一种现实政治观点的危险，即美国人对待印度的态度基本上是漠不关心，印度最好与中国人和解"。[32]当印度在1972年拥有了自己的核能力时，有美国官员观察到印度领导人似乎"很喜欢新近得到验证的现实政治技能"，他们得以开辟一条有别于西方的独立的道路。[33]

在那些美国官员有意识地援引现实政治这一概念来为自己行为辩护的罕见事例中，他们总是极不情愿，并且通常会做出补充说明，即这只是一种临时性措施。事实上，这个词第一次被用来解释或证明美国政策的某项举措似乎是在1962年关于美国对伊朗政策的内部讨论中。美国中央情报局和英国政府都参与了推翻伊朗民选首相穆罕默德·摩萨台的行动，在政变发生十年之后，肯尼迪政府在伊朗的政策受到了质疑。美国司法部长鲍比·肯尼迪受到了来自最高法院法官威廉·道格拉斯的压力。道格拉斯直言不讳地批评美国政府的政策，并大力支持伊朗的民主。

美国国家安全委员会工作人员罗伯特·W.科默为总统国家安全事务助理麦乔治·邦迪起草了一份政策文件，其中研究了各种可能的选择。支持伊朗国王显然不是一个理想的选择。有人提出，美国可以出手将他赶下台，或者鼓励建立一个新的政府。但就目前而言，"还没有一个值得考虑的竞争者（尽管我们正在密切关注）"。这是对美国中东政策典型困境的早期描述："虽然我们可以推翻伊朗的旧政权，但这只会是刚出虎穴又入狼窝。我们无法确保在随后可能发生的混乱中，能够令人满意地保护好我们的利益。事实上，如果没有君主政体和军队现在提供的哪怕只是基本的稳定局面的支持，我们对最终出现的政权的影响力都会大打折扣。从美国的角度来看，它至少会是一个更强大、更令人满意的政权吗？我对此也持怀疑态度。"

虽然科默声称这份文件只代表他一个人的观点，但他确实认为这与华盛顿的"圈内人"的共识大体是一致的，他们都认为现行的伊朗政策勉勉强强，但同时也意识到"现在支持另外一匹马还为时过早……（因为现在还没有看到别的马在跑）"。在没有任何可行的替代方案之前，必须维持现状。激进的解决方案，如鼓励政权更迭，或者支持伊斯兰教或世俗的反对派来反对国王，风险都太大了。问题就出在文件的最后一行："我们坚持现实政治。"[34] 正如前文所谈及的那样，这与1916年《赛克斯-皮科协定》签订时英国人第一次使用该词来证明官方政策的合理性有相似之处。推行这些政策的官员并没有对此津津乐道，而且多少还带有些羞耻之心。但是，中东比其他任何地区都更能揭示英美外交政策中最不招人喜欢的一面。

美国外交政策话语的这种微妙变化，应该被看作向英帝国主义行为方式的转变。对中东政策中的利己主义并不是什么新鲜事，而且在涉及石油资源的情况下，这一点往往最为明显。人们可以看到的是，那些在战后年代培养出来的"出类拔萃之辈"，例如哈佛大学的科默以及耶鲁大学的麦乔治·邦迪，都在使用新的外交政策词语。因此，负责国际事务的副助理国防部长比尔·邦迪在1963年写给副国务卿乔治·鲍尔的信中声称，对外援助法案"因为没有不断表达美国强硬的政治利益和政策而遭受损失"。这一情况"往往掩盖了特定项目中通常完全具有说服力的现实政治"。[35]

尽管如此，美国仍然无法摆脱一种感觉，即现实政治是一个外来事物。考虑到美国人民的理想主义倾向，许多在外交部门工作的人仍然保持谨慎，即使在冷战最激烈的时候，他们也不愿意完全接受这一概念。

1967年，哥伦比亚大学现代阿拉伯语研究教授、新任美国驻阿拉伯联合共和国（United Arab Republic）大使约翰·巴多呼吁美国改变在中东地区的外交政策，将重心从以色列转向阿拉伯政权。苏联之所以获得优势，是因为它在该地区实行了有效的现实政治举措。美国也只有采取类似的非感情用事的方法才能应对这一局面，"评估现状，区分什么是利益，什么是迫切需要得到的东西，准确评估阿拉伯世界的力量，而不是单纯地根据大众或传统的形象来看待它们"。但巴多也怀疑这一论点可能会失败。他意识到，大多数美国人对他所认为的"老练圆滑"的外交政策的内涵心存疑虑。他写道，对于许多美国人来说，"老练圆滑就是可疑，意味着欺骗和似是而非的论点，是一种无原则的或前后不一致的狡猾行为"。[36] 即使外交官们想要采取某种行动，美国人民也不会任由他们不受约束地为所欲为。

第十五章

基辛格效应

20世纪60年代末，完全倾向于现实政治似乎是极不可能的。对于大多数美国人来说（即使是那些政府官员），他们仍然很难接受这个词。因此，理查德·尼克松和亨利·基辛格领导下的美国外交政策的新变化，在政府机构内外都产生了冲击，在未来的岁月里，这一冲击将对美国的政治话语产生深刻的影响。

当人们谈到现代社会的现实政治时，基辛格的名字通常会紧随其后。他从1969年1月到1975年11月任尼克松总统的国家安全事务助理，并从1973年9月到1977年1月先后任尼克松总统和福特总统的国务卿。在基辛格任职期间，现实政治一词在整个政府机构中被普遍使用。在公共领域，它也比以往任何时候都更加普及。关注外交政策的人普遍对基辛格的思想非常感兴趣。将当代美国的外交政策与19世纪欧洲的进行对比变得司空见惯，这也并不是人们第一次这么做了。正如历史学家沃尔特·拉克尔1973年在《评论》杂志上所描述的那样，基辛格声名鹊起的副作用之一就是使人们突然对卡斯尔雷勋爵和梅特涅伯爵恢复了兴趣，这种兴趣是基辛格在1957年出版的《重建的世界》一书引发的。政治评论家们"以前并不以精通19世纪早期欧洲错综复杂的外交事务专业知识而闻名，但是现在，他们都在热切地翻阅这本书，即使找不到万能钥匙，至少也希望能找到一些关于20世纪70年代基辛格大战略的一些有用的线索。如今，如果哪篇文章或哪个专栏没有引用梅特涅式体制或俾斯麦的**现实政治**的话，几乎都不能算是完整的"。[1]

在最简单的层面上，人们可以看到一条明显的把这些故事串在一起的主线。基辛格是从巴伐利亚来到美国的讲德语的移民，他的作品涉及19世纪的欧洲外交。但深入挖掘，你就会发现情况变得更加复杂。首先，基辛格自己都认为现实政治是一个没什么用处的标签。在2009年接受《明镜》周刊的采访时，他指出："关于现实政治，让我说几句话，这只是为了澄清一下。我经常被指责玩弄现实政治手段。但是，我想我从来都没有用过那个词。那些评论者想借此给我贴上一个标签，他们说：'快看，他真的是个德国人。他并不像我们美国人那样看问题。'"[2]他在2012年又补充道："现实主义外交政策的支持者们被用一个德语词**现实政治**来加以讽刺，我认为此举旨在推动各方选边站队。"[3]

与基辛格同时代的哈佛大学教授斯坦利·霍夫曼声称，基辛格的职业生涯是"对一种缺乏道德说教的现实政治的追求"，但他这样说只是为了讽刺基辛格。[4]基辛格思想的形成是一个博采众长的过程，其间受到了许多事物和经历的影响。从萌芽期开始，基辛格的思想就包括迄今为止被描述为反现实政治的众多因素。在二战的最后阶段，基辛格作为一名美国士兵，在德裔美国人弗里茨·克雷默的带领下回到自己的祖国德国，随美军第八十四师驻扎在德国的本斯海姆（Bensheim）。在德国的那段时间让他收获很大，克雷默发现了他的聪明才智。[5]后来，在缓和时期，克雷默曾经与基辛格决裂，因为他认为在基辛格的任期内，冷战的道德因素并没有得到充分的重视。但是后来两人又和解了，基辛格还在克雷默的葬礼上发表了讲话。[6]

　　同样重要的是，基辛格就读于哈佛大学的政府学系。身处耶鲁大学和芝加哥大学这些主要的国际事务研究中心之外，使得他身上并没有某种特定的国际关系理论的烙印，或许他还因此得以避开一些与这些理论联系在一起的固定的话语模式。他最初的兴趣更多是在思想史方面，而不是在结构或体系。他在哈佛大学的一位教授萨姆·比尔后来回忆说，基辛格"对世界事务中思想的重要性有着本能的认识"，尤其是在宗教思想方面。比尔补充说，德国难民"对思想能对世界产生什么影响有着切身的了解"。基辛格在哈佛大学编辑发行的期刊《融合》（*Confluence*）中向众多观点各异的著名思想家和公共知识分子约稿。除了莱因霍尔德·尼布尔和汉斯·摩根索的文章外，它还刊登了汉娜·阿伦特、麦乔治·邦迪、伊诺克·鲍威尔和保罗·尼采等人的文章。[7]

　　基辛格并不是一个因循守旧的人。1951年，汉斯·摩根索曾在哈佛短暂任教，基辛格后来称他为"我的老师"，因为他赞成《国家间政治》一书中的基本原则。但基辛格不应该被归为摩根索的门徒，因为他在许多问题上都与摩根索存在分歧。[8] 他在威廉·扬德尔·艾略特的指导下学习的时间更长，艾略特带领他学习了荷马、斯宾诺莎和黑格尔等人的著作，将他引向了思想发展史上的其他传统。基辛格的本科学位论文《历史的意义》就是因为艾略特才写的。论文探讨了康德、奥斯瓦尔德·斯宾格勒和阿诺德·汤因比的著作——这三位思想家都坚定地站在反现实政治这一边。我们知道，康德受到了德国**现实政治**支持者的谴责，斯宾格勒认为他们幼稚到无可救药。汤因比是自由国际主义者，并且作为代表参加了1919年巴黎和会。也许，更为重要的是，基辛格的论文驳斥了狭隘的经验主义和纯粹理性的观点，认为历史的作用应该是抓住"生命的全部，而不仅仅是表象"。[9]

　　基辛格还受到了卡尔·J.弗里德里希的影响，后者是一位出生于德国的学者，1926年后一直在哈佛大学工作。有人认为，弗里德里希引导基辛格摆脱了一些现实主义者所青睐的美国思想生活中的两种流行趋势——自然主义和实用主义，这两种思潮不接受思想生活中的精神因素或超自然因素。[10] 如前所述，弗里德里希对摩根索和凯南都持强烈的批评态度，指责他们论述了"德国**现实政治**的美国版本"。[11] 虽然基辛格确实承认弗里德里希对他的影响，但并不一定视其为外交政策思想家。[12]

除了思想史之外，基辛格对政治家和治国理政，以及个人在管理与缓和国际关系趋势方面的作用同样感兴趣。[13] 这反映在以他的博士论文为基础出版的《重建的世界》一书中。这本书研究了拿破仑战败后梅特涅伯爵和卡斯尔雷公爵的外交政策，它反对一种"社会决定论的学术研究"，因为这种研究"把政治家降到了'历史'这台机器的操纵杆的层面"。基辛格认为，对政治家的考验，用罗豪或许说过的话，那就是："他是否有能力识别出真正的力量之间的关系，并让这一认识服务于他的目的。"[14]

有人指出，在《重建的世界》中，基辛格要表达的主题是悲剧人物，他也许是在效仿韦伯，潜藏在他的作品背后的是对悲剧的期望。梅特涅和卡斯尔雷都落入了他们各自所处时代的"深渊"。卡斯尔雷于1822年自杀，他的政策受到后人的唾弃；梅特涅在1848年被赶下台，他试图维护奥地利帝国的平衡的措施也不断陷入危机。然而，经过认真研究，人们会发现，基辛格对这一时期的解读远非一种宿命论。它使明智的治国理政之道得以胜利，从而调和危险并保持一条稳定的道路。[15] 可以说，基辛格与尼布尔、摩根索和凯南都认同韦伯式"责任伦理"的观念。但需要再次声明的是，如果简单地将其假定为那些自诩为现实主义思想家的人的专利，则是错误的。[16]

另一个错误是假定基辛格有一些他希望效仿的历史"英雄"。那种认为基辛格认同梅特涅的观点，被基辛格本人斥为"幼稚"。[17] 更为重要的是，他加入了20世纪五六十年代关于俾斯麦的辩论中（见本书第十二章）。人们经常观察到，1968年后，尼克松和基辛格的大战略中存在"某种俾斯麦式的东西"。[18] 然而，对俾斯麦进行更严格的审视是值得的，因为它为研究问题的其他很多方面提供了线索。

实际上，基辛格对俾斯麦政治战略的评估表明了他对其局限性的敏锐认识。1968年，就在尼克松任命基辛格为国家安全事务助理之前不久，基辛格发表了他自己关于俾斯麦的思考（他最初的博士论文中未包括这一点）。在基辛格看来，俾斯麦实行的是一种"遵循自利原则的自我约束"政策。但他建立的是一个依赖于他本人天赋的体系，而当该体系被那些禀赋较低和行事莽撞的人接手时，就会变得极为危险："在那些缺乏他的微妙手法的人手里，他的方法就导致了19世纪国家体系的崩溃。"俾斯麦式政体的弱点之一是其专制的本性，而这种体制促使了"朝臣和说客而不是政治家的出现"。更为糟糕的是，德国人从他那里学到的东西也是错误的。"他们只记得那些使国家实现了统一的战争"，却忘记了"使这些战争得以进行的耐心准备和取得胜利果实的适可而止"。他写道，德国的民族主义"没有经历自由主义阶段，结果变成了沙文主义"。对自由主义者的排斥同样具有破坏性。不负责任的自由主义"变得死气沉沉"。这种力量的结合为纳粹主义的崛起提供了空间。基辛格在这里以俾斯麦的朋友阿尔布雷希特·冯·罗恩将军一句意味深长的话作结："没有人可以做不道德的事情而不付出代价。"[19]

威廉·兰格在20世纪30年代曾经试图让英美人士重新接受俾斯麦这位普鲁士政治家，而基辛格对俾斯麦的解读更接近于A. J. P.泰勒在1955年出版的批判性俾斯麦传记。基辛格的解读与乔治·凯南所推崇的"俾斯麦主义"的版本有着显著的不同，而这引发了两人之间发人深省的讨论。凯南在1981年出版了《俾斯麦欧洲秩序的衰落：1875—1890年的法俄关系》一书，将俾斯麦视为英雄。[20] 该书出版后，基辛格写信给凯南，他说："我很喜欢您的书。这并不是说它不令人沮丧。如果连俾斯麦都无法阻止他所明确预见到的事情，那么现代社会的人们又能有什么机会呢？这才是真正的噩梦。"凯南的回答是："俾斯麦已经尽其所能，他的行事方式尽管表面上看起来粗鲁不堪，但从本质上来说也没有什么不人道。"在凯南看来，最大的危险是，当前这一代人"面临原子弹的恐怖威胁"却不能从俾斯麦的先例中吸取教训。[21]然而，基辛格基于他对俾斯麦主义在德国所造成的负面影响的理解，始终都感觉有必要对它进行遏制。在他1994年出版的《大外交》一书中，他对俾斯麦主义提出了直言不讳的强烈批评，不亚于1914年之前在英国出现的那些。正如他所言："德国的统一使**现实政治**自食其果，导致的结果与预期恰恰相反。"[22]

基辛格非常仰慕凯南，他对凯南的温和批评与本书第四部分对美国现实主义的批评大体上如出一辙。基辛格在凯南后来的著作中发现，凯南不愿意"管理细微差别"，不愿意接受模棱两可是政治生活不可缺少的一部分。在发表于《纽约时报》的一篇对约翰·刘易斯·加迪斯于2011年出版的凯南传记的评论中，他用自己对俾斯麦的理解来反对凯南的观点。政治家面临的挑战是"界定权力和道德的组成，并在两者之间取得平衡"。这种努力并非一劳永逸，而是需要"不断地重新校准"。它"既是一项政治事业，也是一项艺术和哲学事业"，并且要求有"一种管理细微差别和忍受模棱两可的意愿"。从事这一工作的人必须学会"将可实现的东西用于服务终极目标，并且接受这项工作中不可或缺的妥协的因素"。俾斯麦将治国理政之道定义为"可能的艺术"。作为一名公职人员，凯南因其对国际秩序的敏锐分析而著称。然而，基辛格认为，他的职业生涯遇到了瓶颈，因为他"时不时地拒绝接受只能不完美地涵盖所有因素的妥协"。

正如基辛格所言，美国的现实主义有一种绝对主义倾向。这导致那些自诩为"现实主义者"的人与那些负责行使权力的人之间的隔阂越来越大。实际上，现实主义本身就是以意识形态的形式出现的，就像它在俾斯麦时期的德国那样："凯南思想的讽刺之处在于，他在政府中的影响力源于他倡导了被如今的辩论定义为现实主义的思想，而政府之外的人对他仰慕有加，总体上是因为他们认为凯南对主流的、本质上现实主义的政策提出了理想主义式反对。"

此外，基辛格认为，凯南关于国际事务的看法是美国对政治的独特理解的外化。凯南的和平愿景"涉及一种非常特殊的具有美国特色的力量平衡，这种平衡不能仅仅以军事力量来衡量"。更确切地说，它反映了"一个社会的文化和历史的演进，其最终力量将由这一社会的活力和人民对更美好的未来世界的投入来衡量"。当然，在他著名的"X"电报中，凯南呼吁同胞们勇于迎接"对美国作为一个大国的总体价值的挑战"。值得注意的是，基辛格将作为理想主义者和哲人的凯南与巧匠迪安·艾奇逊进行了对比。在战后，两人在不同的道路上越走越远，这反映了艾奇逊作为一个实践者更强的能力，凯南则满怀惆怅地回到了学术和历史研究领域。只有通过艾奇逊，"凯南（关于遏制）的理念才能被转化为带领美国挺过冷战的战略"。[23]

也许基辛格与汉斯·摩根索的关系也可以用同样的方式来看待。基辛格一直非常敬佩摩根索，并在1980年摩根索的葬礼上发表了讲话。[24]但两人在越南战争上存在分歧。尼克松在1968年从约翰逊总统手上接过了越南战争。1968年10月22日，正当基辛格即将就任国家安全事务助理时，摩根索直接写信给基辛格，指责他在反对越南战争这一问题上态度不够坚定，也没有表明想要结束这场战争的意愿。[25]他还对1970年轰炸柬埔寨这一举动极为反感。轰炸柬埔寨是基辛格－尼克松战略的一部分，其目的是使美国在不被外界视为投降的情况下从战争中脱身。在给同为越南战争反对者的莱因霍尔德·尼布尔的信中，摩根索写道：

"（政府的）无能和病态真是令人震惊。"[26]

摩根索反对的与其说是针对越南的具体政策，不如说是这一政策的基本立足点。在用"病态"称呼美国的战略时，他指的是外交政策的整个哲学基础。事实上，他在1968年写给基辛格的信，以及1970年写给尼布尔的信，其内容几乎一字不差地出现在他1976年发表的一篇题为《美国权力的病态》的文章中。这种病态表现为四种"所有人共有的思想上的缺陷"：第一，过时的思维和行动模式；第二，"对现实进行妖魔化的解释"，或对复杂问题的低级回答；第三，通过虚幻的言语表达来否定现实；第四，相信能够进行全球范围内的社会改革。通常情况下，唯一的补救办法是对美国外交政策的基础进行"改革"。改革的成功与否"取决于揭示美国失败的根源这项思想任务的完成情况，取决于根据这种重新审视后获得的政治见解来采取行动的道德决心"。[27]

因此，基辛格对美国政府越南政策的辩护明显不同于此类绝对的范畴。完成了对结束越南战争的《巴黎协定》的谈判后，他在1974年主张向越南提供实质性财政和军事援助，部分原因是有五万美国人在那里战死，但国会拒绝了这一要求。他在回忆录中罕见地使用了这个词："我的主张的重点是'荣誉'和'道德义务'等不合时宜的概念，而不是我们的批评者所称的现实政治。"[28] 在基辛格卸任十年后，历史学家迈克尔·亨特提出了这样的观点：尼克松和基辛格都对美国独特的世界角色有着深刻的认识，这是在冷战范式下被强化的一种看法。他们坚持在越南问题上维护美国的声望和信誉，这是美国外交政策中的一个长期传统，至少可以回溯到19世纪90年代。因此，亨特认为，在某种程度上，基辛格的行事方式使人更多地联想起亚历山大·汉密尔顿，而不是一位传统的欧洲外交官。[29]

时至今日，基辛格的著作中仍有一种强烈的美国例外主义的元素，而西奥多·罗斯福的遗产就是其试金石。[30] 20世纪90年代初负责近东事务的副助理国务卿大卫·麦克在哈佛大学上过基辛格的课程，他认为基辛格的"现实政治观点"不是欧洲式的，而是独一无二的美国式的。"他认为，即使我们可以更为犬儒、更为现实，美国也依然是世界上最后一个最佳选择。"[31]

英国而非俾斯麦：尼克松的大战略

正如基辛格在许多场合指出的那样，尼克松总统并不是任他摆布的傀儡。尼克松是一个有自己主见的人，有独立形成的世界观，他们的工作关系也并不总是一帆风顺。[32]尼克松在外交政策领域的思想和政治历程反映了过去十五年来取得的不同经验：他作为艾森豪威尔的副总统（艾森豪威尔经常患病）在阿尔杰·希斯审判中站在控方这一边；另外，20世纪60年代中期，他利用自己暂时的政治蛰伏期周游世界。他以坚定的反共产主义立场而著称，正因为如此，他向缓和政策的转变使得像威廉·F.巴克利这样的前支持者感到怒不可遏。[33]

1967年，尼克松宣称美国应当寻求与中国和解，以此削弱共产主义阵营。这种对缓和的偏向，与美国外交政策的一种有意形成的新观念息息相关，"互惠"和"平衡"是其中的基石。事后，尼克松认为，自己最突出的贡献在于让美国人全盘思考国际形势，而不是孤立地应对各种事件和各种危机。他在回忆录中写道："我们在一段时间内只专注于一两个问题的倾向导致了各方面政策的倒退。"[34]

与此同时，尼克松还谈到，关于在越南如何采取行动这一问题，他希望在"鹰派和鸽派"之间寻求一条中间路线。[35]当时，他接手的是一场已经导致了三万一千名美国人死亡的战争。他面临的难题是如何在不遭受完全屈辱和南越不被北方打垮的情况下，将五十万人的部队撤出。他认为，对中国或苏联的任何开放都取决于美国实力的展示。在这一点上，他的做法使普遍的期望落了空，因为人们普遍预测他在担任总统期间将迅速解决战争问题。"体面的和平"是目的，"越南化"和冲突的"隔离"是实现目标的手段。实际上，这意味着南越将不得不独自承受战斗的负担，但也要防止北越进一步扩大他们的活动范围，例如进入邻近的柬埔寨。因此，当成千上万的美军开始返回美国时，美国空军越来越多的飞机却被派往相反的方向，实施了人类历史上规模最大的轰炸行动。这些空袭行动被安排在与北越的谈判同时进行，目的在于结束战争，并让中国和苏联减少对越南南方民族解放阵线的支持。这成为尼克松1972年2月著名的中国之行和《上海公报》发表的背景，为中美两国关系的正常化奠定了基础。同时，这又为尼克松和苏联领导人列昂尼德·勃列日涅夫在莫斯科举行的首脑会谈奠定了基础，这次首脑会谈的成果之一是同年5月苏美两国签署了第一阶段《战略武器限制条约》（Strategic Arms Limitations Treaty）。这一实践后来被称为"三角外交"（triangular diplomacy），它背后的理念是让美国充当世界两大共产主义强国之间的权力掮客。

尼克松的这一做法受到了英国而非德国的先例的启发。正如尼克松在一段白宫里的私人谈话录音中所描述的那样，他的目的是扮演"英国人在19世纪所扮演的角色，当时在欧洲列强中间，他们总是联合弱国一起对付强国"。[36] 当然，这是基辛格在《重建的世界》一书中所讲的一个故事：卡斯尔雷是当时英国外交政策的主导人物，他先是联合沙皇俄国对抗并击败拿破仑，紧接着，在1815年之后，又联合被打败的后拿破仑时代的法国来对抗沙皇俄国。[37] 在这里，用最直白的话来说就是，这是美国外交政策的一个范例，其依据是参照英国的做法，而不是受俾斯麦的影响。[38]

换句话说，尼克松–基辛格的做法既受到了盎格鲁–撒克逊人先例的影响，也受到了欧洲大陆的治国理政传统的影响。例如，尼克松把自

图11 1973年，理查德·尼克松总统与他的国家安全事务助理兼国务卿亨利·基辛格在白宫。图片来源：维基共享资源

己比作温斯顿·丘吉尔，指出丘吉尔的在野岁月使他在1940年成为伟人。他谈到了自己曾经视内维尔·张伯伦为英雄，那是张伯伦1938年从慕尼黑归来时，宣布实现了"我们这个时代的和平"。现在回想起来，他开始认为"张伯伦是个好人"，但"丘吉尔是个更睿智的人"。[39]

抛开有关"特殊关系"的力量的争论，我们可以再次看到英美两国共同的世界观。1982年，基辛格在位于伦敦的皇家国际事务研究所发表演说时指出，二战结束时，许多美国领导人指责丘吉尔"毫无必要地过分沉迷于**强权政治**，持过于僵硬的反苏立场，对于现在所谓的第三世界的态度过于殖民主义，对建立美国理想主义一直倾向的全新的国际秩序没有什么兴趣"。那时，英国人认为美国人"幼稚，爱道德说教，在帮助维护全球力量平衡问题上逃避责任"。20世纪六七十年代，这种情况已经发生了变化。此时，是美国人被指责为过多沉迷于**强权政治**和均势。尽管如此，基辛格认为，20世纪下半叶，"英国对美国的迅速成熟产生了决定性影响"。最重要的是，英国给美国留下了"一种便利的道德利己主义"，即"对英国好的，对其他国家就是最好的"。[40]

从缓和到人权攻势

这些微妙的东西并不总能够在体制内渗透传播。基辛格通常会避免使用现实政治这个词，而尼克松更是从来没有使用过它；但是，许多在他们手下工作的人都把他们的指令理解为源于某种"现实政治"的东西。我们可以从这个时代的外交人员的证词中看到这一点。在一个典型的例子中，曾经参与巴黎和平谈判的美国国务院职业外交官塞缪尔·R.甘蒙三世描述了基辛格的到来对政府的影响："亨利给美国的外交政策注入了一剂大有裨益的现实政治。外交政策从来没有摆脱过这种需要，但是我们相信，我们的国家是一个和蔼可亲、心地善良、一心想做正确事情的国家，确实如此！我们有很多美好的理想，这是我们值得骄傲的地方。但在寒冷而残酷的世界里，这些理想有时候会对我们造成不利影响。而亨利如果不是一个带有一种健康的中欧悲观主义的现实政治和强权政治的实践者，便一无是处。"[41] 这是一种纯凭印象给出的分析。例如，它并没有对**现实政治**和**强权政治**进行区分，这延续了前几章的主题。

尽管如此，人们还是可以看到外交政策的时代背景被认为对这些专业人士很重要。他们所使用的词语有助于提供某种界定。反应更为灵敏的官员很快就适应了他们所认为的重点的微妙变化。其中一个例子是莫里斯·威廉姆斯，他是国际发展方面的专家。由于美国国际开发署（US Agency for International Development, USAID）受到审查（国会开始质疑它的预算），威廉姆斯起草了将援助分为两个项目的计划：第一个是安全援助项目，以支持美国的外交政策目标；第二个是旨在解决基本的人类需求的项目，以支持美国的长期目标。他表示："也许我提出这一提议的方式是有所助益的，因为它迎合了尼克松总统的现实政治，也迎合了美国外交政策中强大的道德传统。"[42]

这不仅仅是说说而已。现有项目被有意地重新包装，以适应当前的普遍情绪。温斯顿·洛德是基辛格担任国家安全事务助理时的特别助理，后来在1973年出任国务院政策规划司司长。他描述了其运作的方式。他鼓励希望在解决南非种族隔离问题上有所建树的非洲事务司的同僚们，在起草提议时不要忘记一件事：基辛格是一个"讲究均势，践行现实政治"的人。这意味着，要将重点放在加强美国在该地区的影响力上，而不仅是单纯地关注人权问题。[43]

在其他人看来，现实政治更多地与缓和（与共产主义国家实现一定和解的政策）联系在一起。在这个背景下，这似乎并不是一个全新的开始。显而易见的是，美国的政策有相当程度的延续性。在过去十年的大部分时间里，与中国建立双边关系的想法一直存在。正如美国驻中国昆明的副领事后来回忆的那样："我认为，从外交政策或现实政治的角度看，人们的感觉是，这是一个根深蒂固的政权，在可预见的未来，它会继续存在，而我们将不得不与它打交道。"[44] 如果这样使用这个词的话，就几乎没有什么能够区别现实政治和基本常识了。"铁幕"以东的国家发出的信号无疑与此产生了共鸣。例如，在1973年尼克松-勃列日涅夫首脑会议之后，保加利亚通讯社表示，美国终于开始接受国际秩序的现实了。这些冷冰冰的事实"促使西方最强大的国家走上了国际关系的现实政治道路"。[45]

在发表于1973年10月的一次讲话中，基辛格试图平息此前四年尼克松政府外交政策中出现的一些争议。一方面，"纯粹的务实政策没有

图 12　1973 年 6 月 19 日，理查德·尼克松欢迎苏联共产党中央委员会总书记列昂尼德·勃列日涅夫访问华盛顿，此次访问是缓和政策的一部分。图片来源：维基共享资源

为其他国家评估我们的表现提供任何标准，也没有提供任何让美国人民能够团结起来的标准"。另一方面，他认为，"政策变得过于道德化时，可能会变得不切实际，还会存在危险"。他总结说，决策者"必须在什么是可取的和什么是可能的之间找到一个平衡点"。[46]

许多最棘手的争议，与其说是与战略的总体基调相关，不如说是与其成功所要采取的具体策略相关。例如，与苏联的谈判是通过巴基斯坦和罗马尼亚斡旋进行的，美国人对这两个中介国的人权的关注使这些谈判变得愈发敏感。尼克松外交政策更广泛的目标在于以一种能够确保主要大国之间的和平的方式来稳定世界。但通往这一目标的道路充满了妥协。一位参与该政策的外交官声称："现在我们对罗马尼亚的利益在于，我们当然希望推动东欧的独立潮，这不仅仅是一种狭隘的现实政治的行事方式，而且是一个真正的长期进程，逐步鼓励苏联本土以及东欧实现更广泛的多元化发展。"这"并不仅仅是狭隘地反对苏联，而且是整个地区变革政策的一部分"。[47]

同样，一名当时驻罗马尼亚的美国外交官也承认，"我们对齐奥塞斯库的过度关注"损害了美国的声誉。但他也表示，人们一直认为，此类安排可能只是暂时的，长远来看可能会耗尽外交政策的合法性。现实政治是一种有用的论述，但以一种嘲讽的方式使用时就并非如此了。"是的……基辛格和尼克松都是非常倾向于现实政治的家伙。但如果你读过基辛格的《大外交》这本书，你会发现，即使是基辛格，最终得出的结论也是：对于美国而言，纯粹而不加变通的现实政治并不是一种可行的政策，永远不会被美国人民接受。美国人坚持认为，他们的外交政策必须包含一些人权或道德因素，还要包含一些理想主义的东西。"时任驻罗马尼亚大使哈里·巴恩斯并没有简单地说，"让我们忽略掉人权，只关注现实政治吧"。大使馆确实与异议人士保持了一些联系，但那是在人权"攻势"对美国的外交政策产生冲击之前。[48]

那次所谓的人权攻势从1974年开始积聚声势。正如阿瑟·M. 施莱辛格在他的《美国历史的轮回》一书中所描述的，有两种人反对基辛格、尼克松和当年8月尼克松辞职后成为总统的杰拉尔德·福特的行为方式。第一种是崇尚威尔逊式国际主义传统的人，他们自然地倾向于一种更加自由的、以权利为基础的外交政策。第二种是来自富兰克林·罗斯福阵营的人，他们持更加强硬的态度，但也提出了美国政策核心存在一个"道德真空"的论点。正是在这种两面夹击的钳形攻势下，国会被用来向行政部门施加压力。这种压力的一个早期事例就是要求国务院发布一百多个国家的人权状况年度报告。基辛格原本要求这些报告供内部使用，但国会现在要求将这些报告公之于众。[49]

国会施加了巨大压力的另一件事情是移民问题，特别是涉及政治异议人士和犹太人的移民问题。1975年1月，福特总统与罗马尼亚签署了一项贸易协定，该协定包含《杰克逊-瓦尼克修正案》，该修正案是由绰号"铲子"的华盛顿州参议员亨利·杰克逊和俄亥俄州众议员查尔斯·瓦尼克共同发起的。[50] 修正案在美国联邦法律中增加了一项条款，限制美国与那些限制移民自由和其他人权的国家建立贸易关系。一位曾经在美国国务院主管人权和人道主义事务的助理国务卿吉姆·威尔逊手下工作的外交官后来描述了难民问题给政府带来的压力，"当时，国务卿基辛格受到强烈批评，说我们搞了太多的'现实政治'或是**强权政治**，而对人权之类的事情却没有给予足够的关注，而这些毕竟反映了基本的美国价值观"。[51] 基辛格本人也将杰克逊参议员视为缓和政策的最大反对者。他"试图摧毁我们的政策，而不是去改善它"。[52]

随着人权日益受到重视，当前时代的争议问题已经超出了缓和的迫切需要。以前没有受到公众关注的政策，变得越来越具争议性。1974年，在一直统治希腊的军事集团倒台之前，美国国务院处理希腊事务的办公室负责人表示，在希腊和土耳其（后者当年入侵了塞浦路斯）问题上，地缘政治方面的考量压倒了其他担忧："基辛格先生是现实政治的代言人。事情正是如此。为了维持力量的平衡，我们必须支持希腊人，我们必须支持土耳其人，因为只有这样，才能把欧洲的南翼团结在一起。就是这么一回事。"[53] 同样，在1975年至1976年，美国对智利的皮诺切特将军政权的支持引发了越来越多的争议。时任美国驻智利大使馆公使衔参赞的托马斯·博亚特大使后来指出了当时的困难："我们面临来自行政部门的某种推行现实政治的要求，同时又有来自立法部门和媒体等人权方面的压力。而我们刚好被夹在了中间。"[54]

1974年10月，国务院起草了一个内部备忘录，内容关涉人权问题和对威权政权的政策，以适应不断变化的形势。发生在四个国家的事件，即智利和菲律宾限制公民自由，韩国专制统治的加强以及希腊军政府的行为，将这些问题提上了议程。政府受到的不重视人权问题的指控阻碍了国内各界就外交政策达成共识。美国国务院有必要提出"一种更系统的思考、规划和谈论人权问题的方式"。这是问题的关键所在。"道德因素"现在正直接影响着"外交政策实际的成败……因此，它与通常包含在现实政治考量中的任何其他因素一样现实"。[55] 换句话说，美国外交政策的形象直接影响着它的成效。

吉米·卡特和新的反现实政治

反对尼克松和福特政府外交政策的行动不仅仅是威尔逊主义的翻版。1976年，从苏联移民到美国的作家安德烈·阿马尔里克在纽约获得国际人权联盟（International League for Human Rights）年度奖，他在获奖感言中向美国人民谈及了理想主义和现实主义两个方面："现在，我呼吁大家，我呼吁大家发扬美国的革命精神。我呼吁你们去播撒一场新的革命的种子，而不是只顾用信用贷款、啤酒和百事可乐来换取自己安逸宁静的生活。我呼吁你们发扬杰斐逊精神，而不是基辛格精神！我是一个比所谓的现实政治的倡导者更彻底的现实主义者。当你向暴力妥协而不是与之战斗时，你将永远不会获得安全感。这场战争是强加在你身上的，你无法成功地避开它。"[56]

吉米·卡特在1976年的总统大选中获胜，这预示着美国外交政策的明显转变。卡特在竞选期间承诺将把工作重点放在人权问题上，其意图就在于传达这一信息。唐纳德·麦克亨利在加入美国驻联合国代表团之前，曾供职于卡特总统在国务院的过渡班子。他对卡特的外交政策进行了如下描述："我们经历了一段现实政治时期，我们实际上已经与一些相当令人讨厌的人物结成了同盟。"[57] 同样地，在新政府实施的第一波改革措施中，美国新闻署（US Information Agency, USIA）重新得到了加强，其目标在于"取消基辛格–尼克松时代的**现实政治**和战略优先事项"。[58]

一个人在描述自己或敌人时所选择的措辞，暗含了更深远的意图。正如我们所看到的，外交政策辩论的用语已经变得比以往任何时候都更重要。困难在于在政策层面上实施这一政策。促进和保护普遍人权的总体愿望本身并不是一项伟大的战略。没过多久，团结起来从各方面反对尼克松–福特外交政策的松散联盟——从意识形态上的反共主义者到新威尔逊主义者——已经开始分裂。[59]前一阵营的成员欧文·克里斯托尔指责卡特利用人权问题，"在美国渴望自我肯定的背景下，调动威尔逊理想主义在选举中的潜在吸引力，反对亨利·基辛格的**现实政治**"。问题不在于基于人权的政策没有意义，而在于它实在是太过模糊。[60]

然而这些措辞更微妙的含义在一开始就变味了。1977年，历史学家沃尔特·拉克尔在《评论》杂志上解释了这个问题。他说："现实政治的倡导者（指的是上一届共和党政府的成员）并不怀疑卡特总统对人权事业的承诺。"但他们怀疑，他的工作重点在他的一些手下看来并不是那么重要。例如，当涉及与苏联的关系时，他们不太可能采取一种会破坏双方缓和局势的行动。拉克尔预测，民主党政府将"不会做出突然的退让"。但在人权问题上，会逐渐出现"理想主义的衰退"，并且它很快就会"流于言辞"。拉克尔本人仍然认为，争取促进人权的斗争"并不是一项脱离了世界事务的严酷现实的崇高而不切实际的事业，而是一种直接关系到国际安全的现实政治"。而他得出的结论是，卡特政府已经表现出了不知所措和胆怯的迹象。[61]

1977年3月，在卡特就任总统仅仅两个月后，这些困难就在国务院的另一份内部备忘录中被提出。备忘录是安东尼·莱克起草的，他为了抗议对柬埔寨的轰炸，于1970年离开了政府。1971年，莱克在《外交政策》杂志上发表了一篇揭露这场轰炸的文章，来展现"现实政治的人性现实"。[62] 当卡特赢得大选时，他又重返政府，担任国务院政策规划司司长，直接领导是副国务卿沃伦·克里斯托弗。该文件的目标是将政府处理"人权问题的总体方式"加以综合。正如莱克所描述的那样，卡特政府"迅速采取行动，在人权问题上表现出了诚意"。但障碍也开始不断出现。总的来说，人们认为这项政策是"国会山最想要的"，这意味着，在立法方面卡特不太可能遇到之前尼克松和福特所面临的阻力。但莱克本人也担心，对人权问题的关注过于含糊，这是很危险的。他指出："在人权问题上，我们处理与国会关系的战略，不必是一种'战略'，而应是一种态度。"这种处理方式的关键是与国会通力合作，以减轻过多的压力。[63] 这是程序和表现的问题，而不是整个政策的转变。

另一方面，一些国务院官员抱怨说，国务卿赛勒斯·万斯和国务卿的副手沃伦·克里斯托弗在人权问题上"几乎都是意识形态方面的纯粹主义者"。这无助于制定出富有条理性的政策。政策规划司司长的特别助理罗纳德·J. 奈茨克讲述了一个由克里斯托弗主持的会议，会议主题是讨论应该向某个人权记录不佳的拉丁美洲国家（很可能是智利）出售何种武器。经过"无休止的辩论和近乎虚伪的道德分析"，他们决定，有关政府可以得到武器，但是不能得到子弹。这是一种态度的象征，"这种态度可能源自卡特本人，当外交政策的决定表现为具体的、是或否的时候，就可能显得幼稚和不切实际，或者根本行不通"。与此同时，卡特似乎不太愿意在中东政策中采取同样的顾忌态度。就好像"他们在整个产油区周围画了一个圈，然后给予这一地区豁免权，对它加以区别对待"。[64]

非洲是另一个充满争议的地区，在那里，强调人权重要性的测试可能会临近崩溃。这回批评来自切斯特·克罗克，他在基辛格领导下的国家安全委员会工作过。克罗克已经准备承认，美国"不可避免地会因为自己的身份而变得多少有点威尔逊主义的做派"。但关于卡特，他对于自己所看到的种种提出了猛烈抨击，认为卡特"处理非洲人权状况的态度只是无休止的炫耀、夸夸其谈"，却没有对战略现实进行充分的考虑。[65] 当冷战来临时，人权问题的重要性逐渐下滑。1978年，扎伊尔总统蒙博托面临叛乱，美国同法国和比利时一道提供了后勤支持，帮助他巩固地位。虽然蒙博托在当政期间的所作所为糟糕透顶，但仍被认为是值得支持的，因为他在冷战期间与美国结盟。面对这一问题，"美国国家利益的现实和现实政治的考虑促使卡特政府反对非洲的分裂"。[66]

即便是欢迎赛勒斯·万斯担任国务卿，认为他可以消除基辛格政策的不利影响的人，其中也有些人也得出了这样的结论：美国偏离方向太远了。西奥多·S. 威尔金森曾经在美国驻欧洲和拉丁美洲的大使馆、北约以及联合国任职，后来担任外交事务协会（Foreign Service Association）会长。他声称，到1976年，官员们已经为赛勒斯·万斯的到来做好了准备，"因为基辛格的行事风格过于犬儒，所以迎来一个众所周知的坦率、诚实、开放和直率的人，是一个可喜的变化"。但他得出的结论是、无论是万斯，还是总统本人，"在构建对外关系和外交政策方面都不如基辛格那样聪明"。[67] 国家的外交政策机器也不可能如此轻易就实现一百八十度转向。正如一位职业外交官所说，"政治任命的官员很容易就能进入角色，他们想要完成伟大的事情，与此相对的是职业外交官，他们信奉现实主义，或许还有些犬儒主义，眼里看到的只是自己的计划被打乱"。[68]

与其他许多届政府一样，高级官员之间的紧张关系使情况变得更加复杂。万斯与卡特的国家安全事务助理兹比格涅夫·布热津斯基发生了冲突，其中部分原因是布热津斯基敦促美国在军备控制问题上与苏联打交道时要更加积极地推行人权政策。布热津斯基对威权主义的理解和反对在一定程度上要归功于卡尔·J. 弗里德里希的反现实政治传统。与基辛格一样，他在哈佛大学时也曾经在弗里德里希手下工作。但他身上也带有尼古拉斯·斯派克曼的地缘政治方法的深刻印记，因此，他将国际体系看作一个"大棋局"，在其中，美国会采取各种行动对付苏联（这在一定程度上解释了他在1979年卡特支持阿富汗圣战者的战略中所扮演的角色）。[69] 这些都是在美国外交政策制定中由来已久的战略传统，尽管它们受到了欧洲思想变化的影响。[70] 最终，这些传统提供了一个更可靠的战略指导，而不是日益痴迷于这一时期特有的语言和标签。

最后一个重要的方面是，卡特的外交政策受到了欧洲国家的冷嘲热讽，尤其是美国的两个传统盟友法国和英国。曾驻莫斯科、巴黎和维也纳的外交官沃伦·齐默尔曼指出，卡特对人权的重视被认为是相当幼稚的，并开始危及伊朗等一些地方的稳定。尤其是法国人，他们认为"这是用一种孩童的幼稚办法来处理外交政策这一成年人的游戏，而后者涉及均势、现实政治和马基雅维利，而不是托马斯·杰斐逊和诸如此类稀里糊涂的思想家，谢天谢地"。[71] 即便是英国左翼的工党政府，也可能会私下里承认他们更喜欢基辛格-尼克松的行事方式以及"更为复杂的现实政治行事方式"。这是工党首相哈罗德·威尔逊的原话。1969年，他曾希望与尼克松保持距离，但是后来他认为尼克松的政策比卡特的政策可取。[72]

很奇怪，这样的评论让人回想起1919年乔治·克里孟梭和大卫·劳合·乔治在凡尔赛私下里关于伍德罗·威尔逊的轻蔑言论。在欧洲，似乎美国人是否采取行动，都是吃力不讨好。

第十六章
从冷战到世界新秩序

20世纪70年代，围绕美国外交政策的争论变得越来越激烈，也越来越意识形态化。这反映在辩论的参与者所使用的语言已经变得日益重要。1980年4月10日，亨利·基辛格在美国报业编辑协会（American Society of Newspaper Editors）年会上发表讲话，对他所看到的美国外交政策辩论中的绝对二分法倾向感到惋惜，尤其是在新的总统选举即将到来之际。他说："我们正处于另一场关于外交政策的四年一度的辩论的开端。"执政党宣称"自己接过来的是一个烂摊子，但是通过近乎奇迹般的努力，我们的威望已提升到了新的高度"，而在野党则"猛烈抨击当前的烂摊子，并承诺将会带来一个全新的开端"。这种状况无论在国内还是国外都会带来危险。对于美国公众来说，它给人们带来的印象是，美国的外交政策"只反映了执政党的特点"，而实际上，美国的国家利益并不是每四年就发生变化。对于其他国家来说，这场争论"对于无论是困惑不解的敌人还是沮丧的友邦来说，都让人深感不安"。[1]

各届政府之间的延续性比言辞中所说的钟摆波动这一比喻要大得

多。把尼克松–福特时代描绘成美国外交政策向冷酷无情的实用主义转变的过程未免太过于简单化了。同样地，把卡特时代简单地描绘成之前各届政府的对立面，这种观点人们也应该谨慎对待。在某些问题上，卡特表现得像一个不受情感因素影响的现实主义者。例如在伊朗问题上，他沿用了其前任的政策，认为伊朗国王的政权比其他任何替代选择都更为可取。1977年12月，卡特在访问德黑兰时发表了一则著名的讲话："由于国王的伟大领导，伊朗成为世界上最动荡地区里一个稳定的国家。"他向东道主的英明领导致敬，并表示注意到了"您的人民对您的尊重、钦佩和爱戴"。[2] 随着国王的政权在第二年开始瓦解，卡特的国家安全事务助理兹比格涅夫·布热津斯基向国王保证，美国将会"全力支持他"。这比肯尼迪政府在20世纪60年代初所推行的政策要坚定得多，当时他们抵制住了把国王搁置一旁的诱惑。另一个争议是，卡特决定支持阿富汗圣战者组织对抗苏联。为了掩盖美国所扮演的角色，中央情报局甚至不惜用从其他国家获得的苏联制造的武器来武装他们。布热津斯基指出，这样做的目的在于"让苏联人尽可能多地流血，而且持续时间越长越好"。[3]

1980年5月，随着总统竞选的进程加快，布热津斯基对迄今为止政府的外交政策做了一番辩解。在他看来，这可以被解释为努力将美国人两种相互冲突的对世界的看法融合在一起。一方是那些强调权力至上的人，他们"与**现实政治**这个词密不可分"。他将此定义为尼克松和基辛格推行的"精明和务实的外交政策"。另一方是威尔逊式理想主义者，他们对权力是国际政治中关键的决定因素这一观点持怀疑态度。布热津斯基宣称，卡特对人权的重视则是两者的有效融合。它汲取了两者的精华，同时又避免落入陷阱。这种做法的积极影响之一是改善了美国在拉丁美洲的形象。美国日益增长的威望也有助于它扮演仲裁者的角色，并且为中东的和平做出贡献。[4] 卡特政府的支持者将这一信息进一步加工，而后提供给公众。因此，《外交事务》杂志副主编珍妮弗·西摩·惠特克在《纽约时报》上撰文指出，人权倡议帮助美国取得了战略上的成果。权利已经成为现实政治。[5]

在卡特的第一个任期内，该版本的美国战略已经逐渐留下了印记，然而它未能进入第二个总统任期。卡特时代随着1980年11月罗纳德·里根的当选而结束。现实主义会再次为共和党政府提供脚本吗？事实上，那些现实主义阵营的成员似乎正处于一个十字路口。20世纪70年代，摩根索对几乎所有政府官员都感到失望，这让他们的关系进一步疏远了。他抱怨说，甚至连尼克松和基辛格都未能处理好美国外交政策的"病态"。[6] 这种恼怒是无止境的。当摩根索于1980年去世时，他早期培养的学生罗伯特·E. 奥斯古德已经成为罗纳德·里根的顾问。但奥斯古德却没有表现出将时钟倒转或复兴摩根索的路线的意愿。像基辛格一样，他也哀叹道："在每次危机中，我们都会重新发现我们的利益和权力之间的鸿沟，这时，我们有一种根深蒂固的习惯，就是在忽视和肯定权力之间摇摆不定。"奥斯古德认为摩根索是一位评论家而非预言家。他的著作不会为今后的工作提供脚本参考。[7]

与此同时，现实主义的替代版本已经在部分学院派那里站稳了脚跟。最重要的著作之一是肯尼思·华尔兹于1979出版的《国际政治理论》，该书是在他于1959年出版的《人、国家与战争》一书基础上的扩展。在华尔兹看来，各个国家的行为都遵循普遍规律。[8] 这种结构性理论或新现实主义理论受到了两个方面的批评。首先，他们将所使用的概念（如"现实政治"）做了去语境化处理。其次，他们依赖于对国际体系的选择性和过度机械化的看法，并没有认识到它的易变性，也没有意识到它在多大程度上取决于感知认识。[9] 肯尼思·汤普森于1984年出版的《政治和外交中的传统与价值观》一书对"古典"现实主义思想做了精辟的辩护，书中指出，"认为政治可以不受价值观影响的观点是不切实际的"。任何认为国际事务是一种不受价值观影响的科学的观点都是有缺陷的。结构现实主义永远不会赢得胜利。美国人已经放弃了国际事务的处理方式可以从道德中产生的想法。需要再次声明的是，所使用的语言很重要。正如汤普森所描述的那样，水门事件丑闻和尼克松时代的其他争议给人们留下了深刻的印象，"而在此前，人们倾向于认为，与欧洲的现实政治相比，美国的政治品德是纯净的"。[10]

综上所述，我们可以看出，人们对20世纪70年代外交政策辩论所表现出的虚假极化持一种谨慎的态度。人们还希望避免在采取外交行动时，决策者在两种不同的外交政策路线之间摇摆不定。外交政策辩论中的现有类别和分界线正在不断发生变化。新的联盟正在形成。人格的力量是其中一个被低估的因素，而在接下来的十年里，它将会发挥重大作用。

寻找"里根主义"

罗纳德·里根于1981年1月开始担任总统，他为美国的外交政策辩论带来了新的争议以及一系列新的理论和学说。首先，里根主义从缓和政策的批评者那里得到了启发，这些批评者包括他的重要顾问保罗·尼采和1982年到1989年间担任国务卿的乔治·P. 舒尔茨。他们继承了自20世纪40年代以来那些在冷战问题上一直持毫不掩饰的鹰派立场的人的传统。[11] 除此之外，他们还公然宣示一种僵硬的意识形态。这主要与诺曼·波德霍雷茨和欧文·克里斯托尔等新保守主义者有关，但并不完全因为他们。[12] 在里根的阵营里，也有民主党参议员亨利·杰克逊的许多支持者和职员，其中包括珍妮·柯克帕特里克和汉斯·摩根索的学生理查德·珀尔。这群人集合在里根总统身后，因为他们觉得自己已经失去了对民主党的归属感。[13]

20世纪70年代，《评论》杂志一直是这个松散联盟的主要孵化器。它既批评了尼克松和福特时期的缓和政策，也批评了卡特时期对人权的在它看来模糊和敷衍的承诺。时任乔治城大学教授的珍妮·柯克帕特里克宣称，"不顾道德而追求'国家利益'的现实主义外交政策，最终会因为在考虑人类不可或缺的道德关切时缺乏现实主义而遭受失败"。她在1979年11月发表的著名文章《独裁政权与双重标准》吸引了里根的注意力，里根随后邀请她加入了自己的班子。这篇文章对威权政权（authoritarian regimes）和极权主义（totalitarianism）进行了区分。柯克帕特里克认为，总体而言，美国应该推动其他国家的自由化和民主化进程。但是，推进方式不应该破坏那些对美国友好的威权政权。[14]

这种意识形态的自信与冷酷无情的**强权政治**结合在一起，为后来的许多政策奠定了基调。这对新保守主义的外交政策观念至关重要。1981年，年仅二十二岁的罗伯特·卡根开始为《评论》杂志撰写文章。他把这种方法定义为"将理想主义的道德主义乃至救世意识同现实主义者对权力重要性的认识相结合"。[15] 这一群人名义上的带头人欧文·克里斯托尔拒绝了乌托邦主义，并抱怨人权游说运动的幼稚。但他也坚持认为，"迪斯累利式现实政治"（迪斯累利于1874年到1880年间担任英国首相，以务实和保守著称）在美国是不可想象的。美国的外交政策需要有更多意识形态方面的支撑才能维持下去。[16]

具有讽刺意味的是，新保守主义与战后美国的现实主义有着惊人的相似之处。这两个阵营都把外交政策看作衡量国家整体状况和美利坚这一共和国的健康状况的指标。这两者是不可分割的。如前所述，克里斯托尔最初赞成在基辛格和尼克松领导之下美国外交政策的"欧洲化"。在某种程度上，他认为这是对20世纪60年代美国知识精英乏味的国际主义的一种反动。然而，他对美国中间阶级状况的绝望使他在20世纪70年代末和80年代初走向了一个截然不同的方向。在他看来，美国资产阶级文化已经失去了一些道德和宗教方面的精髓。现实主义的外交政策是更大的问题的征兆。它代表了"用权宜之计代替原则的粗俗做法"，而且也"与美国政治传统毫无关联"。珍妮·柯克帕特里克也提出了类似的观点。她认为，外交政策"应该以均势政治或现实政治为导向"的观点与美国的生活方式完全格格不入。[17]

诺曼·波德霍雷茨一直是尼克松外交政策的批评者，他声称已经说服克里斯托尔在这个问题上接受自己的意见。波德霍雷茨在1981年写道，越南战争的失败比任何事情都更能证明一个事实，那就是如果没有令人信服、可以将整个国家团结在一起的道德理由，便没有成功推行某种外交政策的希望。20世纪70年代，尼克松、福特和卡特政府剔除了对苏冲突中的道德和政治因素。在波德霍雷茨看来，这项政策注定要失败。"以**现实政治**考虑为核心的遏制战略将不能指望得到民众无限期的支持"，并将最终走向孤立主义。[18]

1982年，波德霍雷茨在《评论》杂志上发表了对基辛格的白宫回忆录《动乱岁月》（*Years of Upheaval*）的长篇评论，进一步阐述了这一论点。值得注意的是，在《复兴岁月》中，基辛格实际上赞扬了波德霍雷茨，因为他对缓和政策提出了"最精细"的批评。作为回应，波德霍雷茨与克里斯托尔一样，也表达了对基辛格的钦佩。尽管如此，他对在他看来属于意识形态上的相对主义的东西持反对意见，而缓和政策正是建基于这种相对主义之上的。[19]

历史真的如此重要吗？与尼克松截然不同的是，我们甚至可以大胆地说，里根的外交政策在很大程度上（甚至可以说是有意地）是非历史的。这是基辛格对里根政府感到最为惊讶的地方。他不无惊奇地描述了里根如何主持了一场"令人震惊的表演——而且，在一些学术界的观察家看来，这场表演是难以理解的"。一位"几乎不了解历史"也"没有什么学术背景"的总统，却制定了一种"具有高度一致性"的、有效的外交政策。[20]

　　将里根归入新保守主义者是具有误导性的，或许将他形容为"强硬的浪漫主义者"会更恰当一些。[21]尽管如此，新保守主义的话语与政府的外交政策之间仍然有一些重要的共同点。1981年1月，候任国务卿亚历山大·黑格在向国会作证时，代表里根政府向参议院外交关系委员会做了一个明确的意向声明。由于苏联的军费开支超过了美国，黑格表示他希望废除20世纪70年代的武器限制条约。虽然黑格担任国务卿的时间不长，但是他在委员会面前的措辞选择非常重要。这似乎预示着共和党外交政策开始转向理想主义，他表示"美国犬儒的现实政治外交政策不会获得成功，因为它没有给理想主义留出空间，而从我们建国伊始，理想主义就一直是我们的特点"。外交政策是"对我们民族性格的终极考验"。[22]

　　与以往一样，关于意向的声明并不总是能够转化为政策。事实上，在抵制卡特政府的一些政策（例如在拉丁美洲的政策）时，里根派人士实际上发现他们重新回到了更具尼克松－福特时代特色的立场。驻玻利维亚大使塞缪尔·F.哈特声称，黑格就任国务卿不过几周，就想把他撤掉并终止现行的政策——通过对军人集团施压来迫使其实行改革或是自行下台。然而，人们却觉得黑格想"抛弃支持民主的政策，在拉丁美洲倒退到冷战现实政治中去"。[23]

　　从一开始，里根的外交政策就在同时应对这些相互竞争的本能。尽管新保守主义者的地位越来越高，但他们对政府的政策方向并不总是感到满意。同样地，也许和现实主义者一样，他们也很难满足。在1986年《原子科学家公报》的一篇团体简介中，有人认为，包括克里斯托尔、波德霍雷茨和乔治·威尔在内的许多人，"从本性上来说都不是政策实践者，他们往往是将事物概念化的人，是机会主义者和鼓动者"。他们批评了于1982年接替黑格担任国务卿的乔治·P.舒尔茨，也批评了保罗·尼采（尽管他被称为强硬派），因为两人曾暗示美国准备在对苏联政策方面采取"自己活也让别人活"（to live and let live）的方针。尽管如此，他们还是在华盛顿"决定了政治辩论的话语"，即使他们在军备控制和其他问题上并不总是占据上风。[24]

当时，任何试图给里根的思想命名的尝试都充满了困难。"里根主义"这个概念是由《新共和》周刊与《时代周报》保守派评论员查尔斯·克劳萨默提出的，意指在非洲、亚洲和拉丁美洲与苏联展开争夺的政策（事实上，里根主义也被称为柯克帕特里克主义）。在1986年的一篇著名文章《现实主义的贫乏》中，克劳萨默指出，美国外交政策的目标不仅仅是安全，而且是"自由的成功"。这意味着推行一种拥有"普遍愿景"，同时又"谨慎执行"的外交政策。[25]

和许多外交政策理论一样，事后看来，里根主义似乎更具有连贯性。2004年，在美国进步研究所所做的"欧文·克里斯托尔纪念讲座"上，克劳萨默将里根主义描述为"民主现实主义"。与一些里根的支持者不同，克劳萨默实际上并没有拒绝美国现实主义传统的精髓——他甚至赞扬了汉斯·摩根索——而是认为里根主义是其发展的下一个阶段。现实主义是"20世纪90年代混乱不堪的国际主义一种有益的解毒剂"，但它缺少一个根本的目标。它的基本问题在于摩根索界定国家利益的狭隘方式。在克劳萨默看来，摩根索假设获取权力的意志是推动国家前行的力量。对于大多数美国人来说，这"可能是对世界的正确描述，是对激励其他国家的力量的正确描述，但在美国并不适用。这不可能是我们的目的"。最终，美国"不能，也不会仅仅依靠现实政治来运转"。美国的外交政策必须由"某种超越权力的东西"来驱动。[26]

然而，在某种程度上，从美国赢得了冷战胜利的角度来看，这是事后对里根主义的一种合理化。事实上，如果我们回到20世纪80年代中期，就会发现克劳萨默版本的里根主义更为随意，并且具有选择性。这

图13　1981年1月9日，国务卿提名人亚历山大·黑格向参议院外交关系委员会表示，将不会以"犬儒的现实政治"作为美国外交政策的基础。虽然他任国务卿只有十八个月的时间，但这似乎标志着罗纳德·里根政府将在国际事务中推行一种新的路线。图片来源：维基共享资源

与其说是一种宏大的战略，还不如说是一种姿态——在这种姿态或态度下，强硬且冷静的军事和政治策略将被作为活力和力量的证据而备受赞誉。在最简单的层面上，这足以让世人注意到一个事实，那就是美国既强大又毫不留情，在需要动粗时，不会逊于其他任何国家。

因此，在冷战期间，克劳萨默非常愿意接受赤裸裸的现实政治做

法。例如，他在1985年赞扬政府在两伊战争中愿意与伊拉克的萨达姆·侯赛因这个美国的宿敌打交道。他在《华盛顿邮报》上撰文指出，与伊拉克的和解表明，美国人"可以像任何人一样玩一场漂亮的**现实政治**游戏。……谁又能责怪我们呢？……我们必须根据自己的需要来结交盟友"。[27] 1988年，当两伊战争结束时，萨达姆居于上风，克劳萨默认为，出于完全一样的原因，现在到了重新扶持伊朗以抗衡萨达姆的时候了。他写道，今天的伊朗和两伊战争期间的一样，依旧是"一个令人厌恶的地方"，"只不过变得更有用了"。[28]

在这种对外交政策的理解中，力量投射是最重要的因素。倾向于推崇克制和正直的是老派现实主义者。1985年末，乔治·凯南在《外交事务》杂志上发表了一篇文章，该文捍卫了现实主义传统的遗产，使其免受里根主义者的攻击。他在文中提出了一个熟悉的观点："在国家事务中，就像在个人事务中一样，接受自己的局限性当然是真正道德的首要标志之一。"[29] 与此相反的是一种将活力和自信视为至关重要的对于国家利益的解释。在这里，问题的本质在于相互竞争的两种美国民族主义，它们都产生于美国国内，并且都在国外经受了考验。

戈尔巴乔夫转向现实政治

在其他国家，关注美国的研究者仔细研究了美国外交政策措辞的变化。欧洲各国对此的反应各不相同。卡特在某些方面的幼稚行为在一些地方招致了白眼，一些人则担心里根政府会成为不稳定的根源。在英国下议院，工党议员布鲁斯·乔治是北约的坚定支持者，同时也是坚定的亲美人士。他在1981年表示："我们生活的世界遵循的原则是，现实政治是危险的。然而，一个由理想政治——我不确定我使用的这个词是否真的存在——统治的世界将更加危险。"[30]

另一些人则重复了人们熟悉的说法，即美国人在世界事务方面是天真幼稚的。他们并不认为里根主义会起到多大的作用，因为它缺乏历史深度。这里值得注意的是雷吉斯·德布雷的观点，他原来是一名马克思主义知识分子，20世纪60年代曾经与切·格瓦拉持相同立场。1984年，他担任了法国总统弗朗索瓦·密特朗的外交事务特别顾问。德布雷并不是一个感伤主义者。他解释说，他对国际仲裁、集体安全和裁军等传统外交政策概念没有什么信心。他在接受《纽约时报》采访时表示："你所称为现实政治的东西，只不过是这种毫无用处的理想主义的反面。"在他看来，能够更好地定义这一理念的，是一种敏锐的国家利益意识，一种以长远眼光看问题的意愿，以及一种永远不能脱离历史现实谈战略的认识。在他看来，在里根当政时期，美国的外交政策并没有达到这些要求。对实力的过分依赖，导致其"手段虽然现代化，精神上却有所倒退"，并且"短暂、平淡和简单"。[31]

衡量里根外交政策有效性的一个更好的标准是它对莫斯科产生的影响。最重要的是，它促使苏联推行了一种更加务实、相对怀柔的路线。从1984年12月访问英国的米哈伊尔·戈尔巴乔夫身上就可以看到这一迹象，当时，距离他被正式任命为苏联新领导人还有四个月时间。正如英国外交大臣杰弗里·豪后来所说的那样，戈尔巴乔夫越来越表现出对"现实政治的欣赏"。在与英国首相撒切尔夫人的谈话中，这位苏联领导人甚至引用了英国和美国的现实主义者最喜欢引用的一句话：一个国家"没有永远的朋友，也没有永远的敌人，只有永远的利益"。这是19世纪英国外交政策的箴言，因帕默斯顿勋爵而闻名于世。[32]

一周之后，撒切尔首相前往戴维营（Camp David）与里根总统会面。她表示，戈尔巴乔夫比过去的苏联领导人表现出了更大的灵活性，说话也较少使用意识形态措辞。至关重要的是，根据撒切尔的说法，戈尔巴乔夫不仅对苏联经济的疲软表现忧心忡忡，而且感受到了来自里根提出的"战略防御计划"的压力。[33]

因此，从80年代中期开始，双方就已经开始重新调整和改变他们关于冷战问题所使用的语言。现实政治又开始被提及，但这次是急于回归缓和的苏联先开始使用这一表述。1985年4月，就在撒切尔访问美国四个月后，美国中央情报局负责预警事务的特别助理起草了一份预测报告，旨在预测2000年国际舞台的状况。在很大程度上，该报告被证明是非常不准确的。比如，它预言"世界权力将会分散，美国经济和政治的相对影响力将会下降"，国际体系将从两极转变为多极；苏联"在2000年之前将不会经历任何真正的系统性危机"，并拥有"足够的社会和政治稳定储备，使得该政权能够摆脱20世纪70年代末和80年代初的经济停滞和社会问题"。但重要的是，中央情报局也察觉到，面对里根的强硬路线，克里姆林宫似乎出现了一种新的现实主义。这份预测报告提及了俾斯麦主义在欧洲的长期传统，指出苏联现在是真正的"欧洲**现实政治**传统的继承者"。[34]

在美国外交政策的党派辩论中被滥用了多年之后，这个词现在开始得到了更准确的使用。苏联领导人提到了现实政治，因为他们意识到，自己没有其他的选择。在柏林墙于1989年11月倒塌之后，原有国际体系的结构开始瓦解。1990年7月，在与德国总理赫尔穆特·科尔举行会晤后，戈尔巴乔夫同意消除德国统一的所有剩余障碍，并承认了德国的北约成员国身份。这位苏联领导人顺应了新形势的要求，他向世界各国媒体表示，这场讨论是在"德语中著名的'现实政治'一词所蕴含的精神下进行的"。[35] 这个词已经不是第一次在东西方之间取得回响，而且有人还可能提出，这个词在东西方之间起到了桥梁的作用。

旧外交与世界新秩序

里根毫不妥协的意识形态立场在加速冷战的结束方面发挥了重要作用。对美国人来说，这不是一个可以用现实政治来解释的胜利。起初，胜利似乎预示着美国将对其在世界上扮演的角色有更大的把握和信心。本着这一精神，布什总统在1990年1月31日的国情咨文中提出了著名的世界新秩序的前景，这也是他在那一年中多次提及的一个理念。

两个月后，1990年3月，布什政府的国务卿詹姆斯·贝克在达拉斯向世界事务理事会（World Affairs Council）表达了布什政府希望推行一种"民主外交政策"的愿望。对于一个经常被认为是现实主义者的人来说，他所说的话出人意料地大胆："让我这样说吧，遏制之外，还有民主……这是一个既能实现美国的理想又符合美国自身利益的任务。"贝克很明确地拒绝接受那些"主张现实政治的人的立场，他们只追求我们的经济或军事或政治利益，却忽略了我们的价值观"。[36]

然而，布什政府很快就受到了批评，被指责没有贯彻里根的胜利，没有兑现自己许下的诺言。他的一些举动被谴责为倒退回缓和时代的旧习惯。值得注意的是，一些信奉里根主义的人士认为，在柏林墙倒塌之后，美国有必要停下来喘口气。例如，珍妮·柯克帕特里克在1990年就预测会出现一段时间的战线收缩或是脱离接触。冷战使外交政策在美国人的生活中具有了"超出正常的重要性"。她在《国家利益》杂志上撰文指出，现在该是美国重新成为一个"正常国家"的时候了。[37]但另外一些人，例如曾在里根政府担任助理国务卿的埃利奥特·艾布拉姆斯，对布什在与邓小平和戈尔巴乔夫打交道时重返首脑外交的做法表示了不安。这种"外交事务过度的个人化"是以牺牲整体战略方向为代价的。布什政府"从现实政治借用了一种逃避原则的做法，却以一种个人化的外交来替代现实政治所要求的外交手段"。[38]

　　布什的外交政策面临的最大挑战不是来自中国或苏联，而是来自中东。1990年8月伊拉克入侵科威特之后，在驱逐萨达姆·侯赛因的伊拉克军队的决定背后，有一个强烈的共识。但第一次海湾战争引发了一场关于美国力量在单极世界中的潜力的新辩论。在迫使萨达姆·侯赛因撤离科威特的行动迅速取得胜利之后，布什决定不推翻萨达姆政权，没有命令美军进一步向伊拉克进军。在一些人看来，这一举动说明布什未能充分利用美国的能力，以履行其道德使命。[39]

　　在打败萨达姆之后，一场可怕的人道主义危机随之而来。伊拉克政权对南部什叶派穆斯林占主导的地区和北部的库尔德斯坦地区进行了残酷的报复，什叶派期待美国会入侵伊拉克，因此起军反抗伊拉克政权。1991年4月，美国在第一次海湾战争的军事行动结束两个月后，《华尔街日报》刊登了一篇题为《道德的现实政治》（"The Realpolitik of Morality"）的社论，社论认为，在每天二十四小时都有电视报道的时代，美国政治家可能越来越难以忽视这些人道主义问题。有一种危险是，"在卡特时代经常无法区分好政策和坏政策的情感道德主义，将在重新评估当前现实主义思想时再次浮出水面"。尽管如此，《华尔街日报》警告说，外交政策"也不那么容易与国家的价值观以及国家的共同理想相分离"。[40]

　　对于美国未能采取更多行动解放伊拉克，英国作家克里斯托弗·希钦斯持同样强烈的批评立场。美国已经通过保护科威特的石油供应，确保了自己眼前的经济利益，同时它对伊拉克的命运则置之不理，任其自生自灭。希钦斯写道："在19世纪创造出的用来指代这一过程的词（也是帕默斯顿和梅特涅的代名词）是'现实政治'。犬儒主义和现实主义的箴言——大国没有永远的朋友或永远的原则，只有永远的利益——在后拿破仑时代的欧洲大行其道。"希钦斯将梅特涅和帕默斯顿作为现实政治传统的典范，在这个问题上，他多少受到了一些误导。但是他的大体观点是，某种心态又重新流行起来。"在华盛顿，没有一个人不为他自己鼓吹的现实政治的纯粹而感到自豪。"[41]

美国赢得了冷战的胜利，这意味着以迫于现实的诉求和狭隘的国家利益为借口的旧做法更加难以维持。如果说，伴随美国崛起成为超级大国而来的是需要肩负巨大的责任，那么单极化将让这些责任变得更加难以推卸。这个问题将会在定义20世纪90年代关于人道主义干预的辩论中发挥自己的作用，美国在西方的老牌盟友英国和法国也将卷入其中。

干预和不干预

1992年11月1日，在布什和威廉·杰斐逊·克林顿对决总统大选的前两天，《纽约时报》对现实政治给出了一个定义，这是自从一战期间沃尔特·李普曼的著作出版以来，出现在美国主流媒体上关于这个词的最为详尽的定义。事实上，这是迄今为止唯一一次使用"现实政治"一词来指代这个概念的真正起源和路德维希·冯·罗豪1853年所创造的词语的含义。在当代，它已经开始暗指"基于实力而不是诉诸道德和世界舆论的国际外交"。但随着美国在冷战中获胜，这种形势所迫的哲学似乎就不那么重要了。如果克林顿赢得总统选举，就不会有现实政治的回归了。相反，曾在卡特政府担任政策规划司司长的安东尼·莱克可能会被任命为国家安全事务助理。当然，莱克在卡特政府中是那个负责制定反现实政治政策的人。[42]

同样，虽然在措辞方面发生了变化，但是政策的实质并没有改变。1989年到1993年负责非洲事务的助理国务卿赫尔曼·科恩表示，尽管"存在着从道德角度而不是从现实政治角度看问题的倾向"，克林顿时期的外交政策并没有发生重大变化。[43]尽管美国具有全球军力投射能力，但是，在索马里和海地两次规模相对较小的行动表明了在海外进行军事冒险所面临的困难。1993年10月，美军的黑鹰直升机被击落，引发摩加迪沙之战（Battle of Mogadishu），从这次战斗可以看出，克林顿政府在冒着美国人伤亡的危险去执行非核心优先任务方面，已经变得更加谨慎。尽管1994年9月到1995年3月在海地的"支持民主行动"（Operation Uphold Democracy）取得了相对的成功，但是这场行动让高级官员们对于卷入其他地方的乱局失去了兴趣。因此，根据这一时期美国驻欧盟大使詹姆斯·多宾斯的说法，索马里和海地的经验使得克林顿政府在其第一个任期尚未结束之时就已经回归到"更为务实的现实政治"。[44]

另一方面，正如《华尔街日报》所预测的那样，前南斯拉夫所发生的事件也表明了回避干预问题的难度。1992年到1995年期间，这个国家的暴力解体给西方的良知带来了独特的挑战。这是在欧洲内部发生的暴力内战和种族清洗，其规模是自二战以来从未有过的。通常情况下，那些反对干预的人会诉诸"现实政治"的理由。[45]与此同时，现实政治一词的贬义用法被用于谴责那些反对干预者的犬儒主义。[46]旧的表述被重新启用，以服务于新的辩论。

关于干预的辩论在英国尤为激烈。这在一定程度上是由于这场冲突在地理上距离英国很近，还有一部分原因是越来越多的人感到冷战的结束为英国在国际舞台上开辟了更广阔的空间。在1997年大选中，约翰·梅杰领导的保守党政府提出了"保守的悲观主义"，并持反对干预的立场，这些都遭到了严厉的批评，并被托尼·布莱尔领导的工党以压倒性优势击败。[47]在这一问题上，布莱尔开创了自己独特的外交政策。最初，他在工党内部获得了其他同僚的全力支持。在赢得大选后不久，布莱尔的外交大臣罗宾·库克提出了一项新的外交政策原则。他称之为"道德外交政策"。它的目的是在全球范围内支持人权、公民自由和民主，总体目标是将英国打造成为世界上一支"善的力量"，来提高其全球地位。库克解释说："它为外交政策提供了合乎道德的内容，并认识到国家利益不能仅由狭隘的现实政治来界定。"[48]

库克的道德外交政策是本书中各处所描述的反现实政治中最清晰的表述之一。因此，他有意识地同英国外交政策史上与这些标准不符的事件保持距离。这不仅包括梅杰政府未能在南斯拉夫问题上采取行动，而且还可以进一步追溯到20世纪30年代以绥靖政策的名义对捷克斯洛伐克的背叛。就在他宣布新政策整整一年之后，库克在下议院发表讲话时讲述了他最近与捷克共和国外交部长的一次谈话。他解释说："如果你一直以来都是外交政策中的现实政治的受害者，你就会尊重那些准备推行基于原则的外交政策的政府。"[49]似乎内维尔·张伯伦遗留下来的不利影响终于被铲除了。

然而，两个令人不快的事实很快就破坏了库克的道德外交政策原则。首先（事后可以看得更分明），英国在世界上大肆吹嘘的道德观念在很大程度上取决于美国的全球主导地位，至少要取决于美国的默许，而更多时候取决于美国的军事力量。其次，布莱尔自己将库克的理论引向了不同的方向。相比二战以来的其他英国首相，布莱尔更加积极和热衷于对外干预行动。英国在六年之内卷入了五场战争：1998年加入克林顿政府轰炸伊拉克的"沙漠之狐"行动，1999年领导了北约在科索沃战争中的行动，2000年在塞拉利昂（Sierra Leone）进行了一次短暂的远征行动，2001年参加了阿富汗战争，2003年又对伊拉克进行了打击。[50]最后一次军事行动导致了政府内部的分裂。库克成为政府中辞职抗议入侵伊拉克的最高级别的官员。

事实上，早在2001年库克离开外交部之前，一种新的布莱尔理论就已经开始将库克理论纳入其中。在对科索沃采取的干预行动中，布莱尔于1999年4月在芝加哥发表了一次著名的演讲，他在演讲中比库克走得更远，阐述了一种新的"国际社会理论"。同样地，对我们来说，历史的回声是响亮的。这是又一个反现实政治的事例，它建立在经典的英国式拒绝俾斯麦主义的基础之上。"俾斯麦有一句名言：巴尔干地区不值得一位英雄的波美拉尼亚士兵的尸骨，"布莱尔说，"任何人，只要见过成千上万的难民流着眼泪越过边境，听过他们令人心碎的悲惨经历，或是想象过那些无法逃离苦海的人们的未知命运，就会知道俾斯麦所说是错误的。"相反，这位首相主张"在捍卫我们所珍视的价值观的同时，应该将各自的利益和道德目标更巧妙地融合在一起"。[51]

　　英国外交政策是在其最重要盟友的主导地位为其创造的空间中制定的。具有讽刺意味的是，在谈到自由干预的问题时，英国更为大胆也更为自信。正如布莱尔的幕僚长乔纳森·鲍威尔所指出的，康多莉扎·赖斯是布莱尔在芝加哥演讲的批评者之一，在2000年美国总统大选期间，她担任小布什的外交政策顾问。[52] 在2000年的共和党代表大会上，赖斯曾警告说，美国军队"不是一支全球警察部队……也不是世界的紧急救援队"。[53] 在发表于《外交事务》杂志的一篇文章中，赖斯进一步阐述了小布什可能推行的外交政策的概要。在文中，她也承认了汉斯·摩根索学术思想对她的影响。[54]

　　小布什的外交政策团队被戏称为"火神派"，这个团队中包括传统的冷战现实主义者、里根派人士以及新保守主义者等一系列观点各异的人物。他们的观点都是通过诸如唐纳德·拉姆斯菲尔德、迪克·切尼、科林·鲍威尔、理查德·阿米蒂奇、保罗·沃尔福威茨和赖斯等人进行调和的。作为一个团体，冷战时期的一些重大辩论和1990年到1991年的海湾战争的经验都在他们身上留下了印记。在2001年9月11日的恐怖袭击发生之前，小布什外交政策小组内部的力量平衡让人几乎没有理由预期小布什会采取一种积极的、干涉主义的外交政策。[55]

　　作为对"9·11"事件的最初反应，小布什政府宣布对阿富汗的塔利班政权开战，在这一行动上，小布什的外交政策获得了公众舆论前所未有的一致支持。然而在美国2003年入侵伊拉克之后，公众舆论的一致支持开始瓦解。在小布什政府之外，战争的现实主义批评者援引汉斯·摩根索的思想来反对这一冒险行为。[56] 在政府内部，没有出现现实主义者的反对行为。然而，伊拉克战争确实对政府内部现有的力量平衡造成了压力。时任《国家评论》杂志编辑的理查德·劳里在《国家利益》杂志上撰文警告说，不要简单地给政府的外交政策贴上标签。当前，那些广为人知的各种带有"主义"的词语的含义比以往任何时候都更加模糊。首先，他驳斥了他所谓的"学术现实主义者的虚伪"，并认为这是多余的。一项植根于"对权力和利益进行非道德的计算（这是与黎塞留、梅特涅、基辛格等人有关的大战略）"的政策将永远得不到公众长期的支持。接下来他指出，几乎所有支持伊拉克战争的人都"被归为新保守主义者"。这也是"一个靠不住的标签"，尽管小布什的言论中出现过新保守主义，但是新保守主义从来都没有成为共和党内的主导思想。相反，劳里认为，更准确的说法是找出传统的里根派和新里根派之间的矛盾与对立。前者支持战争，但是对海外的干预和推进民主的行动更为谨慎。后者则编织了一个关于里根的神话，并对他的外交政策进行了过度意识形态化的解释。[57]

一些人的立场跨越了这些分界线，这使得情况进一步复杂化。事实上，政府中一些自封的现实主义者在两个阵营之间游走——其中最著名的例子是康多莉扎·赖斯。在这样做的过程中，他们使用了现实主义者的语言，却将这种语言用于实现不同的目的。这就催生了一种新的、更为高级的现实主义，在这种现实主义中，民主的传播从一种松散的倾向被提升成了目标本身。民主化现在被视为稳定和安全的关键组成部分。2005年6月，赖斯在开罗发表的著名演讲体现了这一观点。在演讲中她批评了美国在中东的冷战战略，认为这一战略过于关注短期的稳定。"六十年来，我国以牺牲中东地区的民主为代价去追求稳定，结果却是我们既没有实现民主，也没有实现稳定。现在，我们正在推行另外一条路线。我们支持所有人对民主的追求。"[58]

对于伊拉克战争的设计师们来说，一个重要的任务就是要强调现实主义和理想主义的动机在同时发挥作用。托尼·布莱尔在2006年写道："在我担任首相的九年时间里，我对理想主义并没有变得嗤之以鼻。我只是越来越相信，区分由价值观驱动的外交政策和由利益驱动的外交政策是错误的。"全球化带来的是相互依存，而相互依存又导致了"建立一个共同的价值体系的必要性，并使其能够发挥作用"。因此，他写道："理想主义就变成了现实政治。"[59] 在伊拉克陷入内战的背景下，再加上在阿富汗遇到的困难日益增加，这是一个让人很难接受的观点。很多人提出，回归现实政治是解决小布什和布莱尔路线的良方。有人认为，那些真正了解现实政治的人，永远都不会采取先发制人的战争，也不会在意识形态的驱使下去推动政权更迭。现实主义者曾被斥为"糊涂兵"和"扫兴者"，但是，他们更为谨慎的做法似乎又重新流行了起来。[60]

事实上，早在2004年，就有人声称康多莉扎·赖斯正在与她以前的现实主义导师如布伦特·斯考克罗夫特重新接触，她曾因战争而与他们保持距离。小布什和赖斯开始谈论"有助于人类自由的均势"——这是一种小心翼翼的尝试，旨在调和共和党内部基辛格派和里根派的观点。[61] 有人提出，由詹姆斯·贝克三世和李·H. 汉密尔顿牵头起草的2006年《伊拉克问题研究小组报告》(Iraq Study Group Report) 建议分阶段撤军以及与伊朗和叙利亚进行对话，这被一些人说成是预示着美国的中东政策将重新回到现实主义，并将重新树立稳定这一传统目标。[62] 然而，出乎意料的是，报告所提出的建议大部分都被小布什政府否决了，转而接受一个替代计划——从2007年开始向该地区大规模增兵，以稳定最动荡的地区。[63]

在军事战略方面，小布什一直不愿意将全部重心都放在伊拉克战争上。关于战争的言辞已经包围了他，并将笼罩之后的每一位继任者。在小布什和布莱尔时代终结之后，那些负责外交政策的人将会寻找一个新的知识库；或者说得更准确些，他们希望回归旧的确定性。这将会是对现实政治的回归，但是这将会以何种形式来实现呢？法国前外交部长于贝尔·韦德里纳是1998年科索沃干预行动的支持者，他在2008年提出，冷战结束后，旧的方法被过于草率地抛弃了。他呼吁建立一种新型的"灵活现实政治"（Smart-Realpolitik），从长远来看这更有可能维护人道主义目标。[64] 2009年，罗伯特·J. 阿特提出了一个不同的概念。这是一项基于"选择性接触"（selective engagement）的宏大战略，也被称为"升级版现实政治"（realpolitik plus）。其基本目标是保持美国的安全和繁荣，而阿特的愿景超越了那些经典的现实主义目标，是要"推动"世界走向美国自己所持的价值观——民主、自由市场、人权和国家间的开放。[65] 细心、谨慎和克制将成为新的口号。

尼布尔的回归

20世纪70年代中期，阿瑟·施莱辛格观察并发现美国政治有周期性发展的倾向。在外交事务领域，这种周期性可能会使人感到迷茫。2005年，已经八十九岁高龄的施莱辛格为《纽约时报》写了一篇文章，他在文中敦促美国人重新认识莱因霍尔德·尼布尔。随着伊拉克各宗教派别之间的内战达到顶峰，施莱辛格拒绝了尼布尔关于先发制人战争的危险性的警告，以及我们"无法理解个人和社会可能陷入的邪恶的深度，尤其是当他们试图扮演历史上的上帝角色"。施莱辛格从尼布尔1952年出版的《美国历史的反讽》一书中摘录了一段话，作为文章的结束语。尼布尔写道："如果我们灭亡，敌人的残酷无情只会是灾难的次要原因。最主要的原因是，一个巨大的国家的力量受到盲目指引，看不到斗争的任何危险；而导致这种盲目性产生的，不是自然或历史的偶然，而是仇恨和虚荣。"[66]

在这之后不到两年，也就是2007年，时任民主党总统候选人的贝拉克·奥巴马告诉《纽约时报》，尼布尔是他最喜欢的哲学家之一。奥巴马指出，一方面，尼布尔承认"这一观点，即世界上存在着严重的邪恶、困难和痛苦"，尽管他认为"我们应该保持谦虚谨慎，相信我们可以铲除这些东西"。但另一方面，尼布尔也认为，我们不应该以此为借口，放纵自己的犬儒主义和无所作为。奥巴马从尼布尔那里学到了"我们必须意识到做出这些努力是艰难的，而且我们不能从天真的理想主义转变为愤愤不平的现实主义"。[67] 在此之后，奥巴马总统在他2009年诺贝尔和平奖获奖感言致辞中，又试图表达一种自由现实主义的世界观。[68] 他借用了尼布尔的观点，试图在小布什时代的错误冒险以及孤立主义和宿命论的诱惑之间寻求第三条道路。[69]

奥巴马总统还宣布，他希望超越过去的二元对立。这成为他的两届任期内不断重复的一个主题。在2015年的一次采访中，他对于将人们划分为不同阵营的倾向表达了不满。如果你是一个理想主义者，"你就会像伍德罗·威尔逊一样，支持国际联盟，想象着每个人都手牵着手，齐唱圣歌《到这里来吧》，推行这些每个人都在遵守的美好的规则"。如果你是一个现实主义者，"那么你就会支持一些独裁者，他们碰巧是我们的盟友，而你也开始跟他们做交易，只是单纯地追求我们国家狭隘的一己私利"。他说："我完全不认为这是一种明智的外交政策该有的样子。"[70]

当然，想要表达一种世界观——在自己的政治理想与对政治道德的局限性的理解之间寻求实现某种和解——并不是什么新鲜事物。对于政治家来说，决定性问题并不是一个人能否提出一种令人信服的世界观，哪怕是一个充满讽刺和仅有细微差别的世界观（正如尼布尔所提出的那

图 14　回归现实政治？奥巴马总统的前幕僚长拉姆·伊曼纽尔将奥巴马的外交政策描绘成"更加偏向现实政治，就像美国第四十一任总统老布什一样"。近年来，英美两国的外交政策都经历了大幅摇摆。图为老布什与奥巴马。图片来源：维基共享资源

样）。对于那些肩负治国理政责任的人来说，重要的是这种世界观在提出时，能否发挥作用。我们之前就面临过这种状况。正如尼布尔本人在1953年所观察到的那样："'现实主义者'和'理想主义者'的定义强调性格，而不是理论，因此这些定义必然是不精确的。"最终，"一个人是否充分考虑到在某种……情况下的各种因素和力量，这依旧是一个见仁见智的问题"。[71] 因此，一种"明智的外交政策"只能根据其成败来评估，而不是以其连贯性或思想上的清晰为依据。奥巴马政府在外交事务上所面临的困难并不是概念性的。

如今，对现实政治的援引往往意味着一种姿态或是一种普遍的直

觉，以及对宏大计划的怀疑。使用它的人知道他们所反对的是什么。或许可以说，他们对自己的替代战略缺乏信心。但正如路德维希·冯·罗豪所阐述的那样，最初的概念是一种分析方法，也就是一种理解权力和政治的方式，而不是一种对伴随着它们而来的责任的思考。与尼布尔不同的是，罗豪的著作并没有提供一种治国理政的神学理论，它探讨的是政治的机制而不是政治的形而上学。尽管如此，如果我们想要更好地理解政治局势（尤其是在外交事务领域），回到《**现实政治**的基础》一书将会使我们受益良多。

结　语
回归基础

近代的讲人君之事者，其智多在巧避与转移临近的危难，
而不在坚固合理的，使人君超然危难之上的常轨，这是真的。

（弗朗西斯·培根爵士，转引自路德维希·冯·罗豪：
《**现实政治**的基础》，第一卷，1853年）[1]

　　那么，诞生于1853年，距今已有超过一个半世纪历史的现实政治，
现在又该何去何从呢？前面章节的主题之一就是，关于国际事务的讨论
往往受到简单的二元对立的主导，这并不一定会给我们理解所处的世界
或涉及的人带来多少启发。另外一个主题是，我们的外交政策辩论遵循
一定的周期规律，在这种周期变化中，决策者宣称自己是理想主义者还
是现实主义者，取决于政治钟摆的摆动方向。

　　在英美两国的外交政策辩论中，措辞的确很重要。但它也可能带来
混淆和误导。现实政治这样的词语会随着时间的推移而发生很大的变
化，以至于失去原有的大部分含义。因此，美国前国务卿詹姆斯·贝克

可以在1990年公开明确地拒绝"现实政治",但作为伊拉克研究小组的联合主席,他在2006年又带头在不知所措的小布什政府内部重新恢复"现实政治"。[2] 此外,更为重要的是,人们倾向于拉帮结派,或者将那些意见不同的人归入敌方阵营或对立派别,这扼杀了辩论,助长了小团伙主义。我们在许多外交政策辩论中都忙于歪曲甚至肆意嘲讽对手的立场。自我定义似乎占用了我们几乎同样多的精力。将自己定义为支持或反对某种事物仍然是人类的一种自然倾向,就像在个人的道德与肮脏、野蛮的世界之间寻求和解一样。然而,相较于外交政策分析,自我定义是一项更适用于道德哲学或神学的活动。

近年来,在预测、理解和应对在其他国家或地区遇到的复杂问题方面,英美两国的能力出现了严重不足。一些政策的失败,首先并不是因为分析不当;更准确地说,应该归咎于不当的政治领导和糟糕的战略。深入了解阿富汗的某个省(其权力关系、文化敏感性、居住人群、历史和地形等)并不一定能推进总体政策的目标,因为有可能该政策的制定有误,或是在实施时出现了问题。[3]

这些缺点导致了一种失控的感觉,政府无力左右事态的发展,在世界事务中的权威完全丧失。以近代中东为例,在过去的二十年里,中东一直是广泛关注的焦点,很明显,西方国家尤其是美国和英国在中东问题上时常表现得措手不及,只能被迫做出反应,因为它们无法准确预见即将发生的事情。即使我们具有更广阔的视野,我们也会像对待自己一样,对他人也犯下同样的错误:强行给他人加上一些人为的分析类别(如"温和派"或者"极端分子"),或者没有意识到政治力量运作的社会和经济基础。"预测事态发展"的能力必须是一切成功的外交政策的基础。[4]

呼吁对我们的外交政策进行"改革"或制定新的大战略超出了本书讨论的范畴。事实上,本书已经表明,在历史上这种改革的尝试是多么徒劳。但本书的确是以一个谦卑的呼吁来作结的——那就是回归《**现实政治**的基础》。路德维希·冯·罗豪的作品在今天很有价值，因为它提醒我们注意政治的混乱无章及其诸多理论分支。罗豪研究的是国家和社会的运作机制，以及构成国家和社会的具体要素，而不是国际体系中的各种现象。他试图分析和综合他所观察到的事物，他会深入挖掘，但不会以放弃事件的全貌作为代价。《**现实政治**的基础》首先强调历史在决定一切政治环境方面所具有的重要性。但它拒绝接受这样一个观点，即历史的发展注定要遵循某一特定路线。它提出了一种预测未来，进而塑造未来的尝试。

因此，本书以八条建议作为结尾，这些建议受到了最初的《**现实政治**的基础》的启发，同时也基于近期的历史经验。真正的**现实政治**（指罗豪推崇的**现实政治**），仍然优于自它问世以来各种版本的外交政策中的现实主义。但它应该是一个提示。现实政治有许多非正宗的版本，其中有些是恶意的，有些是善意的，这些版本应该警示我们不要过于深陷其中。事实上，最后一条建议是，我们也可以从反现实政治的传统中汲取经验教训，在这本书中，反现实政治一直与现实政治并存。反现实政治为理解英美两国的战略提供了一条隐藏的线索，如果我们对此不屑一顾便会十分危险。反现实政治为更高的现实主义指明了方向，尽管这种现实主义有自己的弱点。这在过去为我们提供了很大的帮助，在将来很可能也会如此。

1. 罗豪提出的真正的**现实政治**为解决大多数外交政策难题提供了一个简单但明智的解决方案。

罗豪最宝贵的遗产在于他所留下的政治分析方法。这种方法从三个层次考虑任何特定情况：国家内部的现有权力分配状况（Herrschaft），国家的社会经济结构，以及当时的文化和意识形态环境。他将这些因素综合起来，对具体的历史背景和政治行动发生的外部环境进行总体评价。这提供了一个基本的操作规程，分为四个部分。虽然这个规程远非完美，但在面对外交政策领域遇到的大多数问题时，这是一个很好的起点。

（1）在该特定情况下，是何人掌权（这有别于是谁要求拥有主权或者掌权的权利）？

（2）作为政治体制基础的社会和经济状况如何？它们是如何改变权力分配状况的？

（3）当前居于主导地位的文化背景是什么？该特定社会中最重要的意识形态流派是什么？

（4）综合考虑以上所有这些因素，为推进个人利益或理想而采取的政治行动有多大的运作空间？其风险是什么？

2. 真正的**现实政治**是"习惯性的自我妄想"和"被天真地接受的流行语"的敌人，无论这些妄想和流行语来自哪里。

"不着边际的观念、冲动、情绪的高涨、响亮的口号、被天真地接受的流行语……和习惯性的自我妄想"，这些是罗豪在撰写《**现实政治的基础**》时想要攻击的主要目标。罗豪对当时的其他自由主义者不屑一顾，他们幻想建造"空中楼阁"，但是未能理解政治权力的基础。现代现实主义者们一直认为伍德罗·威尔逊通过提出"十四点和平原则"和支持国际联盟的方式，建造了一座"空中楼阁"。然而，罗豪对于那些批判能力已经萎缩了的各种版本的现实主义同样不以为然——对于理想主义，他们或不假思索地断然拒绝，或大翻白眼，然后就躲进自己的那套观念和学说当中。

现实政治不属于神学，也不是治国理政的科学。它不遵循任何规则。罗豪写道，最重要的是，它"并不意味着放弃个人的判断，尤其不需要不加辨别地服从"。更为"恰当的做法是，将它仅仅视为对需要政治处理的事实的量度、权衡和计算"。罗豪提出的不是战略本身，而是一种思维方式。在质疑别人的论点时，你必须先准备好面对自己的预设和假设。**现实政治**总是对"人类头脑中特有的错误的傲慢"保持警惕。按照事先准备好的脚本来处理外交政策问题，或者对某人的"方法"抱有不可动摇的信念，都与这一基本原则不符。

3.《**现实政治**的基础》有助于我们理解当今时代政治上的可能性。

许多外交事务理论家和一部分外交政策实践者都以历史为指导。然而，正如保罗·施罗德所指出的，这也助长了一种倾向，那就是"使用历史经验时就像考古遗址上的盗贼一样，他们对物件的背景和更深层次的意义毫无兴趣，只关心拿走一切可以立即使用或出售的器物"。[5] 同样，正如大卫·朗西曼所言，当代**世界政治**的许多参与者认为，他们只需阅读马基雅维利的《君主论》或者孙武的《孙子兵法》就可以了解他们所玩的游戏的性质。[6] 罗豪所处的时代比马基雅维利和孙武更接近我们目前所处的时代。在欧洲启蒙运动之后的工业化和大国对抗的时代，罗豪完成了《**现实政治**的基础》一书。他对于现代化的理解与我们相似。

对罗豪本人的理解也需要放在一定的背景之下进行。的确，人们可以指出，就像许多自由主义者一样，他的分析中存在一个问题——他假设经济的现代化造就了政治的自由化。另一个错误是认为由于民族主义的兴起，社会和种族矛盾将变得更加容易调解，而他自己的祖国后来的历史证明了这是错误的。另一方面，罗豪不认为历史发展的道路是唯一的——德国并不一定要追随英国和法国的先例。因此，虽然在自由主义背后有历史的力量予以支持，但他确实认识到迅速的工业化以及社会和政治变革可能会破坏稳定。他也明白，自由主义和其他关于自由的理念不会单凭自己的力量就取得胜利。这些理念需要得到保护和培育，背后需要有实际的政治力量的支持。从这个方面来看，《现实政治的基础》确实直面当今时代的一些本质问题。

在21世纪，罗豪的著作并不能告诉我们该如何去应对全球市场、能源相互依赖、气候变化或网络空间问题。尽管如此，《现实政治的基础》确实提醒我们需要考虑到这些问题，即我们应该围绕不断变化的环境进行政治分析，还要能够预测不断变化的环境。今天的政策分析人员不需要预测未来，但是他们可以做到更多，比如考虑科技的最新发展，或是经济、社会、意识形态或气候领域的各种新现象。西班牙社会学家曼努埃尔·卡斯特利斯的著作就是一个很好的例子。卡斯特利斯的《信息时代》一书着眼于全球范围内的社会运动、阶级结构、认同、理念、政治合法性以及技术。[7]虽然如此广阔的视角超越了罗豪本人，但这确实是《现实政治的基础》的精神所在。

4.《现实政治的基础》强调观念和理想主义作为变化和变革力量的重要性。

对于罗豪来说，观念至关重要。这本身并不是多么高明的见解。只有极少数的治国理政理论家会对此提出异议。《现实政治的基础》对我们真正的帮助在于让我们了解到哪些观念重要，为何重要，以及为什么有些观念比其他观念更重要。首先，罗豪认为，"当前微弱的自我意识无权要求获得政治考虑"。但是，这一意识"越是得到加强，就越会转变成坚定的信念，对国家也就越重要"。强大的观念背后通常都有社会和经济力量的支持。一种观念的纯洁、高雅或均衡并不是其政治力量的标志。

的确，在作为一名公众舆论领域的理论家时，罗豪的观点最具有原创性。民意最重要的表达方式是公众信仰，我们应该始终以"关心和保护，而不是奉承和讨好"的方式来对待它。虽然公众信仰是民意的最高形式，但时代精神才是它最广泛的基础。时代精神是"在特定的原则、观点和理性习惯中体现出来的当前时代的统一意见"。任何试图违背时代精神的人都可能被碾压在滚滚前行的历史车轮之下。

罗豪批评的是乌托邦主义，而非理想主义——这个区别至关重要，如今却经常被那些自诩为现实主义推崇者的人所忽略。他明白，意识形态扮演着"事件预告者和开拓者的角色"。事实上，他认为他的方法"如果否定智力、观念、宗教或人类灵魂所崇拜的任何其他道德力量的权利，就会陷入自相矛盾的局面"。一种观念最重要的是它所代表的政治力量，而不是其"合理性"。司空见惯的是，"那种能够打动崇高心灵的最美好的理想在政治上是不存在的"。在没有"意愿和力量"作为支持的情况下谈论诸如"永恒和平"或是国际博爱这样的"幻象"，"**现实政治**只会不屑一顾地耸肩而过"。另一方面，"最疯狂的幻象"有可能会成为最严重的问题。我们不能忽视"习惯、传统和惰性的潜在力量"，例如"贫困、知识缺乏、偏见"，甚至是"不道德"。真正的**现实政治**重视一国人民的习俗和习惯（即使它们会表现得原始或是不道德），认为它们并非仅仅是"外生殖器"，而是任何国家或社会生活有机体的重要组成部分。

5.《**现实政治**的基础》要求我们同时考虑权力、观念、经济和社会，并确定它们之间的结合点和联系。

罗豪认为，政治上的首要任务在于理解所有特定情况下权力所处的位置。但是，权力和主权并不能简单地被理解为军事力量或政治权威；它们反映了一个国家或者社会内部的社会、经济和文化力量之间的平衡。最重要的是能够识别权力、社会经济条件和思想在哪里重叠和交汇。

　　真正的**现实政治**强调了在评估我们掌握的所有信息的基础上进行综合和全面思考的重要性。这听起来像是基本常识。但其实在这方面我们做得还很不够。我们常常假设政治发展会遵循一定的轨迹，然而当事态发展与我们预期的情况不一致时，我们就会陷入手忙脚乱的困境。中东的局势发展再一次为我们提供了许多这样的例子。要实现一种有效的外交政策，我们需要的不是新的理论，更有助益的是有条理的分析，这是一种对于事情发生的模式及其相互作用和相互联系的感觉。这将有助于我们区分纯粹、优雅的自由思想（这与我们自己的自由思想或均衡感产生共鸣）和那些具有真正的社会意义与革命力量的思想。罗豪会要求我们考虑我们所认为不纯洁的、非理性的或晦涩难懂的思想的社会力量和政治力量。他会要求我们认真对待这些思想，即使它们似乎对我们毫无吸引力。他会提醒我们，不要认为一种政治制度可以在一夜之间取代另一种，也不要相信人们总是基于自己的利益来采取行动。

　　然而，这并不是一剂维持政治现状的良方。没有什么能比这更加曲解罗豪的思想了。《**现实政治**的基础》要求读者首先审视一个国家内部的权力关系，同时也要思考这些权力关系之外的问题，并了解它们在现代性（人口变化、技术进步和跨越国界的意识形态的传播）的压力下能以多快的速度崩溃。这本书告诉我们，一些政治结构相比其他的更为脆弱，因为它们建立在薄弱的社会经济基础之上，而另一些政治结构则比我们假设的更具韧性。就像马克思在《雾月十八日》中所做的那样，罗豪会建议我们，要区分城市和乡村，还要区分不同的社会阶层。罗豪也会像埃德蒙·柏克那样提醒我们，要反思我们自己的政治制度所取得的平衡，这种平衡是有机且不均衡的，是特定环境下的产物。

　　再往前看，这种方法将会超越对苏联最高领导层的研究（一种对高层政治、政治家和个性研究的痴迷），而去审视苏联阵营内部的公开性（glasnost）、人口状况、经济状况、意识形态上的抵制、民族和国家认同等要素。正如一位学者在1993年所写的那样,鉴于如此多的专家被历史上影响最为深远的政治变革弄得措手不及,现在"是时候放下诸如'显然'和'当然'等词语了"。[8] 事实上,真正的**现实政治**也许不仅能更好地预测苏联的解体,可能还提供了更好的指示,点出哪些力量将会最终填补苏联留下的真空。真正的**现实政治**不会从法律和政治结构发展的角度来看人类历史,而是将其视为一场观念、人民和利益之间的斗争,而复古主义、宗派主义和种族主义在这一过程中是不可避免的一部分。

6. 真正的**现实政治**在政治分析工具的选择上不做预设,对那些声称提供了一种政治科学或与生俱来优于其他分析的方法持怀疑态度。

罗豪的基本方法首先是历史主义和经验主义的方法。对于任何特定情况的分析,第一步都是要了解为何在特定的时间会出现这种情况,以及之前发生了什么。如他所言,首先人们必须处理"历史的产物,将它作为一个既成事实来接受,着眼于它的优缺点,并且不去关注它的起源以及它的特性的理由"。

用历史主义的方法撬开大门之后,我们在寻找政治洞见的过程中,还有许多其他工具可以使用。这些方法是来自政治上的左派还是右派都无关紧要。罗豪把法国实证主义、埃德蒙·柏克的有机保守主义(organicist conservatism)以及马克思、恩格斯对社会经济力量和阶级(以及阶级意识)的理解结合起来。他是以记者而非法理学者的身份来写作的,他的分析或许也因此变得更加尖锐。他本人目睹了许多欧洲国家(德国、法国、意大利和西班牙)的政治状况,并广泛阅读了关于英国和美国的材料。他不会沉迷于某一种关于政治变革的叙述。他并不认为某种政治制度相较另一种而言更加优越,而是相信这些政治制度反映了各自所处的特定历史环境。这也让他意识到,遵循某一种政治哲学模式（无论是作为分析方法，还是作为变革理论）都是一种自我设限。

　　这为今天的外交政策分析人员提供了一个教训。经验教训是现成的，他们可以直接学习改进。他们可以同时应用马克思和柏克的理论，而不是仅限于使用一种方法，或是遵循某一特定"学派"的教导。如果这能提高他们对思想或文化背景以及观念的作用的理解，他们也可以多学习参考一些文学作品。正如卡尔·马克思和弗里德里希·迈内克会阅读巴尔扎克和沃尔特·斯科特的作品一样，那些从事安全研究的人也能从约瑟夫·康拉德的《秘密特工》（*Secret Agent*）中有所收获，这部小说讲述的是19世纪末发生在伦敦的激进政治、无政府主义和恐怖主义阴谋。

　　现在，真正的**现实政治**的传统——它避开了对定义、方法论或学术山头主义的狭隘的纠结——或许在沃尔特·罗素·米德的著作中得到了最好的体现。为了了解政治和历史，米德敦促外交事务专业的学生从托马斯·卡莱尔的《法国大革命史》（*History of the French Revolution*）或安东尼·特罗洛普的小说开始学习。正如米德所说，我们需要训练有素的领导人，他们能够"领导和做出抉择，并且是在他们本人和专家们尚不能完全理解发挥作用的力量和制度存在的风险的情况下做到这一点"。为此，我们需要的教育体系必须"提倡不墨守成规、鼓励创新、勇敢无畏和敢于牺牲"。[9]

　　为了实现这个目标，我们不如把二战期间战略情报局的精神发扬光大，当时一些了解**现实政治**的真实历史的学者，例如哈乔·霍尔本、威廉·兰格和赫伯特·马尔库塞等人在战略情报局里扮演了重要的角色。正如哲学家雷蒙·戈伊斯所写的，战略情报局的伟大成就是"对思想分歧的异乎寻常的容忍"，在战略情报局，马尔库塞这样的马克思主义者的才能也可以被用来打败纳粹主义和重建德国。这与当今"短视的思想盲从政治"和学术界的山头主义形成了鲜明的对比。[10]

7.真正的**现实政治**应该与对国家利益的狂热崇拜区分开来，避免掉入宿命论、绝对主义和悲观主义的陷阱，这些思想已经感染了某些版本的现实主义。

历史告诉我们，应该警惕那些笃信自己是现实政治的扛鼎者的人。本书中，那些声称自己比其他人更了解现实却犯下重大战略错误的人比比皆是。坚持主张以"现实"反对乌托邦主义的做法，一而再再而三地陷入绝对主义和神学化的形式。这绝不是现实主义的做法。海因里希·冯·特赖奇克对罗豪概念的误解在这里提供了一个显而易见的教训。尽管罗豪发出了警告，我们还是看到了**现实政治**与**世界政治**、**强权政治**和**权力意志政治**相混合的速度有多么快，以及**现实政治**是如何被沙文主义和反犹太主义所影响的。

因此，有充分的理由说明为什么要谨慎对待**现实政治**。事实证明，一旦落入别有用心的人手中，它就会成为一个极为消极的概念，很快就会被滥用，并且会助长宿命论或极端主义。一些更为明智的"现实主义"思想家已经注意到了这个问题。亨利·基辛格观察到，从俾斯麦时期的德国开始，**现实政治**有了自食其果的倾向。马克斯·韦伯也对德国同胞们大言不惭地吹嘘他们的**现实政治**的方式感到不安。他觉得这个词对于他的同胞而言犹如"隆胸"之于女人，他们将它变成了一个"口号"，并"热情拥抱"之。韦伯还补充说，那些奉行真正的现实主义外交政策的国家往往不会那么"喋喋不休"地吹嘘。[11]

8.多年来，反现实政治一直是英美外交政策的默认背景，而且很可能会继续如此。虽然这可能显得虚伪或是幼稚，但是它掩盖了一种"隐藏的"或"更高层次的"现实主义，而这是两国的主要战略资产。

这本书里各章节所描述的反现实政治传统也存在许多缺陷。从伍德罗·威尔逊到吉米·卡特再到小布什和托尼·布莱尔，它都与幼稚和冒险主义联系在一起。然而，反现实政治在过去也发挥了许多重要的作用。首先，它在历史上的关键时刻向人们发出了危险预警信号。这方面的第一个例子来自德国对罗豪的批评，他们警告说，通过把自己的命运和俾斯麦捆绑在一起，民族自由党是在向独裁主义做出致命的妥协。人们还可以指出，1938年工党领袖克莱门特·艾德礼批驳了内维尔·张伯伦的话，提出警告说，他与希特勒和墨索里尼基于"现实政治"的理由而达成的协定，将让这个理念成为笑柄。

这本书的目的是拂去原始的**现实政治**的概念所积下的灰尘，去解构和重构它，并且保护它不被错误地使用和过度美化。因此，将任何新的现实政治的倡议者斥责为潜在的特赖奇克式人物的做法是荒谬的。人们可以理解，当有人把汉斯·摩根索称为特赖奇克式人物时，他该有多么怒不可遏。然而，我们同样应该严肃认真地对待那些反对现实政治的人，有时候现实主义者对他们的态度确实不够严肃。将反现实主义者斥为幼稚或是不切实际的人，就相当于失去了理解英美两国外交政策的一条隐藏的线索。在这里，我们可以回顾一下《新共和》周刊的编辑沃尔特·韦尔在1916年与柏林的一位教授的谈话。这位教授说，德国人"写了大量关于**现实政治**的著作，但是我们对它的了解还不如幼儿园的小朋友"。带着一丝嫉妒之情，他表示，美国人"对它了解得太透彻了，反而不会谈论它"。[12]

英美两国的外交政策仍然强烈抵制从欧洲大陆引进某些思想，从马基雅维利主义到俾斯麦主义和**现实政治**都是如此。正如无数愤怒的现实主义者所指出的那样，对这些概念的存在表示愤怒和恐惧听起来颇为傲慢和伪善。E. H. 卡尔和汉斯·摩根索两人始终无法接受他们在英美世界里看到的伪善和虚伪。

然而，这种反现实政治的内涵比我们所看到的更为丰富。正如迈内克所理解的那样，英国人和美国人的确虚伪，但他们并不像人们所认为的那样幼稚。他们对"亵渎"政治的行为表示愤慨，但是他们比最初看上去的更精于此道。事实上，他们所践行的是"一种最有效的马基雅维利主义"，尽管他们不敢说出这个词。他们打着"人性、坦诚和宗教"的旗号，热切地追求自己的利益，并承诺所有人都可以利益均沾。如果说这是自欺欺人的话，那也是一种非常有用的自欺，它支撑着英美主导的世界秩序。在二战期间，乔治·奥威尔也认识到，正是这种"现实与幻想"的奇怪组合（尽管它是虚伪的），在最黑暗的时刻支撑起了英国，而且它要比希特勒统治下的德国和墨索里尼统治下的意大利所大肆吹嘘的现实主义更为优越。1982年，亨利·基辛格在伦敦发表讲话时，称这是英国在外交政策上送给美国的最大的礼物，这是"一种便利的道德利己主义"，它认为对我们来说是好的，对世界上的其他国家也会是好的。[13] 换句话说，这种理念在貌似神秘的外壳下，实则有一颗理性的内核。

　　在许多情况下，英国和美国的理想主义是毫无生气或是自欺欺人的。然而，它赋予了英美两国外交政策更多的连贯性、方向性和目的性。正如本书所认为的，些许现实政治就可以服务于更高的目标。它使我们能够更加接近政治的本质。但是，我们应该时刻提防对现实政治的过度使用，以免忘记了什么才是我们最为宝贵的财富。

致谢

本书的写作离不开两项研究资助，对此我十分感激。第一个是美国国会图书馆约翰·W. 克卢格中心（John W. Kluge Center）的亨利·A. 基辛格外交政策研究员资助，我很幸运地在2013年至2014年担任此职。其次是利华休姆基金会（Leverhulme Foundation）的研究资助，这使我能够获得伦敦大学国王学院的学术假期，并前往位于美国马里兰州大学公园的国家档案馆完成我的研究工作。

在国会图书馆，我有幸与克卢格中心主任卡罗琳·布朗博士（Dr. Carolyn Brown）及其充满活力的团队合作，布朗博士最近刚刚退休。我要特别感谢特拉维斯·汉斯莱（Travis Hensley）、乔安妮·基钦（JoAnne Kitching）、玛丽-卢·雷克（Mary-Lou Reker）、丹妮丝·鲁宾逊（Deneice Robinson）、贾森·施泰因豪尔（Jason Steinhauer）和丹·特鲁略（Dan Trullo）在一系列问题上给予的帮助，以及他们的风趣幽默。使我特别高兴的是，我得以认识了国会图书馆馆长詹姆斯·比林顿博士（Dr. James Billington），他让我从图书馆无与伦比的材料中得到了很多资源（特别是手稿部和数字馆藏部）。感谢基辛格研究员资助委员会，尤其是艾伦·巴特金（Alan Batkin），我才得以与基辛格博士会面并与他就这本书以及对卡斯尔雷勋爵的共同兴趣展开讨论。感谢《新政治家》杂志的编辑贾森·考利（Jason Cowley），让我有幸采访卡特总统，获得了关于过去的外交政策争议的两种截然不同的看法。在图书馆的时候，我很高兴地邀请到布鲁金斯学会的罗伯特·卡根，与他进行了一次关于现代世界中的现实政治的公开对话，并与约翰·霍普金斯大学的埃利奥特·科恩就罗伯特·E. 奥斯古德的著作进行了一场精彩的讨论（他的作品在本书的写作过程中给予了我很大帮助）。我要特别感谢米切尔·B. 赖斯（Mitchell B. Reiss）大使，他多年来一直是我的良师益友，并感谢英国前驻华盛顿大使奈杰尔·沈沃德爵士（Sir Nigel Sheinwald）的殷切鼓励。

在华盛顿时，我很幸运能有一些亲密的朋友陪伴我共进晚餐。我要感谢马特（Matt）、丹妮尔（Danielle）、斯坦（Stan）、贝姬（Becky）、斯科特（Scott）、凯特（Kate）和贝拉·珀尔（Bella Perl）、安迪（Andy）和凯利·波尔克（Kelly Polk）、加里·施米特（Gary Schmitt）、汤姆·唐纳利（Tom Donnelly）、马蒂·西夫（Marty Sieff）、迈克尔·巴龙（Michael Barone）和迈克尔·麦克道尔（Michael McDowell）。应特别提及的是，《小型战争》（War on Rocks）杂志的主编瑞安·埃文斯（Ryan Evans）通读了本书的文稿，并向我介绍了他的"普遍现实主义"（ecumenical realism）概念。瑞安还介绍我认识了《国家利益》杂志的雅各布·海尔布伦，当我在华盛顿期间，海尔布伦发表了我的两篇文章——不过，当我为康沃利斯勋爵（Lord Cornwallis）辩护的文章见刊时，我已经离开华盛顿了。也要感谢亚当·加芬克尔（Adam Garfinkle）给了我机会，让我为《美国利益》杂志撰写文章，并进一步深挖本书中讨论的一些主题。在这个项目的早期，我得以检验提交给耶鲁大学的一篇论文中的一些想法，当时这个研讨会是由前基辛格讲座教授亚历山大·埃文斯（Alexander Evans）组织，并由约翰·刘易斯·加迪斯主持。查理·拉德曼（Charlie Laderman）是该校大战略项目的毕业生，与他的交谈也使我受益良多。这本书在一定程度上源于英美对话。在过去的几年里，我和其他许多人，如弗兰克·加文（Frank Gavin）、威廉·英博登、乔治·西伊（George Seay）、杰夫·恩格尔（Jeff Engel）、特德·布罗蒙德（Ted Brommund）、沃尔特·罗素·米德、安德鲁·罗伯茨（Andrew Roberts）、迪安·戈德森（Dean Godson）和詹姆斯·埃利森（James Ellison）等，进行了一系列活跃有趣的谈话。

伦敦大学国王学院战争研究系的两位系主任默文·弗罗斯特（Mervyn Frost）和西奥·法雷尔（Theo Farrell）在这个项目中以及在其他很多地方一直都给予了我很大的支持。同样，前系主任劳伦斯·弗里德曼爵士也给予了我非常大的帮助，他的《战略史》一书为我们战争研究系的大部分工作奠定了基础，也指导了我们的工作。同时，迈克尔·雷恩斯伯勒（Michael Rainsborough）给予了我很及时的回应。我和其他同事就本书中的观点进行了很多有意思的讨论，他们包括鲁德拉·乔杜里（Rudra Chaudhuri）、简·威廉·霍尼格、内德·勒博（Ned Lebow）、大卫·贝茨（David Betz）、沃尔特·路德维希（Walter Ludwig）、亚历克斯·梅里格罗-希钦斯（Alex Meleagrou-Hitchens）、希拉兹·马希尔（Shiraz Maher）、彼得·诺伊曼（Peter Neumann）和大卫·马丁·琼斯（David Martin Jones）。值得一提的是，托马斯·里德（Thomas Rid）也读过《**现实政治**的基础》的德文原著，和我一样对该书非常感兴趣。我还必须感谢母语是德语的汉娜·埃勒曼（Hannah Ellerman）的出色工作，她翻译了大量19世纪罗豪的德语原著。我以前的学生加布里埃尔·埃莱夫泰留（Gabriel Elefteriu）仔细研读了整本书，并对文本进行逐字逐句的仔细校对。人们都很欣赏他的诚实，而且他现在是一颗冉冉升起的新星。另一位是妮娜·马斯格雷夫（Nina Musgrave），她协助编写了参考文献。文中出现的任何错误，全部由我一个人负责。

这本书带有我在剑桥度过的十年的印记；在此期间，乔恩·帕里（Jon Parry）尽其所能地训练、指导和帮助我。这本书还带有布伦丹·西姆斯的印记，他为早期的草稿提出过建议，无疑了解书中所探讨的许多主题。另一位前同事马格努斯·瑞安（Magnus Ryan）也读过罗豪的原著，并提供了极具洞察力的见解。我希望能够在不久的将来再与他一道对罗豪的《**现实政治**的基础》进行更深入的研究。我的好朋友马丁·弗兰普顿（Martyn Frampton）可能比任何人都更了解这本书，我向他的耐心表示敬意。在后期的工作中，我有幸与亚当·图兹讨论了一些核心概念，他向我提供了一篇未曾发表的关于马克斯·韦伯的论文的概要。这本书处于思想史与国际史之间一个奇怪的结合点上。在这个方面，哈佛大学的大卫·阿米蒂奇（David Armitage）的著作给予了我很大的指导，此外，本书的完成也受到了邓肯·贝尔、乔纳森·哈斯拉姆和马克·马佐尔等学者的启发，虽然我们未曾谋面。我的确应该去参加更多的学术会议。

我最亲近的家人对"现实政治"这个词已经听得厌烦了，它似乎无处不在，包括最不可能出现的场合，从《权力的游戏》到游戏策略。我的母亲、父亲、祖母都深受其苦，好在我那新婚不久的妻子乔（Jo）受折磨的时间要稍短些，他们跟这本书的接触比其他任何人都多。恐怕我的经纪人乔治娜·卡佩尔（Georgina Capel）和最认真负责的编辑蒂莫西·本特（Timothy Bent）也在其列。还要感谢阿莉莎·奥康奈尔（Alyssa O'Connell），她为我提供了图片，并陪我度过了本书出版前的最后几个阶段。

谨以此书献给我的母亲格蕾塔·琼斯，她所写的《社会达尔文主义与英国思想》为本书提供了一个范本。我母亲阅读了本书的每个章节，并提出了意见。她有一个很大的优点，那就是她从来不说显而易见的事，也从不说不着边际的话。

注释

引 言

1　Robert Kagan, *The Return of History and the End of Dreams* (New York: Vintage Books, 2009); Robert Kaplan, *The Revenge of Geography: What the Map Tells Us about Coming Conflicts and the Battle against Fate* (New York: Random House, 2012).

2　John Bew, "The Real Origins of Realpolitik," *National Interest* (March–April, 2014).

3　或许最近的编纂**现实政治**史的努力是弗里德里希·迈内克在1924年做出的。Friedrich Meinecke: *Machiavellianism: The Doctrine of Raison d'État and Its Place in Modern History*, edited by Werner Stark and translated by Douglas Scott (New Haven, CT: Yale University Press, 1957).

4　英美两个显著的例子，各见Jonathan Powell, *The New Machiavelli: How to Wield Power in the Modern World* (London: Random House, 2010); Philip Bobbitt, *The Garments of Court and Palace: Machiavelli and the World That He Made* (New York: Atlantic, 2013)。也见Corrado Vivanti, *Niccolò Machiavelli: An Intellectual Biography*

(London: Routledge, 2013)，　及Marco Cesa, ed., *Machiavelli on International Relations* (Oxford: Oxford University Press, 2014)。

5　Michael Ignatieff,"Machiavelli Was Right," *Atlantic*, 20 November 2013.

6　"马基雅维利时刻"这一说法源自J. G. A. Pocock, *The Machiavellian Moment: Florentine Political Thought and the Atlantic Republican Tradition* (Princeton, NJ: Princeton University Press, 2003)。

7　对于卡斯尔雷的"再度流行"，见J. Bew, *Castlereagh: A Life* (Oxford: Oxford University Press, 2012)，以及Christopher Meyer, *Getting Our Own Way: 500 Years of British Diplomacy* (London: Weidenfeld and Nicolson, 2009)。关于梅特涅，见Alan Sked, *Metternich and Austria: An Evaluation* (London: Palgrave Macmillan, 2007)。

8　Henry A. Kissinger, *A World Restored: Metternich, Castlereagh and the Problems of Peace, 1812–1822* (London: Weidenfeld and Nicholson, 1999).

9　关于俾斯麦的最新传记，写得最好的是Jonathan Steinberg, *Bismarck: A Life* (Oxford: Oxford University Press, 2011)。

10　John Lewis Gaddis, *George F. Kennan: An American Life* (New York: Penguin, 2011); George F. Kennan, *The Decline of Bismarck's European Order: Franco-Russian Relations 1875–1890* (Princeton, NJ: Princeton University Press, 1981).

11　Henry A. Kissinger, "The White Revolutionary: Reflections on Bismarck," *Daedalus* 97.3 (Summer 1968): 888–924.

12　Henry Kissinger, *World Order* (London: Allen Lane, 2014). 克林顿的评论，见*Washington Post*, 4 September 2014。

13　Peter Viereck, *Metapolitics, From Wagner and the German Romantics to Hilter* (New York: Alfred A. Knopf, 1965). pp. 189–208.

14　转引自Peter Baker, "Obama Puts His Own Mark on Foreign Policy Issues," *New York Times*, 10 April 2010。

15　Gregor Peter Schmitz, "Unlikely Heir: Obama Returns to Kissinger's

Realpolitik," *Der Spiegel*, 22 May 2013.

16　Douglas Hurd, *Choose Your Weapons: The British Foreign Secretary: 200 Years of Argument, Success and Failure* (London: Weidenfeld and Nicolson, 2010), p. 163. 关于20世纪30年代内维尔·张伯伦对卡斯尔雷和乔治·坎宁的解读，见Bew, *Castlereagh*, pp. xi–xii, 5, 178, 181, 409, 488。

17　A. J. P. Taylor, *The Italian Problem in European Affairs, 1847–1849* (Manchester: Manchester University Press, 1970; first edition 1934), p. 1.

18　Henry Kissinger, "The Limits of Universalism," *New Criterion*, June 2012.

19　Henry Kissinger, *Diplomacy* (New York: Simon and Schuster, 1994), Chapter 6, "Realpolitik Turns on Itself."

20　转引自Black Hounshell, "George H. W. Obama?" *Foreign Policy*, 14 April 2010。

21　例 如 见Kenneth Waltz, *Theory of International Politics* (New York: McGraw-Hill, 1979), p. 117。

22　Lucian M. Ashworth, "Did the Realist-Idealist Great Debate Really Happen? A Revisionist History of International Relations," *International Relations* 16.33 (2002): 33–51.

23　对 于 这 一 立 场 的 经 典 阐 述 见Quentin Skinner, "Meaning and Understanding in the History of Ideas," *History and Theory* 8.1 (1969): 3–53。关于剑桥学派在国际事务中的应用，最具影响力的学者或许是邓肯·贝尔。见Duncan Bell, "Political Theory and the Function of Intellectual History: A Response to Emmanuel Navon," *Review of International Studies* 29.1 (January 2003):151–160。 也 见Duncan Bell, ed., *Political Thought and International Relations: Variations on a Realist Theme* (Oxford: Oxford University Press, 2009)。

24　Quentin Skinner, *Liberty before Liberalism* (Cambridge: Cambridge University Press, 1998), pp. 116–119.

25　Jonathan Haslam, *No Virtue like Necessity: Realist Thought in*

International Relations since Machiavelli (New Haven, CT: Yale University Press, 2002), pp. 184–185.

26　在众多国际关系理论中，这些观念已被视为一体。例如见Waltz, *Theory of International Politics* , p. 117。

27　米德提出了一种具有说服力的看待英美两国世界观的方式，见 Walter Russell Mead, *God and Gold: Britain, America and the Making of the Modern World* (London: Atlantic Books, 2007)。

28　Terry Nardin, "Middle-Ground Ethics: Can One Be Politically Realistic without Being a Political Realist," *Ethics and International Affairs* 25.1 (Spring 2011); Richard Little, "The English School's Contribution to the Study of International Relations," in *European Journal of International Relations* 6.3 (September 2000): 395–422; Joseph Nye, "Toward a Liberal Realist Foreign Policy: A Memo for the Next President," *Harvard Magazine* (March to April 2008). 也见 Anatol Lieven, *Ethical Realism: A Vision for America's Role in the World* (London: Pantheon Books, 2006)。

29　Reinhold Niebuhr, *The Irony of American History* (Chicago: University of Chicago Press, 1952); William Inboden, "The Prophetic Conflict: Reinhold Niebuhr, Christian Realism, and World War II," *Diplomatic History* 38.1 (2014): 49–82.

30　"Remarks by the President at the Acceptance of the Nobel Peace Prize," 10 December 2009 , http://www.whitehouse.gov/the-press-office/remarkspresident-acceptance-nobel-peace-prize.　见R. Ward Holder and Peter B. Josephson: *The Irony of Barack Obama: Barack Obama, Reinhold Niebuhr and the Problem of Statecraft* (Ashgate: Farnham and Burlington, 2012)。

31　近年来反对新现实主义而为古典现实主义辩护的文章，见Sean Molloy, *The Hidden History of Realism: A Genealogy of Power Politics* (Houndsmill: Palgrave Macmillan, 2006)。也见Kenneth W. Thompson, *Traditions and Values in Politics and Diplomacy: Theory and Practice* (Baton Rouge: Louisiana State University Press, 1992), pp. 135, 189–194，以及Kenneth W. Thompson, *Morality and Foreign Policy* (Baton Rouge: Louisiana State University Press, 1980)。

32　Paul Schroeder, "Historical Reality vs. Neo-Realist Theory," *International Security* 19.1 (Summer 1994): 108–148，以 及Karl-Georg Faber, "Realpolitik als Ideologie," *Historiche Zeitschrift* 203.1 (August 1966): 1–45。也 见Paul Schroeder, "The Nineteenth Century System: Balance of Power or Political Equilibrium?" *Review of International Studies* 15.2 (1989): 135–153，以 及Ernest R. May, Richard Rosecrance, and Zara Steiner, eds., *History and Neo-realism* (Cambridge: Cambridge University Press, 2010), pp. 129–154。

33　例如见Joel Isaac and Duncan Bell, eds., *Uncertain Empire: American History and the End of the Cold War* (Oxford: Oxford University Press, 2012)。

34　Felix Gilbert, *The End of the European Era: 1890 to the Present* (New York: W. W. Norton, 1970), p. xi.

35　Arlette Farge, *The Allure of the Archives*, translated from the French by Thomas Scott-Railton, with a foreword by Natalie Zemon Davis (New Haven, CT: Yale University Press, 2013).

36　Franco Moretti, *The Bourgeois: Between History and Literature* (New York: Verso, 2013).关于方法论的讨论，见Valerie Sanders, "The Bourgeois: Between History and Literature by Franco Moretti," *Times Higher Education Supplement*, 27 June 2013。

37　Skinner, *Liberty before Liberalism*; David Runciman, *Political Hypocrisy: The Mask of Power, from Hobbes to Orwell and Beyond* (Princeton, NJ: Princeton University Press, 2008); Greta Jones, *Social Darwinism and English Thought* (Brighton: Harvester Press, 1980).

38　Perry Anderson, *American Foreign Policy and its Thinkers* (London and New York: Verso, 2015).

39　Raymond Williams, *Keywords: A Vocabulary of Culture and Society* (London: Fontana/Croom Helm, 1976), pp. 9–24, 216–221.

第一部分

1 Ludwig von Rochau, *Grundsätze der Realpolitik, Angewendet auf die staatlichen Zustände Deutschlands*, vol. 2 (Heidelberg: J. C. B. Mohr, 1868), preface, pp. i–x.

第一章

1 Christopher Clarke, *Iron Kingdom: The Rise and Downfall of Prussia, 1600–1947* (London: Allen Lane, 2006).

2 A. J. P. Taylor, *The Course of German History: A Survey of the Development of German History since 1815* (London: Methuen, 1961), p. 69. 对于这一观点的评论，见 Taylor, *The Course of German History*, pp. 500–504。

3 几本关于19世纪中期德国自由主义的书中简短地提及了罗豪。例如，见 Andrew Lees, *Revolution and Reflection: Intellectual Change in Germany during the 1850s* (The Hague: Martinus Nijhoff, 1974); James J. Sheehan, *German Liberalism in the Nineteenth Century* (Chicago: University of Chicago Press, 1978); Peter Uwe Hohendahl, *Building a National Literature: The Case of Germany, 1830–1870* (Ithaca, NY: Cornell University Press, 1989); Dieter Langewiesche, *Liberalism in Germany* (Princeton, NJ: Princeton University Press, 2000)。

4 近年来的一个重要例外，见 Haslam, *No Virtue like Necessity*, pp. 184–185。

5 哈乔·霍尔本将其描述为"对法国社会学的怪诞捏造与一种邪恶的黑格尔哲学"，见 Hajo Holborn, *A History of Modern Germany, 1840–1945* (New York: Alfred A. Knopf, 1969), pp. 117–118, 151。

6 关于近来德国参与滑铁卢战役的研究，见 Brendan Simms, *The Longest Afternoon: The 400 Men Who Decided the Battle of Waterloo* (Harmondsworth: Penguin, 2014)。

7 Auguste Comte, *Système de politique positive, ou Traité de Sociologie instituant la Religion de l'Humanité (1851–1854)*, vol. 1. (Paris:

Carilian-Goeury, 1880). 法国实证主义的影响，例如对恩格斯的影响，见Etienne Balibar, *Cinq Etudes du Materialisme Historique* (Paris: Maspero, 1974), p. 85。

8　英语中对罗豪的生平讨论最详细的是一篇未发表的论文，是 Johanna Margarette Menzel, "August Ludwig von Rochau: A Study on the Concept of Realpolitik" (MA dissertation, University of Chicago, August 1953)。1921年有一本罗豪的德文简要传记出版，见 Hans Lühman, *Die Unfange August Ludwig von Rochau, 1810–1850* (Heidelberg, 1921)。关于他的政治思想最好的叙述见Natasha Doll, *Recht, Politik und "Realpolitik" bei August Ludwig von Rochau (1810–1873): Ein wissenschaftsgeschichtlicher Beitrag zum Verhältnis von Politik und Recht im 19. Jahrhundert* (Frankfurt am Main: Vittorio Klostermann, 2005)。意大利有关罗豪的最新研究，见Federico Trocini, *L'invenzione della "Realpolitik" e la scoperta della "legge del potere." August Ludwig von Rochau tra radicalismo e nazional-liberalismo* (Bologna: Il Mulino, 2009)。除其他参考资料，本节中关于罗豪的传记资料主要引自门策尔（Menzel）的论文（特别是第1章）和道尔（Doll）的书。

9　Ludwig von Rochau, *Grundsätze der Realpolitik, Angewendet auf die staatlichen Zustände Deutschlands*, vol. 2 (Heidelberg: J. C. B. Mohr, 1868), preface, pp. i–x.

10　L. B. Namier, *1848: The Revolution of the Intellectuals* (The Raleigh Lecture on History), *Proceedings of the British Academy*, vol. 30 (London, 1944), pp. 1–20, 31–40.

11　Namier, *1848: The Revolution of the Intellectuals*, pp. 1–20, 31.

12　Michael Burleigh, *Blood and Rage: A Cultural History of Terrorism* (London: Harper Collins, 2008).

13　Karl Marx, "The Eighteenth Brumaire of Louis Napoleon," first published in *Die Revolution*, 1852, in *Karl Marx, Collected Works*, vol. 11 (New York: International Publishers, 1976), pp. 103–116. 另一版本为 *The Eighteenth Brumaire of Louis Bonaparte* (Moscow: Progress

Publishers, 1977)。

14　Marx, *The Eighteenth Brumaire of Louis Bonaparte.*

15　E. H. Carr, *The October Revolution* (New York: Alfred A. Knopf, 1969), pp. 58–61.

16　Karl Marx, *The First International and After*, edited by David Fernbach (Harmondsworth: Penguin, 1974).

17　*New York Tribune*, 23 October 1852.

18　Hohendahl, *Building a National Literature*, pp. 60–69; Michael Stolleis, *Public Law in Germany, 1800–1914* (Oxford: Berghahn Books, 2001), pp. 255, 263.

19　Ludwig von Rochau, *Geschite Frankreichs von 1814 bis 1852* (Leipzig: Nizel; London: Williams and Morgate, 1859).

20　*The British Quarterly Review* (July–October, 1859), pp. 268–269.

21　Ludwig von Rochau, *Wanderings in the Cities of Italy in 1850 and 1851*, translated by Mrs. Percy Sinnett, 2 vols. (London: R. Bentley, 1853), vol. 1, pp. iii–vi, 27–29, 31–35.

22　Doll, *Recht, Politik und "Realpolitik,"* p. 10.

第二章

1　Ludwig von Rochau, *Grundsätze der Realpolitik, Angewendet auf die staatlichen Zustände Deutschlands*, vol. 1 (Stuttgart: Karl Göpel, 1859), p. 23.

2　本书对第1卷的所有直接引用参照的是1859年的第2版（除了罗豪关于"当前危机"的新序言外，它与第1版完全相同），版本为Ludwig von Rochau, *Grundsätze der Realpolitik, Angewendet auf die staatlichen Zustände Deutschlands*, vol. 1 (Stuttgart: Karl Göpel, 1859)，下文简称Rochau, *Realpolitik*, vol. 1。这本书唯一的现代版本是由汉斯-乌尔里希·韦勒在1972年出版的，版本为Ludwig August von Rochau, *Grundsätze der Realpolitik auf die staatlichen Zustände Deutschlands*, herausgegeben und eingeleitet von Hans-Ulrich Wehler (Frankfurt und Berlin: Ullstein Buch, 1972)。

3 第2卷 的 版 本 为 Ludwig von Rochau, *Grundsätze der Realpolitik, Angewendet auf die staatlichen Zustände Deutschlands*, vol. 2 (Heidelberg: J. C. B. Mohr, 1868), 下 文 简 称 Rochau, *Realpolitik*, vol. 2。

4 Rochau, *Realpolitik*, vol. 1, p. 27.

5 Rochau, *Realpolitik*, vol. 1, pp. 1–9.

6 Rochau, *Realpolitik*, vol. 1, p. 23.

7 Rochau, *Realpolitik*, vol. 1, pp. 1–9.

8 Rochau, *Realpolitik*, vol. 1, pp. 1–9.

9 Lees, *Revolution and Reflection*, p. 35.

10 Rochau, *Realpolitik*, vol. 1, pp. 1–9.

11 Hohendahl, *Building a National Literature*, p. 62.

12 见 Rochau, *Realpolitik*, vol. 1, p. 18。

13 Rochau, *Realpolitik*, vol. 1, pp. 1–9.

14 Niccolò Machiavelli, *The Prince*, edited by Quentin Skinner and Russell Price (Cambridge: Cambridge University Press, 1988).

15 Rochau, *Realpolitik*, vol. 1, pp. 1–9.

16 Rochau, *Realpolitik*, vol. 1, pp. 1–9.

17 Rochau, *Realpolitik*, vol. 1, pp. 1–9.

18 Perry Anderson, *The New Old World* (London: Verso, 2009), pp. 490–491.

19 Rochau, *Realpolitik*, vol. 1, chapter 3, pp. 18–30.

20 Rochau, *Realpolitik*, vol. 1, chapter 2, pp. 9–12.

21 Rochau, *Realpolitik*, vol. 1, chapter 2, pp. 9–12.

22 Rochau, *Realpolitik*, vol. 1, chapter 2, pp. 12–15.

23 Rochau, *Realpolitik*, vol. 1, chapter 2, pp. 12–17.

24 Rochau, *Realpolitik*, vol. 1, chapter 2, pp. 12–17.

25 Rochau, *Realpolitik*, vol. 1, chapter 2, pp. 12–17.

26 Rochau, *Realpolitik*, vol. 1, chapter 2, pp. 12–17.

27 Hohendahl, *Building a National Literature*, pp. 60–61.

28 Rochau, *Realpolitik*, vol. 1, chapter 2, p. 15.

29　Ronald Beiner, "Machiavelli, Hobbes, and Rousseau on Civil Religion," *Review of Politics* 55.4 (Autumn 1993): 617–638.

30　Rochau, *Realpolitik*, vol. 1, chapter 2, p. 15.

31　Rochau, *Realpolitik*, vol. 1, chapter 2, pp. 15–17.

32　Rochau, *Realpolitik*, vol. 1, chapter 2, pp. 15–17.

33　Rochau, *Realpolitik*, vol. 1, chapter 6, pp. 54–68.

34　Rochau, *Realpolitik*, vol. 1, pp. 218–224.

35　Rochau, *Realpolitik*, vol. 1, Introduction to second edition, pp. i–xvi.

36　Rochau, *Realpolitik*, vol. 1, Introduction to second edition, pp. i–xvi.

37　Rochau, *Realpolitik*, vol. 1, Introduction to second edition, pp. i–xvi.

38　Langewiesche, *Liberalism in Germany*, p. 59.

39　Rochau, *Realpolitik*, vol. 1, Introduction to second edition, pp. i–xvi.

第三章

1　转引自 Meinecke, *Machiavellianism*, pp. 395–396。

2　Edward Tannenbaum, *European Civilization since the Middle Ages* (New York: John Wiley, 1965), pp. 440–445.

3　Otto Pflanze, *Bismarck and the Development of Germany: The Period of Unification, 1815–1871* (Princeton, NJ: Princeton University Press, 1963), pp. 48, 215. 乔纳森·斯坦伯格最近撰写的最佳传记《俾斯麦传》(*Bismarck: A Life*) 中没有提到这本书。

4　Leonard Krieger, *The German Idea of Freedom: History of a Political Tradition* (Boston: Beacon Hill Press, 1957), pp. 349–389.

5　Doll, *Recht, Politik und "Realpolitik,"* p. 8.

6　Sheehan, *German Liberalism in the Nineteenth Century*, pp. 123–124.

7　Langewiesche, *Liberalism in Germany*, pp. 74–95.

8　Gordon R. Monk, "Bismarck and the 'Capitulation' of German Liberalism," *Journal of Modern History* 43.1 (March, 1971): 59–75.

9　Krieger, *The German Idea of Freedom*, p. 387.

10　Krieger, *The German Idea of Freedom*, p. 397.

11　Jakob Venedey, *Ireland and the Irish during the Repeal Year, 1843*

(Dublin: James Duffy, 1844).

12   Krieger, *The German Idea of Freedom*, pp. 420–421.

13   Constantin Frantz, "The Religion of National Liberalism," reviewed in *The Illustrated Review: A Fortnightly Journal of Literature, Science and Art* 4.5 (December 1872): 346.

14   Frantz, "The Religion of National Liberalism," p. 346.

15   "Spreading Propaganda in Germany," *Sun* (New York), 14 April 1918.

16   James J. Sheehan, *German History, 1770–1866* (Oxford: Oxford University Press, 1989), pp. 849–850.

17   Tannenbaum, *European Civilization since the Middle Ages*, pp. 440–445.

18   Rochau, *Realpolitik*, vol. 2, Preface, pp. i–x.

19   Rochau, *Realpolitik*, vol. 2, Preface, pp. i–x.

20   Rochau, *Realpolitik*, vol. 2, Preface, pp. i–x.

21   Rochau, *Realpolitik*, vol. 2, Preface, pp. i–x.

22   Michael Joseph Smith, *Realist Thought from Weber to Kissinger* (Baton Rouge: Louisiana State University Press, 1986).

23   James Alfred Aho, *German Realpolitik and American Sociology: An Inquiry into the Sources and Political Significance of the Sociology of Conflict* (Lewisburg: Bucknell University Press, 1975), p. 53.

24   Rochau, *Realpolitik*, vol. 2, Preface, pp. viii.

25   Rochau, *Realpolitik*, vol. 2, Preface, pp. iv–x.

26   Rochau, *Realpolitik*, vol. 2, Preface, pp. iv–x.

27   Rochau, *Realpolitik*, vol. 2, Preface, pp. iv–x.

28   Rochau, *Realpolitik*, vol. 2, chapter 5, pp. 55–74.

29   Pflanze, *Bismarck and the Development of Germany*, p. 215.

30   转引自 Sheehan, *German Liberalism in the Nineteenth Century*, p. 109。

31   关于罗豪的观念最受重视的讨论是 Doll, *Recht, Politik und "Realpolitik,"* pp. 70–80。

32   Rochau, *Realpolitik*, vol. 2, chapter 5, pp. 55–74.

33　Edmund Burke, *Reflections on the Revolution in France* (London: J. Dodsley, 1790), p. 318.

34　Rochau, *Realpolitik*, vol. 2, chapter 5, pp. 55–74.

35　Rochau, *Realpolitik*, vol. 2, chapter 5, pp. 55–74.

36　Burke, *Reflections on the Revolution in France*, p. 127.

37　Rochau, *Realpolitik*, vol, 2, chapter 5, pp. 55–74.

38　Burke, *Reflections on the Revolution in France*, p. 8.

39　Rochau, *Realpolitik*, vol. 2, chapter 5, pp. 55–74.

40　Menzel, "Rochau," pp. 75–79.

41　Rochau, *Realpolitik*, vol. 2, pp. 172–220.

42　Rochau, *Realpolitik*, vol. 2, pp. 172–220.

43　R. B. Elrod, "Realpolitik or Concert Diplomacy: The Debate over Austrian Foreign Policy in the 1860's," *Austrian History Yearbook* 17 (January 1981): 84–97.

44　Rochau, *Realpolitik*, vol. 2, pp. 172–220.

45　Rochau, *Realpolitik*, vol. 2, pp. 172–220.

46　Rochau, *Realpolitik*, vol. 2, pp. 172–220.

47　Brendan Simms, *The Struggle for Mastery of Germany, 1779–1850* (New York: St. Martin's Press, 1998), pp. 190–194.

48　Eva Schmidt-Hartmann, *Thomas G. Masaryk's Realism: Origins of a Czech Political Concept* (Munich: R. Oldenbourg Verlag, 1984), pp. 64–65.

49　A. J. P. Taylor, *The Course of German History: A Study of the Development of German History since 1815* (London: Routledge, 2001; first published 1946).

50　Rochau, *Realpolitik*, vol. 2, chapter 10, p. 336.　也　见Doll, *Recht, Politik und "Realpolitik,"* p. 29的讨论。

第四章

1　Menzel, "Rochau," pp. 75–80.

2　Monk, "Bismarck and the 'Capitulation' of German Liberalism," pp.

59–75.

3 Robert C. Binkley, *Realism and Nationalism, 1852–1871* (New York: Harper and Brothers, 1935), pp. 28, 302.

4 Moretti, *The Bourgeois*, p. 93.

5 Paul Hamilton, *Realpoetik: European Romanticism and Literary Politics* (Oxford: Oxford University Press, 2013).

6 Sheehan, *German Liberalism in the Nineteenth Century.* 一种批判性评论见 Geoff Eley, *Central European History* 14.3 (September 1981): 273–288。

7 Tannenbaum, *European Civilization since the Middle Ages*, pp. 440–445.

8 关于这方面的经典论述，见 Hans-Ulrich Wehler, *The German Empire, 1871–1918*, translated by Kim Traynor (Leamington Spa/ Dover, NH: Berg, 1985)。关于"特殊道路"的另一个基础性文本，见 Fritz Fischer, *Griff nach der Weltmacht: Die Kriegszielpolitik des kaiserlichen Deutschland, 1914–1918* (Düsseldorf: Droste Verlag, 1961)。

9 Ludwig August von Rochau, *Grundsätze der Realpolitik auf die staatlichen Zustände Deutschlands*, herausgegeben und eingeleitet von Hans-Ulrich Wehler (Frankfurt und Berlin: Ullstein Buch, 1972).

10 Roger Fletcher, "Recent Developments in West German Historiography: The Bielefeld School and Its Critics,"*German Studies Review* 7.3 (October 1984): 451–480.

11 David Blackbourn and Geoff Eley, *The Peculiarities of German History: Bourgeois Society and Politics in Nineteenth-Century Germany* (Oxford: Oxford University Press, 1984). 见题为《资产阶级的**现实政治**和自由主义的多余》("The *Realpolitik* of the Bourgeoisie and the Redundancy of Liberalism," pp. 118–126）的章节。也见 Fletcher, "Recent Developments in West German Historiography," pp. 451–480。

12 Peter Viereck, *Conservatism Revisited: The Revolt against Ideology*

(New Brunswick: Transaction, 2005), pp. 85–95.

13　Viereck, *Conservatism Revisited*, pp. 85–95.

14　Viereck, *Metapolitics*, pp. 189–208.

15　Hajo Holborn, "Bismarck's Realpolitik," *Journal of the History of Ideas* 21.1 (January–March 1960): 84–98.

16　Trocini, *L'invenzione della "Realpolitik" e la scoperta della "legge del potere."*

17　Raymond J. Sontag, "The Germany of Treitschke," *Foreign Affair* 18.1 (October 1939): 127–139.

18　Hohendahl, *Building a National Literature*, pp. 60–61.

19　Meinecke, *Machiavellianism*, pp. 396–397.

20　H. W. C. Davis, *The Political Thought of Heinrich von Treitschke* (London: Constable, 1914), pp. 1–33.

21　Hans Kohn, "Treitschke: National Prophet," *The Power of Politics* 7.4 (October 1945): 418–440.

22　Davis, *The Political Thought of Heinrich von Treitschke*, pp. 19–33.

23　Menzel, "Rochau," p. 11.

24　Menzel, "Rochau," pp. 75–78.

25　Haslam, *No Virtue like Necessity*, pp. 184–185.

26　Davis, *The Political Thought of Heinrich von Treitschke*, pp. 1–33.

27　Krieger, *The German Idea of Freedom*, pp. 366–368.

28　Sontag, "The Germany of Treitschke," pp. 127–139.

29　Davis, *The Political Thought of Heinrich von Treitschke*, pp. 1–33.

30　Kohn, "Treitschke: National Prophet," pp. 418–440.

31　Meinecke, *Machiavellianism*, pp. 396–397.

32　Heinrich von Treitschke, *His Life and Works* (London: Allen and Unwin, 1914), pp. 191–192. 也 见 Heinrich von Treitschke, *Germany, France, Russia and Islam* (London: Allen and Unwin, 1914)。

33　Davis, *The Political Thought of Heinrich von Treitschke*, pp. 19–33.

34　Treitschke, *His Life and Works*, pp. 28–29.

35　Davis, *The Political Thought of Heinrich von Treitschke*, pp. 1–33.

36　Treitschke, *His Life and Works*, pp. 28–29.

37　Kohn, "Treitschke: National Prophet," pp. 418–440.

38　转引自Sheehan, *German Liberalism in the Nineteenth Century*, pp. 123–124。

39　Kohn, "Treitschke: National Prophet," pp. 418–440.

40　Heinrich von Treitschke, *Politics*, with an introduction by Hans Kohn (New York: Harcourt, Brace and World), pp. ix–xviii.

41　Treitschke, *His Life and Works*, p. 105.

42　Ramsay Muir, *Britain's Case against Germany: An Examination of the Historical Background of the German Action in 1914* (Manchester: Manchester University Press, 1914), p. 67.

43　Theodore H. Von Laue, *Leopold Ranke: The Formative Years* (Princeton, NJ: Princeton University Press, 1950), pp. 87–88, 102–103, 204, 217.

44　他在1908年的著作《世界主义与民族国家》（*Weltbürgertum und Nationalstaa*）中说到了这一点。转引自Werner Stark, "Editor's Introduction," to Meinecke, *Machiavellianism*, pp. xi–xlvi。

45　Treitschke, *His Life and Works*, pp. 158–192.

46　Treitschke, *His Life and Works*, pp. 158–192.

47　Treitschke, *His Life and Works*, pp. 158–192.

48　Treitschke, *His Life and Works*, pp. 158–192.

49　Treitschke, *His Life and Works*, pp. 158–192.

50　Davis, *The Political Thought of Heinrich von Treitschke*, pp. 1–9, 35–38, 227–289.

51　Treitschke, *His Life and Works*, pp. 158–192.

52　Menzel, "Rochau," p. 80.

53　Treitschke, *Politics*, pp. 132–135.

54　Treitschke, *His Life and Works*, pp. 115–117.

55　Sontag, "The Germany of Treitschke."

56　Haslam, *No Virtue like Necessity*, pp. 184–185.

57　E. H. Carr, *What Is History?* (New York: Alfred A. Knopf, 1962), pp.

48–49.

58　Stark, "Editor's Introduction," to Meinecke, *Machiavellianism*, pp. xi–xlvi.

59　Meinecke, *Machiavellianism*, pp.396–397.

60　"1848年打破了获得权力和实现统一的希望，然而它将人们的思想更多地指向了这个目标。1853年，奥古斯特·路德维希·冯·罗豪出版了《**现实政治**的基础：针对德国现状》，使得**现实政治**这一新口号开始流行起来。"Meinecke, *Machiavellianism*, pp. 396–397.

61　见 Friedrich Meinecke, *Cosmopolitanism and the National State*, translated by Robert B. Kimber, introduction by Felix Gilbert (Princeton, NJ: Princeton University Press, 1970), pp. 100–103, 226, 343。

62　迄今为止对罗豪最严肃的研究表明，迈内克最接近"现实政治"的原意。见 Menzel, "Rochau," p. 83。

63　Friedrich Meinecke, *The Warfare of a Nation: Lectures and Essays*, translated by John A. Spaulding (Worcester, MA: Davis Press, 1915), pp. 10–11.

64　Meinecke, *Cosmopolitanism and the National State*, pp. 100–103, 226, 343.

65　Meinecke, *Cosmopolitanism and the National State*, pp. 226, 343.

66　Stark, "Editor's Introduction," to Meinecke, *Machiavellianism*, pp. xi–xlvi.

67　Hartmut Lehmann, ed., with the assistance of Kenneth F. Ledford, *An Interrupted Past: German-Speaking Refugee Historians in the United States after 1933* (Cambridge: German Historical Institute, 1991).

68　Haslam, *No Virtue like Necessity*, pp. 184–185.

69　Woodruff Smith, *The Ideological Origins of Nazi Imperialism* (New York: Oxford University Press, 1996), pp.18–19, 52–63.

70　Smith, *The Ideological Origins of Nazi Imperialism*, pp. 18–19, 52–63.

第二部分

1　Walter E. Weyl, "American Policy and European Opinion," *Annals of the American Academy of Political and Social Science* 666, *Preparedness and America's International Program* (July 1916): 140–146.

第五章

1　对这一错误的和非历史的二元对立的精彩反驳，见Lucian M. Ashworth, *A History of International Thought: From the Origins of the Modern State to Academic International Relations* (London: Routledge, 2014), pp. 134–180。

2　Frantz, "The Religion of National Liberalism," p 346.

3　John A. Moses, "The British and German Churches and the Perception of War, 1908–1914," *War and Society* 5.1 (May 1987): 23–44.

4　见Runciman, *Political Hypocrisy*, pp. 142–168。

5　John Morley, "Machiavelli" (from a lecture delivered in Oxford, 2 June 1897), in John Morley, *Miscellanies*, fourth series (London: Macmillan, 1908), pp. 1–53.

6　Niall Ferguson, *The Pity of War, 1914–1918* (Harmondsworth: Penguin, 1998), chapters 1–4.

7　Bismarck, *The Memoirs*, translated by A. J. Butler, 2 vols. (New York: Howard Fertig, 1966), vol. 1, p. 125.

8　A. J. P. Taylor, *Bismarck: The Man and the Statesman* (London: New English Library, 1965), pp. 186–187.

9　Paul Kennedy, *The Rise of the Anglo-German Antagonism, 1860–1914* (Boston: George Allen and Unwin, 1980), pp. 26–27, 392–393, 466–467.

10　*Times*, 3 December 1895.

11　Raymond J. Sontag, "The Cowes Interview and the Kruger Telegram," *Political Science Quarterly* 40.2 (June 1925): 217–247. 也见Zara S. Steiner and Keith Nelson, *Britain and the Origins of the First World*

War (Houndsmill: Palgrave Macmilllan, 2003), pp. 19–22。

12　Lieutenant-Colonel J. M. Grierson to Sir F. Lascelles, Berlin, 19 January 1898, in G. P. Gooch and Harold Temperley, eds., *British Documents on the Origins of the War, 1898–1914*, 3 vols. (London, 1927), vol. 1, pp. 42–43.

13　Lieutenant-Colonel J. M. Grierson to Sir F. Lascelles, Berlin, 1 February 1898, in Gooch and Temperley, eds., *British Documents on the Origins of the War*, vol. 1, pp. 43–44.

14　Memorandum by Mr. Bertie, 9 November 1901, in Gooch and Temperley, eds., *British Documents on the Origins of the War*, vol. 2, pp. 73–76.

15　Gooch and Temperley, eds., *British Documents on the Origins of the War*, vol. 1, p. 334.

16　*Times*, 23 November 1901.

17　*Die Zeit*, 14 November 1902.

18　J. A. Hobson, *Imperialism: A Study* (London: James Nisbet, 1902), pp. 12–13.

19　Hobson, *Imperialism*, pp. 12–13.

20　Sidney Low, "Towards an Imperial Foreign Policy," *Fortnightly Review* 92.551 (November 1912): 789–802.

21　Duncan Bell, "The Victorian Idea of a Global State," in Duncan Bell, ed., *Victorian Visions of Global Order: Empire and International Relations in Nineteenth-Century Political Thought* (Cambridge: Cambridge University Press, 2007), pp. 159–185.

22　H. A. Sargeaunt and Geoffrey West, *Grand Strategy: The Search for Victory* (London: Jonathan Cape, 1942), pp. 60–76.

23　P. M. Kennedy, "Idealists and Realists: British Views of Germany, 1864–1939,"*Transactions of the Royal Historical Society* 25 (December, 1975): 137–156.　见 J. A. Hobson, *The German Panic* (London: Cobden Club, 1913)。

24　Calchas, "The New German Intrigue," *Fortnightly Review* 76.453

(September 1904): 385–402.

25 Calchas, "The New German Intrigue," pp. 385–402.

26 Zara Steiner, *The Foreign Office and Foreign Policy, 1898–1914* (Cambridge: Cambridge University Press, 1969).

27 Memorandum on the Present State of British Relations with France and Germany, Foreign Office, 1 January 1907, in Gooch and Temperley, eds., *British Documents on the Origins of the War*, vol. 3, pp. 397–420.

28 Steiner and Nelson, *Britain and the Origins of the First World War*, pp. 46–47.

29 转引自 *New York Times*, 21 March 1909。

30 Count Osten-Sacken, Russian ambassador at Berlin to Iswolsky, 6–19 February 1909, in Benno Aleksandrovich fon-Zibert, *Entente Diplomacy and the World: Matrix of the History of Europe, 1909–1914*, edited by George Abel Schreiner (London :Harper, 1921), pp. 491–492.

31 转 引 自 M. L. Dockrill, "British Policy during the Agadir Crisis of 1911," in Francis Harry Hinsley, ed., *British Foreign Policy under Sir Edward Grey* (Cambridge: Cambridge University Press, 1977), pp. 271–287.

32 Friedrich von General Bernhardi, *Germany and the Next War*, translated by Allen H. Powles (London: Edward Arnold, 1914).

33 *Times*, 5 April 1912.

34 *Sun*, 14 May 1912.

35 *Times*, 5 April 1912.

36 引自 Kennedy, "Idealists and Realists."

37 转引自 Sontag, "The Germany of Treitschke," pp. 127–139。

38 Davis, *The Political Thought of Heinrich von Treitschke*, pp. 1–9, 35–38, 227–289.

39 *Spectator*, 28 September 1912.

40 *Spectator*, 1 March 1913.

41 *Saturday Review* 118.3067 (8 August 1914): 167–168.

42 "Psychology and Motives," by the editor, *English Review* (September 1914): 233–247.

43 Tenney Frank, "Commercialism and Roman Territorial Expansion," *Classical Journal* 5.3 (January 1910): 99–110.

44 Muir, *Britain's Case against Germany*, pp. 26, 50, 67–77.

45 Muir, *Britain's Case against Germany*, pp. vii–ix, 164–194.

46 Sarvepalli Radhakrishnan, *The Philosophy of Rabindranath Tagore* (London: Macmillan, 1918) , pp. 268–269.

47 "A War Number of the *Hibbert Journal*," *Manchester Guardian*, 8 October 1914.

48 George Bernard Shaw, "Common Sense about the War," *New York Times*, 15 November 1914.

49 Shaw, "Common Sense about the War." 也见 "George Bernard Shaw Scores Junker Diplomacy," *Boston Daily Globe*, 22 November 1914。

50 Shaw, "Common Sense about the War."

51 John A. Moses, "The Mobilisation of the Intellectuals 1914–1915 and the Continuity of German Historical Consciousness," *Australian Journal of Politics and History* 48.3 (2002): 336–352.

52 Meinecke, *The Warfare of a Nation*, pp. 28, 57–59.

53 Edmund Fawcett, *Liberalism: The Life of an Idea* (Princeton, NJ: Princeton University Press, 2014), p. 166.

54 Meinecke, *Machiavellianism*, pp. 397–398.

55 Meinecke, "National Policy and Civilization" (Freiburg, 4 August 1914), in *The Warfare of a Nation*, pp. 32–37.

56 Meinecke, *The Warfare of a Nation*, pp. 28, 57–59.

57 Richard W. Sterling, *Ethics in a World of Power: The Political Ideas of Friedrich Meinecke* (Princeton, NJ: Princeton University Press, 1958), pp. 145–147.

第六章

1 Robert Endicott Osgood, *Ideals and Self-Interest in America's Foreign*

Relations (Chicago: University of Chicago Press, 1953), pp. 33–37.

2　Noel Maurer, *The Empire Trap: The Rise and Fall of US Intervention to Protect American Property Overseas (1893–2013)* (Princeton, NJ: Princeton University Press, 2013).

3　Robert Kagan, *Dangerous Nation: America and the World, 1600–1898* (London: Atlantic Books, 2006).

4　Osgood, *Ideals and Self-Interest in America's Foreign Relations*, pp. 33–37.

5　转 引 自 Azar Gat, *The Development of Military Thought: The Nineteenth Century* (Oxford: Oxford University Press, 1992), p. 187。

6　Alfred Thayer Mahan, *The Interest of America in International Conditions* (New York: Sampson Low, Marston & Company, 1910), p. 168.

7　马汉, 转引自 Osgood, *Ideals and Self-Interest in America's Foreign Relations*, pp. 33–41。

8　David M. Kennedy, *Over Here: The First World War and American Society* (twenty-fifth anniversary edition) (Oxford: Oxford University Press, 2004), pp. 380–381.

9　Kissinger, *World Order*, pp. 247–256.

10　*Spectator*, 7 May 1910.

11　Sydney Brooks, "American Foreign Policy," *English Review*, November 1911, pp. 682–695.

12　Robert Holland, *Blue-Water Empire: The British in the Mediterranean since 1800* (London: Allen Lane, 2012).

13　Brooks, "American Foreign Policy."

14　Amos S. Hershey, *The Independent...Devoted to the Consideration of Politics, Social and Economic Tendencies, History, Literature, and the Arts (1848–1921)* 66.3155 (20 May 1909): 1071.

15　Osgood, *Ideals and Self-Interest in America's Foreign Relations*, pp. 130–134.

16　*New York Tribune*, 31 October 1914.

17 *Chicago Daily Tribune*, 9 April 1916.

18 *New York Tribune*, 21 November 1915.

19 *New York Times*, 10 June 1916.

20 *Spectator*, 14 October 1916.

21 David Lloyd George, *Memoirs of the Peace Conference* (New Haven, CT: Yale University Press, 1939), vol. 1, p. 21.

22 Osgood, *Ideals and Self-Interest in America's Foreign Relations*, pp. 130–134.

23 Weyl, "American Policy and European Opinion," pp. 140–146.

24 Walter Lippmann, *U.S. Foreign Policy: Shield of the Republic* (Boston: Little, Brown, 1943), pp. vii–x.

25 Joel H. Rosenthal, *Righteous Realists: Political Realism, Responsible Power and American Culture in the Nuclear Age* (Baton Rouge: Louisiana State University Press, 1991), p. 21.

26 Walter Lippmann, *The Stakes of Diplomacy* (New Brunswick: Transaction, 2008; first published 1917), pp. 111–126, 194–195.

27 Lippmann, *The Stakes of Diplomacy*, pp. 226–229.

28 T. J. Jackson Lears, "Pragmatic Realism versus the American Century," in Andrew J. Bacevich, ed., *The Short American Century: A Postmortem* (Cambridge, MA: Harvard University Press, 2012), pp. 82–120.

29 Henry Raymond Mussey, "Neglected Realities in the Far East" (31 May 1917), *Proceedings of the Academy of Political Science* 7.3 (July 1917): 538–547.

30 *Nation* 99.2565 (27 August 1914): 251–252. 关于比洛，见L. B. Namier, *In the Margin of History* (New York: Freeport, 1939), pp. 213–226。

31 "The Relations of Public Opinion and Foreign Affairs before and during the First World War," in A. O. Sarkisissian, ed. *Studies in Diplomatic History and Historiography in Honor of G. P. Gooch, C.H.* (London: Longmans, Green, 1961), pp. 199–216.

32   Binkley, *Realism and Nationalism*, pp. 300–302.

33   George Sylvester Viereck, *Confessions of a Barbarian* (New York: Moffat, Yard, 1910).

34   转引自 Adam Tooze, *The Deluge: The Great War and the Remaking of Global Order* (London: Allen Lane, 2014), p. 66。

35   *Washington Herald*, 2 April 1917.

36   Harold Kellock, "Books Common and Preferred," *New York Tribune*, 8 April 1917.

37   Westel W. Willoughby, *Prussian Political Philosophy* (New York: D. Appleton, 1918), pp. 181–182.

38   "The Real 'Realpolitik,'" *Nation* 108.2805 (1918). 作为评论对象的书是 Willoughby, *Prussian Political Philosophy*; Gustavus Myers, *The German Myth*; and Karl Ludwig Krause, *What Is the German Nation Dying For?*

39   *El Paso Herald*, 29 May 1918.

40   *Washington Herald*, 16 March 1918.

第七章

1   Gilbert Murray, "Ethical Problems of the War," in Viscount James Bryce, David Lloyd George, et al., *The War of Democracy: The Allies' Statement* (New York: Doubleday, 1917), pp. 123–124.

2   Sir Charles Waldstein, *What Is Germany Fighting For?* (London: Longmans, Green, 1917), p. 116.

3   Charles Sarolea, *German Problems and Personalities* (London: Chatto and Windus, 1917), pp. 111–112, 178.

4   27 February 1918, *Hansard*, fifth series, vol. 103, 1345–1522.

5   *Spectator*, 23 August 1918.

6   "'Realpolitik'—The First and Most Approved Specimen," *Spectator*, 19 October 1918.

7   Thucydides, *The History of the Peloponnesian War*, translated by Richard Crawley, updated by R. C. Feetham, 2 vols. (Avon, CT:

Cardavon Press, 1974), Book Five, vol. 2, pp. 293–299.

8　"'Realpolitik'—The First and Most Approved Specimen."

9　John T. Seaman Jr, *A Citizen of the World: The Life of James Bryce* (London: Taurus Academic Studies, 2006).

10　William Dunning, *The British Empire and the United States: A Review of Their Relation following the Treaty of Ghent* (New York: Charles Scribner's Sons, 1914).

11　Sidney Low, "England and America," *Times Literary Supplement*, 14 January 1915.

12　Casper Sylvester, "Continuity and Change in British Liberal Internationalism, c. 1900–1930," *Review of International Studies* 31.2 (April 2005): 263–283. 也 见 Ashworth, *A History of International Thought*, pp.134–180。

13　Kennedy, "Idealists and Realists," pp. 137–156. 也见 P. M. Kennedy, "The Decline of Nationalist History in the West," *Journal of Contemporary History* 8 (1973): 91–92。

14　Mark Mazower, *Governing the World: The History of an Idea* (London: Allen Lane, 2012).

15　Ashworth, *A History of International Thought*, pp. 116–121.

16　Ferguson, *The Pity of War*, pp. 21–22.

17　Norman Angell, "The Break and Some English Guesses," *North British Review* 205.738 (May 1917): 698–705.

18　Sir Norman Angell, *The Political Conditions of Allied Success: A Plea for the Protective Union of Democracies* (New York: G.P. Putnam and Sons, 1918), pp. 271–274.

19　转引自 Ronald Steel, *Walter Lippmann and the American Century* (New Brunswick: Transaction, 1999), pp. 110–112。

20　"Internationalism versus Nationalism," *Athenaeum* 4632 (August 1918): 335–336.

21　Kennedy, *Over Here*, pp. 384–390.

22　Thorstein Veblen, *Imperial Germany and the Industrial Revolution,*

1857–1929 (New York: Macmillan, 1915).

23　Thorstein Veblen, "The Modern Point of View and the New Order: VI. THE DIVINE RIGHT OF NATIONS," *Dial: A Semi-monthly Journal of Literary Criticism, Discussion and Information* 65 (28 December 1918): 605.

24　*Spectator*, 26 October 1918.

25　Kennedy, *Over Here*, p. 359.

26　Sir Halford J. Mackinder, *Democratic Ideals and Reality: A Study in the Politics of Reconstruction* (London: Constable, 1919), pp. 5, 16.

第三部分

1　发 言 转 引 自 Labour Party leader, Clement Attlee, in House of Commons, 2 May 1938, *Hansard*, vol. 335, cc. 769–822。

第八章

1　A. Chamberlain to Hilda, 26 December 1925, in Robert C. Self, ed., *The Austen Chamberlain Diary Letters: The Correspondence of Sir Austen Chamberlain* (Cambridge: Cambridge University Press, 1995), p. 271.

2　关于内维尔·张伯伦20世纪30年代对卡斯尔雷和乔治·坎宁的解读，见Bew, *Castlereagh*, pp. xi–xii, 5, 178, 181, 409, 488。

3　Gordon Martel, "The Pre-history of Appeasement: Headlam-Morley, the Peace Settlement and Revisionism," *Diplomacy and Statecraft* 9.3 (November, 1998): 242–265.

4　Cabinet Memorandum: Weekly Report on Germany, 13 December 1917, UK National Register of Archives, London, CAB 24/35/72.

5　The Coming German Peace Offensive, by Political Intelligence Department at the Foreign Office, 28 August 2014, UK National Register of Archives, London, CAB 24/62/39.

6　Cabinet Memorandum: Report on the Pan-Turanian Movement, 1 October 1917, UK National Register of Archives, London, CAB

24/33/82.

7　Cabinet Memorandum: Weekly Report on Russia. XXXV. The Bolsheviks and the Peace Negotiations, 9 January 1918, UK National Register of Archives, London, CAB 24/38/85.

8　Carr, *The October Revolution*, pp. 174–175.

9　Martin Jay, *Marxism and Totality: The Adventures of a Concept from Lukács to Habermas* (Berkeley: University of California Press, 1984), p. 121.

10　*New York Tribune*, 18 March 1921.

11　Joseph Heller, "Britain and the Armenian Question, 1912–1914: A Study in Realpolitik," *Middle Eastern Studies* 16.1 (January 1980): 3–26.

12　Jeremy Wilson, *Lawrence of Arabia: The Authorized Biography* (New York: Atheneum, 1990), p. 220.

13　Minute by Vansittart, 19 June 1919. 引自 Erik Goldstein, *Winning the Peace: British Diplomatic Strategy, Peace Planning, and the Paris Peace Conference 1916–1920* (Oxford: Oxford University Press, 1991), p. 275。

14　Marvin Swartz, *The Union of Democratic Control in British Politics during the First World War* (Oxford: Clarendon, 1971), p. 132.

15　Hamilton Fish Armstrong, *Peace and Counterpeace: From Wilson to Hitler. Memoirs of Hamilton Fish Armstrong* (New York: Harper and Row, 1971), p. 238.

16　Walter Alison Phillips, "The Peace Settlement: 1815 and 1919," *Edinburgh Review* 230.469 (July 1919): 1–21.

17　Walter Alison Phillips, *The Confederation of Europe: A Study of the European Alliance, 1813–1823* (London: Longmans, Green, 1914), p. 147.

18　Martel, "The Pre-History of Appeasement," pp. 242–265. 1928年，黑德勒姆–莫利为一本关于1871年至1914年德英关系的文件集作序，在序言中，他不无同情地叙述了这两个国家的失误。见 James

Headlam-Morley, "Introduction," in E. T. S. Dugdale, ed., *German Diplomatic Documents, 1871–1914*, vol 1: *Bismarck's Relations with England, 1871–1890* (London: Meuthen, 1928), pp. xi–xxviii。

19 "Realpolitik," *Times Literary Supplement*, 3 August 1922. 也 见 Ferguson, *Pity of War*, p. xxxv。

20 Martel, "The Pre-History of Appeasement."

21 *New York Tribune*, 14 September 1920.

22 *New York Tribune*, 9 January 1921.

23 Bulletin of the Pan American Union 52, January–June 1921, US Congressional Serial Set, vol. 7891, Session vol. no. 97, 66th Congress, 3rd session, p.130.

24 (1928) Memorandum on the Monroe Doctrine, prepared by J. Reuben Clark, Undersecretary of State, presented by Mr. Dill, 6 January 1930, US Congressional Serial Set, vol. 9202, Session vol. no. 5, 71st Congress, 2nd session S. Doc. 114, p. 60. 也 见Phillips, *The Confederation of Europe*, p. 67。

25 James G. McDonald, "A New Code of International Morality," *Annals of the American Academy of Political and Social Science* 132 (July 1927): 193–196.

26 Tooze, *The Deluge*, pp. 511–518.

27 Sir Esme Howard, "The Way toward Peace," *Annals of the American Academy of Political and Social Science* 114 (July 1924): 132–134.

28 Cabinet Memorandum: Anglo-American Relations, Dispatch from Sir E. Howard to Sir A. Chamberlain, 31 January 1929, UK National Register of Archives, London, CAB 24/201/43.

第九章

1 转 引 自 Paul M. Kennedy, *The Realities behind Diplomacy: Background Influences on British External Policy, 1865–1980* (London: Fontana Press, 1985), p. 223。

2 Max Weber, "Politics as a Vocation," in H. H. Gerth and C. Wright

Mills, eds., *From Max Weber: Essays in Sociology* (New York: Oxford University Press, 1946).

3　Smith, *Realist Thought from Weber to Kissinger.*

4　Heikki Patomäki, *After International Relations: Critical Realism and the (Re) Construction of World Politics* (London: Routledge, 2002), pp. 34–37.

5　Aho, *German Realpolitik and American Sociology*, p. 53.

6　Wolfgang J. Mommsen, *Max Weber and German Politics, 1890–1920* (Chicago: Chicago University Press, 1984), pp. 8–9.

7　Mommsen, *Max Weber and German Politics*, pp. 43–44.

8　Stefan Eich and Adam Tooze, "Max Weber, Politics and the Crisis of Historicism" (Yale University, Departments of Political Science and History), 未发表论文, 经作者许可使用。

9　转引自 *New York Tribune*, 16 February 1920。

10　Dr. F. W. Foerster, "The League of Nations as League of Culture," *Living Age* 8.310 (2 July 1921).

11　E. A. Sonnenschein, "The German Professors," *Twentieth Century* 86 (August 1919): 321–332.

12　引自 Eich and Tooze, "Max Weber, Politics and the Crisis of Historicism."

13　转引自 Raymond James Sontag, *Germany and England: Background of Conflic, 1848–1898* (New York: D. Appleton Century, 1938), pp. 334–335。

14　Frederick Baumann, "Sir Thomas More," *Journal of Modern History* 4.4 (December 1932): 604–615.

15　Holborn, *A History of Modern Germany*, pp. 656–661.

16　Lühman, *Die Unfange August Ludwig von Rochaus*. Menzel, "Rochau," pp. 3–4 中有所讨论。

17　Hermann Oncken, *Napoleon III and the Rhine: The Origin of the War of 1870–1871*, translated by Edwin H. Zeydel (New York: Russell and Russell, 1928).

18   Felix R. Hirsch, "Hermann Oncken and the End of an Era," *Journal of Modern History* 18.2 (June 1946): 148–159.

19   Menzel, "Rochau," pp. 3–5.

20   *New York Tribune*, 5 February 1920.

21   Harry Elmer Barnes, "Towards Historical Sanity," *Journal of Social Forces* 3.2 (January 1925): 365–369. 这本书是Mildred S. Wertheimer, *The Pan-German League*, 1890–1914 (New York: Longmans, 1924)。

22   Robert A. Pois, *Friedrich Meinecke and German Politics in the Twentieth Century* (Berkeley: University of California Press, 1972), pp. 35–37.

23   Eich and Tooze, "Max Weber, Politics and the Crisis of Historicism."

24   Meinecke, *Machiavellism*, pp. 424–425.

25   Meinecke, *Machiavellism*, pp. 424–433.

26   Meinecke, *Machiavellism*, pp. 392–408.

27   Meinecke, *Machiavellism*, pp. 397–398.

28   Meinecke, *Machiavellism*, pp. 424–433.

29   转引自Sterling, *Ethics in a World of Power*, pp. 202–204。

30   转引自Sterling, *Ethics in a World of Power*, pp. 199–200, 248–250。

31   Meinecke, *Machiavellism*, pp. 424–433.

32   引自Tooze, *The Deluge*, p. 26。

33   Christian Gauss, "New Factors in Franco-German Relations," *Annals of the American Academy of Political and Social Science* 126 (July 1926): 19–21.

34   Pois, *Friedrich Meinecke and German Politics in the Twentieth Century*, pp. 68–69.

35   "America: Slave or Free? Europe's 'Revolution' Is Counterrevolution," *Christian Science Monitor*, 4 April 1941.

36   Paul Mendes-Flour, *Divided Passions: Jewish Intellectuals and the Experience of Modernity* (Detroit: Wayne State University Press, 1991), pp. 318–320.

37   Mendes-Flour, *Divided Passions*, pp. 168–178, 234, 392, 396.

38 Hans Kohn, *Prophets and Peoples: Studies in Nineteenth Century Nationalism* (New York: Macmillan, 1946).

39 Thomas G. Masaryk, "Reflections on the Question of War Guilt," in Hamilton Fish Armstrong, ed., *The Foreign Affairs Reader* (London and New York: Council on Foreign Relations/Harper and Brothers, 1947), pp. 1–23.

40 Schmidt-Hartmann, *Thomas G. Masaryk's Realism*, pp. 64–65.

41 Wickham Steed, "Thomas Garrigue Masaryk: The Man and the Teacher," *Slavonic and East European Review* 8.24 (March 1930): 465–477.

42 A. J. P. Taylor, "Thomas Garrigue Masaryk: Humane Nationalism's Last Exponent," *Manchester Guardian*, 7 March 1950.

第十章

1 William Kilborne Stewart, "The Mentors of Mussolini," *American Political Science Review* 22 (November 1928): 843–869.

2 Luigi Sturzo, "Politics versus Morality: From the Hibbert Journal London Quarterly of Philosophy and Theology," *Living Age* 353.4456 (January 1938): 312–319.

3 Rev. J. C. Hardwick, "Tyranny or Democracy?" *Saturday Review*, 13 September 1930, pp. 306–307.

4 Kohn, "Treitschke: National Prophet," pp. 418–440.

5 Hans Kohn, *Revolutions and Dictatorships* (Cambridge, MA: Harvard University Press, 1939), pp. 4–7, 76–80, 183–184.

6 Kohn, *Revolutions and Dictatorships*, pp.4–7, 76–80, 128–143, 423.

7 Hans Speier, "Germany in Danger: Concerning Oswald Spengler's Latest Book," *Social Research* 1.2 (May 1934): 231–243.

8 转引自 Fritz Stern, *The Politics of Cultural Despair: A Study in the Rise of Germanic Ideology* (Berkeley: University of California Press, 1961), p. 298。

9 John W. Wheeler-Bennett, "European Possibilities," *Virginia Quarterly*

Review, Autumn 1937.

10　Viereck, *Metapolitics*, pp. 189–208.

11　转引自 Zara Steiner, *The Triumph of the Dark: European International History, 1933–1939* (Oxford: Oxford University Press, 2011), p. 33。

12　Robert Vansittart, Cabinet Memorandum: Disarmament. Proposed Anglo-Italian Conversations, 21 August 1933, UK National Register of Archives, London, CAB 24/243/4.

13　Francis Gower, "Mussolini: Realist or Romanticist," *Spectator*, 1 September 1935.

14　House of Lords, 7 May 1935, *Hansard*, vol. 96, cc. 769–822.

15　转引自 House of Commons debate, 2 May 1938, *Hansard*, vol. 335, cc. 769–822。

16　John D. Fair, *Harold Temperley: A Scholar and Romantic in the Public Realm*. (Newark: University of Delaware Press, 1992), pp. 50–51, 165, 278–279, 288.

17　J. A. de C. Hamilton, Cairo, 28 March 1937, Eastern Affairs, Further Correspondence, UK National Register Archives, London, Parts XL–XLI, FCO 406/75.

18　Karl Loewenstein, "Militant Democracy and Fundamental Rights," *American Political Science Review* 31.3 (June 1937): 417–432.

19　House of Commons, 2 May 1938, *Hansard*, vol. 335, cc. 769–822.

20　Arno Dosch-Fleurot, "European 'Realpolitik,'" *Sun*, 26 December 1938.

21　Joel Quirk and Darshan Vigneswaran, "The Construction of an Edifice: The Story of a First Great Debate," *Review of International Studies* 31 (2005): 89–107. 也见 Ashworth, "Did the Realist-Idealist Great Debate Really Happen?" pp. 33–51。

22　E. H. Carr, *The Twenty Years' Crisis, 1919–1939* (London: Macmillan, 1946), pp. 12, 25–26, 38–43.

23　Carr, *The Twenty Years' Crisis*, pp. 89–94.

24　Carr, *The Twenty Years' Crisis*, pp. 72, 76–83.

25　Carr, *The Twenty Years' Crisis*, pp. 72, 76–83, 234–235.

26　Jonathan Haslam, *The Vices of Integrity: E. H. Carr 1892–1928* (London: Verso, 2000).

27　见迈克尔·考克斯对卡尔:《二十年危机》的介绍。E. H. Carr, *The Twenty Years' Crisis: An Introduction to the Study of International Relations*, ed. Michael Cox (Basingstoke: Palgrave, 2001). 也　见 Michael Cox, ed., *E. H. Carr: A Critical Appraisal* (Basingstoke: Palgrave, 2000)，以 及 Michael Cox, "E. H. Carr and the Crisis of Twentieth Century Liberalism," *Millennium: Journal of International Studies* 38.3 (1999): 1–11。

28　Carr, *The Twenty Years' Crisis*, pp. 25–26, 32–38, 51.

29　Meinecke, *Machiavellism*, pp. 424–433.

30　Stefan Collini, *Common Reading: Critics, Historians, Publics* (Oxford: Oxford University Press, 2008), p. 166.

31　Quirk and Vigneswaran, "The Construction of an Edifice," pp. 89–107.

32　Ashworth, "Did the Realist-Idealist Great Debate Really Happen?" pp. 33–51.

33　Kennedy, "Idealists and Realists," pp. 137–156.

34　Lucian M. Ashworth, "Where Are the Idealists in Interwar International Relations?" *Review of International Studies* 32.2 (April 2006): 291–308; Lucian M. Ashworth, *Creating International Studies: Angell, Mitrany and the Liberal Tradition* (Aldershot: Ashgate, 1999).

35　Ashworth, "Did the Realist-Idealist Great Debate Really Happen?" 也 见 Peter Wilson, "The Myth of the 'First Great Debate,'" *Review of International Studies* 24.5 (December 1998): 1–15。

36　转引自 Steiner, *The Triumph of the Dark*, pp. 1048–1050。也见 Zara Steiner, "British Decisions for Peace and War, 1938–1939: The Rise and Fall of Realism," in May, Rosecrance, and Steiner, eds. *History and Neo-realism*, pp. 129–154。

37　这些引文来自 Ian Hall, "Power Politics and Appeasement: Political Realism in British International Thought, c.1935–1955," *British*

Journal of Politics and International Relations, vol. 8 (2006), pp. 174–192。关于 A. G. 阿诺德的文章，见 "Realpolitik," *Cambridge Journal* (1946) vol. 2, no. 7, pp. 410–419。

38   转引自 Runciman, *Political Hypocrisy*, pp. 180–181。

39   Attlee statement on death of Franklin Roosevelt, *Clement Attlee Papers*, Bodleian Library Oxford, Attlee MS dep. 17.

40   Sargeaunt and West, *Grand Strategy*, pp. 13–24, 46–59.

41   F. A. Hayek, *The Road to Serfdom* (Abingdon: Routledge, 1944), pp. 222–223.

42   House of Commons, 23 January 1948, *Hansard*, vol. 446, cc. 529–622.

43   Carr, *The Twenty Years' Crisis*, pp. 151–152.

第四部分

1   Frank Tannenbaum, "Against Realpolitik," (Baltimore) *Sun*, 2 October 1953.

第十一章

1   Carr, *The Twenty Years' Crisis*, p. 234.

2   Francis W. Coker, *Recent Political Thought* (New York: Appleton-Century-Crofts, 1934), pp. 433–459.

3   Harold G. Carlson, "American Loan Words from German," *American Speech* 15.2 (April 1940): 205–208.

4   *Forum and Century* 103.4 (April 1940): 209.

5   Walter Weyl to Reinhold Niebuhr, 24 October 1918, *The Reinhold Niebuhr Papers*, Library of Congress, Washington DC, Correspondence, Box 3.

6   Paul Merkley, *Reinhold Niebuhr: A Political Account* (Montreal: McGill-Queen's University Press, 1975), pp. 18–19.

7   Josef Joffe, "'Bismarck' or 'Britain'? Toward an American Grand Strategy after Bipolarity," *International Security* 19.4 (Spring 1995): 94–117.

8   Frederick Schuman, *International Politics: An Introduction to the Western State System* (New York: McGraw-Hill, 1937), pp. vii–xv.

9   转引自 William R. Kinter and Robert L. Pfaltzgraff Jr., eds. *Strategy and Values: Selected Writings of Robert Strausz-Hupé* (Toronto: Lexington Books, 1973), pp. 81–83。

10 Sir Halford J. Mackinder, *Democratic Ideals and Reality: A Study in the Politics of Reconstruction* (London: Holt, 1942), pp. 5, 16.

11 关于美国地缘政治的最佳讨论，见 Kaplan, *The Revenge of Geography*, pp. 79–102。

12 转引自 Kohn, *Revolutions and Dictatorships*, p. 410。

13 Lippmann, *U.S. Foreign Policy*, pp. 175–177.

14 Steel, *Walter Lippmann and the American Century*, pp. 404–417.

15 Lippmann, *U.S. Foreign Policy*, pp. 175–177.

16 Quincy Wright, *A Study of War* (Chicago: University of Chicago Press, 1964), p. 365.

17 Robert Kaplan, *The Wizards of Armageddon* (Stanford, CA: Stanford University Press, 1991), pp. 10–15.

18 Matthew Farish, *The Contours of America's Cold War* (Minneapolis: University of Minnesota Press, 2010), p. 25.

19 Arnold Wolfers, *Britain and France between the Two Wars: Conflicting Strategies of Peace since Versailles* (New York: Harcourt, Brace, 1940).

20 Kaplan, *The Wizards of Armageddon*, pp. 20, 186–187.

21 Raymond L. Garthoff, *A Journey through the Cold War: A Memoir of Containment and Coexistence* (Washington, DC: Brookings Institution, 2001), p. 6.

22 Nicholas John Spykman, *America's Strategy in World Politics: The United States and the Balance of Power* (New York: Harcourt, Brace, 1942).

23 Spykman, *America's Strategy in World Politics*, p. 7.

24 Inderjeet Parmar, *Foundations of the American Century: The Ford,*

Carnegie, and Rockefeller Foundations in the Rise of American Power (New York: Columbia University Press, 2012), p. 71.

25　Glenn Segel, *Nuclear Strategy: The Jim King Manuscripts* (London: Glenn Segel, 2006), pp. 47–49.

26　Parmar, *Foundations of the American Century*, pp. 68–73.

27　Kaplan, *The Wizards of Armageddon*, pp. 20, 186–187.

28　Parmar, *Foundations of the American Century*, pp. 68–73.

29　Edward Meade Earle, "National Security and Foreign Policy," *Yale Review* 29 (March 1940): 444–460.

30　Parmar, *Foundations of the American Century*, pp. 68–73, 96.

31　Edward Meade Earle, Gordon Alexander Craig, and Felix Gilbert, *Makers of Modern Military Strategy from Machiavelli to Hitler* (Princeton, NJ: Princeton University Press, 1943).

32　Farish, *The Contours of America's Cold War*, pp. 1–49.

33　这一论点由迈克尔·林德提出。Michael Lind, "The Case for American Nationalism," *National Interest*, 22 April 2014.

34　转引自John A. Thompson, "The Geopolitical Vision: The Myth of an Outdated USA," in Isaac and Bell, ed., *Uncertain Empire*, pp. 91–114。

35　Osgood, *Ideals and Self-Interest in America's Foreign Relations*, pp. 381–402.

36　Osgood, *Ideals and Self-Interest in America's Foreign Relations*, pp. 381–402.

37　Reinhold Niebuhr, "Augustine's Political Realism," in Robert McAfee Brown, ed., *The Essential Reinhold Niebuhr: Selected Essays and Addresses* (New Haven, CT: Yale University Press, 1986), pp. 123–142.

38　Inboden, "The Prophetic Conflict," pp. 49–82.

39　这一论点见Robert Kaufman, "E. H. Carr, Winston Churchill, Reinhold Niebuhr, and Us: The Case for Principled, Prudential Leadership," in Benjamin Frankel, ed., *Roots of Realism* (London: Frank Cass, 1996), pp. 314–315。

40 Inboden, "The Prophetic Conflict," pp. 49–82.

41 Ashworth, "Did the Realist-Idealist Great Debate Really Happen?" pp. 33–51.

42 William E. Scheuerman, *The Realist Case for Global Reform* (Cambridge: Polity Press, 2001).

43 Osgood, *Ideals and Self-Interest in America's Foreign Relations*, pp. 381–402.

44 Max Lerner, *Ideas for the Ice Age: Studies in a Revolutionary Era* (New Brunswick: Transaction, 1993), pp. 83–99.

45 Kenneth W. Thompson, "Niebuhr and the Foreign Policy Realists," in Daniel F. Rice, ed., *Reinhold Niebuhr Revisited: Engagements with an American Original* (Grand Rapids, MI: William B. Eerdmans), pp. 139–160.

46 Niebuhr, *The Irony of American History*, p. 69.

47 John Lewis Gaddis, *Strategies of Containment* (New York: Oxford University Press, 1982), pp. 32–33.

48 关于凯南的任何信息，第一个来源必须是Gaddis, *George F. Kennan*。

49 George Kennan, "The Sources of Soviet Conduct," *Foreign Affairs*, 1947.

50 见Daniel F. Rice, *Reinhold Niebuhr and His Circle of Influence* (Cambridge: Cambridge University Press, 2013), pp. 174–204。

51 William Inboden, *Religion and American Foreign Policy: The Soul of Containment* (Cambridge: Cambridge University Press, 2008), pp. 18, 105–166.

52 George F. Kennan, *American Diplomacy, 1900–1950* (Chicago: Chicago University Press, 1951), pp. 66–69.

53 Raymond Aron, "The Case for Realpolitik: A French View of Mr. Kennan," *Manchester Guardian*, 21 February 1952.

54 "The Kennan Doctrine," *Washington Post*, 4 May 1952.

55 Inboden, *Religion and American Foreign Policy*, pp. 105–156.

第十二章

1   Aho, *German Realpolitik and American Sociology*, pp. 13–60.

2   Lehmann, ed., *An Interrupted Past.*

3   Holborn, *A History of Modern Germany*, pp. 117–118, 151.

4   Felix Gilbert, "The Historical Seminar of the University of Berlin in the Twenties," in Lehmann, ed., *An Interrupted Past*, pp. 67–70.

5   Meinecke, *Cosmopolitanism and the National State.*

6   Holborn, *A History of Modern Germany*, pp. 656–661.

7   Otto P. Pflanze, "The Americanization of Hajo Holborn," in Lehmann, ed., *An Interrupted Past*, pp. 170–179.

8   Holborn, *A History of Modern Germany*, pp. 117–118, 151.

9   Pflanze, "The Americanization of Hajo Holborn," in Lehmann, ed., *An Interrupted Past*, pp. 170–179.

10   Felix Gilbert, *To the Farewell Address: Ideas of American Foreign Policy* (Princeton, NJ: Princeton University Press, 1961).

11   Franz Neumann, Herbert Marcuse, and Otto Kirchheimer, *Secret Reports on Nazi Germany: The Frankfurt School Contribution to the War Effort*, edited by Raffaele Laudani (Princeton, NJ: Princeton University Press, 2014).

12   Patomäki, *After International Relations*, pp. 34–37.

13   Hans J. Morgenthau, *Scientific Man versus Power Politics* (Chicago: Chicago University Press, 1946). 也见 Michael C. Williams, *Realism Reconsidered: The Legacy of Hans J. Morgenthau* (Oxford: Oxford University Press, 2007)。

14   Hans J. Morgenthau, "Fragments of an Intellectual Autobiography, 1904–1932," in K. Thompson and Robert J. Myers, eds., *A Tribute to Hans Morgenthau* (New Brunswick: Transaction, 1977), pp. 1–9.

15   Jan Willem Honig, "Totalitarianism and Realism: Hans Morgenthau's German Years," *Security Studies* 2.2 (1995): 283–313.

16   Hans Morgenthau to Kenneth Thompson, 24 December 1953, in *Hans J. Morgenthau Papers*, Library of Congress, Washington, DC, Box 56,

Folder 7.

17   Greg Russell, *Hans J. Morgenthau and the Ethics of American Statecraft* (Baton Rouge: Louisiana State University, 1991), pp. 1–9.

18   Hans Morgenthau, *Politics among Nations: The Struggle for Power and Peace* (Chicago: University of Chicago Press, 1948), pp. 128–130.

19   George Kennan to Hans Morgenthau, 23 February 1950, *Hans J. Morgenthau Papers*, Box 33, Folder 7.

20   Hans Morgenthau to George Kennan, 10 June 1949, *Hans J. Morgenthau Papers*, Box 33, Folder 7.

21   Quirk and Vigneswaran, "The Construction of an Edifice," pp. 89–107.

22   Hans J. Morgenthau, *In Defense of the National Interest: A Critical Examination of American Foreign Policy* (New York: Alfred A. Knopf, 1951), pp. 3–39, 82–86.

23   *The Economist*, 7 June 1951.

24   Tannenbaum, "Against Realpolitik." 也 见 Frank Tannenbaum, *The American Tradition in Foreign Policy* (Norman: University of Oklahama Press, 1955), 以 及 Brian C. Schmidt, "The American National Interest Debate," in B. C. Schmidt, ed., *International Relations and the First Great Debate* (Oxford: Routledge, 2012), pp. 94–117。

25   Carl J. Friedrich, "How Enlightened Should Self-Interest Be?" *Yale Review* (1952), in *Hans J. Morgenthau Papers*, Box 115, Folder 4.

26   J. M. Roberts, *Bradford Era*, 11 June 1951.

27   *Nation*, 8 September 1951.

28   A. J. P. 泰勒于1951年9月8日在《国家》杂志上发表评论，摩根索于1951年11月10日做出的回复，见 *Hans J. Morgenthau Papers*, Box 115, Folder 5。

29   Peter Viereck, *The Shame and Glory of the Intellectuals* (New York: Capricorn Books, 1965), pp. 4, 100–101, 314.

30   Dean Acheson to Hans Morgenthau, 13 April 1958, *Hans J. Morgenthau Papers*, Box 2, Folder 8.

31 Hans Morgenthau to Walter Lippmann, 25 August 1950, *Hans J. Morgenthau Papers*, Box 26, Folder 16.

32 Hans Morgenthau to Walter Lippmann, 3 November 1952, *Hans J. Morgenthau Papers*, Box 26, Folder 16.

33 Hans Morgenthau to Walter Lippmann, 16 December 1955, *Hans J. Morgenthau Papers*, Box 26, Folder 16. Eric Fischer, *The Passing of the European Age* (Cambridge, MA: Harvard University Press, 1948).

34 Hans Morgenthau to George Kennan, 15 March 1954, *Hans J. Morgenthau Papers*, Box 33, Folder 7.

35 Hans Morgenthau to George Kennan, 7 March 1952, *Hans J. Morgenthau Papers*, Box 33, Folder 7.

36 George Kennan to Hans Morgenthau, 7 March 1952, *Hans J. Morgenthau Papers*, Box 33, Folder 7.

37 Hans Morgenthau, "Another 'Great Debate': The National Interest of the United States," *American Political Science Review* 46.4 (1952): 961–962.

38 Ernest W. Lefever, *Ethics and United States Foreign Policy* (New York: Living Age Books, 1957).

39 Hans Morgenthau to Dr. Gottfried-Karl Kindermann, 5 April 1961, *Hans J. Morgenthau Papers*, Box 33, Folder 12.

40 Nicholas Guilhot, ed., *The Invention of International Relations Theory: Realism, the Rockefeller Foundation, and the 1954 Conference on Theory* (New York: Columbia University Press, 2011).

41 Kenneth N. Waltz, *Man, the State and War: A Theoretical Analysis* (New York: Columbia University Press, 1959), pp. 216, 224–238.

42 Schroeder, "Historical Reality vs. Neo-Realist Theory," pp. 108–148, 以及 Faber, "Realpolitik als Ideologie," 1–45。也见 Schroeder, "The Nineteenth Century System," pp. 135–153。近年来反对新现实主义而为古典现实主义辩护的文章, 见 Molloy, *The Hidden History of Realism*。

43 Waltz, *Man, the State and War*, pp. 216, 224–238.

44 Dr. Gottfried-Karl Kindermann to Hans Morgenthau, 20 March 1961, *Hans J. Morgenthau Papers*, Box 33, Folder 12.
45 Hans Morgenthau to Dr. Gottfried-Karl Kindermann, 5 April 1961, *Hans J. Morgenthau Papers*, Box 33, Folder 12.
46 Hans Morgenthau to Dean Acheson, 30 March 1963, *Hans J. Morgenthau Papers*, Box 2, Folder 8.
47 Rosenthal, *Righteous Realists*, pp. 151–177.
48 Stern, *The Politics of Cultural Despair*, pp. xi–xxii. 也见Fritz Stern's *Gold and Iron: Bismarck, Bleichröder, and the Building of the German Empire* (New York: Alfred A. Knopf, 1977)。
49 Robert E. Osgood, "Hans Morgenthau's Foreign Policy Impact," *Chicago Tribune*, 27 July 1980.

第十三章

1 罗伯特·卡根后来称赞奥斯古德是20世纪最具洞察力的现实主义思想家之一。见Kagan, "Superpowers Don't Get to Retire," *New Republic*, 26 May 2014。
2 Osgood, *Ideals and Self-Interest in America's Foreign Relations*, pp. ix, 22–23.
3 Osgood, *Ideals and Self-Interest in America's Foreign Relations*, pp. 429–433.
4 Walter Lippmann to Hans Morgenthau, 28 September 1953, *Hans J. Morgenthau Papers*, Box 26, Folder 16.
5 William Lee Miller, "The American Ethos and the Alliance System," in Arnold Wolfers, ed., *Alliance Policy and the Cold War* (Baltimore: Johns Hopkins University Press, 1959), pp. 31–48.
6 Taylor, *Bismarck*, pp. 209–213.
7 威廉·L.兰格的杰作是*An Encyclopedia of World History* (Boston: Houghton Mifflin, 1940)。关于他对俾斯麦的重新阐释，见William L. Langer, "Bismarck as a Dramatist," in Sarkisissian, ed., *Studies in Diplomatic History and Historiography in Honor of G. P. Gooch, C.H.*,

pp. 199–216。

8   Kennan, *The Decline of Bismarck's European Order.*

9   William Langer review of Otto Hammann, "The World Policy of Germany 1890–1912," in *Foreign Affairs* (October 1924).

10 Hans Rothfels, "1848—One Hundred Years After," *Journal of Modern History* 20.4 (December 1948): 291–319.

11 Holborn, *A History of Modern Germany*, pp. 656–661.

12 Holborn, *A History of Modern Germany*, pp. 117–118, 151. 这基于他早期的作品 "Bismarck's Realpolitik," pp. 84–98。

13 Pflanze, *Bismarck and the Development of Germany*, pp. 48, 215.

14 Otto Pflanze, "Bismarck's 'Realpolitik,'" *Review of Politics* 20.4 (October 1958): 492–514.

15 John L. Snell, *Illusion and Necessity: The Diplomacy of Global War, 1939–1945*(Boston: Houghton Mifflin, 1963), pp. 8–9, 91, 210, 214–215.

16 Richard Rosecrance, *Action and Reaction in World Politics: International Systems in Perspective* (Boston: Little, Brown, 1963), pp. 103–126.

17 Ludwig August von Rochau, *Grundsätze der Realpolitik auf die staatlichen Zustände Deutschlands*, herausgegeben und eingeleitet von Hans-Ulrich Wehler (Frankfurt und Berlin: Ullstein Buch, 1972).

18 Hans-Ulrich Wehler, "Bismarck's Imperialism, 1862–1890," in James Sheehan, ed., *Imperial Germany* (New York: Viewpoints, 1976), pp. 180–222.

19 Wehler, *The German Empire.* Fletcher, "Recent Developments in West German Historiography," pp. 451–480.

20 Stark, "Editor's Introduction," to Meinecke, *Machiavellism*, pp. xi–xlvi. 也见 Werner Stark, *The Sociology of Knowledge: An Essay in Aid of a Deeper Understanding of Human Ideas* (Glencoe, IL: Free Press, 1958)。

21 Arnold Wolfers and Laurence W. Martin, *The Anglo-American*

Tradition in Foreign Affairs: Readings from Thomas More to Woodrow Wilson (New Haven, CT: Yale University Press, 1956), pp. ix–xxvii.

第五部分

1 Frank W. Wayman and Paul F. Diehl, eds., *Reconstructing Realpolitik* (Ann Arbor: University of Michigan Press, 1994), pp. 205–225.

第十四章

1 Alistair Horne, *Kissinger: 1973, the Crucial Year* (New York: Simon and Schuster, 1973), pp. 401–403.

2 Parmar, *Foundations of the American Century*, pp. 68–73.

3 Interview with John W. Holmes, 18 March 1996, Association for Diplomatic Studies and Training Foreign Affairs Oral History Project, Frontline Diplomacy Archive, Library of Congress.

4 David Maraniss, "Bill Clinton and Realpolitik," *Washington Post*, 25 October 1992.

5 Schuman, *International Politics*, pp. vii–xv.

6 Henry Kissinger, "Memorial Remarks for Hans Morgenthau," 23 July 1980, http://www.henryakissinger.com/eulogies/072380.html.

7 Interview with John J. Harter, 22 July 1997, Frontline Diplomacy Archive, Library of Congress.

8 Interview with David Michael Adamson, 5 June 2002, Frontline Diplomacy Archive, Library of Congress.

9 Interview with Frederick A. Becker, 16 November 2004, Frontline Diplomacy Archive, Library of Congress.

10 Hans Morgenthau to Dean Acheson, 30 March 1963, *Hans J. Morgenthau Papers*, Box 2, Folder 8.

11 Dean Acheson to Hans Morgenthau, 25 March 1963, *Hans J. Morgenthau Papers*, Box 2, Folder 8.

12 David Halberstam, *The Best and the Brightest* (New York: Modern Library, 2001), p. 706.

13　Herbert Marcuse to Hans Morgenthau, undated May 1965, *Hans J. Morgenthau Papers*, Box 37, Folder 9.

14　Herbert Marcuse, "Reason and Revolution: Hegel and the Rise of Social Theory," *Atlantic Highlands* (NJ: Humanities Press, 1954).

15　Herbert Marcuse, *The New Left and the 1960s: Collected Papers of Herbert Marcuse*, vol. 3 (London: Routledge, 2005).

16　Jeremy Suri, Power and Protest: Global Revolution and the Rise of Détente(Cambridge, MA: Harvard University Press, 2003).

17　Noam Chomsky, *American Power and the New Mandarins* (New York: Random House, 2002), p. 416.

18　Chomsky, *American Power and the New Mandarins*, pp. 12, 32, 45, 480.

19　Chomsky, *American Power and the New Mandarins*, p. 416.

20　Irving Kristol, "Machiavelli and the Profanation of Politics," in Polanyi Festschrift Committee, ed., *The Logic of Personal Knowledge: Essays by Various Contributors Presented to Michael Polanyi on His Seventieth Birthday* (London: Routledge and Kegan Paul, 1961), pp. 151–164.

21　Irving Kristol, "American Intellectuals and Foreign Policy," *Foreign Affairs* (July 1967).

22　Kristol, "American Intellectuals and Foreign Policy."

23　Norman Podhoretz, "Following Irving," in Christopher C. DeMuth and William Kristol, eds., *The Neoconservative Imagination: Essays in Honor of Irving Kristol* (Washington, DC: American Enterprise Institute, 1995), pp. 57–62.

24　引自 Richard A. Falk, "What's Wrong with Henry Kissinger's Foreign Policy," *Alternatives* 1 (1975): 79–100。

25　Dean Acheson, *Present at the Creation: My Years in the State Department* (New York: W. W. Norton, 1969), p. 164.

26　Ambassador to China (Stuart) to the Secretary of State, Nanking, 20 August 1946, *Foreign Relations of the United States*, vol. 8: The Far

East (Washington, DC, 1971), pp. 301–302.

27　Lord Kennett, House of Lords debate, 31 July 1963, *Hansard*, vol. 252, cc. 1214–1248.

28　House of Commons, 16 July 1958, *Hansard*, vol. 591, cc. 1240–1371.

29　Cabinet Memorandum: Gaullism, by Richard A. Butler sharing a paper by Dr. David Thomson of Cambridge University, 12 May 1964, UK National Register of Archives, London, CAB 129/118/2.

30　Instruction from the Department of State to the Legation in Hungary, Washington, October 21, 1960, *Foreign Relations of the United States, 1958–1960*, Volume 10, Part 1, Eastern Europe Region, Soviet Union, Cyprus, Document 33. Source: Department of State, Central Files, 033.6411/10–2160. Secret; Limited Distribution. Drafted by Steven D. Zagorski (INR/IRC). Accessed on 18 August 2014, http://history.state. gov/historicaldocuments/ frus1958-60v10p1/d33#fn-source.

31　Interview with Robert Gerald Livingston, 6 February 1998, Frontline Diplomacy Archive, Library of Congress.

32　Telegram from the Embassy in India to the Department of State, New Delhi, March 5, 1963, 9 pm, *Foreign Relations of the United States, 1961–1963*, Volume 19, South Asia, Document 262. Source: Department of State, Central Files, DEF 1-4 INDIA. Top Secret; Operational Immediate. Accessed on 18 August 2014, http://history. state.gov/historicaldocuments/frus1961-63v19/ d262#fn-source.

33　Special National Intelligence Estimate 31'72, Washington, August 3, 1972, *Foreign Relations of the United States, 1969–1976*, Volume E–7, Documents on South Asia, 1969–1972, Document 298. Source: Central Intelligence Agency, Job 79'R01012A, NIC Files. Secret; Sensitive; Controlled Dissem., http://history.state.gov/historicaldocuments/ frus1969-76ve07/d298#fn1.

34　Paper by Robert W. Komer of the National Security Council Staff, Washington, 20 October 1962, *Foreign Relations of the United States, 1961–1963*, Volume 18, Near East, 1962–1963, Document 85. Source:

Kennedy Library, President's Office Files, Countries, Iran 11/1/62–11/30/62. Secret. Accessed on 18 August 2014, http://history.state.gov/historicaldocuments/frus1961-63v18/d85#fn1.

35   Letter from the Deputy Assistant Secretary of Defense for International Security Affairs (Bundy) to the Under Secretary of State (Ball), Washington, 30 December 1963, *Foreign Relations of the United States, 1961–1963*, Volume 9, Foreign Economic Policy, Document 177. Source: Department of State, S/S Briefing Books, 1962–1966: Lot 66 D 219, Executive Branch Committee on Foreign Aid. Personal and Confidential. Accessed on 18 August 2014, http:// history.state.gov/historicaldocuments/frus1961-63v09/d177#fn-source.

36   John Stothoff Badeau, *The American Approach to the Arab World* (New York and London: Council on Foreign Relations and Harper and Row, 1968), pp. 180–197.

第十五章

1   Walter Laqueur, "Kissinger and the Politics of Détente," *Commentary*, December, 1973.

2   Interview with Henry Kissinger, *Der Spiegel*, 7 June 2009.

3   Kissinger, "The Limits of Universalism."

4   Walter Isaacson, *Kissinger: A Biography* (New York: Simon and Schuster, 1992), p. 75.

5   Holger Klitzing, *The Nemesis of Stability: Henry A. Kissinger's Ambivalent Relationship with Germany* (Trier: Wissenschaftlicher Verlag Trier, 2007), pp. 54–62.

6   Fritz Kraemer obituary, *Daily Telegraph*, 10 November 2003.

7   Isaacson, *Kissinger*, pp. 72–79.

8   Kissinger, "Memorial Remarks for Hans Morgenthau."

9   Henry A. Kissinger, "The Meaning of History: Reflections on Spengler, Toynbee and Kant" (undergraduate honors thesis, Harvard University, 1950).

10　Klitzing, *The Nemesis of Stability*, pp. 63–75.

11　Friedrich, "How Enlightened Should Self-Interest Be?" in *Hans J. Morgenthau Papers*, Box 115, Folder 4.

12　Author interview with Henry Kissinger, New York, 7 July 2014.

13　T. G. Otte, "Kissinger," in G. R. Berridge, Maurice Keens-Soper, and T. G. Otte, eds., *Diplomatic Theory from Machiavelli to Kissinger* (Houndsmill: Palgrave, 2001), pp. 181–211.

14　Kissinger, *A World Restored*, pp. 312–322.

15　Thomas J. Noer, "Henry Kissinger's Philosophy of History," *Modern Age* 19 (Spring, 1975): 180–189.

16　Michael Joseph Smith, "Henry Kissinger and the Values of American Realism," in Kenneth W. Thompson, ed., *Traditions and Values: American Diplomacy, 1945 to the Present* (Lanham: United Press of America, 1984), pp. 59–79.

17　Isaacson, *Kissinger*, p. 77.

18　Brendan Simms, *Europe: The Struggle for Supremacy, 1453 to the Present*(London: Penguin, 2014), p. 449.

19　Kissinger, "The White Revolutionary," pp. 888–924.

20　Kennan, *The Decline of Bismarck's European Order*.

21　Gaddis, *George F. Kennan*, pp. 641–642.

22　Kissinger, *Diplomacy*, Chapter 6, "Realpolitik Turns on Itself."

23　Henry Kissinger, "The Age of Kennan," *New York Times*, 10 November 2011.

24　Kissinger, "Memorial Remarks for Hans Morgenthau."

25　Hans Morgenthau to Henry Kissinger, 22 October 1968, in *Hans J. Morgenthau Papers*, Box 22, Folder 14.

26　Hans Morgenthau to Reinhold Niebuhr, 12 May 1970, in *Hans J. Morgenthau Papers*, Box 44, Folder 1.

27　Hans J. Morgenthau, "The Pathology of American Power," *International Security* 1.3 (Winter 1977): 3–20.

28　Henry Kissinger, *Years of Renewal* (New York: Touchstone, 2000), p.

476.

29　Michael Hunt, *Ideology and U.S. Foreign Policy* (New Haven, CT: Yale University Press, 1987), pp. 132, 174, 182–187. 对亨特这本书的一个重要评论是，它本质上是对公共话语的研究。

30　见 Kissinger, *World Order*。评论见 John Bew, "Altered States," *New Statesman*, 30 October 2015。

31　Interview with the Honorable David L. Mack, 2011, Frontline Diplomacy Archive, Library of Congress.

32　关于这两人之间的关系，最好的参考书是 Robert Dallek, *Nixon and Kissinger: Partners in Power* (London: Penguin, 2007)。也见 Horne, *Kissinger*, pp. 1–34。

33　Richard Reeves, *President Nixon: Alone in the White House* (New York: Simon and Schuster, 2001), pp. 432–433.

34　Richard Nixon, *RN: The Memoirs of Richard Nixon* (New York: Simon and Schuster, 1978), p. 343.

35　Andrew Johns, *Vietnam's Second Front: Domestic Politics, the Republican Party, and the War* (Lexington: University of Kentucky Press, 2010), p. 196.

36　来自尼克松录音，转引自 Douglas Brinkley and Luke A. Nichter, "Nixon Unbound," *Vanity Fair*, August 2014。

37　Kissinger, *A World Restored*.

38　Joffe, "'Bismarck' or 'Britain'?" pp. 94–117.

39　John Bew, "Rethinking Nixon," *New Statesman*, 19 September 2014.

40　Henry A. Kissinger, "Reflections on a Partnership: British and American Attitudes to Postwar Foreign Policy," *Royal Institute of International Affairs*, 10 May 1982, available in the CIA Files, National Archives, College Park, Maryland.

41　Interview with Samuel R. Gammon III, 2 February 1989, Frontline Diplomacy Archive, Library of Congress.

42　Interview with Maurice Williams, 15 May 1996, Frontline Diplomacy Archive, Library of Congress.

43　Interview with Winston Lord, 28 April 1998, Frontline Diplomacy Archive, Library of Congress.

44　Interview with LaRue R. Lutkins, 18 February 1990, Frontline Diplomacy Archive, Library of Congress.

45　Trends in Communist Propaganda, 20 June 1973, CIA files, CREST, US National Archives.

46　Secretary of State Kissinger, "Moral Purposes and Policy Choices," 8 October 1973, *Foreign Relations of the United States, 1969–1976*, vol. 38, part 1, Foundations of Foreign Policy, 1973–1976, Document 19.

47　Interview with Robert J. Martens, 13 September 1991, Frontline Diplomacy Archive, Library of Congress.

48　Interview with the Honorable Ints Silins, 25 February 1998, Frontline Diplomacy Archive, Library of Congress.

49　Arthur Schlesinger Jr., *Cycles of American History* (Boston: Mariner Books, 1999), p. 96.

50　Thomas Probert, "The Innovation of the Jackson-Vanik Amendment," in B. Simms and D. Trim, eds., *Humanitarian Intervention: A History* (Cambridge: Cambridge University Press, 2011), pp. 323–342.

51　Interview with Montcrieff J. Spear, 6 April 1993, Frontline Diplomacy Archive, Library of Congress.

52　Horne, *Kissinger*, p. 387.

53　Interview with Walter Silva, 23 January 1995, Frontline Diplomacy Archive, Library of Congress. 也见Christos P. Ioannides, *Realpolitik in the Eastern Mediterranean: From Kissinger and the Cyprus Crisis to Carter and the Lifting of the Turkish Arms Embargo* (Ann Arbor: University of Michigan, 2001)。

54　Interview with Ambassador Thomas D. Boyatt, 8 March 1990, Frontline Diplomacy Archive, Library of Congress.

55　Summary of Paper on Policies on Human Rights and Authoritarian Regimes, Washington, October 1974, *Foreign Relations of the United States, 1969–1976*, Volume E–3, Documents on Global Issues,

1973–1976, Document 243. Source: National Archives, RG 59, L/HR Files: Lot 80 D 275, Human Rights S/P Study—Policy Planning Vol. II. Confidential. Accessed on 19 August 2014, http://history.state.gov/ historicaldocuments/frus1969-76ve03/d243.

56 转 引 自 Ben J. Wattenberg and Richard James Whalen, *The Wealth Weapon: U.S. Foreign Policy and Multinational Corporations* (New Brunswick, NJ: Transaction, 1980), p. 122。

57 Interview with Donald F. McHenry, 23 March 1993, Frontline Diplomacy Archive, Library of Congress.

58 Interview with Dell Pendergrast, 24 June 1999, Frontline Diplomacy Archive, Library of Congress.

59 见 Joshua Muravchik, *The Uncertain Crusade: Jimmy Carter and the Dilemmas of Human Rights Policy* (Washington, DC: American Enterprise Institute for Policy Research, 1988)。

60 Irving Kristol, "The 'Human Rights' Muddle," *Wall Street Journal*, 20 March 1978.

61 Walter Laqueur, "The Issue of Human Rights," *Commentary*, May 1977.

62 Anthony Lake and Roger Morris, "The Human Reality of Realpolitik," *Foreign Policy* (Fall 1971): 157–162.

63 Memorandum from the Director of the Policy Planning Staff (Lake) to the Deputy Secretary of State (Christopher), Washington, March 25, 1977, *Foreign Relations of the United States, 1977–1980*, vol. II, Human Rights and Humanitarian Affairs, Document 29. Source: National Archives, RG 59, Office of the Deputy Secretary: Records of Warren Christopher, 1977–1980, Lot 81 D 113, Withdrawn Material, RC #1126, Box 12 of 13. Secret. Accessed on 19 August 2014, http:// histor y.state.gov/historicaldocuments/frus 1977-80v02/d29#fn1.

64 Interview with Ronald J. Neitzke, 1 December 2006, Frontline Diplomacy Archive, Library of Congress.

65 Interview with the Honorable Chester A. Croker, 5 June 2006,

Frontline Diplomacy Archive, Library of Congress.

66   Interview with William C. Harrop, 24 August 1993, Frontline Diplomacy Archive, Library of Congress.

67   Interview with Theodore S. Wilkinson, 10 December 1996, Frontline Diplomacy Archive, Library of Congress.

68   Interview with Ambassador Richard W. Teare, 31 July 1998, Frontline Diplomacy Archive, Library of Congress.

69   Charles Gati, *Zbig: The Strategy and Statecraft of Zbigniew Brzezinski* (Baltimore: Johns Hopkins University Press, 2013).

70   有关布热津斯基思想的精彩讨论，见Anderson, *American Foreign Policy and its Thinkers*, pp. 197–209。

71   Interview with Warren Zimmerman, 10 December 1996, Frontline Diplomacy Archive, Library of Congress.

72   工党首相哈罗德·威尔逊，转引自 Bew, "Rethinking Nixon."

第十六章

1   Address by the Honorable Dr. Henry A. Kissinger to the Annual Convention of the American Society of Newspaper Editors, Washington, DC, 10 April 1980, in *Hans J. Morgenthau Papers*, Box 33, Folder 14.

2   Douglas Little, *American Orientalism: The United States and the Middle East since 1945* (Chapel Hill: University of North Carolina Press, 2008), p. 149.

3   Author interview with Jimmy Carter, *New Statesman*, 17 April 2014.

4   Zbigniew Brzezinski, "The Twin Strands of American Foreign Policy," *Sun*, 9 May 1980.

5   Jennifer Seymour Whitaker, "Rights and Realpolitik," *New York Times*, 24 February 1981.

6   Morgenthau, "The Pathology of American Power," pp. 3–20.

7   Osgood, "Hans Morgenthau's Foreign Policy Impact."

8   Waltz, *Theory of International Politics*, p. 117.

9   Schroeder, "Historical Reality vs. Neo-Realist Theory," pp. 108–148，以 及 Faber, "Realpolitik als Ideologie," pp. 1–45。也 见 Schroeder, "The Nineteenth Century System," pp. 135–153。近年来反对新现实主义而为古典现实主义辩护的文章，见 Molloy, *The Hidden History of Realism*。

10   Thompson, *Traditions and Values in Politics and Diplomacy*, pp. 135, 189–194. 也见 Thompson, *Morality and Foreign Policy*。

11   Nicholas Thompson, *The Hawk and the Dove: Paul Nitze, George Kennan, and the History of the Cold War* (New York: Picador, 2010).

12   Richard A. Melanson, "Paul H. Nitze to Norman Podhoretz: The Tradition of Anti-Communist Containment," in Thompson, ed., *Traditions and Values*, pp. 147–179.

13   Murray Friedman, *The Neoconservative Revolution: Jewish Intellectuals and the Shaping of Public Policy* (Cambridge: Cambridge University Press, 2005), pp. 146–175.

14   Jeane Kirkpatrick, "Dictatorships and Double Standards," *Commentary Magazine* 68.5 (November 1979): 34–45.

15   Benjamin Balint, *Running Commentary: The Contentious Magazine That Transformed the Jewish Left into the Neoconservative Right* (New York: Public Affairs, 2010), pp. 155–156.

16   Jacob Heilbrunn, *They Knew They Were Right: The Rise of the Neocons* (New York: Anchor Books, 2009), p. 169.

17   David J. Hoeveler, *Watch on the Right: Conservative Intellectuals in the Reagan Era* (Milwaukee: University of Wisconsin Press, 1991), pp. 151–153, 171–172.

18   Melanson, "Paul H. Nitze to Norman Podhoretz."

19   Norman Podhoretz, "Kissinger Reconsidered," *Commentary*, June 1982.

20   Stuart Kinross, *Clausewitz and America: Strategic Thought and Practice from Vietnam to Iraq* (New York: Routledge, 2008), pp. 105–106.

21 William E. Pemberton, *Exit with Honor: The Life and Presidency of Ronald Reagan* (New York: M. E. Sharpe, 1998), p. 149.

22 Statement by Secretary of State-Designate (Haig) before the Senate Foreign Relations Committee, 9 January 1981, *Nomination of Alexander M. Haig, Jr.: Hearings before the Committee on Foreign Relations, United States Senate, Ninety-Seventh Congress, First Session, Part I* (Washington, DC, 1981), pp. 12–18.

23 Interview with Ambassador Samuel F. Hart, 12 January 1992, Frontline Diplomacy Archive, Library of Congress.

24 Michael Krepon, "Neo-Conservative War of the Worlds," *Bulletin of Atomic Scientists* (March 1986): 6–7.

25 Charles Krauthammer, "The Poverty of Realism: The Newest Challenge to the Reagan Doctrine," *New Republic*, 17 February 1986.

26 Charles Krauthammer, *Democratic Realism: An American Foreign Policy for a Unipolar World*, 2004 Irving Kristol Memorial Lecture (Washington, DC: American Enterprise Institute for Public Policy Research, 2004), pp. 10–13. 当然，民主现实主义有着更悠久的传统。见 A. C. Hill, *Democratic Realism* (London: Jonathan Cape, 1945).

27 Charles Krauthammer, "Double Standard," *Washington Post*, 5 April 1985.

28 Charles Krauthammer, "Now, Tilt toward Iran," *Washington Post*, 16 September 1988.

29 George Kennan, "Morality and Foreign Policy," *Foreign Affairs* 64.2 (Winter 1985–6): 205–218.

30 Mr. Bruce George, House of Commons debate, 23 June 1981, *Hansard*, vol. 7, cc. 140–222.

31 John Vincour, "Régis Debray: At Home in the Realm of Realpolitik," *New York Times*, 3 May 1984.

32 Written evidence from Lord Howe of Aberavon, *Foreign Affairs Committee—Written Evidence*, the Role of the FCO in UK Government, 28 January 1997.

33 关于1984年12月22日会议的情况，见玛格丽特·撒切尔基金会的 档 案，http://www.margaretthatcher.org/archive/displaydocument. asp?docid=109185。

34 Harry C. Cochran, Special Assistant for Warning, "The International Arena in the Year 2000," 17 April 1985, CIA files, CREST, US National Archives.

35 *New York Times*, 17 July 1990.

36 "Building a Newly Democratic International Society," address by Secretary of State James Baker Before the World Affairs Council, Dallas, 30 March 1990, *American Foreign Policy* (Washington DC: Department of State, 1990), pp. 12–13.

37 Kagan, "Superpowers Don't Get to Retire."

38 Elliot Abrams, "Bush's Unrealpolitik," *New York Times*, 30 April 1990.

39 Zamir Meir, "Unrealistic Realpolitik toward Syria," *Wall Street Journal*, 21 November 1990.

40 *Wall Street Journal*, 19 April 1991.

41 Christopher Hitchens, "Realpolitik in the Gulf," *Harper's* 282.1688 (January 1991).

42 "The Omics," *New York Times*, 1 November 1992.

43 Interview with Herman J. Cohen, 15 August 1996, Frontline Diplomacy Archive, Library of Congress.

44 Interview with Ambassador James Dobbins, Frontline Diplomacy Archive, Library of Congress.

45 Jonathan Clarke, "Getting *Realpolitik* about Bosnia," *Washington Post*, 11 October 1992.

46 Andrew Marr, "Do We Want a Europe Ruled by Blood?" *Independent*, 13 July 1995.

47 Brendan Simms, *Unfinest Hour: Britain and the Destruction of Bosnia* (London: Penguin, 2002).

48 *Guardian*, 12 May 1997.

49　Robin Cook, House of Commons debate, 12 May 1998, *Hansard*, vol. 312, cc. 153–166.

50　John Kampfner, *Blair's Wars* (London: Free Press, 2004).

51　Tony Blair, Speech to the Economic Club of Chicago, 22 April 1999, http:// www.pbs.org/newshour/bb/international-jan-june99-blair_ doctrine4-23/.

52　Jonathan Powell, "No Higher Honor," *New Statesman*, 14 November 2011.

53　*Washington Post*, 2 August 2000.

54　Marcus Mabry, *Twice as Good: Condoleezza Rice and Her Path to Power* (New York: Modern Times, 2008), pp. 80–85.

55　James Mann, *Rise of the Vulcans: The History of Bush's War Cabinet* (New York: Penguin, 2004).

56　John Mearsheimer, "Morgenthau and the Iraq War: Realism versus Neo-Conservatism," 18 May 2005. 也见 John Mearsheimer, *The Tragedy of Great Power Politics* (New York: W.W. Norton, 2001)。

57　Richard Lowry, "Reaganism versus Neo-Reaganism," *National Interest* (Spring 2005).

58　Condoleezza Rice, Remarks at the American University Cairo, June 2005, http://2001-2009.state.gov/secretary/rm/2005/48328.htm.

59　Tony Blair, *A Global Alliance for Global Values* (London: Foreign Policy Center, 2006). 也见 Tony Blair, "The Roots of Extremism," *Foreign Affairs*, January–February, 2007。

60　Barry Gerwin, "Why Are We in Iraq: A Realpolitik Perspective," *World Policy Journal* 24.3 (Fall 2007).

61　James Mann, "For Bush, Realpolitik Is no Longer a Dirty Word," *New York Times*, 11 April 2004.

62　Gerhard Spörl, "Realpolitik Returns to the Middle East," *Der Spiegel*, 6 December 2006.

63　Thomas Ricks, *The Gamble: General Petraeus and the American Military Adventure in Iraq* (London: Penguin, 2010).

64　Hubert Védrine, *History Strikes Back: How States, Nations, and Conflicts Are Shaping the Twenty-First Century* (Washington, DC: Brookings Institution, 2008), pp. xi, 3–5, 109–123.

65　Robert J. Art, *America's Grand Strategy and World Politics* (New York: Routledge, 2009).

66　Arthur Schlesinger Jr., "Forgetting Reinhold Niebuhr," *New York Times*, 18 September 2005.

67　David Brooks, "Obama, Gospel, and Verse," *New York Times*, 26 April 2007.

68　"Remarks by the President at the Acceptance of the Nobel Peace Prize," 10 December 2009, http://www.whitehouse.gov/the-press-office/remarks- president-acceptance-nobel-peace-prize.

69　见 Holder and Josephson, *The Irony of Barack Obama*。

70　Interview with *Vox* magazine, 9 February 2015, http://www.vox.com/a/barack-obama-interview-vox-conversation/obama-foreign-policy-transcript.

71　Niebuhr, "Augustine's Political Realism," in Brown, ed., *The Essential Reinhold Niebuhr: Selected Essays and Addresses*, pp. 123–142.

结　语

1　Ludwig von Rochau, *Grundsätze der Realpolitik, Angewendet auf die staatlichen Zustände Deutschlands* , vol. 1, (Stuttgart: Karl Göpel, 1859).

2　Spörl, "Realpolitik Returns to the Middle East."

3　Lawrence Freedman, *Strategy: A History* (Oxford: Oxford University Press, 2013), pp. 247–260.

4　对于这种失败的分析，有一个精彩的评论，见 M. G. Frampton and E. Rosen, "Reading the Runes? The United States and the Muslim Brotherhood as seen through the Wikileaks Cables," *Historical Journal* 56.3 (2013): 827–856。

5　Schroeder, "Historical Reality vs. Neo-Realist Theory," pp. 108–148.

也见 Schroeder, "The Nineteenth Century System," pp. 135–153。

6   Runciman, *Political Hypocrisy*, p. 15.

7   Manuel Castells, *The Information Age: Economy, Society and Culture*, 3 vols. (Oxford: Blackwell, 1996–7).关于卡斯特利斯作品的研究，见 Felix Stadler, "The Network Paradigm: Social Formations in the Age of Information," *Information Society* 14.4 (1998)。

8   Michael Bess, *Realism, Utopia and the Mushroom Cloud: Four Activist Intellectuals and Their Strategies for Peace, 1945–1989* (Chicago: University of Chicago Press, 1993), p. 222.

9   Walter Russell Mead, "Literary Saturday: Revolutionary Reads," *American Interest*, http://www.the-american-interest.com/2010/05/16/literary-saturday-revolutionary-reads/.

10   Neumann, Marcuse, and Kirchheimer, *Secret Reports on Nazi Germany*, edited by Laudani.

11   Mommsen, *Max Weber and German Politics*, pp. 43–44.

12   Weyl, "American Policy and European Opinion," pp. 140–146.

13   John Bew, "Pax Anglo-Saxonica," *American Interest* (May–June 2015), pp. 3–11.

人名对照表

A

安德烈·阿马尔里克 Andrei Amalrik

A. J. P. 泰勒 A. J. P. Taylor

阿道夫·冯·马沙尔·冯·比贝尔施泰因男爵 Baron Adolf von Marschall von Bieberstein

阿道夫·希特勒 Adolf Hitler

阿德莱·史蒂文森 Adlai Stevenson

阿尔贝特·斯佩尔 Albert Speer

阿尔比恩·斯莫尔 Albion Small

阿尔布雷希特·冯·罗恩 Albert von Roon

阿尔弗雷德·冯·蒂尔皮茨 Alfred von Tirpitz

阿尔弗雷德·冯·基德伦–韦希特尔 Alfred von Kiderlen-Wächter

阿尔弗雷德·塞耶·马汉 Alfred Thayer Mahan

阿尔弗雷德·韦伯 Alfred Weber

阿尔诺·多施–弗勒罗 Arno Dosch-Fleurot

阿尔杰·希斯 Alger Hiss

阿哈德·哈姆 Ahad Ha'am

阿莫斯·赫尔希 Amos Hershey

阿诺德·汤 Arnold Toynbee

阿诺德·沃尔弗斯 Arnold Wolfers

阿奇博尔德·柯立芝 Archibald Coolidge

阿瑟·M. 施莱辛格 Arthur M. Schlesinger

阿瑟·贝尔福 Arthur Balfour

阿瑟·本特利 Arthur Bentley

阿瑟·德戈比诺 Arthur de Gobineau

阿瑟·格林伍德 Arthur Greenwood

阿图尔·齐默尔曼 Arthur Zimmermann

埃德蒙·柏克 Edmund Burke

埃里克·马克斯 Erich Marcks

埃利奥特·艾布拉姆斯 Elliott Abrams

埃斯米·霍华德 Esme Howard

艾尔·克劳 Eyre Crowe

爱德华·格雷 Edward Grey

爱德华·豪斯 Edward House

爱德华·米德·厄尔 Edward Mead Earle

安东尼·艾登 Anthony Eden

安东尼·莱克 Anthony Lake

安东尼·特罗洛普 Anthony Trollope

奥古斯特·孔德 Auguste Comte

奥古斯特·路德维希·冯·罗豪 August Ludwig von Rochau

奥斯丁·张伯伦 Austen Chamberlain, Austin Chamberlain

奥斯滕–萨肯伯爵 Count Osten-Sacken

奥斯瓦尔德·加里森·维拉德 Oswald Garrison Villard

奥斯瓦尔德·斯宾格勒 Oswald Spengler

奥托·冯·俾斯麦 Otto von Bismarck

奥托·哈曼 Otto Hammann

奥托·基希海默尔 Otto Kirchheimer

奥托·普夫兰策 Otto von Pflanze

B

保罗·迪尔 Paul F. Diehl

保罗·凯泽 Paul Kayser

保罗·肯尼迪 Paul Kennedy

保罗·尼采 Paul Nitz

保罗·施罗德 Paul Schroeder

保罗·沃尔福威茨 Paul Wolfowitz

鲍比·肯尼迪 Bobby Kennedy

贝尔·韦德里纳 Hubert Védrine

贝拉克·奥巴马 Barack Obama

贝尼托·墨索里尼 Benito Mussolini

本杰明·迪斯累利 Benjamin Disraeli

比尔·邦迪 Bill Bundy

比格涅夫·布热津斯基 Zbigniew Brzezinski

彼得·菲尔埃克 Peter Viereck

波利比乌斯 Polybius

博灵布罗克子爵 Viscount Bolingbroke

伯纳多特·E. 施米特 Bernadotte E. Schmitt

布鲁斯·乔治 Bruce George

布伦特·斯考克罗夫特 Brent Scowcroft

C

C. P. 斯科特 C. P. Scott

查尔斯·达尔文 Charles Darwin

查尔斯·弗兰克尔 Charles Frankel

查尔斯·克劳萨默 Charles Krauthammer

查尔斯·萨罗利亚 Charles Sarolea

查尔斯·特里利廉 Charles Trevelyan

查尔斯·瓦尔德施泰因 Charles Waldstein

查尔斯·瓦尼克 Charles Vanik

D

大卫·布莱克 David Blackbourn

大卫·哈伯斯塔姆 David Halberstam

大卫·肯尼迪 David Kennedy

大卫·劳合·乔治 David Lloyd George

大卫·麦克 David Mack

戴高乐 De Gaulle

德怀特·艾森豪威尔 Dwight Eisenhower

德皇威廉二世 Kaiser Wilhelm II

迪安·艾奇逊 Dean Acheson

迪克·切尼 Dick Cheney

E

恩斯特·特勒尔奇 Ernst Troeltsch

F

腓特烈·威廉四世 Frederick William IV

费利克斯·吉尔伯特 Felix Gilbert

冯·比洛伯爵 Bernhard von Bülow

弗兰克·坦嫩鲍姆 Frank Tannenbaum

弗兰克·韦曼 Frank Wayman

弗朗茨·奥本海默 Franz Oppenheimer

弗朗茨·斐迪南 Franz Ferdinand

弗朗茨·罗森茨维格 Franz Rosenzweig

弗朗茨·诺伊曼 Franz Neumann

弗朗索瓦·乔治-皮科 François Georges-Picot

弗朗西斯·伯蒂 Bertie Francis

弗朗西斯·高尔 Francis Gower

弗朗西斯·科克尔 Francis Croker

弗朗西斯·培根 Francis Bacon

弗雷德里克·A. 贝克尔 Frederick A. Becker

弗雷德里克·舒曼 Frederick Schuman

弗里茨·克雷默 Fritz Kraemer

弗里茨·施特恩 Fritz Stern

弗里德里希·恩格斯 Friedrich Engels

弗里德里希·冯·伯恩哈迪 Friedrich von Bernhardi

弗里德里希·冯·荷尔斯泰因 Friedrich von Holstein

弗里德里希·哈耶克 Friedrich Hayek

弗里德里希·克里斯托夫·达尔曼 Friedrich Christoph Dahlmann

弗里德里希·迈内克 Friedrich Meinecke

弗里德里希·尼采 Friedrich Nietzsche

弗里德里希·威廉·弗尔斯特 Friedrich William Foerster

佛朗哥·莫雷蒂 Franko Moretti

富兰克林·罗斯福 Franklin D. Roosevelt

G

戈登·亚历山大·克雷格 Gordon Alexander Craig

戈尔德温·史密斯 Goldwin Smith

戈特弗里德–卡尔·金德曼 Gottfried-Karl Kindermann

格奥尔格·冯·特拉普 Georg von Trapp

格奥尔格·卢卡奇 Georg Lukács

古斯塔夫·拉岑霍费尔 Gustav Ratzenhofer

H

H. G. 威尔斯 H. G. Wells

哈茨费尔特伯爵 Paul von Hatzfeldt (Count)

哈尔福德·麦金德 Halford Mackinder

哈里·埃尔默·巴恩斯 Harry Elmer Barnes

哈里·杜鲁门 Harry Truman

哈罗德·威尔逊 Harold Wilson

哈乔·霍尔本 Hajo Holborn

海因里希·布吕宁 Heinrich Brüning

海因里希·冯·特赖奇克 Heinrich von Treitschke

海约翰 John Hay

汉密尔顿·菲什·阿姆斯特朗 Hamilton Fish Armstrong

汉娜·阿伦特 Hannah Arendt

汉斯–乌尔里希·韦勒 Hans-Ulrich Wehler

汉斯·科恩 Hans Kohn

汉斯·罗特费尔斯 Hans Rothfels

汉斯·摩根索 Hans Morgenthau

何塞·玛丽亚·莫雷洛斯 José María Morelos

赫伯特·阿斯奎斯 Herbert Asquith

赫伯特·胡佛 Herbert Hoover

赫伯特·克罗利 Herbert Croly

赫伯特·马尔库塞 Herbert Marcuse

赫德森·马克沁 Hudson Maxim

赫尔德 Johann Gottfried Herder

赫尔曼·科恩 Herman Cohen

赫尔曼·舒尔策–德利奇 Hermann Schulze-Delitzsch

赫尔曼·翁肯 Hermann Oncken

赫尔穆特·科尔 Helmut Kohl

赫特林伯爵 Hertling Count

黑格尔 Georg Wilhelm Hegel

亨利·L. 史汀生 Henry L. Stimson

亨利·基辛格 Henry Kissinger

亨利·杰克逊 Henry Jackson

胡戈·甘茨 Hugo Ganz

胡果·格劳秀斯 Hugo Grotius

霍勒斯·普伦基特 Horace Plunkett

J

J. A. 霍布森 J. A. Hobson

J. C. 哈德威克 J. C. Hardwick

J. L. 加文 J. L. Garvin

基奇纳勋爵 Horatio Herbert Lord Kitchener

吉尔伯特·默里 Gilbert Murray

吉米·卡特 Jimmy Carter

吉姆·威尔逊 Jim Wilson

济贝尔 Heinrich von Sybel

贾迈勒·纳赛尔 Gamal Nasser

杰夫·埃利 Geoff Eley

杰弗里·豪 Geoffrey Howe

杰拉尔德·福特 Gerald Ford

K

卡尔·J. 弗里德里希 Carl J. Friedrich

卡尔·博尔曼 Karl Bollman

卡尔·豪斯霍费尔 Karl Haushofer

卡尔·勒文施泰因 Karl Loewenstein

卡尔·罗德贝图斯 Karl Rodbertus

卡尔·马克思 Karl Marx

卡尔·施密特 Carl Schmitt

卡尔文·柯立芝 Calvin Coolidge

卡米洛·加富尔伯爵 Camillo Cavour

卡斯尔雷子爵

恺撒·博尔吉亚 Cesare Borgia

康多莉扎·赖斯 Condoleezza Rice

康拉德·阿登纳 Konrad Adenauer

康斯坦丁·弗朗茨 Constantin Frantz

科林·鲍威尔 Colin Powell

克莱门斯·冯·梅特涅 Klemens von Metternich

克莱门特·艾德礼 Clement Attlee

克里斯蒂安·高斯 Christian Gauss

克里斯托弗·希钦斯 Christopher Hitchens

肯尼思·华尔兹 Kenneth Waltz

肯尼思·汤普森 Kenneth Thompson

昆廷·斯金纳 Quentin Skinner

昆西·赖特 Quincy Wright

L

拉姆·伊曼纽尔 Rahm Emanuel

拉姆齐·麦克唐纳 Ramsay MacDonald

拉姆齐·缪尔 Ramsay Muir

莱斯特·沃德 Lester Ward

莱因霍尔德·尼布尔 Reinhold Niebuhr

劳伦斯·马丁 Lawrence J. Martin

雷吉斯·德布雷 Régis Debray

雷蒙·阿隆 Raymond Aron

雷蒙·戈伊斯 Raymond Geuss

雷蒙德·L. 加特霍夫 Raymond L. Garthoff

雷蒙德·马西 Raymond Mussey

雷蒙德·威廉姆斯 Raymond Williams

李·H. 汉密尔顿 Lee H. Hamilton

里夏德·瓦格纳 Richard Wagner

理查德·科布登 Richard Cobden

理查德·阿米蒂奇 Richard Armitage

理查德·克罗斯曼 Richard Crossman

理查德·劳里 Richard Lowry

理查德·罗斯克兰斯 Richard Rosecrance

理查德·尼布尔 Richard Niebuhr

理查德·尼克松 Richard Nixon

理查德·珀尔 Richard Perle

理罗纳德·J. 奈茨克 Ronald J. Neitzke

利奥波德·冯·兰克 Leopold von Ranke

列昂尼德·勃列日涅夫 Leonid Brezhnev

列夫·托洛茨基 Leon Trotsky

列宁 Vladimir Lenin

刘易斯·奥本海姆 Lewis Oppenheim

卢西恩·阿什沃思 Lucian Ashworth

鲁本·克拉克 Reuben Clark

路德维希·贡普洛维奇 Ludwig Gumplowicz

路易·拿破仑 Louis Napoleon

路易吉·斯图尔佐 Luigi Sturzo

罗宾·库克 Robin Cook

罗伯茨伯爵 Frederick Roberts

罗伯特·J. 阿特 Robert J. Art

罗伯特·帕克 Robert Park

罗伯特·W. 科默 Robert W. Komer

罗伯特·奥斯古德 Robert E. Osgood

罗伯特·宾克利 Robert Binkley

罗伯特·范西塔特 Robert Vansittart

罗伯特·卡根 Robert Kagan

罗伯特·卡普兰 Robert Kaplan

罗伯特·施特劳斯–胡佩 Robert Strausz-Hupé

罗纳德·里根 Ronald Reagan

M

马克·赛克斯 Mark Sykes

马克斯·勒纳 Max Lerner

马克斯·韦伯 Max Weber

马丁·布伯 Martin Buber

玛格丽特·撒切尔 Margaret Thatcher

迈克尔·亨特 Michael Hunt

迈克尔·柯林斯 Michael Collins

麦乔治·邦迪 McGeorge Bundy

曼努埃尔·卡斯特利斯 Manuel Castells

米哈伊尔·戈尔巴乔夫 Mikhail Gorbachev

缪塞 Alfred de Musset

莫里斯·威廉姆斯 Maurice Williams

默勒·范登布鲁克 Moeller van den Bruck

穆罕默德·摩萨台 Mohammad Mosaddegh

N

拿破仑三世 Napoleon III, Emperor (Louis Napoleon)

内维尔·张伯伦 Neville Chamberlain

尼尔·弗格森 Niall Ferguson

尼古拉斯·斯派克曼 Nicholas Spykman

尼科洛·马基雅维利 Niccolò Machiavelli

牛顿·贝克 Newton Baker

诺曼·安杰尔 Norman Angell

诺曼·波德霍雷茨 Norman Podhoretz

诺姆·乔姆斯基 Noam Chomsky

O

欧内斯特·勒菲弗 Ernest Lefever

欧文·克里斯托尔 Irving Kristol

P

帕默斯顿 Henry John Temple Palmerston

Q

乔·格里蒙德 Jo Grimond

乔纳森·鲍威尔 Jonathan Powell

乔纳森·哈斯拉姆 Jonathan Haslam

乔治·H·W·布什 George H. W. Bush

乔治·P. 舒尔茨 George P. Schultz

乔治·奥威尔 George Orwell

乔治·鲍尔 George Ball
乔治·凯南 George Kennan
乔治·坎宁 George Canning
乔治·克里孟梭 Georges Clemenceau
乔治·马歇尔 George Marshall
乔治·皮尔 George Peel
乔治·桑德斯 George Saunders
乔治·威尔 George Will
乔治·西尔维斯特·菲尔埃克 George Sylvester Viereck
切斯特·克罗克 Chester Crocker

R

让-雅克·卢梭 Jean-Jacques Rousseau

S

萨达姆·侯赛因 Saddam Hussein
萨姆·比尔 Sam Beer
萨瓦帕利·拉达克里希南 Sarvepalli Radhakrishnan
塞缪尔·F. 哈特 Samuel F. Hart
塞缪尔·R. 甘蒙三世 Samuel R. Gammon III
塞西尔·罗兹 Cecil Rhodes
赛勒斯·万斯 Cyrus Vance
圣西门伯爵 Comte Henri de Saint-Simon
司徒雷登 John Leighton Stuart
斯坦利·霍夫曼 Stanley Hoffmann
斯特凡纳斯·约翰尼斯·保卢斯·克鲁格 Stephanus Johannes Paulus Kruger
孙武 Sun Tzu
索尔斯坦·凡勃伦 Thorstein Veblen
索尔兹伯里勋爵 Lord Salisbury

T

T. E. 劳伦斯 T. E. Lawrence

T. J. 杰克逊·李尔斯 T. J. Jackson Lears

坦尼·弗兰克 Tenney Frank

唐纳德·拉姆斯菲尔德 Donald Rumsfeld

唐纳德·麦克亨利 Donald McHenry

铁托 Josip Broz Tito

托马斯·博亚特 Thomas Boyatt

托马斯·卡莱尔 Thomas Carlyle

托马斯·马萨里克 Thomas Masaryk

托马斯·曼 Thomas Mann

托马斯·莫尔 Thomas More

托马斯·桑德森 Thomas Sanderson

托尼·布莱尔 Tony Blair

W

威克姆·斯蒂德 Wickham Steed

威廉·阿奇博尔德·邓宁 William Archibald Dunning

威廉·邦迪 William Bundy

威廉·道格拉斯 William Douglas

威廉·迪贝柳斯 Wilhelm Dibelius

威廉·多诺万 William Donovan

威廉·F. 巴克利 William F. Buckley

威廉·富布莱特 William Fulbright

威廉·格拉斯顿 William Gladstone

威廉·霍华德·塔夫脱 William Howard Taft

威廉·基尔伯恩·斯图尔特 William Kilborne Stewart

威廉·杰斐逊·克林顿 William Jefferson Clinton

威廉·L. 兰格 William L. Langer

威廉·李·米勒 William Lee Miller

威廉·伦道夫·赫斯特 William Randolph Hearst

威廉·马丁 William Martin

威廉·皮特 William Pitt

威廉·扬德尔·艾略特 William Yandell Elliott

威廉二世 Kaiser Wilhelm,

韦罗璧 Westel Willoughby

维尔纳·施塔克 Werner Stark

温斯顿·洛德 Winston Lord

温斯顿·丘吉尔 Winston Churchill

沃尔特·艾利森·菲利普斯 Walter Alison Phillips

沃尔特·拉克尔 Walter Laqueur

沃尔特·李普曼 Walter Lippmann

沃尔特·罗素·米德 Walter Russell Mead

沃尔特·斯科特 Walter Scott

沃尔特·韦尔 Walter Weyl

沃伦·克里斯托弗 Warren Christopher

沃伦·齐默尔曼 Warren Zimmermann

伍德罗·威尔逊 Woodrow Wilson

X

西奥多·S. 威尔金森 Theodore S. Wilkinson

西奥多·罗斯福 Theodore Roosevelt

西格蒙德·弗洛伊德 Sigmund Freud

希拉里·克林顿 Hillary Clinton

悉尼·布鲁克斯 Sydney Brooks

悉尼·洛 Sidney Low

夏尔·傅立叶 Charles Fourier

萧伯纳 George Bernard Shaw

小布什 George W. Bush

修昔底德 Thucydides

Y

雅各布·费内代 Jakob Venedey

亚伯拉罕·林肯 Abraham Lincoln

亚当·邦德 Adam Bund

亚当·图兹 Adam Tooze

亚里士多德 Aristotle

亚历山大·汉密尔顿 Alexander Hamilton

亚历山大·黑格 Alexander Haig

亚诺什·卡达尔 János Kádár

伊丽莎白·西夫顿 Elisabeth Sifton

伊曼努尔·康德 Immanuel Kant

伊诺克·鲍威尔 Enoch Powell

伊萨克·多伊彻 Isaac Deutscher

约阿希姆·冯·里宾特洛甫 Joachim von Ribbentrop

约翰·W. 霍姆斯 John W. Holmes

约翰·巴多 John Badeau

约翰·布赖特 John Bright

约翰·古斯塔夫·德罗伊森 Johann Gustav Droysen

约翰·海因里希·冯·伯恩斯托夫 Johann Heinrich von Bernstorff

约翰·肯尼迪 John F. Kennedy

约翰·昆西·亚当斯 John Quincy Adams

约翰·刘易斯·加迪斯 John Lewis Gaddis

约翰·罗伯茨 John Roberts

约翰·梅杰 John Major

约翰·梅纳德·凯恩斯 John Maynard Keynes

约翰·莫利子爵 John Morley

约翰·斯内尔 John Snell

约翰·斯图尔特·密尔 John Stewart Mill, Mill, John Stewart

约翰·坦尼尔 John Tenniel

约翰·沃尔夫冈·冯·歌德 Johann Wolfgang von Goethe

约翰·西利 John Seeley

约翰逊总统 Lyndon B Johnson

约瑟夫·贝克 Józef Beck

约瑟夫·康拉德 Joseph Conrad

约瑟夫·奈 Joseph Nye

约瑟夫·帕特里克·塔马尔蒂 Joseph Patrick Tumulty

约瑟夫·斯大林 Josef Stalin

Z

扎拉·斯坦纳 Zara Steiner

詹姆斯·贝克 James Baker

詹姆斯·波尔克 James Polk

詹姆斯·伯恩斯 James Byrnes

詹姆斯·布赖斯 James Bryce

詹姆斯·多宾斯 James Dobbins

詹姆斯·黑德勒姆－莫利 James Headlam-Morley

詹姆斯·伦内尔·罗德 James Rennell Rodd

詹姆斯·麦迪逊 James Madison

詹姆斯·麦克唐纳 James McDonald

珍妮·柯克帕特里克 Jeane Kirkpatrick

珍妮弗·西摩·惠特克 Jennifer Seymour Whitaker

朱达·L. 马格内斯 Judah L. Magnes

朱塞佩·马志尼 Giuseppe Mazzini

参考文献

手稿资料来源

美国国家档案馆，马里兰州大学公园
CREST (CIA archives)
State Department Central Files

英国国家档案馆，伦敦丘园
CAB (Cabinet) papers
FCO (Foreign and Commonwealth Office) papers
PEM (Prime Ministerial) papers

国会图书馆，华盛顿特区
Frontline Diplomacy Archive (The Association for Diplomatic Studies and
    Training Foreign Affairs Oral History Project)
Hans J. Morgenthau Papers
Daniel P. Moynihan Papers
Reinhold Niebuhr Papers

博德利图书馆，牛津大学
Clement Attlee Papers

已结集手稿

Dugdale, E. T. S. ed., *German Diplomatic Documents, 1871–1914*, vol 1: *Bismarck's Relations with England, 1871–1890*, London: Methuen, 1928.

Gooch, G. P. and Harold Temperley, eds., *British Documents on the Origins of the War, 1898–1914*, 3 vols., London: His Majesty's Stationery Office, 1927.

数据库、数字档案和在线资源

Commentary Magazine archive, https://www.commentarymagazine.com/archive/.

Margaret Thatcher Foundation online archive—www.margeretthatcher.org.

JSTOR— www.jstor.org.

New York Times online archive, http://www.nytimes.com/content/help/search/archives/archives.html.

ProQuest Historical Newspapers Archive, Library of Congress. Washington, DC.

ProQuest Dissertation and Theses Archive, Library of Congress, Washington, DC.

The Times digital database, British Library, London

TheSpectator archive, http://archive.spectator.co.uk/.

Times Literary Supplement digital database, British Library, London.

US State Department Archives—www.history.state.gov/historicaldocuments.

Whitehousearchive—www.whitehouse.gov.

官方出版物

AmericanForeign Policy (US Department of State)

Congressional Serial Set (US Congress)

Foreign Relations of the United States (US Department of State)
Foreign Affairs Committee written evidence (UK Parliament)
Hansard'sParliamentaryDebates (UK Parliament)
Hearings before the Committee on Foreign Relations (USSenate)

报纸和期刊
American Interest
American Speech
Annals of the American Academy of Political and Social Science
Atlantic
Athenaeum
Boston Daily Globe
Bradford Era
British Quarterly Review
Bulletin of the Pan American Union
Chicago Daily Tribune
Christian Science Monitor
ClassicalJournal
Commentary
Daedalus
DerSpiegel
Dial
Die Zeit
Daily Telegraph
Edinburgh Review
El Paso Herald
English Review
Foreign Affairs
Foreign Policy
Fortnightly Review

Forum and Century

Guardian

Hibbert's Journal

Illustrated Review

Independent

International Security

Journal of Philosophy

Journal of Social Forces

Living Age

Manchester Guardian

Modern Age

Nation

National Interest

New Criterion

New Statesman

New Republic

New York Times

New York Tribune

North British Review

Observer

Political Science Quarterly

Power of Politics

Proceedings of the Academy of Political Science

Saturday Review

Saturday Review of Politics

Slate

Slavonic and East European Review

Spectator

Sun (New York)

Sun (Baltimore)

Times

Times Literary Supplement
Twentieth Century
Virginia Quarterly Review
Wall Street Journal
Washington Herald
Washington Post
Washington Times
Yale Review

图书、期刊论文和未发表文章

Acheson, Dean, *Present at the Creation: My Years in the State Department*, New York: W.W. Norton, 1969.

Aho, James Alfred, *German Realpolitik and American Sociology: An Inquiry into the Sources and Political Significance of the Sociology of Conflict*, Lewisburg: Bucknell University Press, 1975.

Aleksandrovich fon-Zibert, Benno, *Entente Diplomacy and the World: Matrix of the History of Europe, 1909–14*, London: Harper, 1921.

Anderson, Perry, *American Foreign Policy and its Thinkers*, London and New York: Verso, 2015.

Angell, Norman, "The Break and Some English Guesses," *North British Review* 205.738, May 1917, 698–705.

Angell, Norman, *The Political Conditions of Allied Success: A Plea for the Protective Union of Democracies*, New York: G.P. Putnam and Sons, 1918, pp. 271–274.

Applebaum, Anne, "Every Revolution Is Different," *Slate*, 21 February 2011.

Armstrong, Hamilton Fish, *Peace and Counterpeace: From Wilson to Hitler: Memoirs of Hamilton Fish Armstrong*, New York: Harper and Row, 1971.

Arnold. A. G., "Realpolitik," *CambridgeJournal* 2.7, 1949, 410–419.

Art, Robert J., *America's Grand Strategy and World Politics*, London: Routledge, 2009.

Ashworth, Lucian M., *Creating International Studies: Angell, Mitranyi and the Liberal Tradition*, Aldershot: Ashgate, 1999.

Ashworth, Lucian M., "Did the Realist-Idealist Great Debate Really Happen? A Revisionist History of International Relations," *International Relations* 16.33, 2002, 33–51.

Ashworth, Lucian M., "Where Are the Idealists in Interwar International Relations?" *Review of International Studies* 32.2, April 2006, 291–308.

Ashworth, Lucian M., *A History of International Thought: From the Origins of the Modern State to Academic International Relations*, London: Routledge, 2014.

Bacevich, Andrew J., ed., *The Short American Century: A Postmortem*, Cambridge, MA: Harvard University Press, 2012.

Badeau, John Stothoff, *The American Approach to the Arab World*, New York and London: Council on Foreign Relations and Harper and Row, 1968.

Balibar, Etienne, *Cinq Etudes du Materialisme Historique*, Paris: Maspero, 1974.

Balint, Benjamin, *Running Commentary: The Contentious Magazine That Transformed the Jewish Left into the Neoconservative Right*, New York: Public Affairs, 2010.

Barnes, Harry Elmer, "Towards Historical Sanity," *Journal of Social Forces* 3.2, January 1925, 365–369.

Baumann, Frederick, "Sir Thomas More," *Journal of Modern History* 4.4, December 1932, 604–615.

Beiner, Ronald, "Machiavelli, Hobbes, and Rousseau on Civil Religion," *Review of Politics* 55.4, Autumn 1993, 617–638.

Bell, Duncan, "Political Theory and the Function of Intellectual History: A Response to Emmanuel Navon," *Review of International Studies* 29.1, January 2003, 151–160.

Bell, Duncan, ed., *Victorian Visions of Global Order: Empire and International Relations in Nineteenth-Century Political Thought*, Cambridge: Cambridge University Press, 2007.

Bell, Duncan, ed., *Political Thought and International Relations: Variations on a Realist Theme*, Oxford: Oxford University Press, 2009.

Bennett Woods, Randall, *A Changing of the Guard: Anglo-American Relations, 1941–1946*, Chapel Hill: University of North Carolina Press, 1990.

Bernhardi, Friedrich von, *Germany and the Next War*, London: Edward Arnold,1914.

Berridge, Geoff R., Harold Maurice Alvar Keens-Soper, and Thomas G. Otte, eds., *Diplomatic Theory from Machiavelli to Kissinger*, Houndsmill: Palgrave, 2001.

Bess, Michael, *Realism, Utopia and the Mushroom Cloud: Four Activist Intellectuals and Their Strategies for Peace, 1945–1989*, Chicago: University of Chicago Press, 1993.

Bew, John, *Castlereagh: A Life*, Oxford: Oxford University Press, 2012.

Bew, John, "The Real Origins of Realpolitik," *National Interest* 130, March–April 2014, 40–52.

Bew, John, "Pax Anglo-Saxonica," *AmericanInterest*, May–June 2015.

Binkley, Robert C., *Realism and Nationalism, 1852–1871*, New York: Harper and Brothers, 1935.

Blackbourn, David and Geoff Eley, *The Peculiarities of German History: Bourgeois Society and Politics in Nineteenth-Century Germany*, Oxford: Oxford University Press, 1984.

Blair, Tony, "A Global Alliance for Global Values," London: Foreign Policy Center, 2006.

Blair, Tony, "The Roots of Extremism," *ForeignAffairs*,January–February2007.

Bobbitt, Philip, *The Garments of Court and Palace: Machiavelli and the World That He Made*, New York: Atlantic, 2013.

Boucoyannis, Deborah, "The International Wanderings of a Liberal Idea, or Why Liberals Can Stop Worrying and Love the Balance of Power," *Perspectives on Politics* 5.4, December 2007, 703–727.

Brooks, Sydney, "American Foreign Policy," *English Review*, November 1911, 682–695.

Burk, Kathleen, *The Troublemaker: The Life and History of A. J. P. Taylor*, New Haven, CT: Yale University Press, 2000.

Burke, Edmund, *Reflections on the Revolution in France*, London: J. Dodsley, 1790.

Burleigh, Michael, *Blood and Rage: A Cultural History of Terrorism*, London: Harper Collins, 2008.

Butler, A. J., *Bismarck: The Memoirs,* New York: Howard Fertig, 1966.

Carlson, Harold G., "American Loan Words from German," *American Speech* 15.2, April 1940, 205–258.

Carr, E. H., *The Twenty Years' Crisis, 1919–1939*, London: Macmillan, 1946.

Carr, E. H., *What Is History?* New York: Alfred A. Knopf, 1962.

Carr, E. H., *The October Revolution*, New York: Alfred A. Knopf, 1969.

Castells, Manuel, *The Information Age: Economy, Society and Culture*, 3 vols., Oxford: Blackwell, 1996–7.

Cesa, Marco, ed., *Machiavelli on International Relations*, Oxford: Oxford University Press, 2014.

Chesterton, G. K., *The Collected Works of G. K. Chesterton*, San Francisco: Ignatius Press, 1987.

Chomsky, Noam, *American Power and the New Mandarins*, New York: Random House,2002.

Clarke, Christopher, *Iron Kingdom: The Rise and Downfall of Prussia, 1600–1947*, London: Allen Lane, 2006.

Coker, Francis W., *Recent Political Thought*, New York: Appleton-Century-Crofts, 1934.

Collini, Stefan, *Common Reading: Critics, Historians, Publics*, Oxford:

Oxford University Press, 2008.

Comte, Auguste, *Système de politique positive, ou Traité de Sociologie instituant la Religion de l'Humanité* (1851–1854), vol. 1, Paris, Carilian-Goeury, 1880.

Cox, Michael, "E. H. Carr and the Crisis of Twentieth Century Liberalism," *Millennium: Journal of International Studies* 38.3, 1999, 1–11.

Cox, Michael, ed., *E. H. Carr: A Critical Appraisal*, Basingstoke: Palgrave, 2000.

Dallek, Robert, *Nixon and Kissinger: Partners in Power*, London: Penguin, 2007.

Davis, H. W. C., *The Political Thought of Heinrich von Treitschke*, London: Constable, 1914.

Del Pero, Mario, *The Eccentric Realist: Henry Kissinger and the Shaping of American ForeignPolicy*, Ithaca, NY: Cornell University Press, 2010.

DeMuth, Christopher C., and William Kristol, eds., *The Neoconservative Imagination: Essays in Honor of Irving Kristol,* Washington, DC: American Enterprise Institute, 1995.

Doll, Natasha, *Recht, Politik und "Realpolitik" bei August Ludwig von Rochau (1810–1873): Ein wissenschaftsgeschichtlicher Beitrag zum Verhältnis von Politik und Recht im 19. Jahrhundert*, Frankfurt am Main: Vittorio Klostermann, 2005.

Dunning, William, *The British Empire and the United States: A Review of Their Relations Following the Treaty of Ghent*, New York: Charles Scribner's Sons, 1914.

Earle, Edward Meade, "National Security and Foreign Policy," *Yale Review* 29, March 1940.

Earle, Edward Meade, Gordon Alexander Craig, and Felix Gilbert, *Makers of Modern Military Strategy from Machiavelli to Hitler,* Princeton, NJ: Princeton University Press, 1943.

Eich, Stefan and Adam Tooze, "Max Weber, Politics and the Crisis of Historicism" (Yale University, Departments of Political Science and

History), unpublished paper, cited with permission of the authors.

Eley, Geoff, "James Sheehan and the German Liberals: A Critical Appreciation," *Central European History* 14.3, September 1981, 273–288.

Elrod, R. B., "Realpolitik or Concert Diplomacy: The Debate over Austrian Foreign Policy in the 1860's," *Austrian History Yearbook* 17, January 1981, 84–97.

Faber, Karl-Georg, "Realpolitik als Ideologie," *Historiche Zeitschrift* 203.1, August 1966, 1–45.

Fair, John D., *Harold Temperley: A Scholar and Romantic in the Public Realm*, Newark, NJ: University of Delaware Press, 1992.

Farge, Arlette, *The Allure of the Archives*, translated by Thomas Scott-Railton, New Haven, CT: Yale University Press, 2013

Farish, Matthew, *The Contours of America's Cold War*, Minneapolis: University of Minnesota Press, 2010.

Fawcett, Edmund, *Liberalism: The Life of an Idea*, Princeton, NJ: Princeton University Press, 2014.

Ferguson, Niall, *The Pity of War, 1914–1918*, Harmondsworth: Penguin, 1998.

Fischer, Fritz, *Grift nach der Weltmacht: Die Kriegszielpolitik des kaiserlichen Deutschland, 1914–1918*, Düsseldorf: Droste Verlag, 1961.

Fletcher, Roger, "Recent Developments in West German Historiography: The Bielefeld School and Its Critics," *German Studies Review* 7.3, October 1984, 451–480.

Frampton, M. G., and Rosen, U., "Reading the Runes? The United States and the Muslim Brotherhood as Seen through the Wikileaks Cables," *Historical Journal* 56.3, 2013, 827–856.

Frank, Tenney, "Commercialism and Roman Territorial Expansion," *Classical Journal* 5.3, January 1910, 99–110.

Frankel, Benjamin, ed., *Roots of Realism*, London: Frank Cass, 1996.

Frantz, Constantin, "The Religion of National Liberalism," reviewed in

IllustratedReview: A Fortnightly Journal of Literature, Science and Art 4.5, December 1872.Freedman, Lawrence, *Strategy: A History*, Oxford: Oxford University Press, 2013.

Friedman, Murray, *The Neoconservative Revolution: Jewish Intellectuals and the Shaping of Public Policy*, Cambridge: Cambridge University Press, 2005.

Friedrich, Carl J., "How Enlightened Should Self-Interest Be?" *Yale Review* 1952.

Friess, Horace L., "The Progress of German Philosophy in the Last Hundred Years," *Journal of Philosophy* 27.15, 27 July 1930, 396–415.

Gaddis, John Lewis, *Strategies of Containment*, New York: Oxford University Press, 1982.

Gaddis, John Lewis, *GeorgeF.Kennan: An American Life*, New York: Penguin, 2011.

Garthoff, Raymond L., *A Journey through the Cold War: A Memoir of Containment andCoexistence*, Washington, DC: Brookings Institution, 2001.

Garvin, J. [Calchas], "The New German Intrigue," *Fortnightly Review*, September 1904, 385–402.

Gati, Charles, *Zbig: The Strategy and Statecraft of Zbigniew Brzezinski*, Baltimore: Johns Hopkins University Press, 2013.

Gauss, Christian, "New Factors in Franco-German Relations," *Annals of the American Academy of Political and Social Science* 126, July 1926, 19–21.

Gerth, H. H. and C. Wright Mills, eds., *From Max Weber: Essays in Sociology*, New York: Oxford University Press, 1946.

Gewen, Barry, "Why Are We in Iraq: A Realpolitik Perspective," *World Policy Journal* 24.3, Fall 2007.

Gilbert, Felix, *To the Farewell Address: Ideas of American Foreign Policy*, Princeton, NJ: Princeton University Press, 1961.

Goldstein, Erik, *Winning the Peace: British Diplomatic Strategy, Peace*

Planning, and the Paris Peace Conference 1916–1920, Oxford: Oxford University Press, 1991.

Gooch, G. P. and Harold Temperley, eds., *British Documents on the Origins of the War, 1898–1914*, 3 vols., London: His Majesty's Stationery Office, 1927.

Guilhot, Nicholas, ed., *The Invention of International Relations Theory: Realism, the Rockefeller Foundation, and the 1954 Conference on Theory*, New York: Columbia University Press, 2011.

Halberstam, David, *The Best and the Brightest*, New York: Modern Library, 2001.

Hall, Ian, "Power Politics and Appeasement: Political Realism in British International Thought, c. 1935–1955," *British Journal of Politics and International Relations* 8, 2006, 174–192.

Hamilton, Paul, *Realpoetik: European Romanticism and Literary Politics*, Oxford: Oxford University Press, 2013.

Haslam, Jonathan, *The Vices of Integrity: E. H. Carr 1892–1928*, London: Verso, 2000.

Haslam, Jonathan, *No Virtue like Necessity: Realist Thought in International Relations sinceMachiavelli*, New Haven, CT: Yale University Press, 2002.

Hayek, F. A., *The Road to Serfdom*, Abingdon: Routledge, 1944.

Heilbrunn, Jacob, *They Knew They Were Right: The Rise of the Neocons*, New York: Anchor Books, 2009.

Heller, Joseph, "Britain and the Armenian Question, 1912–1914: A Study in Realpolitik," *Middle Eastern Studies* 16.1, January 1980, 3–26.

Hill, A. C., *Democratic Realism*, London: Jonathan Cape, 1945.

Hinsley, Francis Harry, ed., *British Foreign Policy under Sir Edward Grey*, Cambridge: Cambridge University Press, 1977.

Hirsch, Felix R., "Herman Oncken and the End of an Era," *Journal of Modern History* 18.2, June 1946, 148–159.

Hirst, Paul, "The Eighty Years' Crisis, 1919–1999: Power," *Review of*

International Studies 24.5, 1998, 133–148.

Hobson, J. A., *Imperialism: A Study*, London: James Nisbet, 1902.

Hobson, J. A., *The German Panic*, London: Cobden Club, 1913.

Hoeveler, David J., *Watch on the Right: Conservative Intellectuals in the Reagan Era*, Milwaukee: University of Wisconsin Press, 1991.

Hohendahl, Peter Uwe, *Building a National Literature: The Case of Germany, 1830–1870*, Ithaca, NY: Cornell University Press, 1989.

Holborn, Hajo, "Bismarck's Realpolitik," *Journal of the History of Ideas* 21.1, January–March1960,84–98.

Holborn, Hajo, *A History of Modern Germany, 1840–1945*, New York: Alfred A. Knopf, 1969. Holland, Robert, *Blue-Water Empire: The British in the Mediterranean since 1800,* London: Allen Lane, 2012. Honig, Jan Willem, "Totalitarianism and Realism: Hans Morgenthau's German Years," *Security Studies* 2.2, 1995, 283–313.

Horne, Alistair, *Kissinger: 1973, the Crucial Year,* New York: Simon and Schuster,1973.

Howard, Esme, "The Way toward Peace," *Annals of the American Academy of Political and Social Science* 114, July 1924, 132–134.

Hunt, Michael, *Ideology and U.S. Foreign Policy*, New Haven, CT: Yale University Press, 1987.

Inboden, William, *Religion and American Foreign Policy: The Soul of Containment*, Cambridge: Cambridge University Press, 2008.

Inboden, William, "The Prophetic Conflict: Reinhold Niebuhr, Christian Realism, and World War II," *Diplomatic History* 38.1, 2014, 49–82.

Isaac, Joel and Duncan Bell, eds., *Uncertain Empire: American History and the End of the Cold War*, Oxford: Oxford University Press, 2012.

Jones, Greta, *Social Darwinism and English Thought*, Brighton: Harvester Press, 1980.

Kaplan, Robert, *The Wizards of Armageddon*, Stanford, CA: Stanford University Press, 1991.

Kagan, Robert, *Dangerous Nation: America and the World, 1600–1898,*

London: Atlantic Books, 2006.

Kagan, Robert, *The Return of History and the End of Dreams*, New York: Vintage Books, 2009

Kaplan, Robert, *The Revenge of Geography: What the Map Tells Us about Coming Conflicts and the Battle against Fate*, New York: Random House, 2012.

Kennan, George F., "The Sources of Soviet Conduct," *ForeignAffairs* 25, 1946.

Kennan, George F., *American Diplomacy, 1900–1950*, Chicago: University of Chicago Press, 1951.

Kennan, George F., *The Decline of Bismarck's European Order: Franco-Russian Relations 1875–1890*, Princeton, NJ: Princeton University Press, 1981.

Kennan, George F., "Morality and Foreign Policy," *Foreign Affairs* 64.2, Winter 1985–6, 205–218.

Kennedy, P. M., "The Decline of Nationalist History in the West, 1900–1970," *Journal of Contemporary History* 8, 1973, 77–100.

Kennedy, P. M., "Idealists and Realists: British Views of Germany, 1864–1939," *Transactions of the Royal Historical Society* 25, December 1975, 137–156.

Kennedy, P. M., *The Rise of the Anglo-German Antagonism, 1860–1914*, Boston: George Allen and Unwin, 1980.

Kennedy, P. M., *The Realities behind Diplomacy: Background Influences on British External Policy, 1865–1980*, London: Fontana Press, 1985.

Kennedy, P. M., *Over Here: The First World War and American Society* (twenty-fifth anniversary edition), Oxford; Oxford University Press, 2004.

Kinross, Stuart, *Clausewitz and American Strategic Thought and Practice from Vietnam to Iraq,* New York: Routledge, 2008.

Kinter, William R. and Robert L. Pfaltzgraff Jr., eds., *Strategy and Values: Selected Writings of Robert Strausz-Hupé,* Toronto: Lexington Books,

1973.

Kissinger, Henry, "The Meaning of History: Reflections on Spengler, Toynbee and Kant" (Undergraduate honors thesis, Harvard University, 1950).

Kissinger, Henry, "The White Revolutionary: Reflections on Bismarck," *Daedalus* 97.3, Summer 1968, 888–924.

Kissinger, Henry, *A World Restored: Metternich, Castlereagh and the Problems of Peace, 1812–1822*, London: Weidenfeld and Nicholson, 1999.

Kissinger, Henry, *Years of Renewal*, New York: Touchstone, 2000.

Kissinger, Henry, "The Limits of Universalism," *NewCriterion* 30.10, June 2012.

Kissinger, Henry, *World Order*, London: Allen Lane, 2014.

Klitzing, Holger, *The Nemesis of Stability: Henry A. Kissinger's Ambivalent Relationship with Germany,* Trier: Wissenschaftlicher Verlag Trier, 2007.

Kohn, Hans, *Revolutions and Dictatorships*, Cambridge, MA: Harvard University Press, 1939.

Kohn, Hans, "Treitschke: National Prophet," *Power of Politics* 7.4, October 1945, 418–440.

Khon, Hans, *Prophets and Peoples: Studies in Nineteenth Century Nationalism*, New York: Macmillan, 1946.

Krauthammer, Charles, "Democratic Realism: An American Foreign Policy for a Unipolar World" [2004 Irving Kristol Memorial Lecture], Washington, DC: American Enterprise Institute for Public Policy Research, 2004.

Krieger, Leonard, *The German Idea of Freedom: History of a Political Tradition*, Boston: Beacon Hill Press, 1957.

Kristol, Irving, "American Intellectuals and Foreign Policy," *Foreign Affairs,* July 1967.

Lane, Christopher, *The Peace of Illusions: American Grand Strategy from*

1940 to the Present, Ithaca, NY: Cornell University Press, 2006.

Langer, William L., *An Encyclopedia of World History*, Boston: Houghton Mifflin, 1940.

Langewiesche,Dieter, *Liberalism in Germany*, Princeton, NJ: Princeton University Press, 2000.

Laue, Theodore H. von, *Leopold Ranke: The Formative Years*, Princeton, NJ: Princeton University Press, 1950.

Lees, Andrew, *Revolution and Reflection: Intellectual Change in Germany during the 1850s*, The Hague: Martinus Nijhoff, 1974.

Lefever, Ernest W., *Ethics and United States Foreign Policy*, New York: Living Age Books, 1957.

Lehmann, Hartmut, ed., *An Interrupted Past: German-Speaking Refugee Historians in the United States after 1933*, Cambridge: German Historical Institute, 1991.

Lerner, Max, *Ideas for the Ice Age: Studies in a Revolutionary Era*, New Brunswick, NJ: Transaction, 1993.

Lieven, Anatol, *Ethical Realism: A Vision for America's Role in the World*, London: Pantheon Books, 2006.

Lippmann, Walter, *The Stakes of Diplomacy*, New Brunswick, NJ: Transaction, 2008; first published 1917.

Lippmann, Walter, *U.S. Foreign Policy: Shield of the Republic*, Boston: Little Brown, 1943.

Little, Douglas, *American Orientalism: The United States and the Middle East since 1945*, Chapel Hill: University of North Carolina Press, 2008.

Lloyd George, David, *Memoirs of the Peace Conference*, New Haven, CT: Yale University Press, 1939, vol. 1.

Lloyd George, David and Viscount James Bryce, *The War of Democracy: The Allies' Statement,* New York: Doubleday, 1917.

Loewenstein, Karl, "Militant Democracy and Fundamental Rights," *American Political Science Review* 31.3, June 1937, 417–432.

Low, Sidney, "Towards an Imperial Foreign Policy," *Fortnightly Review*,

November 1912, 789–802.

Lühman, Hans, *Die Unfange August Ludwig von Rochau, 1810–1850*, Heidelberg, 1921.

Mabry, Marcus, *Twice as Good: Condoleezza Rice and Her Path to Power*, New York: Modern Times, 2008.

Mackinder, Halford J., *Democratic Ideals and Reality: A Study in the Politics of Reconstruction*, London: Constable, 1919; reissued London: Holt, 1942.

Mann, James, *Rise of the Vulcans: The History of Bush's War Cabinet*, New York: Penguin Press, 2004.

Marcuse, Herbert, *Reason and Revolution: Hegel and Rise of Social Theory*, Atlantic Highlands, NJ: Humanities Press, 1954.

Marcuse, Herbert, *The New Left and the 1960s: Collected Papers of Herbert Marcuse*, vol. 3, London: Routledge, 2005.

Martel, Gordon, "The Pre-History of Appeasement: Headlam-Morley, the Peace Settlement and Revisionism," *Diplomacy and Statecraft* 9.3, November 1998, 242–265.

Marx, Karl, *The First International and After*, Harmondsworth: Penguin, 1974.

Marx, Karl, *CollectedWorks*, vol. 11, New York: International, 1976.

Marx, Karl, *The Eighteenth Brumaire of Louis Bonaparte*, Moscow: Progress, 1977

Masaryk, Thomas G., "Reflections on the Question of War Guilt," in Hamilton Fish Armstrong, ed., *The Foreign Affairs Reader*, London and New York: Council on Foreign Relations/Harper and Brothers, 1947.

Maurer, Noel, *The Empire Trap: The Rise and Fall of US Intervention to Protect American Property Overseas (1893–2013)*, Princeton, NJ: Princeton University Press, 2013.

May, Ernest R., R. Rosecrance, and Zara Steiner, eds., *History and Neo-Realism*, Cambridge: Cambridge University Press, 2010.

Mazower, Mark, *Governing the World: The History of an Idea*, London:

Allen Lane, 2012.

McAfee, Robert, ed., *The Essential Reinhold Niebuhr: Selected Essays and Addresses*, New Haven, CT: Yale University Press, 1986.

McDonald, James G., "A New Code of International Morality," *Annals of the American Academy of Political and Social Science* 132, July 1927, 193–196.

Mead, Walter Russell, *God and Gold: Britain, America and the Making of the Modern World*, London: Atlantic Books, 2007.

Mearsheimer, John, *The Tragedy of Great Power Politics*, New York: W. W. Norton, 2001.

Meinecke, Friedrich, *The Warfare of a Nation: Lectures and Essays*, translated by John A. Spaulding, Worcester, MA: Davis Press, 1915.

Meinecke, Friedrich, *Machiavellism: The Doctrine of Raison d'État and Its Place in Modern History,* translated by Douglas Scott, New York: Frederick A. Praeger, 1965. Meinecke, Friedrich, *Cosmopolitanism and the National State*, translated by Robert B. Kimber, Princeton, NJ: Princeton University Press, 1970. Mendes-Flour, Paul, *Divided Passions: Jewish Intellectuals and the Experience of Modernity*, Detroit: Wayne State University Press, 1991.

Menzel, Johanna Margarette, "August Ludwig von Rochau: A Study on the Concept of Realpolitik" (MA dissertation, University of Chicago, August 1953).

Merkley, Paul, *Reinhold Niebuhr: A Political Account*, Montreal: McGill-Queen's University Press, 1975.

Meyer, Christopher, *Getting Our Own Way: 500 Years of British Diplomacy*, London: Weidenfeld and Nicolson, 2009.

Molloy, Sean, *The Hidden History of Realism*, Houndsmill: Palgrave Macmillan, 2006.

Mommsen, Wolfgang J., *Max Weber and German Politics, 1890–1920*, Chicago: Chicago University Press, 1984.

Mommsen, Wolfgang J., "German Liberalism in the Nineteenth Century by

James J. Sheehan," *Journal of Modern History* 66. 2, June 1994, 431–433.

Monk, Gordon R., "Bismarck and the 'Capitulation' of German Liberalism," *Journal of Modern History* 43.1, March 1971.

Moretti, Franco, *The Bourgeois: Between History and Literature,* London: Verso, 2013.

Morgenthau, Hans J., *Scientific Man versus Power Politics*, Chicago: University of Chicago Press, 1946.

Morgenthau, Hans J., *Politics among Nations: The Struggle for Power and Peace*, Chicago: University of Chicago Press, 1948.

Morgenthau, Hans J., *In Defense of the National Interest: A Critical Examination of AmericanForeign Policy*, New York: Alfred A. Knopf, 1951.

Morgenthau, Hans J., "Another 'Great Debate': The National Interest of the United States," *American Political Science Review* 46.4, 1952, 961–962.

Morgenthau, Hans J., "Fragments of an Intellectual Autobiography, 1904–1932," in K. Thompson and Robert J. Myers, ed., *A Tribute to Hans Morgenthau*, New Brunswick, NJ: Transaction, 1977, pp. 1–9.

Morgenthau, Hans J., "The Pathology of American Power," *International Security* 1.3, Winter 1977, 3–20. Morley, John, *Miscellanies*, fourth series, London: Macmillan, 1908.

Moses, John A., "The British and German Churches and the Perception of War, 1908–1914," *War and Society* 5.1, May 1987, 23–44.

Moses, John A., "The Mobilisation of the Intellectuals 1914–1915 and the Continuity of German Historical Consciousness," *Australian Journal of Politics and History* 48.3, 2002, 336–352.

Muir, Ramsay, *Britain's Case against Germany: An Examination of the Historical Background of the German Action in 1914*, Manchester: Manchester University Press, 1914.

Muravchik, Joshua, *The Uncertain Crusade: Jimmy Carter and the Dilemmas of Human Rights Policy,* Washington, DC: American

Enterprise Institute for Policy Research, 1988.

Mussey, Henry Raymond, "Neglected Realities in the Far East" [31 May 1917], *Proceedings of the Academy of Political Science* 7.3, July 1917, 538–547.

Namier, L. B., *In the Margin of History*, New York: Freeport, 1939.

Namier, L. B., *1848: The Revolution of the Intellectuals* (The Raleigh Lecture on History), *Proceedings of the British Academy*, Oxford: Oxford University Press, 1993.

Nardin, Terry, "Middle-Ground Ethics: Can One Be Politically Realistic with-out Being a Political Realist," *Ethics and International Affairs* 25.1, Spring 2011.

Neumann, Franz, Herbert Marcuse, and Otto Kirchheimer, *Secret Reports on Nazi Germany: The Frankfurt School Contribution to the War Effort*, edited by Raffaele Laudani, Princeton, NJ: Princeton University Press, 2014.

Niebuhr, Reinhold, *The Irony of American History*, Chicago: University of Chicago Press, 1952.

Nixon, Richard, *RN: The Memoirs of Richard Nixon*, New York: Simon and Schuster,1978.

Oncken, Herman, *Napoleon III and the Rhine: The Origin of the War of 1870–1871*, translated by Edwin H. Zeydel, New York: Russell and Russell, 1928.

Osgood, Robert Endicott, *Ideals and Self-Interest in America's Foreign Relations*, Chicago: University of Chicago Press, 1953.

Parmar, Inderjeet, *Foundations of the American Century: The Ford, Carnegie, and Rockefeller Foundations in the Rise of American Power*, New York: Columbia University Press, 2012.

Patomäki, Heikki, *After International Relations: Critical Realism and the (Re) Construction*, London: Routledge, 2002.

Pemberton, William E., *Exit with Honor: The Life and Presidency of Ronald Reagan*, New York: M. E. Sharpe, 1998.

Pflanze, Otto, "Bismarck's 'Realpolitik,'" *Review of Politics* 20. 4, October 1958, 492–514.

Pflanze, Otto, *Bismarck and the Development of Germany: The Period of Unification, 1815–1871*, Princeton, NJ: Princeton University Press, 1963.

Phillips, Walter Alison, *The Confederation of Europe: A Study of the European Alliance, 1813–1823,* London: Longmans, Green, 1914.

Phillips, Walter Alison, "The Peace Settlement: 1815 and 1919," *Edinburgh Review* 230.469, July 1919, 1–21.

Pocock, J. G. A. *The Machiavellian Moment: Florentine Political Thought and the Atlantic Republican Tradition*, Princeton, NJ: Princeton University Press, 2003.

Pois, Robert A., *Friedrich Meinecke and German Politics in the Twentieth Century*, Berkeley: University of California Press, 1972.

Polanyi Festschrift Committee, ed., *The Logic of Personal Knowledge: Essays by Various Contributors Presented to Michael Polanyi on His Seventieth Birthday*, London: Routledge and Kegan Paul, 1961.

Powell, Jonathan, *The New Machiavelli: How to Wield Power in the Modern World*, Random House: London, 2010.

Quirk, Joel and Darshan Vigneswaran, "The Construction of an Edifice: The Story of a First Great Debate," *Review of International Studies* 31, 2005, 89–107.

Radhakrishnan, Sarvepalli, *The Philosophy of Rabindranath Tagore*, London: Macmillan, 1918.

Reeves, Richard, *President Nixon: Alone in the White House*, New York: Simon and Schuster, 2001.

Rice, Daniel F., ed., *Reinhold Niebuhr Revisited: Engagements with an American Original*, Grand Rapids, MI: William B. Eerdmans, 2009.

Rice, Daniel F., *Reinhold Niebuhr and His Circle of Influence*, Cambridge: Cambridge University Press, 2013.

Ricks, Thomas, *The Gamble: General Petraeus and the American Military Adventure in Iraq*, London: Penguin Books, 2010.

Rochau, August Ludwig von, *Geschite Frankreichs von 1814 bis 1852*, Leipzig: Nizel; London: Williams and Morgate, 1859.

Rochau, August Ludwig von, *Grundsätze der Realpolitik, Angewendet auf die staatlichen Zustände Deutschlands* [*Foundations of Realpolitik, applied to the current state of Germany*], vol. 1, Stuttgart: Karl Göpel, 1859.

Rochau, August Ludwig von, *Grundsätze der Realpolitik, Angewendet auf die staatlichen Zustände Deutschlands* [*Foundations of Realpolitik, applied to the current state of Germany*], vol. 2, Heidelberg: J. C. B. Mohr, 1868.

Rochau, August Ludwig von, *Wanderings in the Cities of Italy in 1850 and 1851*, trans-lated by Percy Sinnett, London: R. Bentley, 1853.

Rosecrance, Richard, *Action and Reaction in World Politics: International Systems in Perspective*, Boston: Little, Brown, 1963.

Rosenthal, Joel H., *Righteous Realists: Political Realism, Responsible Power and American Culture in the Nuclear Age*, Baton Rouge: Louisiana State University Press, 1991.

Rothfels, Hans, "1848-One Hundred Years After," *Journal of Modern History* 20.4, December1948,291–319.

Runciman, David, *Political Hypocrisy: The Mask of Power, from Hobbes to Orwell and Beyond*, Princeton, NJ: Princeton University Press, 2008.

Russell, Greg, *Hans J. Morgenthau and the Ethics of American Statecraft*, Baton Rouge: Louisiana State University Press, 1991.

Sargeaunt, H. A. and Geoffrey West, *Grand Strategy: The Search for Victory*, London: Jonathan Cape, 1942.

Sarkisissian, A. O., ed., *Studies in Diplomatic History and Historiography in Honor of G. P. Gooch, C.H.*, London: Longmans, Green, 1961.

Sarolea, Charles, *German Problems and Personalities*, London: Chatto and Windus, 1917. Scheuerman, William E., *The Realist Case for Global Reform*, Cambridge: Polity Press, 2001.

Schlesinger, Arthur, *Cycles of American History*, Boston: Mariner Books,

1999.

Schmidt, B. C., ed., *International Relations and the First Great Debate*, London: Routledge, 2012.

Schmidt-Hartmann, Eva, *Thomas G. Masaryk's Realism: Origins of a Czech Political Concept*, Munich: R. Oldenbourg Verlag, 1984.

Schreiner, George Abel, *The Craft Sinister: A Diplomatico-Political History of the Great War and Its Causes—Diplomacy and International Politics and Diplomatists as Seen at Close Range by an American Newspaperman Who Served in Central Europe as War and Political Correspondent*, New York: G. Albert Geyer, 1920.

Schroeder, Paul, "The Nineteenth Century System: Balance of Power or Political Equilibrium?" *Review of International Studies* 15.2, 1989, 135–153.

Schroeder, Paul, "Historical Reality vs. Neo-Realist Theory," *International Security* 19.1, Summer 1994, 108–148.

Schuman, Frederick, *International Politics: An Introduction to the Western State System*, New York: McGraw-Hill, 1937.

Seaman, John T. Jr., *A Citizen of the World: The Life of James Bryce*, London: Taurus Academic Studies, 2006.

Segel, Glenn, *Nuclear Strategy: The Jim King Manuscripts,* London: Glenn Segel, 2006.

Sheehan, James J., ed., *Imperial Germany*, New York: New Viewpoints, 1976.

Sheehan, James J., *German Liberalism in the Nineteenth Century*, Chicago: University of Chicago Press, 1978. Sheehan, James J., *German History, 1770–1866*, Oxford: Oxford University Press,1989. Sidgwick, Rose, "The League of Nations," *Rice Institute Pamphlet* 6.2, April 1919, 33–62.

Simms, Brendan, *The Struggle for Mastery in Germany, 1779–1850*, New York: St. Martin's Press, 1998. Simms, Brendan, *Unfinest Hour: Britain and the Destruction of Bosnia,* London: Penguin,2002. Simms, Brendan, *Europe: The Struggle for Supremacy, 1453 to the Present,*

London: Penguin, 2014.

Simms, Brendan, *The Longest Afternoon: The 400 Men Who Decided the Battle of Waterloo*, Harmondsworth: Penguin, 2014.

Simms, Brendan and David J. B. Trim, eds., *Humanitarian Intervention: A History*, Cambridge: Cambridge University Press, 2011.

Skinner, Quentin, *Liberty before Liberalism*, Cambridge: Cambridge University Press, 1998.

Smith, Michael Joseph, *Realist Thought from Weber to Kissinger*, Baton Rouge: Louisiana State University Press, 1986.

Smith, Woodruff, *The Ideological Origins of Nazi Imperialism*, New York: Oxford University Press, 1996.

Snell, John L., *Illusion and Necessity: The Diplomacy of Global War, 1939– 1945*, Boston: Houghton Mifflin, 1963.

Sonnenschein, E. A., "The German Professors," *Twentieth Century* 86, August 1919, 321–332.

Sontag, Raymond James, "The Cowes Interview and the Kruger Telegram," *Political Science Quarterly* 40.2, June 1925, 217–247.

Sontag, Raymond James, *Germany and England: Background of Conflict, 1848–1898*, New York: D. Appleton Century, 1938.

Sontag, Raymond James, "The Germany of Treitschke," *Foreign Affairs* 18.1, October 1939, 127–139.

Speier, Hans, "Germany in Danger: Concerning Oswald Spengler's Latest Book," *SocialResearch* 1.2, May 1934, 231–243.

Spykman, Nicholas John, *America's Strategy in World Politics: The United States and the Balance of Power*, New York: Harcourt, Brace, 1942.

Stadler, Felix, "The Network Paradigm: Social Formations in the Age of Information," *Information Society* 14.4, 1998.

Stark, Werner, *The Sociology of Knowledge: An Essay in Aid of a Deeper Understanding of Human Ideas*, Glencoe, IL: Free Press, 1958.

Steed, Wickham, "Thomas Garrigue Masaryk: The Man and the Teacher," *Slavonic and East European Review* 8.24, March 1930, 465–477.

Steel, Ronald, *Walter Lippman and the American Century*, New Brunswick: Transaction, 1999.

Steinberg, Jonathan, *Bismarck: A Life*, Oxford: Oxford University Press, 2011.

Steiner, Zara S., *The Foreign Office and Foreign Policy, 1898–1914*, Cambridge: Cambridge University Press, 1969.

Steiner, Zara S., *The Triumph of the Dark: European International History, 1933–1939*, Oxford: Oxford University Press, 2011.

Steiner, Zara S. and Keith Nelson, *Britain and the Origins of the First World War*, Houndsmill: Palgrave Macmilllan, 2003.

Sterling, Richard W., *Ethics in a World of Power: The Political Ideas of Friedrich Meinecke*, Princeton, NJ: Princeton University Press, 1958.

Stern, Fritz, *The Politics of Cultural Despair: A Study in the Rise of Germanic Ideology*, Berkeley: University of California Press, 1961.

Stern, Fritz, *Gold and Iron: Bismarck, Bleichröder, and the Building of the German Empire*, New York: Alfred A. Knopf, 1977.

Stewart, William Kilborne, "The Mentors of Mussolini," *American Political Science Review* 22, November 1928, 843–869.

Stolleis, Michael, *Public Law in Germany, 1800–1914*, Oxford: Bergahn Books, 2001.

Sturzo, Luigi, "Politics versus Morality: From the Hibbert Journal London Quarterly of Philosophy and Theology," *Living Age* 353.4456, January 1938, 312–319.

Suri, Jeremy, *Power and Protest: Global Revolution and the Rise of Détente*, Cambridge, MA: Harvard University Press, 2003.

Swartz, Marvin, *The Union of Democratic Control in British Politics during the First World War*, Oxford: Clarendon, 1971.

Sylvester, Casper, "Continuity and Change in British Liberal Internationalism, c. 1900–1930," *Review of International Studies* 31.2, April 2005, 263–283.

Tannenbaum, Edward, *European Civilization since the Middle Ages*,

New York: John Wiley, 1965. Taylor, A. J. P., *The Course of German History: A Survey of the Development of German History since 1815*, London: Methuen, 1961. Taylor, A. J. P., *Bismarck: The Man and the Statesman*, London: New English Library, 1965. Thompson, Kenneth W., *Morality and Foreign Policy*, Baton Rouge: Louisiana State University, 1980. Thompson, Kenneth W., ed., *Traditions and Values: American Diplomacy, 1945 to the Present*, Lanham, MD: United Press of America, 1984. Thompson, Kenneth W., *Traditions and Values in Politics and Diplomacy: Theory and Practice*, Baton Rouge: Louisiana State University, 1992. Thompson, Nicholas, *The Hawk and the Dove: Paul Nitze, George Kennan, and the History of the Cold War*, New York: Picador, 2010. Thucydides, *The History of the Peloponnesian War*, translated by Richard Crawley, 2 vols., Avon, CT: Cardavon Press, 1974. Tooze, Adam, *The Deluge: The Great War and the Remaking of Global Order*, London: Allen Lane, 2014. Treitschke, Heinrich von, *Germany, France, Russia and Islam*, London: Allen and Unwin, 1914.

Treitschke, Heinrich von, *His Life and Works*, London: Allen and Unwin, 1914.

Treitschke, Heinrich von and Hans Kohn, eds., *Politics*, New York: Harcourt, Brace and World, 1963.

Trocini, Frederico, *L'invenzione della "Realpolitik" e la scoperta della "legge del potere." August Ludwig von Rochau tra radicalismo e nazional-liberalismo*, Bologna: Il Mulino,2009.

Trubowitz, Peter, *Defining the National Interest: Conflict and Change in American ForeignPolicy*, Chicago: University of Chicago Press, 1998.

Ulrich-Wehler, Hans, *Ludwig August von Rochau, Grundsätze der Realpolitik auf die staatlichen Zustände Deutschlands, herausgegeben und eingeleitet von Hans-Ulrich Wehler*, Frankfurt: Ullstein Buch, 1972.

Veblen, Thorstein, *Imperial Germany and the Industrial Revolution, 1857–1929*, New York: Macmillan, 1915.

Veblen, Thorstein, "The Modern Point of View and the New Order: VI.

THE DIVINE RIGHT OF NATIONS," *The Dial: A Semi-Monthly Journal of Literary Criticism, Discussion and Information*, December 28, 1918.

Védrine, Hubert, *History Strikes Back: How States, Nations, and Conflicts Are Shaping the Twenty-First Century*, Washington, DC: Brookings Inistitution, 2008.

Venedey, Jacob, *Ireland and the Irish during the Repeal Year, 1843*, Dublin: James Duffy, 1844.

Viereck, George Sylvester, *Confessions of a Barbarian*, New York: Moffat, Yard and Company, 1910.

Viereck, Peter, *Metapolitics: From Wagner and the German Romantics to Hitler*, New York: Alfred A. Knopf, 1965.

Viereck, Peter, *The Shame and Glory of the Intellectuals*, New York: Capricorn Books, 1965.

Viereck, Peter, *Conservatism Revisited: The Revolt against Ideology*, New Brunswick, NJ: Transaction, 2005.

Waldstein, Charles, *What Is Germany Fighting For?* London: Longmans, Green, 1917.

Waltz, Kenneth N., *Man, the State and War: A Theoretical Analysis*, New York: Columbia University Press, 1959.

Waltz, Kenneth N., *Theory of International Politics*, New York: McGraw-Hill, 1979.Wattenberg, Ben J. and Richard James Whalen, *The Wealth Weapon: U.S. Foreign Policy and Multinational Corporations*, New Brunswick, NJ: Transaction, 1980.

Wayman, Frank W. and Paul F. Diehl, eds., *Reconstructing Realpolitik*, Ann Arbor: University of Michigan Press, 1994.

Wehler, Hans-Ulrich, "Bismarck's Imperialism, 1862–1890," in James Sheehan, ed., *Imperial Germany*, New York: Viewpoints, 1976.

Wehler, Hans-Ulrich, *The German Empire, 1817–1918*, translated by Kim Traynor, Leamington Spa: Berg, 1985.

Weyl, Walter E., "American Policy and European Opinion," *Annals of the*

American Academy of Political and Social Science 66, July 1916, 140–146.

Weyland, Kurt, "The Arab Spring: Why the Surprising Similarities with the Revolutionary Wave of 1848?" *Perspectives on Politics* 10.4, December 2010, 917–934.

Wheeler-Bennett, John W., "European Possibilities," *Virginia Quarterly Review* Autumn 1937.

Whitehead, Andrew, "Eric Hobsbawm on 2011: 'It Reminds Me of 1848,' " *BBC News Magazine,* 23 December 2011.

Williams, Michael C., *Realism Reconsidered: The Legacy of Hans J. Morgenthau*, Oxford: Oxford University Press, 2007.

Williams, Raymond, *Keywords: A Vocabulary of Culture and Society*, Guilford: Fontana/Croom Helm, 1976.

Willoughby, Westel W., *PrussianPoliticalPhilosophy*, New York: D. Appleton, 1918.

Wilson, Jeremy, *Lawrence of Arabia: The Authorized Biography*, New York: Atheneum, 1990.

Wilson, Peter, "The Myth of the 'First Great Debate,'" *Review of International Studies* 24.5, 1998, 1–16.

Wolfers, Arnold, ed., *Alliance Policy and the Cold War*, Baltimore: Johns Hopkins University Press, 1959.

Wolfers, Arnold, *Britain and France between the Two Wars: Conflicting Strategies of Peace since Versailles*, New York: Harcourt, Brace, 1940.

Wolfers, Arnold and Laurence W. Martin, *The Anglo-American Tradition in Foreign Affairs: Readings from Thomas More to Woodrow Wilson*, New Haven, CT: Yale University Press, 1956.

Wright, Quincy, *A Study of War*, Chicago: University of Chicago Press, 1964.

Zamoyski, Adam, *Phantom Terror: The Threat of Revolution and the Repression of Liberty 1789–1848*, William Collins: London, 2014.